JN325483

粤語雜俎

千島 英一

前書き

“積少成多，聚土成山”とはよく言ったもので、目方ばかりは大部となった本書の各編、他の人から見ずともほとんど塵や埃のようなものであるが、私にとってはそれぞれが貴重な思い出につながるものである。冒頭の「廣州方言形成的研究」（台湾師範大学に提出した修士論文）は暑い台北のクーラーもない陋屋で、２台の扇風機をフル稼動させ、ぼーっとなる頭を冷やし冷やし書き上げたものであった。留学はなにせ２年半の約束（それでも十二分に有り難かった）、まさに無我夢中、ひたすらがむしゃら、であった。タイプ印刷所から渡されたできたばかりの論文を持ち、真っ先に南港は中央研究院の丁邦新先生（指導教授になっていただいた）の研究室を訪れ、提出した時のことがつい昨日のことのように思い出される。「台湾南部客家方言概要」と「馬來西亞粤語中的借詞問題初探」の２編は敬愛する樋口靖先生（現東京外国語大学教授）との共著である。樋口先生とは、まだ筑波大学におられた先生がちょうど訪問学者として来台され、丁邦新先生の授業に出席されたことにより知り合うことができ、以来、兄事している。今回、この２編を本書に収録するにあたりお許しを願ったところ快くご許可していただいた。また「台湾南部客家方言概要」は私にとって初めていえる本格的なフィールド調査であり、今や客家語研究者として夙に著名な畏友羅肇錦博士と三人で行ったもので、萬巒の名物料理である“豬脚”の味とともに忘れ得ぬ一齣である。

「馬來西亞粤語中的借詞問題初探」のときは、国際粤語学会というものがあるからお前も参加してみたらと、これまた樋口先生から慫慂されたことがきっかけであった。何ぶん急なことで、研究発表のテーマを探しあぐねていたところ、ふと勤務校に在学しているマレーシア人留学生（華人）の話す広東語が、香港人のそれとはちょっと違うようなことを樋口先生に洩らしたところ、それ面白いからやってみよう、ということになった。きっと樋口先生にはマレーシアということですぐに閩語との関連がピンと浮かんだことであったのだろう。何とか先生の多大なお力添えもあって、その年のクリスマスの前後に、これまた初体験の国際学会に参加することができた。そしてこのときの経験が、国際学会は多くの研究者を知る絶好の機会であり、「参加することに意義がある」というまるでオリンピック精神のような思いが芽生え、その後、図々しくも幾度となく出かけるきっかけともなった学会でもあった。

NHK ラジオ中国語講座で広東語の講座を担当したことも、今となってはよき思い出である。授業を終え、急いで自宅に戻り原稿を書き、週に一度 NHK へ出かけての録音。これまた無我夢中の日々であった。最初の放送日、ラジオから自分の声が流れてくるのを聞いたとたん、どっと冷や汗。恥ずかしさにいたたまれず、慌ててスイッチを切った。この間、わずか数秒か。その後、一度として放送は聞かなかった。ともあれ、滅多にできない経験を積ませてはもらったが、元来がカーッとすぐ頭に血がのぼる性質、とんでもない出鱈目を言ってやしないかと気が気でなく、怖くもあった。

かくして日は移ろい、留学の思い出も遠く過ぎ去った十年前の某日、当時筑波大学の大学院に在学中であったM君から「先生の書いた論文が、台湾の学者の書いた論文の中に、参考文献として挙げてありましたよ」とのことば。まさか？と思いその論文を見せてもらうと、果たして「廣州方言形成的研究」の名があった。そこで拙著とはいえ、もはや忘れかけていた論文を改めて眺めてみたところ、誤植ばかりが目に飛び込んできてこれまた冷や汗三斗の状態。なんとか誤植だけは訂正したいものだと念じながらも、忙しさにかまけているうちにまたまた十年が経過してしまった。そんなある日、時を経ずして幾人かの研究者仲間から件の論文を送ってくれ、との要望があった。そんなこんなが重なって、それならいっそのこといままで書いてきたものを一度校訂し直し整理してみようとの思いがふくらみ、書名も『粤語雑俎』と勝手に決めてひとりごちていた。(『粤語雑俎』とは、またなんとたいそうな書名だ、いったいこいつは"都唔知醜字點寫"「恥ってものを知らないのかしら」という声に気圧されるようではあったが…。）結果、論文あり、雑文あり、通訳記録ありと"什錦"ならぬごった煮状態となってはしまったが。

しかしながら、日常業務や雑事に追われ、作業は遅々として進まず、途方に暮れていたところ、幸いにも麗澤大学の卒業生で好文出版編集部にご勤務されている竹内路子さんのご協力が得られることとなった。また校訂作業には香港留学から帰国したばかりの東京大学大学院博士課程に在学中の飯田真紀さんの多大なご援助も賜わることもできた。面倒な作業を誠心誠意おやりくださったお二人に深甚なる感謝を申し上げる次第である。

最後に、母校に呼び戻していただき、留学の機会までも与えてくださり、なおかつこれまで数々のご指導を賜わった松田和夫先生、留学中唯一人の日本人の弟子として辛抱強くご指導してくださった丁邦新先生に謹んで感謝を申し上げます。

いまここに本書を謹んで、学疎才淺の私をこれまでお導きくだり、粤語の手ほどきをしてくださった清水元助先生、そして私の粤語研究を絶えず激励し、大学入学後そして卒業後もまるで孫のように可愛がってくださった奥平定世先生、大学卒業後も倦むことなく指導してくださった有馬健之助先生のご霊前に捧げます。

本書の出版に際しては、麗澤大学平成十四年度出版助成金の援助を賜わったこと、特に記して心から謝意を表する次第である。

2002年　初秋

柏・不晩怠齋書屋にて

千島英一

目　次

『粤語雑俎』掲載目録

廣州方言形成的研究

目　　録

§1　緒論

廣州方言〔註 1〕是漢語方言地域中最南方的一環，它的許多特徵是其他漢語方言所沒有的，尤其元音有長短之別，聲調有諸多的分歧，許多學者都曾經提出，但這些特徵是如何形成的，却還没有很完整詳細的脈絡可尋。

早在 **1953** 年岑麒祥指出廣州方言許多與其他漢語不同的現象來自壯語〔註 2〕——或作“僮”語，壯傣語系的一分支——，其後 Haudricourt (1960)，Oi-Kan Yue Hashimoto (1976)〔註 3〕等由語言層次説的角度進行研究，而提出廣州方言有壯傣語的基層，於是廣州方言由壯語演變而來的説法愈來愈受重視。

從以上諸學者的研究看來，似乎可以肯定廣州方言的語言構造是以壯語爲基礎，經長時間與漢語接觸，借用漢字漢語而慢慢形成了今日的廣州方言。從李方桂先生出版龍州土語 (**1940**) 以來，對中國南方的壯語等非漢語的研究分析資料日漸豐富，如果能把廣州方言與這些資料做個清楚而完備的比對分析，使諸學者的説法更有具體的語料爲佐證，那麼對廣州方言的形成應能提出更合理的解釋。因此本文試著從現有材料去分析比較，然後提出個人的看法。

全文共分歷史之部、語言之部與結語三大部份。其中歷史之部又分成：(一)歷史上粵語地區的原住民，以便瞭解目前粵方言〔註 4〕可能受到哪些非漢語的影響，使漢語研究擴充到與非漢語的研究層面。(二)歷史上中原民族向南遷移的探討，藉此明白粵方言與漢語的不可分性。

爲了比較分析的方便起見，在語言之部仍然把廣州方言的語音、詞彙、語法結構先行描述一番、描寫時側重在與漢語標準語（國語）不同的地方。其次，因爲廣州方言使用的字音完全承傳於中古漢語以來的系統，所以把中古漢語〔註 5〕和廣州方言之間的對應關係作歷史音韻的比較歸納，然後再把廣州方言和其他粵方言作簡單的平面音韻比較，發現粵方言之間差別頗爲複雜，並没有很好的定論或創見。最後把廣州方言和壯語拿來比較，這是本論文最重要的部份，所以在比較之前先把壯語做一番概述，再找出廣州方言在漢語中所没有的特徵來和壯語做比對，結尾時提出我對這些特徵形成的解釋，雖掛漏之處仍多，却也希望能給廣州方言的研

究提供一些線索 。

《附註》

［註 1］ 本文所説的〝廣州方言〞，是指以廣州、香港爲中心的粤方言區最大的語言，一般或稱〝廣州話〞，也叫作〝廣府話〞，廣州本地人稱之爲〝白話〞的 。

［註 2］ 見岑麒祥(1953：9－12) 。

［註 3］ 另参見橋本萬太郎(1974 、 1978、 1981)

［註 4］ 袁家驊等(1960)中説：

「粤方言或稱粤語 ，也叫作〝廣東話〞。 可是〝粤〞雖爲〝廣東〞的又稱，〝粤方言〞却是一個語言學上專名，不能拿〝廣東方言〞或〝廣東話〞來代替。因爲第一，粤方言的分布範圍超出了廣東省的界限，包括省外相當遼闊的地區；第二，廣東省境内的漢語方言複雜，除粤方言外，還有家家方言(東北部的大部分縣分)，潮汕方言(韓江流域 ， 東部沿海)， 海南方言(海南島大部漢族地區)等幾種與粤方言距離很大的方言 。」(第 179 頁)。

［註 5］ 這裏所謂的〝中古漢語〞，是指《切韻》音系而言。

§2 歷史之部

§2.1. 粤(越)與廣州方言

今日的廣州方言地區，我們一向慣稱的古代百粤(或稱百越)民族文化區〔註 1〕，是歷史上住民最複雜，且遷移變化最多的地區。不但有北方華夏民族不斷南下，也有各種不同的民族遷入或遷出，這些複雜的歷史有些明載於史書，有些則是根據學者們旁徵博引的結果〔註 2〕。 若要明瞭百粤地區民族流動的真象，應從兩個主要的方向來探討，其一是粤地區原住民的問題，其二是漢民族向南遷移的情況。當然兩者之間也有密切的關係，因爲原住民的遷徙大半是受到外來民族移入的壓迫。所以在探討的過程中，兩者的關聯也必須隨時提出 。

§2.2. 歷史上粵地區的原住民

漢民族的主要發源地是黃河流域，這時無庸置疑的，因爲考古的發掘中，仰韶文化仍是中國文化在新石器時代的最佳代表〔註3〕，半坡村的仰韶文化遺跡中顯示中原民族在此時確實有著相當的文明。雖然浙江省杭州灣南方的考古地點河姆渡也證明了南方在新石器時代就有了文明〔註4〕，但是仰韶文化却有著不斷的繼承者，從龍山文化一直到商周文明，漸漸發展成爲中國文化的主流。相反的南方的文化就要到西漢時代，才由漢人南遷的結果漸漸開發。

不過可以肯定的是，南方與北方的文明雖在不同部族，不同速度下發展，但是南方的各地區均有其原住民的部族風格，才使史書中經常將南方部族用各種不同的名稱稱之。在這裡，我們所關心的是粵地區的原住民問題。

今日大凡使用漢藏語系壯（又作"僮"）侗語族諸語言的（例如：壯語、布衣語、侗語、毛難語、水語、仫佬語、拉珈語、黎語、僰〈又作"白"〉語、泰語等語言），都可以稱之爲廣義的壯泰人，包括兩廣境內的壯人、仲人、黎人，貴州境內的侗人和仲家，雲南境內的僰夷蒲人大伯夷和土僚，泰國本部的小泰族和佬族，緬甸的撣人等等（參徐松石 1963 b：20），而這些人的前身很可能和遠古的蒼梧國有關，因爲根據徐松石（1963 b：1－4）的解釋，壯人又稱僮古佬，此名源於牂柯，而牂柯在古代就是指蒼梧一帶，中原人民稱之爲百越或荆蠻。

遠古時代，中國的部落分爲南北兩大支派，南派就是苗族和蒼梧，古蒼梧國有三個支流（參徐松石 1963 b：9－11），第一支流是自荆楚一帶移到四川，成立巴蜀國，徐松石（1963 b：10）亦舉數點理由證明之；另二支支流，一是從兩湖流入貴州，在戰國時代建牂柯國，漢武帝立牂柯郡，其中也有不少轉流入兩廣。另一支則由兩廣流入粵桂西疆。今日滇南的蒲人和僰人屬第一支流，第二支的遺民則有滇桂的土僚和泰北的佬人。第三支流的遺民則有滇外的撣人，廣西的壯人，廣東的黎人，和泰國的小泰人等等（參徐松石 1963 b：10－11）。

所以廣義的壯泰族，內容非常複雜，所包含的小部族，有許多不司的名稱，他們自己稱自己與別人稱他們往往不同，加上輾轉流徙的太多，以致於種族上不易辨認，只有在語言上大致相同，而廣義的稱之爲壯泰系統。

而狹義的壯人，則專指兩廣的土著壯人。其來歷傳説紛紜，議論各異，顧炎武《天下郡國利病書》中説：

「(廣東有）傜僮二種，傜乃蠻荆，僮則舊越人。」(廣東獞下第一頁)。表示僮（獞）乃舊稱越人是兩粵的土著。不過也有壯人是湖北流竄入廣西的説法，《廣西通志》又説：

「獞初於湖南谿峒間，後稍入廣西義寧古田等縣，佃種荒田，聚落稍多，因逼脅主，佔據鄉村，遂延蔓於廣東。」(卷 278. 列傳 23. 諸蠻一）。

種種説法，莫衷一是，但總是没有非常確切的證據，徐松石（1963a）認爲説法雖有很多，但他仍堅信壯族乃舊粵人的説法，也就是兩粵在古代的土著。他解釋説：

「春秋時楚人在廣州作楚庭。秦始皇出兵開闢嶺南，分置三郡。漢初趙佗佔據三郡，自立爲南越王。在這些時候，兩廣絶大部分的土著就是僮人。然則上面所列各説中，有指僮人爲元朝至正和至元年間才入廣西，後來到了明代才入廣東。這些論斷都錯了麼？其實上列各説都對。因爲僮人繁殖兩粵分爲前後兩期。第一期僮族居住兩廣，乃在於有史以前。至遲在周朝初年，僮人已經佈滿了兩粵區域。所謂百越，所謂甌駱，所謂路人，（其實路人駱人就是僚人的同音異寫，）所謂俚僚，所謂烏滸，所謂土人，都是僮類。漢代稱雄的徵側徵貳，也是僮族。不過這些僮人漸漸的與那些自北方到來的漢族同化。（例如谷永招降烏滸蠻十餘萬。）久而久之，遂全部變爲齊民。除了姓氏特別以外，差不多没有甚麼惹人注目的僮人痕跡。唐宋以後，世人很少知道僮族是舊粵民。甚至兩粵早已歸化的僮人，也絶對不知道自己的祖先是僮種了。(例如練氏揭氏閉氏等，兩粵很多，都不是出於中原氏族。）然而稍僻的縣份，尤其是廣西的西部，在唐宋時，界限鮮明的僮類仍然不少。唐時中國不得志於雲南，（南詔割據。）宋朝太祖以玉斧自劃川南長江爲限。其時雲南又爲大理所霸。因爲南詔大理都是廣義僮種，同氣相求，同聲相應，廣西遂有唐代的黃峒蠻變，和宋代的農氏稱兵。黃峒蠻和農智高都是僮類。不過當時稱蠻而少稱僮。到了元朝，中央以大軍鎮治兩湖雲南貴州，這些地方的僮人遂大批侵入廣西，僮族之名遂震。不久且從廣西徙入廣東。這就是第二期的僮族。」（徐松石 1963 a：71－72）

以上說明了廣東地區原住民是壯（"僮"）人的一些推想。事實上壯人到現在成爲壯泰人的一支，因爲廣義的壯泰人可以說是古蒼梧國的遺民，壯人、黎人、僰人、佬人、撣人、小泰人等都是屬於這一族。在上古時代，蒼梧之外還有三苗，很可能就是除了壯泰人之外的苗族、瑶族的祖先。總之，有不少學者認爲古蒼梧國的遺民分成數路，分別遷流到各地，包括鄂巴蜀區、湘滇黔區、和嶺南區。除了兩廣的壯人外，別的地區都已用別的名稱代之，如不少在今泰國的小泰人、佬人、和緬甸的撣人，印度支那的普沙和普泰，及雲南的土僚、貴州的侗人和仲家等等。不少學者認爲這些廣義的壯泰人，很多是去自兩廣，也就是說，這些人的老祖先就是狹義的壯人。例如小泰人，和兩廣人的體格十分相似（參徐松石 1963 b：22－23）。

總而言之，可以肯定的是，壯人和壯泰人不論在文化上、語言上都曾深深的影響廣東地區。其它所謂的壯台語系就是指廣東的原住民及後來廣義的壯台人所使用的語系。在本文討論語言的部分再詳細論及這個問題。

§2.3. 歴史上中原民族向南遷移的探討

林語堂曾經指出方言成立之兩大原因，他說：

「方言之所以成立，簡略言之，可說有兩大原因。(一)由於民族之播遷，(二)由於異族之雜處。大概民族之播遷，使各族處於不同環境，受不同影響，所以漸次差別。如印歐系語言之分歧，即以此解釋。異族雜處則或甲學乙語言，或乙學甲語言，其語言皆易生變化。所以要知道閩粵方言之來源，第一步就須知道閩粵的殖民史。知道這些民族播遷的歷史，然後這方言的歷史背景可以明白，一切方言

語堂 1933：204)

下面我們要探討的是，林氏所說的“民族播遷的歷史”，尤其是中原民族向南遷移的問題。今日廣州方言形成的最重要的形成力量應是從北方來的語言。廣東地區地處全中國版圖之最南，爲南方最遠的邊陲，在交通未發達之際，廣東與中原乃遙遙相隔，文化上的溝通也十分不易。不過，正因如此，中央王朝的權利也不易到達此一地區。每當北方朝廷有亂，或改朝換代，亂民蜂起之際，中原人士就大舉遷入此區避難。平日亦有罪官、流民的謫遷至此。因此廣東地區從秦開始，漸與中原發生關聯。一直到明清，陸續有大批的中原人士到來，其中除了受到外力壓迫的流民之外，還包括一些隨着中央在廣置官而來到的中原人士。他們遷入的路線，按黄福鑾(1961：7-8)認爲分成幾路：

① 北路：

a 由湖南郴州，宜章入廣東坪石，沿武水至樂昌曲江。

b 由江西贛州越大庾嶺入廣東南雄始興，沿湞水至曲江。

c 由湖南臨武入廣東連縣，沿湟水經陽山至連江口。

② 東路

由福建入汕頭或梅縣，以達廣東東部。

③ 西路

由湖南溯湘水轉桂林，或取道賀縣，沿西江而至廣東中部或南部。

大抵由中原入粵，以北路爲盛，東路次之，西路又次之。

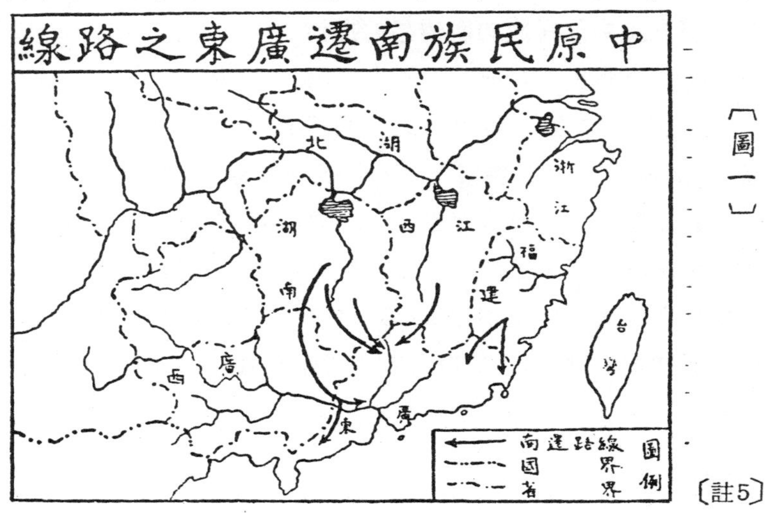

〔圖一〕

〔註5〕

這些人民移入廣東最早是在秦時，中央設立南海、象郡於這一帶，受南海尉治理，此事可見《通鑑・秦紀(始皇三十三年)》：

「・・・置桂林、南海、象郡，以讁徙民五十萬人戎五嶺，與越雜處。」

後來更以趙陀爲南海尉 [註 6]，此爲中原民族與廣東土著民族同化之始。漢代，趙陀曾獨立，後又歸漢 [註 7]。三國後廣州已成爲中國海上貿易的重鎮 [註 8]。西晋永嘉之亂，黃河流域居民之大量南遷長江以南。永嘉四年(西元 310 年) 匈奴人劉曜、王彌、石勒等南侵、殺晋大臣王衍及將士十餘萬於苦縣，當時洛陽又有饑荒，人相食，官吏流亡者十之八九。永嘉六年，匈奴兵破洛陽，史稱永嘉之亂。最後劉曜逼長安，西晋亡。當時黃河一帶的居民，不得不向南遷徙。這些遷徙的人，在當時稱爲「流人」，根據羅香林(1953：17)的分析，當時的流人中的秦雍流人就是指陝西、甘肅及山西一帶的居民，沿漢水順流，渡長江至達洞庭湖區。或更溯湘水轉桂林，沿西江而入廣東西部或中部。

梁末(南北朝)，陳霸先任高州太守，西江南路一帶均歸其管治，是一段文治武功均很盛的時代(參黃福鑾 1946, 1961)。

唐代，廣州海上交通發達，故高僧來往印度，多取道廣州 [註 9]，廣州遂興盛。唐末，經黃巢之亂後，長江流域就代替了黃河流域成爲全國經濟重心。因爲黃巢之亂歷經十餘年，使北方殘破，於是人民又大舉遷移。到了五代十國，長江一帶割據政權就成爲政治重心。其中劉隱建南漢於廣東，在廣東的興盛上佔有一席地位。而且南漢建國，其制度文物，仍中原之舊，可知中原文化對廣東當時的影響 (參黃福鑾 1961：8)。

蒙古人以大軍進逼長江，中原大族即大舉南遷；黃福鑾又説：

「今廣東各姓族，其族譜所載，大抵皆宋末經珠璣巷・・・南來者。臨安陷於蒙古人，文天祥、張世傑、陸秀夫、楊亮節等擁楊淑妃及宋幼主南來，出没於廣東沿海。元軍追逼，戰況至爲劇烈；自廣東東北潮、梅，以至西南雷州半島，皆爲激戰地區。新會崖山與九龍半島一帶，尤爲慘烈。・・・當元軍佔有長江流域時，中原民族來粵避難者必衆；及帝駕南來，隨駕入粵者當亦不少。即元軍之入粵者，當亦絶大部分爲中原人也。」(黃福鑾 1961：8)

大抵歷史上中原民族前來廣東者，以宋末元初爲多。自此之後，廣東文化因受中原民族南來之影響，已大爲提高。與中原並駕齊驅。到了清至民國，更有不少人認爲全國之重心已在廣東，其所舉之原因有許多[註10]，不過語言上，廣東一直保持著複雜的情況，廣州方言也沒有被北方官話所取代，而是形成一種混融的語言，成爲漢語方言中很特殊的一環。這與歷代南遷民族以及當地原住民的語言和其它力量的影響都有密切的關係。下面就來討論語言部份，希望能替廣州方言的形成描繪出一個輪廓。

《附註》

※ 林語堂曾說：

『現稱廣東人爲粵人，實在古粵越二字通。以史記之「南越傳」、「東越傳」、「漢書」作「南粵傳」「閩粵傳」，可見古「粵」、「越」二字通用。古有「百粵」之目，粵(越)就是一種普通名詞，包括南部異族。自會稽之東甌以至九真交趾之駱越，都包括在內。所以古有「於越」、「南越」、「閩越」、「駱越」種種稱號。春秋有「夷越」、國語有「夔越」(芈姓夔越)；史記漢通西南夷，以印都爲越嶲郡；唐朝有「飛越」、「盤越」；明有「騰越」、「平越」(都在四川、貴州、雲南等地)。可見古時越人在南部極爲普遍，廣東廣西即古百粵地。』(引自林語堂 1933：205)

[註 1] 見黄福鑾(1961：4)。

[註 2] 本節所言，多憑舊書所載及徵引各學者的專書，並沒有提出實地調查方面的材料。

[註 3] 見Chang Kwang-chi(1977：91)。

[註 4] 見Jessica Rawson(1980：16、28)。

[註 5] 引自黃福鑾(1961：7)。

[註 6] 據《史記》卷 113〈南海尉佗傳〉。

[註 7] 據《史記》卷 97〈陸賈傳〉。

[註 8] 據《漢書》卷 28 下〈地理志〉。

［註 9］ 黃福鑾(1961)註釋云：

「晉唐間高僧來往印度者，爲數至多，其取道廣州者 。晉法顯、南北朝曇無竭、求那跋摩、求那跋羅拘那羅陀，以上歸程經廣州 。唐，義淨、智弘律師、無行禪師、貞固弟子孟懷業、道宏，以上去程經廣州 。均爲高僧傳或義淨著南海寄歸傳 。」(第 13 頁)

［註 10］ 請參看黃福鑾(1961：9-10)。

§3 語言之部

§3.1. 廣州方言概述

§3.1.1. 廣州方言的語音結構

§3.1.1.1. 聲母系統概述

廣州方言中共有聲母二十： 〔表 1〕

發音部位＼發音方式	清塞音		清塞擦音		鼻音	邊音	清擦音	濁擦音(半元音性)
	不送氣	送氣	不送氣	送氣				
雙唇音	p	p‘			m			
唇齒音							f	
舌尖音	t	t‘			n	l		
舌尖面混合音			tʃ	tʃ‘			ʃ	
舌面前								j
舌根音	k	k‘			ŋ			
圓唇舌根音	kw	k‘w						w
喉音	0(零)						h	

廣州方言的聲母，連／0－／（零聲母）一類在內，本論文歸納爲二

十類 。但這一點 ，和現代論廣州方言的學者們意見有點出入， 因此這二十個聲母中，有幾點我是要特別説明的：

(1) 送氣音與不送氣音之區別：

送氣音／p‘－，t‘－，k‘－，kw‘－，tʃ‘－／ 是指氣流較強的聲母而言的 。送氣音是和不送氣音／p－，t－， k－，kw－，tʃ－／相對而言的，發不送氣音時， 也有氣流從口中流出， 但其氣流較弱 。

(2) 鼻音／m－，n－，ŋ－／之部位：

／m－，n－，ŋ－／，這三個聲母都是閉塞音，它的發音部位和塞音完全相同，例如：

／m－／的發音部位，與／p－，p‘－／相同。

／n－／的發音部位，與／t－，t‘－ ／相同。

／ŋ－／的發音部位，與／k－，k‘－／相同。

不同的是鼻音在口腔閉塞的同時，軟腭下垂，氣流從鼻腔流出，使它在鼻腔中同時發生共鳴而發音。

(3) ／n－／和／l－／的分混：

我們知道 ，在現代漢語方言裡面 ，鼻音／n－／與邊音／l－／混讀的現象在中國西部及西南部地區相當普遍。詹伯慧説：

> 「 n－和 l－大多數廣州人是分得清楚的：“你” 念 ⊆nei ，“李” 念⊆lei 。但也有少數廣州人 n－l－不分， “你” “李” 都念成 ⊆lei 。」（詹伯慧 1981 a：170）

不過根據我個人調查的記錄（本人 1980 年 8 月住廣州三日）以及繼承廣州方言而形成的今日香港粵語，／n－／、／l－／混讀的現象極普遍 ，因此，説廣州方言的人學日語之時 ，把日語／n－／混讀廣州方言／l－／之誤例特別多 ，例如：

バナナ(香蕉)→バララ

はちにん(八人)→はちりん

ふね （船） →ふれ

所以，我們可以説，廣州方言的／n－／與／l－／是自由變音（free variants）之關係（参野澤素子 1980：20－21）。

(4) ／ŋ／聲母和／0－／（零）聲母之互換：

詹伯慧謂：

「 ŋ 聲母和 0（零）聲母在廣州雖有區別，但不少人把部份 0（零）聲母字也念成 ŋ－聲母，因而使得 ŋ－、0－在一般情況下不起辨義作用，ŋ－一般出現在陽調中（只有個別讀陰調，如“啱” ꜀ŋaːm，“勾” ꜀ŋɐu）0－一般出現在陽調中。大致上屬於今洪音的零聲母字，就常有人把它們念成 ŋ－。如：

哀 ꜀ɔi——꜀ŋɔi　　　安 ꜀ɔn——꜀ŋɔn

奧 ou꜄ —— ŋou꜄　　歐 ꜀au——꜀ŋau

（詹伯慧 **1981a：171**）

不但如此，説廣州方言的人，連學日語時也出現這種現象。他們説日語的助詞“が”[ŋ]a 之時，就常有人把它念成[ʔa]。因爲日語和廣州方言的[ŋ]的分布情形不一樣，如下：

	語頭	語中	語末
日本語		√	
廣州話	√		√

因此，我們可以推測説廣州方言的人較難讀音節中的 [ŋ]音。

(5) 舌尖面混合音：

廣州方言的 ／ tʃ－、tʃ‘－ 、ʃ－ ／ 的音值是介乎國語（標準音）的[ts－ 、ts‘ 、s－]和[tɕ- 、tɕ‘－、 ɕ－]之間。詹伯慧説：

「tʃ－ 、tʃ‘－ 、ʃ－ 是比 ts－ 、ts‘ 、s－ 稍后的舌叶音，發音時舌尖或舌叶頂着齒背或齒齦發出的音，發音部位受後面韻母的影響而時前時後，不很穩定，聽起來介乎北京 tʂ－ 、tʂ‘－ 、ʂ－與 tɕ－ 、tɕ‘－ 、ɕ-之間，彷彿有點“捲舌”，但又不是“捲舌”，音色接近舌面的 tɕ－ 、tɕ‘－ 、ɕ－ 。」

（詹伯慧 **1981a：170**）

又趙元任給張洪年氏的信中説：

「這三個音・・・其實比英語的 s，dz，ts 較帶 ɕ 位的部位，因爲我覺得北平 s ʂ ɕ 是很前的 s，很捲舌的 ʂ，很平舌的 ɕ。

英語的 setc. 近乎北平的 setc，只微微後一點：英語的 ʃ 是不捲不平之間的部位，美國學者有時寫成 š。至於粵語的相當的音，在我所觀察的廣州城最行的不 s 不 ʂ 不 ɕ 的位：……」(張洪年 1972：2)

(6) 圓唇舌根音：

／kw－、k'w－／只表示／k－、k'－／的圓唇化，而／kw－、kw－／中的 w，摩擦的程度很輕微，實際上等於介音，但爲了描寫方便起見，所以把 w 歸入聲母討論。

案：張洪年（1972）中說：

「按 kw 和 k'w 的字在古代都是合口字，但是到了今日粵語中，合口的介音 w 往往和主要元音結合成圓唇的元音，如[y]，[œ]等，只有 k k' 聲母後，還有 w 的存在，假如把這個 w 歸入韻母部份，那麼爲了 k k' 兩個聲母，就要多出 15 個韻母,（wa、wai、wan、waŋ、wat、wak、wɐi、wɐn、wɐŋ、wɐt、wiŋ、wik、wɔ、wɔŋ、wɔk）所以從描寫的角度來看、爲了節省起見，把 w 歸入聲母中來討論，自然是簡單方便得多。」(張洪年 1972：3)

(7) 半元音性的濁擦音：

詹伯慧說：

「kw－、k'w－、w－、j－四個聲母的出現、與廣州話沒有介音的特點有關。w－和 j－ 是半元音性的濁擦音，w－ 的部位是雙唇，而 j－ 的部位是舌面中，摩擦的程度都很輕微。」(詹伯慧 1981a：171) 按如果把聲母中的／w－／和／j－／歸納韻母中討論, 那麼／－w－／和／－j－／作介音的多有三十五個（／－w－／→15 個, ／－j－／→20 個），因此，由上述／kw、k'w／同樣的道理，本論文把／j－／也歸入聲母。

§3.1.1.2. 韻母系統概述

廣州方言的韻母，一般說法連成音節的鼻音韻母［m̩］和［ŋ̍］兩個在内，

共有五十三個，今表列如下:　　　　　　　　　　　　　　　[表 2]

長 元\短 音	長	短	長	短	長	短	長	短	長	短	長	短	長	短
單元音	aː		ɛː		œː		ɔː		iː		uː		yː	
複元音	aːi	ɐi		ei			ɔːi				uːi			
	aːu	ɐu				øy		ou	iːu					
鼻尾韻	aːm	ɐm							iːm					
	aːn	ɐn				øn	ɔːn		iːn		uːn		yːn	
	aːŋ	ɐŋ	ɛːŋ		œːŋ		ɔːŋ			ɪŋ		ʊŋ		
塞尾韻	aːp	ɐp							iːp					
	aːt	ɐt				øt	ɔːt		iːt		uːt		yːt	
	aːk	ɐk	ɛːk		œːk		ɔːk			ɪk		ʊk		
鼻　韻					m̩				ŋ̩					

上表之中，元音後加［ː］符號就是表示長元音。看起來，廣州方言的韻母系統相當複雜，因此，這五十三個聲母中，有幾點須要特別説明的

(1) 基本元音圖：

爲了幫助以下的説明，我們先看廣州方言的基本元音圖，如下：[表 3]

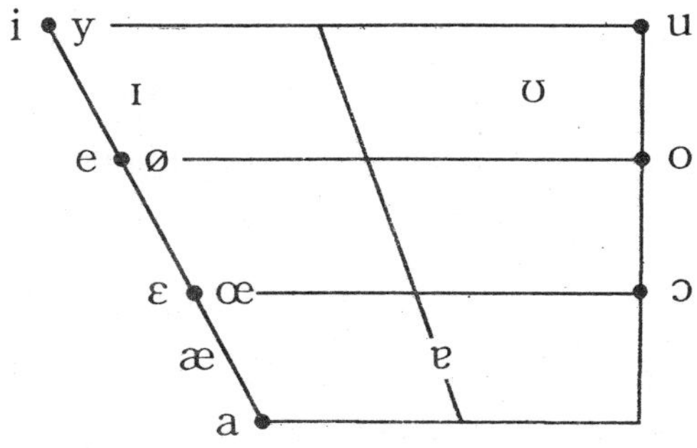

(2) 元音的長短：

廣州方言的語音特徵，最特出的一點，就是元音有很明顯的長短之區別，據所有調查過的漢語方言，除了以廣州方言爲代表的粵方言以外，其他漢語方言裡，幾乎找不到這種情形。從上表 2 看來，廣州方言有十三個元音音位：／a:、ɐ、ɛ:、e、œ:、ø、ɔ:、o、i:、ɪ、u:、ʊ、y:／。六個短元音／ɐ、e、ø、o、ɪ、ʊ／不能單獨作韻母、另外的七個元音都可以單獨作韻母、／i、u、y／又可以作韻尾。其中、只有／a:／和／ɐ／構成的韻母長短元音是對立的，同各種韻尾的配合是完整的，其他都成爲「互補分配」(complementary distribution) 的現象：

／i:／ → [i:] ／______[u.m.n.p.t]
→ [ɪ] ／______[ŋ.k]
／ɛ:／ → [ɛ:] ／______[ŋ.k]
→ [e] ／______[i]
／œ:／ → [œ:] ／______[ŋ.k]
→ [ø] ／______[y.n]
／a:／ → [a: ／ ɐ ／] ______[i.u.m.n.ŋ.p.t.k]
／ɔ:／ → [ɔ:] ／______[i.n.ŋ.t.k]
→ [o] ／______[u]
／y:／ → [y:] ／______[n.t]
／u:／ → [u:] ／______[i.n.t]
→ [ʊ] ／______[ŋ.k]

由此我們可以推測，廣州方言中的元音長短之區別，不是音位上的問題，而是出現的環境不同的結果，但是，[a:] 和 [ɐ] 却出現在同一個環境内，所以此二音的相異點是屬於音位上的。詹伯慧説：

「ɐ 是中性的開元音，與 ɐ: 比較，舌位高些後些，同時有長、短之别。一般説粵方言的 a 有長短的對立，指的其實就是 a: 和 ɐ 的區别，a: 總是長元音，ɐ 總是短元音，因此，也可以把 a: 省寫爲 a 。a、ɐ 是兩個不同的音位，如"街" ꜀ka:i，"鷄" ꜀kɐi，不同，"考" ꜂ha:u "口" ꜂hɐu 有別，是不能混同的 。從比較音韻的角度看，廣州話中以 a 爲主要元音的韻母和以 ɐ 爲主要元音的韻母來源是不同的，反映到現代北京音中，也就有不同的對應關係。」(詹伯慧 1981a:173)

案:詹氏將廣州方言中的元音有長短之別發生的原因，從語言內部自然發展的角度尋求其原因。反之，Oi-Kan Yue Hashimoto(1976)中，從語言層次方面尋求其原因：她說:

「(廣州方言)在語音特徵方面，舉例而言，廣州方言元音有緊張(tense)和鬆懈 (lax) 的區別 (其他粵語方言很少發現)，可能是受壯語的影響。壯語，這個方言和其他傣語方言一樣，元音有長短之分。」

(Oi-Kan Yue Hashimoto1976:1)

因爲本節主要是介紹廣州方言的語音特徵，因此關於這個問題留到§3.4.再詳細討論 。

(3) 音韻尾與塞音韻尾相配:

從上表 2 看，鼻音韻尾／－m，－n，－ŋ／ 和塞音韻尾(入聲韻尾)／－p，－t，－k／完全相配，數目也相同，各有十七個，這是保存古韻特徵的地方:

	鼻尾韻	塞尾韻
／a:／	／a:m／	／a:p／
	／a:n／	／a:t／
	／a:ŋ／	／a:k／
／ɐ／	／ɐm／	／ɐp／
	／ɐn／	／ɐt／
	／ɐŋ／	／ɐk／
／ɛ:／	／ɛ:ŋ／	／ɛ:k／
／œ:／	／œ:ŋ／	／œk／
／ø／	／øn／	／øt／
／ɔ:／	／ɔ:n／	／ɔ:t／
	／ɔ:ŋ／	／ɔ:k／
／i:／	／i:m／	／i:p／
	／i:n／	／i:t／
／ɪ／	／ɪŋ／	／ɪk／
／u:／	／u:n／	／u:t／
／ʊ／	／ʊŋ／	／ʊk／
／y:／	／y:n／	／y:t／

(4) 複元音的解釋：

我們上面說過，廣州方言中的／j、w／是屬於聲母，而不是介音，因此廣州方言中的／i:u、u:i／等韻，構成複合元音。因爲／i:u、u:i／二韻中，第一個音位較長較重，是主要元音，第二個音位是韻尾(參見詹伯慧 **1981a:174**)。此外，有些學者認爲，鼻音韻尾／－m，－n，－ŋ／和塞音韻尾／－p，－t，－k／也可以說一種複合元音(參見中嶋幹起 **1981:18-19**)。因爲它們收音的部位相同，不同的是鼻音韻尾在口腔閉塞的同時，軟顎下垂，氣流從鼻腔流出，使它在鼻腔中同時發生共鳴而收音，因此，在促音的條件下，塞音韻尾／－p，－t，－k／可以解釋爲鼻音韻尾／－m，－n，－ŋ／的同位音，而／

m，n，ŋ／是聲韻兼用，因此廣州方言中的韻尾裡沒有純粹的輔音(consonant)，所以，／aːm，aːn，aːŋ……／等的韻也可以說明爲一種複合元音。

(5) 鼻音韻母：

／m̩，ŋ̩／ 是自成音節的鼻音韻母， 除了一個感嘆詞“哼”／hŋ̩／以外，一般只能獨用；如下：

“五” ／ŋ̩˩˧／
“吳” ／ŋ̩˨˩／
“唔” ／m̩˨˩／(否定詞)

§3.1.1.3. 音節全表

以上說明過廣州方言的聲韻系統的特徵，下面就是廣州方言的音節全表：例字中有“※”符號表示同一個字有兩種語音，《⊂□⊃ ⊆□⊇ 。□。》等的符號表示聲調：如下:

超平	陰平	陰上	陰去	陰入
。□	⊂□	⊂□	□⊃	□⊃
				中入
				□。
	陽平	陽上	陽去	陽入
	⊆□	⊆□	□⊇	□⊇

表 4

音節表(1)

韻母＼聲母	a:	a:i	a:u	a:m	a:n	a:ŋ	a:p	a:t	a:k	ɐi	ɐu	ɐm	ɐn	ɐŋ	ɐp	ɐt	ɐk	ɛ:	ɛ:ŋ	ɛ:k
0(零)	呀	挨	凹*		晏	罌	鴨*	压	鈪	矮	歐	庵		鶯			握	誒		
p	巴	拜	包		班	繃		八	百	幣			濱	崩		不	北	啤	餅	壁
p'	怕	派	抛		盼	棒			拍	批	掊		噴	明		匹			平*	劈*
m	媽	買	猫		晚	盲		袜	擘	咪	謀		文	盟		物	墨	咩	名*	
f	花	快			翻			法		費	否		分			忽				
t	打	帶		担	單		答	笪		低	斗		墩	等		凸	德	爹	頂*	笛
t'	他	太		貪	攤		塔	撻		梯	頭		吞	藤					聽*	踢
n	拿	奶	鬧	南	難		納	捺		泥	鈕	諗	撚	能	凹*	訥		呢*		
l	啦	賴		藍	懶	冷	立	辣		嚟	留	林			笠	甩	勒	哩	領*	瀝
k	家	街	交	監	間	耕	甲	軋	革	鷄	九	今	斤	更	急	吉		嘅	驚	屐
k'	咖	楷	靠						[illegible]	契	求	琴	勤	揹	及	咳		茄		
ŋ	牙	崖	咬	岩	眼	硬	鴨*	齧*	額	危	牛	暗	銀			兀				
h	虾	鞋	考	喊	閑	行*	俠		客	系	後	憾	痕	肯	哈	乞	黑		輕*	吃*
kw	瓜	怪			關	逛		刮		歸			軍	轟		骨				
k'w	夸	[illegible]				框				規			裙							
tʃ	咱			簪	贊		雜			仔	走	浸		增	[illegible]	疾	則	姐	井	蓆
	揸	寨	爪	斬	盞	爭	閘	札	窄	擠	洲	針	真		執	質		遮		隻
tʃ'				蠶	餐				賊	齊	秋	尋	親	曾	輯	七		邪	請	
	叉	差	炒	杉*	產	撐	插	察	拆		臭	沈	塵				測	車		尺
ʃ	卅	徙		三	散		颯	撒	索*	西	修	心	新	僧		膝	塞	寫		錫
	沙	晒	梢	杉*	山	生	烚	殺		使	手	深	身		十	實		蛇	聲*	石
j	廿	踹							吃*	曳	休	飲	因		入	一		爺		
w	華	壞			還	橫		滑	或	威			溫	宏						

音節表(2)

韻母／聲母	ei	i:	i:u	i:m	i:n	ɪŋ	i:p	i:t	ɪk	ɔ:	ou	ɔ:i	ɔ:n	ɔ:ŋ	ɔ:t	ɔ:k	œ:	øy	øn	œ:ŋ
0(零)	欸									疴	澳	哀	安	盎		惡				
p	畀		標		邊	兵		必	逼	波	煲			幫		薄				
p'	皮		票		片	平		撇	僻	破	鋪			旁		撲				
m	未		妙		面	名		滅	覓	磨	冇			忙		莫				
f	非									科				方		霍				
t	地		調	點	典	頂	碟	跌	的	多	刀	代		當		踱	朵	對	頓	
t'			調	添	天	聽	貼	鐵	惕	拖	桃	臺		湯		託	唾	推	楯	
n	你	呢	鳥	拈	年		捏		搦	那	努	内		囊		諾		女		娘
l	利		了	鐮	連	領	獵	列	力	攞	老	來		郎		落		雷	論	良
k	幾		叫	檢	見	京	劫	結	極	個	高	該	乾	剛	割	各		居		姜
k'	祈		橋	箝	乾	傾		揭		鈳		慨		慷		確		區		強
ŋ								齧		疴	傲	外	安	昂		岳				
h	希		曉	險	憲	輕	怯	歇		河	毫	開	看	行	渴	壳	靴	虛		香
kw									隙	過				光		國				
k'w														鑛		擴				
tʃ			椒	尖	煎		接	節	即	左	租	再		葬		作		聚	樽	將
		知	朝	占	氈	整				阻				壯					準	章
tʃ'			樵	籤	千		妾	切	戚	錯	粗	菜		倉		錯		取	巡	槍
		遲	朝		纏					初				瘡					春	窗
ʃ	四		小		先	星		屑	惜	銷	素	顋		桑		索		雖	信	想
		詩	少	閃	扇	聲	涉		食	疏	数					數		誰	順	上
j		衣	要	驗	烟	應	葉	熱	益	唷										央
w						永			域	和				王		獲				

音節表(3)

聲母＼韻母	øt	œ:k	u:	u:i	u:n	uŋ	u:t	uk	y:	y:n	y:t	
0(零)						甕		屋				
p				杯	搬	捧	鉢	卜				
p'				佩	潘	蓬	潑	仆				
m				每	門	蒙	末	木				
f			父	灰	寬	風	闊	福				
t	咄	琢				冬		讀		短		
t'						通		禿		斷		
n	訥					農		忸		暖		
l	律	略				龍		六		聯	劣	
k		腳				公		谷		捲		
k'		卻		潰		窮		曲		權	決	
ŋ												
h						空		哭		券	血	
kw			古	癐	官							
k'w			箍				括					
tʃ	卒	雀				棕		足		尊	啜	
		着				中		竹	住			
tʃ'						松		速		村	撮	
	出	綽				充		畜	處			
ʃ	恤	削				送		宿		算	雪	
	術							熟	処	船	說	
j		若				雍		郁	于	丸	月	
w			烏	回	碗		活					
m̩												唔
ŋ̍												五

§3.1.1.4. 聲調系統概述

(1) 聲調調值：

〔表 5〕

	降	升	平	短	長
高 5			(1)	(1a)	(1b)
4	(2)	(3)			
3			(4)	(4a)	(4b)
低 2		(6)	(7)	(7a)	(7b)
1	(5)				

〔表 6〕

調類	陰平	陽平	陰上	陽上	陰去	陽去	陰入	中入	陽入
調值	55 或 53	21	35	23	33	22	5	33	2 或 22
例字	詩・敷	時・扶	使・苦	市・婦	試・富	事・父	識・忽	泄・法	食・佛

廣州方言的聲調，自趙元任（1947）用五度標調法標定廣州方言的各調類的調值後，各學者大體沿用。然而Oi-Kan Yue Hashimoto（1972）所標定的是根據自己的分析，改訂了趙先生所標的幾個調類的調值，如下：

〔表 7〕

	陰平	陰上	陰去	陰入	中入	陽平	陽上	陽去	陽入
趙元任	53:或 55:	35:	33:	5:	33:	21:	23:	22:	2:或 22:
袁家驊	55:或 53:	35:	33:	5:	33:	21:或 11:	13:	22:	2:或 22:
張洪年	55:或 53:	35:	33:	5:	33:	21:	13:	22:	22:
Oi-KanYue Hashimoto	53:或 55:	35:	44:	5:	4:	21:或 22:	24:	33:	3:
高華年	53:或 55:	35:	33:	55:	33:	11:	13:	22:	2:或 22:
詹伯慧	55:或 53:	35:	33:	55:	33:	21:或 11:	13:	22:	22:

但是，本論文按自己所調查及學習廣州方言的經驗上，依然依據趙先生的調值（但高升變調趙先生認爲 25:調，本論文認爲 35:調）。

從上表 5 來看，廣州方言的聲調可以分爲平、上、去、入四類，平上去入各分陰陽，而陰入更按主要元音之長短關係分成上、下類，習慣上一個是叫作陰入或上陰入，另一個是叫作中入或下陰入；所以廣州方言共有九個聲調。但是，從表 4 來看，按語音調值來說，聲調的不同是聲音高低、升降，與韻母的收音没有關係，所以從調值上說，陰入與陰平、中入與陰去、陽入與陽去都各自相同，不同的是舒促之别而已。因此，實際上廣州方言的聲調只有七個基本調位。換句話説，九聲是中國聲韻學傳統上的稱呼，按實際語言情況來說是七個聲調。

(2) 陰平調的分化：

上面說過，按實際語言環境裡，廣州方言只有七個基本聲調，但其中 55 調（除入聲和變調。關於變調的問題見後述）與 53 調都屬於陰平調。一般認爲 53 調是本調，55 調是變調。那麼這兩個調值之間，究竟存在着什麼樣的關係呢？對於此一問題，目前有兩個不同的看法：一個是同一調類的兩個變體的說法，而把 55 調歸附陰平調；另一個是兩個各自獨立的調類的說法，而把 55 調叫作上陰平，53 調叫作下陰平。詹伯慧（1981a）從前者的立場來說：

> 「陰平可以念 55˥，也可以念 53˥˧，有些陰平調的字一般念高平，但到了特定場合就得念高降，例如“米篩”的“篩”念 55˥，可是“篩米”的“篩”就得念 53˥˧。不過在日常交際中，廣州話的陰平隨意 55˥ 或 53˥˧，都是不致影響表達的，這就說明 55 ˥ 和 53 ˥˧ 這兩個調值並没有起辨義的作用。」（詹伯慧 1981a：175－176）

果然如此嘛？宗福邦（1964）中的見解，與詹伯慧的意見恰好相反。宗福邦從調查廣州方言的七百多個陰平字以及由這些字構成的約近七千個詞語來（參見宗福邦 1964：376），認爲 55 調、53 調之間有大量的對立（contrast）現象，首先否定陰平調有兩個變體的說法；他說：

「既然廣州話陰平調的兩個調值在表義功能上存在大量對立的現象，

根據音位理論的原則，它們就有足够的理由在廣州音系裡分別獲得作爲一個獨立音位（調類）的資格，而不應該把它們看成是一個音位（調類）的兩個變體。我們正是根據這一客觀情況，得出廣州話陰平調已經分化成兩個各自獨立的調類這樣一個結論的。在稱呼上，爲了上陰入和下陰入相對稱，我們把55調稱爲上陰平調，53調稱爲下陰平調。」（宗福邦 1964：378）

那麼，廣州方言陰平調是怎樣分化的，分化的條件是什麽呢？張日昇（1969）把宗福邦的論文加以補充，並指出分化的條件是具體名詞詞素與非具體名詞詞素的對立;如下:

「上陰平調從下陰平調分化出來是一種歷史音變的現象。引起這種分化的語音條件是不能够利用一般漢語演變的規律來加以解釋。但是，從陰平調詞彙中可以觀察到一項上陰平字和下陰平字在對立時所產生的一種語法上普遍存在的關係。那就是：55調出現於具體名詞詞素，而動詞、修飾詞及量詞則和53調同時出現。」

（張日昇 1969：86）

他又説：「由於下陰平調包括各種不同詞類的詞素，上陰平調則只有具體名詞和摹聲字，我們可以假定53調是基本的調值，55調分化的形態條件，是具體名詞詞素與非具體名詞詞素的對立，而現在下陰平調字彙中尚有小量具體名詞詞素是説明形態的變化與語法的功用不是永遠並行的。由於關係的參差，事實的複雜，我們不可能把它一律化、簡單化，而抹殺了事實的真相，何況陰平調分化過程到現在還没有完成，而具有53調值的具體名詞詞素恐怕將來會逐漸減少的。」

（張日昇 1969：96－97）

案：就此問題，過去學者大體基本上以《廣韻》音系爲依據，不是以詞而是以漢字作爲調查研究廣州方言的基本單位的。但宗、張二位的論文，在純粹的音位學理論的立場來探討這個問題，而指出陰平調分化的條件。這二位的意見是很重要的。因爲漢語的歷史音變上，一般認爲，漢語聲調系統的演變是「以中古音聲母的〝清濁〞爲分化的條件」但是今日的廣州方言陰平調的分化，雖然還未完成，但以詞素的對立（具體名詞詞素與非具體名詞詞素）爲分化的條件，而與聲母無關；這一點，也可以說廣州方言的特徵之一。

(3) 陰入（上陰入）與中入（下陰入）：

上面説過，漢語聲調系統的演變是以中古音（9～10 世紀）聲母的"清濁"爲分化的條件，就是清聲母讀陰調，濁聲母讀陽調，聲母與調類發生關係。但是廣州方言的陰入（上陰入）和中入（下陰入）的分化條件是以「音節主要元音的長短」爲分化的條件。引起這種分化的語音條件是不能够利用一般漢語演變的規律來加以解釋的（参見橋本萬太郎 **1979a**：**222－229**），而這一點也使廣州方言在現代漢語方言中別樹一格。

(4) 變調：

廣州方言的變調可以分爲兩種：一種是連調（tone sandhi）變化，另一個是意義機能不同而產生的變調，現在説明如下：

A. 連調變化

廣州方言在連調時會產生兩個變調，一個是陰平(˥˧53)與陰平連調時變超平調(高平變調)調值和上陰平(˥ 55)相同，用˥$^{55※}$來表示(或是字在下角加「。」，如。口)，這種變調有規律可尋，大致是:

a.　53+55→55$^{※}$+55　(例)／kʊŋ$^{55※}$ʃiː^{55}／"公司"

b.　53+53→ { 55*+55* (例)／kou^{55*}fuŋ^{55*}／"高峰"（口語）
　　　　　　53+53 (讀書音不變／kou^{53}fuŋ^{55*}　"高峰"（讀音)

另外，陰平與陰平連調之外的連調變化現象，大都產生在「表示熟識事物」[註 1] 時，與陰平、陽平、陰上、陽上、陰去、陽去、陰入、中入、陽入等連調的後字(除陰平、陰入、陰上)都變成超上調(高升變調：包括變入聲=入聲的高聲變調)，調值和陰上相同，用˧˥^{35*}來表示(或是字右上角加「※」，如口$^{※}$ [註 2])；如下

中文→ tʃuŋ^{53}　mɐn$^{35※}$，前年→ tʃ'in^{21}niːn$^{35※}$

老母→ lou^{23}mou$^{35※}$，亞劉→ aː^{33}lɐu$^{35※}$

B. 意義機能不同而產生的變調：

按詹伯慧(1981a:176－178)的分析，如下:

(a)用變調表示"大小""長短"的。如:

大 ta:i22　咁大 ／kɐm33 ta:i22 ／這麼大。

／kɐm33 ta:i35※ ／這麼大而已。

／kɐm33 ta:i55※ ／這麼小。

長 tʃ'œ:ŋ21　咁長 ／kɐm33 tʃ'œ:ŋ21 ／這麼長。

／kɐm33 tʃ'œ:ŋ35※ ／這麼長而已。

／kɐm33 tʃ'œ:ŋ55※ ／這麼短。

(b)用變調表示時態作用的。如:

去 høy33　我去嚹／ŋɔ:23 høy33 la:33 ／ 我去了。

(動作未完成)

／ŋɔ:23 høy35※ la:33 ／ 我去了。

(動作已完成)

(c) 部份單音節形容詞重疊變調後能表示程度的深淺。例如:

紅 hʊŋ21　紅紅哋／hʊŋ21 hʊŋ35※ tei35※／ 淡紅。

紅紅 ／hʊŋ35※ hʊŋ21 ／ 很紅。

(d) 通過變調表示微小，次要或輕視的意思。例如:

"人"／jɐn21／(陽平)、"一個人"／jɐt5 kɔ33 jɐn55※／表示"孤零零地一個人"的意思，"嗰個人"／kɔ:35 kɔ:33 jɐn35※／(那個人)，則帶有不尊敬的意味。

總起來看，廣州方言變調的特徵，有以下幾點:

① 廣州方言的連音 (tone sandhi) 變調，不引起詞義、語法的變化。

② 廣州方言的讀音(文言)没有變調。

③ 廣州方言的變調多見於名詞和形容詞，其它詞類很少發現變調的例子。

④ 廣州方言的變調絶大多數出現在連續的後一音節，而在前一音節的很少出現。

此外，有一些廣州方言詞是"以變調爲常"的: 例如"呢"

／ni$^{55※}$／(這), "乜" ／mat$^{55※}$／(什麼)， "啱" ／ŋaːm$^{55※}$／(對，不錯)， "嗰" ／kɔː$^{35※}$／(那)等等，以及外來詞的大部分：如下：

英語	廣州方言	標準語(國語)
mile	咪／mɐi$^{55※}$／	哩
mark	嘜／mɐːk$^{5※}$／	牌子，商標
film	菲林／fei^{55} lɐm$^{35※}$／	軟片，膠卷
laine(法語)	冷／laːŋ$^{55※}$／	毛綫

這種現象，我們該怎樣解釋好呢？ 張日昇曾經提出值得注意的意見；他說:

「… 粤人在自己創造的新詞中確有利用 35 調和 55 調作爲複詞標識的傾向 。所以，一個書面音還是保留着基本調值的字 ，用於口語和方言性的詞中都有讀變調 。這就是說： 在詞素中讀 35 調的同位語是很富有地方色彩，而讀本調的同位語是承着漢語歷史演變而來， … …。」(張日昇 1969：100)

因此轉譯成的外來詞，聲調多數是單音詞 55$^{※}$ 調，複音詞 55$^{※}$ +35$^{※}$ 的情形。

《附註》

［註 1］ 根據趙元任先生(1959) 。他認爲這種變調可以當作一個詞位，有「表示熟識事物」的意義。

［註 2］ 張日昇說:

「由於粤音變調和基本聲調調值剛好相同， 結果產生音位論和詞素論上一個問題 。除了上陰平和陰上外， 其餘各調的調位都有兩個形態：本調和變調。例如：陽平調有 21：和 35：。 如果兩個形態算是同位音 (allophone)， 那麼，陽平的 35:和陰上的 35:就纏繞不清， 產生交叉音位的現象(intersecting phonemes) 。在音位論的方法上， 這種不同音位下有共同音值的情形， 務要避免， 那麼我們怎樣去解決這個問題呢 ？唯一的方法是把這種形態音位，都歸詞音論(mor-phophonemics)的範疇。… 」(張日昇 1969:97)

§ 3.1.1.5 廣州方言同音字表

本節的材料是根據黃錫凌 1940，同時參閱 Oi-Kan Yue Hashimoto 1972.

a:

聲調 / 韻母 / 聲母	陰平	陽平	陰上	陽上	陰去	陽去	陰入	中入	陽入
	a:	a:	a:	a:	a:	a:			
(零)	丫吖鴉啊呀		啞阿(嘆詞) 嗄(嘆詞)		亞阿呀西	呀(五呀五)			
p	巴吧叭爸 疤笆芭		把靶鈀		霸壩覇 欛	罷吧			
p'	扒趴葩	杷爬扒(扒手) 琶耙			怕帕				
m	媽嬤螞(螞螂) 嗎	麻蔴嘛痲蟆		馬嗎(嗎啡)碼 螞(螞蟻)瑪	嗎	罵螞(螞蚱)			
f	花華(花)				化				
t	打(一打)		打						
t'	他她佗 牠它								

a:

聲調 / 韻母 / 聲母	陰平	陽平	陰上	陽上	陰去	陽去	陰入	中入	陽入
	a:	a:	a:	a:	a:	a:			
n	哪(助詞)	拿哪(哪吒)	乸	那(哪)		那			
l	啦喇拉(拉丁) 勒(嘆詞)嚹		揦		罅				
k	加家傢嘉葭袈		假(真假)賈(姓) 榎檟		假(告假)駕嫁 嗎價嫁稼架				
Kw	瓜		寡		卦掛啩(啩)絓 褂罣註				
K′	卡咖哈		卡		髂喀				
K′w	夸姱		侉咵		胯跨				

a:

聲調 / 韻母 / 聲母	陰平	陽平	陰上	陽上	陰去	陽去	陰入	中入	陽入
	a:	a:	a:	a:	a:	a:			
ŋ		牙芽衙		瓦雅		訝迓砑			
h	蝦鰕哈	瑕蛤霞 遐		吓		下夏廈 厦暇			
tʃ	渣揸楂 咱喒偺				乍咋炸詐 搾榨䄍煠				
tʃ'	差（差別） 叉喳扠杈	茶查搽槎 楂垞			岔詫				
ʃ	卅沙砂紗痧裟 莎鯊啥倽		洒耍		嗄				
j				也釶		廿			
w	哇嘩娃窪蛙 蝸凹呱	華驊劃	畫剮	踝		話華（華山） 畫樺 罣（阻碍）			

a:i

聲調 / 韻母 / 聲母	陰平	陽平	陰上	陽上	陰去	陽去	陰入	中入	陽入
	a:i	a:i	a:i	a:i	a:i	a:i			
(零)	唉挨哎		欸（欸乃）		嗌隘餲				
p	掰		擺捭（捭闔）		拜湃	敗唄憊稗粺			
p		排牌俳簰簰			派湃				
m		埋薶霾		買		賣邁勱			
f					快筷块傀（傀儡）				
t	呆獃		歹		戴帶蔕襶	大			
t					太泰態貸				
n				乃廼迺奶		褦			
l	拉				癩	賴瀨籟落（遺失）酹			

a:i

聲母＼韻母＼聲調	陰平	陽平	陰上	陽上	陰去	陽去	陰入	中入	陽入
	a:i	a:i	a:i	a:i	a:i	a:i			
k	街佳皆階偕稭		解		介芥界届解（押解）戒誡				
Kw	乖		拐柺罫		怪				
K‘			楷（楷書）鍇						
K‘w				擓					
ŋ		厓崖捱涯啀睚				乂刈艾			
h	咳（嘆詞）揩 哈（齊齊哈爾）	鞋諧骸（語音）		蟹懈駭		械嗐（嘆詞）邂 解（姓）薤			
tʃ	斋				債	寨砦 豸			
tʃ‘	猜差（差人） 釵搋	豺柴儕	踹（語音）		瘥蠆嘬				

聲調 韻母 聲母	陰平	陽平	陰上	陽上	陰去	陽去	陰入	中入	陽入
	a:i	a:i	a:i	a:i	a:i	a:i			
ʃ			葸枲璽 徙蓰屣	舐舓	殺（衰） 哂[illegible]晒鎩				
j			踹						
w	歪	懷槐淮				壞			

a:u

聲調 韻母 聲母	陰平	陽平	陰上	陽上	陰去	陽去	陰入	中入	陽入
	a:u	a:u	a:u	a:u	a:u	a:u			
(零)	坳		拗(折也)		拗坳凹				
p	炮(烹調法)勹包鮑(姓)胞苞		飽		爆	鉋			
p'	脬拋泡(質松)	刨鉋咆	跑		砲豹炮疱				
m	貓	蝥矛茅錨蟊		卯茆牡		貌			
n		鐃撓橈呶猱				鬧			
K	膠轇交郊教蛟跤		姣狡皎搞絞餃攪鉸佼		覺(瞓覺)校(校對)窖滘教(教書)較				
K'					銬(手銬)靠				

a:u

聲調 / 韻母 / 聲母	陰平	陽平	陰上	陽上	陰去	陽去	陰入	中入	陽入
	a:u	a:u	a:u	a:u	a:u	a:u			
ŋ		肴餚淆交		咬	樂（喜好也）				
h	敲哮尻	姣（淫也）	考攷巧拷栲烤		孝酵	校效傚			
tʃ	嘲		找爪抓		罩笊	棹棹櫂			
tʃ'	抄鈔勦	巢	炒吵		鈔（鈔票）				
ʃ	梢捎蛸		稍		哨				

聲調 韻母 聲母	陰平	陽平	陰上	陽上	陰去	陽去	陰入	中入	陽入
	a:m	a:m	a:m	a:m	a:m	a:m	a:p	a:p	a:p
(零)								鴨 押（簽押）	
t	酖儋聃 担（動詞）耽躭眈		胆		担（名詞）	淡（淡薄）啖憺澹		答搭瘩	沓踏蹋
tʻ	貪探（探湯）	曇壜 談痰潭譚壇	毯撢醓	淡（淡味）	探撢			拓（同搨） 塔塌榻搨	
n		男南楠		腩					納衲鈉
l		藍籃嵐婪襤		覽攬欖		濫艦檻纜			臘立（又讀）蠟垃鑞

聲調 / 韻母 / 聲母	陰平	陽平	陰上	陽上	陰去	陽去	陰入	中入	陽入
	a:m	a:m	a:m	a:m	a:m	a:m	a:p	a:p	a:p
K	緘椷監（監督、監獄）		減		鑒監（國子監）			夾甲莢鋏岬胛	
ŋ		岩癌巖							
h	嵌	函咸啣銜			喊	陷餡		呷掐	柙匣俠峽挾狹陜狎
tʃ	簪		槧寁斬嶄		湛蘸	暫鏨蹔站		眨（語音）劄剳匝咂砸	雜習集襲閘
tʃʻ	參	蠶慚慙毚鑱饞讒	慘		杉讖儳			插	
ʃ	衫摻芟彡三參仨		糝		三（三思）			靸颯圾霎	烚

聲母 \ 韻母 \ 聲調	陰平	陽平	陰上	陽上	陰去	陽去	陰入	中入	陽入
	a:n	a:n	a:n	a:n	a:n	a:n	a:t	a:t	a:t
(零)					晏鷃			壓 押(當押)	
p	班斑頒瘢		坂阪板版		扮	辦瓣		八捌	魃
p′	扳攀				盼襻				
m		蠻饅鰻		晚娩		萬曼慢漫卍 墁幔蔓		抹	
f	返(返嚟)番翻 飜幡旛繙	凡帆藩煩蕃 繁矾	反返		泛汎氾販	飯犯範梵		發法琺珐砝	
t	單丹殫簞 鄲				旦誕	但蛋疍蜑 彈憚		笪妲怛靼	達
t′	攤灘癱坍	彈(彈唱) 壇檀	亶癱(語音) 坦袒疸忐		炭嘆碳			達(挑達)	

聲調 / 韻母 / 聲母	陰平	陽平	陰上	陽上	陰去	陽去	陰入	中入	陽入
	a:n	a:n	a:n	a:n	a:n	a:ŋ	a:n	a:t	a:t
n		難		戁赧		難（難民）			捺
l		蘭欄攔闌		懶		爛			辣剌
K	蕑間艱奸姦菅		筧礆蕑梘柬揀簡		澗覸諫間（間中）				
Kw	瘝關矜綸鰥				摜慣			刮	
ŋ		顏		眼	晏	雁贗贋			齾
h	慳	閑閒癇	覸	僩		限			
tʃ			攢（積蓄）趲盞琖醆昝		贊讚	揝賺（[illegible]、）撰譔		扎札軋紮	

a:n/a:t

聲調 韻母 聲母	陰平	陽平	陰上	陽上	陰去	陽去	陰入	中入	陽入
	a:n	a:n	a:n	a:n	a:n	a:n	a:t	a:t	a:t
tʃ'	餐飡	殘	產剷鏟剗		羼粲燦			擦察刷刹	
ʃ	山舢閂刪栓拴珊		散（丸散、閒散）潸		汕疝訕散傘篡			殺煞刷（又讀）撒薩	
w	彎灣	還環玩頑寰	綰	挽輓		幻患宦鐶		挖斡（斡旋）	滑猾

a:ŋ /a:k

聲母 \ 韻母 \ 聲調	陰平	陽平	陰上	陽上	陰去	陽去	陰入	中入	陽入
	a:ŋ	a:ŋ	a:ŋ	a:ŋ	a:ŋ	a:ŋ	a:k	a:k	a:k
(零)	罌甖								
p						繃(張裂)蹦 (跳躍)		百伯佰柏栢 舶迫	白匐蔔帛
p'	亨烹澎	彭澎膨棚 鵬		棒				拍帕珀魄	
m	繃繃	盲氓		猛蜢艋錳		孟	嚜嘜	擘	麥
l		冷						嘞	肋
K		耕畊更(三更半夜)			逕			革隔格搹胳骼 鬲(膠鬲)	
Kw						逛		摑	
K'w	框眶筐								

a:ŋ / a:k

聲調 / 韻母 / 聲母	陰平	陽平	陰上	陽上	陰去	陽去	陰入	中入	陽入
	a:ŋ	a:ŋ	a:ŋ	a:ŋ	a:ŋ	a:ŋ	a:k	a:k	a:k
ŋ						硬			額逆
h	坑阬夯	桁（大械）行（行路去）						客吓嚇	
tʃ	錚丁（伐木聲）爭掙崢睜箏				諍（諫諍）	掙（掙錢）		窄責嘖	澤擇摘宅翟（姓）擲賊
tʃʰ	牚撐橕撐瞠	棖 振 橙倀（俗讀）						拆冊策	
	生牲甥笙		省眚					索（讀音）	
j								喫吃	
w		橫衡（跟橫字通）				橫（橫逆）			畫（動詞）或惑劃

ɐi

聲調 / 韻母 / 聲母	陰平	陽平	陰上	陽上	陰去	陽去	陰入	中入	陽入
	ɐi	ɐi	ɐi	ɐi	ɐi	ɐi			
(零)			矮		縊翳				
p	跛	閉蔽							陛稗粺薜幣敝弊斃
p'	批			睥					
m		迷謎瞇霾		弭米咪眯敉		袂謎			
f	揮輝徽麾				疿費肺廢癈	吠痱			
t	低氏羝		氏(根本、到)底抵邸		蔕帝締蒂諦	逮隸(俗讀)第弟悌遞隶			
t'	梯銻	綈提題提啼蹄醍	睇體	娣弟(同悌)悌(愷悌)	締(語音)涕替剃薙嚏屜				

ɐi

聲調 韻母 聲母	陰平	陽平	陰上	陽上	陰去	陽去	陰入	中入	陽入
	ɐi	ɐi	ɐi	ɐi	ɐi	ɐi			
n		泥坭							
l		嚟黎犂藜		禮澧醴鱧蠡		荔隸（正讀）例麗儷厲勵癘礪糲			
k	雞笄		偈		ヨ髻計繼薊	偈（佛家所唱的詞句）			
Kw	瑰圭龜邽歸閨鮭傀	隗	鬼軌詭晷		桂悸癸貴季瑰（玫瑰）	饋餽櫃跪匱簣			
K′	稽溪嵇		稽（稽首）啓啟启		契				
K′w	規窺亏盔睽	畦逵葵揆睽携畦馗	跬	揆	愧媿				

聲調 韻母 / 聲母	陰平	陽平	陰上	陽上	陰去	陽去	陰入	中入	陽入
	ɐi	ɐi	ɐi	ɐi	ɐi	ɐi			
ŋ		猊輗霓麑巍危兒（姓氏）倪		蟻艤隗		魏羿睨詣囈僞藝毅			
h		徯蹊谿兮奚傒	喺	匸謑		系盻禊			
tʃ	擠劑		仔濟（濟濟）		祭際濟（救濟）制製掣晢晣霽	滯劑			
tʃ'	妻凄悽棲栖	齊薺			妻（動詞）切（一切）沏砌				
ʃ'	西嘶犀樨篩		洗洒使駛		細壻婿世勢貰	誓逝筮遾噬			

ei

聲調 / 韻母 / 聲母	陰平	陽平	陰上	陽上	陰去	陽去	陰入	中入	陽入
	ei	ei	ei	ei	ei	ei			
j			吟孬			曳洩枻泄拽			
w	威葳委（委蛇）萎倭（倭遲）逶	為（行為）韋圍帷違桅遺唯（同唯）惟維	委（委託）卉猥唯（唯唯諾諾）喟諉毀燬痿	偉緯葦諱韙	畏喂餵餧尉慰蔚璏	為（因為）位胃謂衛惠渭猬蝟蕙彗慧遺（贈送）			

ɐu

聲調 / 韻母 / 聲母	陰平	陽平	陰上	陽上	陰去	陽去	陰入	中入	陽入
	ɐu	ɐu	ɐu	ɐu	ɐu	ɐu			
（零）	區（姓）嘔謳歐		嘔歐（跟嘔字通）毆						
p′		掊	剖瓿						
m		牟謀眸繆（綢繆）		某厶畝牡		貿茂謬楙懋繆（紕繆）			
f		浮罘	否缶				阜埠		
t	兜		斗抖蚪陡		鬥鬭	豆痘荳逗竇			
t′	偷	頭投骰上	抖（休息）敨		透				

ɐu

聲母＼韻母＼聲調	陰平	陽平	陰上	陽上	陰去	陽去	陰入	中入	陽入
	ɐu	ɐu	ɐu	ɐu	ɐu	ɐu			
n	嬲		朽（俗讀）扭紐鈕鈕忸狃			耨糅			
l	摟嘍	瘤騮硫婁僂嘍（嘍囉）留劉流樓榴琉瘻摟（牽也）		柳摟（摟抱）綹簍		溜漏陋霤鏤露（語音）			
k	溝勾鉤鈎鳩句		糾赳九久狗韭韮苟糾		灸疚垢救究搆構購夠咎	舊柩嚿			
k	摳瞘溝（語音）	求球裘毬仇（配耦、姓）	購（語音）扣釦叩寇構（語音）	舅臼					

聲調 韻母 聲母	陰平	陽平	陰上	陽上	陰去	陽去	陰入	中入	陽入
	ɐu	ɐu	ɐu	ɐu	ɐu	ɐu			
ŋ	鈎（語音）勾（語音）	牛		偶耦藕					
h	齁	侯猴喉篌	口	厚	吼	後逅候后			
tʃ	謅騶諏陬啾州周週舟譸鄒		肘帚箒走酒		皺奏晝咒呪㤘皺縐	袖驟鷲宙紂酎胄就僦			
tʃʻ	鰌抽妯紬秋萩鞦鰍	囚酋遒蝤裯籌躊酬稠讐仇	丑醜瞅矁		臭嗅凑湊輳				
ʃ	修脩羞饈搜艘颼蒐收	愁仇	叟藪嗾手守首		瘦狩獸秀琇綉漱銹嗽宿（星宿）	受授綬壽售			

ɐu

聲調 / 韻母 / 聲母	陰平	陽平	陰上	陽上	陰去	陽去	陰入	中入	陽入
	ɐu	ɐu	ɐu	ɐu	ɐu	ɐu			
j	休咻呦優懮丘蚯邱幽	由油郵尤酋猶攸悠游遊柔揉鍒	黝糅朽	有友莠誘酉卣	幼	右鼬又柚侑佑囿宥釉			

聲調 韻母 聲母	陰平	陽平	陰上	陽上	陰去	陽去	陰入	中入	陽入
	em	em	em	em	em	em	ep	ep	ep
（零）	庵菴鵪諳		黯闇唵晻		暗				
n		諗（以為、細想）捻（跟諗字通）		稔			凹（語音）粒		
l		林淋琳痳霖臨		稟凜廩懍檁			笠粒		立
k	禁（耐也）今金甘柑泔疳矜		噉敢橄感錦		禁（禁止）噤咁	搇撳㩒	急	鴿蛤郃合（量名）	
k'	禁（俗音耐也）襟衾矜	琴禽噙擒琹芩		妗			給級吸汲		及

聲調 韻母 聲母	陰平	陽平	陰上	陽上	陰去	陽去	陰入	中入	陽入
	ɐm	ɐm	ɐm	ɐm	ɐm	ɐm	ɐp	ɐp	ɐp
h	堪勘戡龕	含甜	坎欿砍		勘墈磡凵	憾撼嵌	恰瞌		合盒郃鉿盍嗑蓋洽 磕闔榼
tʃ	針鍼箴斟砧		枕（名詞）怎		枕（動詞）揕譖僭 浸		汁執		
tʃʻ	侵參（參差）	沈沉尋潯燖鱘	寢		沁（水名）		輯戢緝		
ʃ	心芯深琛森參（人參）郴	諶岑涔忱	審嬸瀋讅沈（姓）諗伈		沁滲	甚葚椹	濕澀澁		十什拾

聲調 韻母 聲母	陰平	陽平	陰上	陽上	陰去	陽去	陰入	中入	陽入
	ɐm	ɐm	ɐm	ɐm	ɐm	ɐm	ɐp	ɐp	ɐp
j	音陰欽欽	壬任（姓）妊姙淫吟霪崟	飲	荏袵飪	廕蔭飲（飲馬、飲牛）窨	任恁袵衽賃飪餁	邑悒挹浥揖泣翕		入

聲調 / 韻母 / 聲母	陰平	陽平	陰上	陽上	陰去	陽去	陰入	中入	陽入
	en	en	en	en	en	en	et	et	et
p	斌賓濱檳繽瀕豳犇浜 奔賁（虎賁古稱勇士）彬		品稟		儐擯鬢殯	笨	筆不畢嗶蹕韠		拔弼泌苾跋鈸
p'	噴（噴飯）	貧頻瀕顰蘋嬪		牝	噴（噴香）		匹疋		
m	蚊	緡閩聞 文旻民岷玟珉紋		閩憫吻刎 黽澠泯抿愍敏		汶紊 問聞（令聞）文（掩飾）	乜		物勿密蜜袜
f	熏燻薰昏婚葷 分吩芬氛紛勳	賁坟焚棼汾	粉	奮僨噴憤忿	訓瞓糞	分份	歘 忽窟弗彿拂		筏閥 乏罰佛怫伐

聲調 韻母 聲母	陰平	陽平	陰上	陽上	陰去	陽去	陰入	中入	陽入
	ɐn	ɐn	ɐn	ɐn	ɐn	ɐn	ɐt	ɐt	ɐt
t	墩		躉			燉			突凸
t'	呑暾	飩		氽	褪				
n			撚（語音）						吶訥肭
l							甩		
K	巾斤根筋哏跟觔		緊僅堇謹覲饉		艮莨靳	墐瑾覲饉近（近來、近東）廑	吉咭桔吃（口吃）訖		
Kw	崑褌焜琨｜君均軍鈞昆		滾		棍	郡	骨滑（滑稽）		掘倔崛
K'		勤廑芹		近（好近）			咳欬		
K'w	坤囷	羣裙	菌悃捆梱綑		困窘				

ɐn/ɐt

聲調 韻母 聲母	陰平	陽平	陰上	陽上	陰去	陽去	陰入	中入	陽入
	ɐn	ɐn	ɐn	ɐn	ɐn	ɐn	ɐt	ɐt	ɐt
ŋ		鄞銀垠齦				韌（語音）			訖迄兀杌屹
h		痕	懇齦很狠墾			恨	乞吃迄		劾瞎轄
tʃ	真珍甄				震振賑鎮圳	陣	質		疾嫉蒺侄姪蟄
tʃʻ	嗔瞋親	陳塵	疹軫紾縝哂診矧畛		趁櫬親（親家）		七桼漆		
ʃ	燊辛莘鋅新薪身申伸呻紳娠	神臣辰宸晨		腎脤蜃		慎	膝瑟失室虱		實

聲調 韻母 聲母	陰平	陽平	陰上	陽上	陰去	陽去	陰入	中入	陽入
	en	en	en	en	en	en	et	et	et
j	欣忻殷慇 因恩姻氤絪茵裀銦湮堙	人仁寅	隱癮殷	忍引蚓廴	印衅	刃仞紉孕認	一壹弌		日逸溢液腋
w	溫瘟縕	云雲紜妘耘芸魂澐蕓勻暈（昏迷）渾琿筠餛	穩揾（尋也）	尹允抁殞隕	慍搵縕蘊醞韞	運暈韻混熨（熨斗）	屈鬱熨		核（果核）聿

聲調 / 韻母 / 聲母	陰平	陽平	陰上	陽上	陰去	陽去	陰入	中入	陽入
	ɐŋ	ɐŋ	ɐŋ	ɐŋ	ɐŋ	ɐŋ	ɐk	ɐk	ɐk
（零）	鶯罃		哽（語音）				握喔		
p	崩					凭（語音）	北		
p'		朋硼凭馮							
m	棚	盟萌甍			揾				脈麥墨
t	登燈		等戥		凳櫈嶝磴鐙	鄧澄（澄清）瞪戥	得德		特
t'	鼟	滕籐縢誊藤騰螣（螣蛇）疼							
n		能							
l									勒
k	更（更改）梗粳庚賡羹		亘哽梗骾耿		更（再也）				

eŋ/ek

聲調 韻母 聲母	陰平	陽平	陰上	陽上	陰去	陽去	陰入	中入	陽入
	eŋ	eŋ	eŋ	eŋ	eŋ	eŋ	ek	ek	ek
Kw	薨觥觵轟訇渹肱								
k'			骾（語音）		掯				
h	亨哼脝鑅	莖恆行桁衡	肯啃	悻		杏行（品行）幸倖悻（語音）	刻黑克		
tʃ	增憎曾（曾祖、曾孫、姓）					贈	則側仄昃		
tʃ'	噌（叱也）	層嶒鄫曾（曾經、未曾）					測惻		
ʃ	僧				擤蹭		塞		
w		閎宏弘泓竑							

ɛ:

聲調／韻母／聲母	陰平	陽平	陰上	陽上	陰去	陽去	陰入	中入	陽入
	ɛ:	ɛ:	ɛ:	ɛ:	ɛ:	ɛ:			
（零）						誒（嘆詞）			
p	啤					嚊			
m	羊 孭								
t	爹								
n	呢								
l	咧 哩					[衤+能]			
K						嘅			
K′		茄 瘸 騎（語音）							
tʃ	遮 啫		姐 者 姊		借 蔗 這	謝			
tʃ′	車 奢	邪 斜	扯 且						
ʃ	些	蛇	寫 捨 舍	社	舍 赦	射			
j		椰 爺 耶 揶		野 嘢		夜 廿			

ɛ:ŋ / : K

聲調 韻母 聲母	陰平	陽平	陰上	陽上	陰去	陽去	陰入	中入	陽入
	ɛ:ŋ	ɛ:ŋ	ɛ:ŋ	ɛ:ŋ	ɛ:ŋ	ɛ:ŋ	ɛ:K	ɛ:K	ɛ:K
p			餅		柄	病		壁	
p'		平 瓶						劈	
m		名				命			
t	釘 疔		頂		釘（動詞）	定			笛 糴
t'	聽 廳			艇				踢	
l		靈 綾		領 嶺	靚				癧
K	驚		頸		鏡				
K'									屐 劇
h	輕							吃 喫	
tʃ	精		井			淨 鄭	跡 蓆 迹 績	隻 只 脊	
tʃ'	青 清	晴	請					尺 赤 呎 刺	
ʃ	星 腥 聲	成 城	醒					錫 刺	石 碩
j		贏	映 影						

ei:

聲母＼韻母＼聲調	陰平	陽平	陰上	陽上	陰去	陽去	陰入	中入	陽入
	ei	ei	ei	ei	ei	ei			
（零）						欸（嘆詞）			
p	卑碑裨悲屄		比畀俾髀彼匕		臂秘痹屁	避鼻備比（朋比）被匕（匕首）			
p'	丕呸被（披）	皮疲琵枇鼙裨毘毗脾	鄙痞	被（棉被）婢	譬屁				
m		眉微彌楣湄瀰靡糜		美尾靡		未味			
f	非菲（芳菲）扉飛霏妃	肥淝腓	匪菲（菲薄）			翡			
t						地哋			
n		尼呢彌（俗音）		你		膩泥（拘泥）餌			

ei

聲調／韻母／聲母	陰平	陽平	陰上	陽上	陰去	陽去	陰入	中入	陽入
	ei	ei	ei	ei	ei	ei			
l		釐梨籬狸璃離厘		理裡裏履鯉里哩李		利莉俐吏			
K	姬基期（期年）畿肌饑機幾（幾乎）磯畸		幾己紀		記紀既寄	忌妓技			
K′	攲綺崎（語音）	騏奇祈岐歧俟（語音）騎旗其棋埼期麒琪		企					
h	郗羲嘿（嘆詞）希稀嘻禧犧欷		豈喜起禧		憇棄墍屭器氣汽戲憩				
ʃ			死（語音）		四				

i:

聲調 / 韻母 / 聲母	陰平	陽平	陰上	陽上	陰去	陽去	陰入	中入	陽入
	i:	i:	i:	i:	i:	i:			
p	屄								
n	呢								
tʃ	茲資滋孜輜 知之芝支蜘枝肢脂祗		祇胝咫子仔（仔肩）紫姊梓滓 止只指砥址趾旨紙祉夂黹	恃	恣漬 至致緻志痣置智誌質智	字自寺巳伺 治稚雉豸俟			
tʃʻ	痴癡蚩嗤笞	治（治國）詞慈祠臍磁 遲持池匙弛馳踟辭瓷	此 始侈齒恥矢弛褫豕	似柿	刺次廁賜 翅熾幟啻				
ʃ	獅斯澌絲螄 施詩尸屍思師私ㄙ司	時匙（鎖匙）	屎史死（讀音）	市恃	思（意思）使（大使） 試施（施舍）嗜謚	事士仕 示侍是視豉峙氏			

i:

聲調 / 韻母 / 聲母	陰平	陽平	陰上	陽上	陰去	陽去	陰入	中入	陽入
	i:	i:	i:	i:	i:	i:			
j	衣伊醫依	貽宜兒而姨疑夷移儀頤	椅倚銥	已爾耳以議矣	意衣（動詞）	二義誼易異			

i:u

聲調 韻母 聲母	陰平	陽平	陰上	陽上	陰去	陽去	陰入	中入	陽入
	i:u	i;u	i:u	i:u	i:u	i:u			
p	標鏢彪髟杓（斗杓）		俵婊表錶（常讀超平）						
p'	飄漂（漂浮）	嫖瓢		縹殍莩摽（落也）	票驃漂				
m	喵	苗描瞄		渺緲藐邈秒杪杳眇		妙廟繆（姓）			
t	貂丟刁凋鯛彫雕		屌		釣弔吊窵	掉窕銚調（調查、調任）			
t'	挑彫（語音）	佻蜩調（調和）條			跳眺糶	窕挑（挑撥）			
n				鳥蔦嫋		尿（溺）			

i:u

聲調 / 韻母 / 聲母	陰平	陽平	陰上	陽上	陰去	陽去	陰入	中入	陽入
	i:u	i:u	i:u	i:u	i:u	i:u			
l	撩（語音）撂	寥瞭療遼聊撩寮僚燎潦		了瞭蓼		料廖燎			
K	儌嬌澆驕		繳徼矯		叫	轎			
K′		蕎喬翹橋僑							
h	枵囂梟僥嘵蹺		曉		竅				
tʃ	招昭椒焦礁朝（朝頭早）蕉		沼剿勦湫（湫隘）		照詔噍醮	趙召			
tʃ′	超鍫鍬	樵憔瞧譙鱎朝（漢朝、朝北）潮	悄愀		肖俏峭誚鞘				

i:u

聲調 韻母 聲母	陰平	陽平	陰上	陽上	陰去	陽去	陰入	中入	陽入
	i:u	i:u	i:u	i:u	i:u	i:u			
ʃ	霄簫蕭燒消宵綃硝銷逍	韶	小篠少		笑嘯少（老少）	紹兆肇召（召公）邵			
j	要（要求）腰么幺吆夭妖邀	堯饒徭搖瑤窰謠遙姚窯	夭（夭亡、夭折）殀窈	撓繞遶舀	要	曜燿耀鷂			

i:m/i:p

聲調 韻母 聲母	陰平	陽平	陰上	陽上	陰去	陽去	陰入	中入	陽入
	i:m	i:m	i:m	i:m	i:m	i:m	i:p	i:p	i:p
t	掂战		點		店惦玷				蝶喋牒碟蹀諜疊
t'	添	甜恬	忝舔	餂簟	掭			貼	
n	拈	粘黏	捻			念唸廿			聶躡鑷顳揑涅隉鎳苶
l		廉濂鐮奩帘鎌		臉		斂殮			獵躐鬣
k	兼	鉗	檢撿瞼		劍	儉	喼	劫刼刦	狹（語音）
k'		箝鉗黔							
h	謙		險	欠慊（不滿意）歉				怯歉慊脅脇	協叶挾愜

i:m/i:p

聲調 / 韻母 / 聲母	陰平	陽平	陰上	陽上	陰去	陽去	陰入	中入	陽入
	i:m	i:m	i:m	i:m	i:m	i:m	i:p	i:p	i:p
tʃ	粘瞻詹譫尖占（占卦）沾		颭		占佔僭	漸		接擢[illegible]櫂輒	
tʃ'	纖殲暹僉簽籤	潛	諂		塹槧僭			妾	
ʃ		檐蟾簷禪	閃陜		苫	贍		涉攝懾	
j	奄淹腌	嚴簷擔嫌炎鹽焰閻髯	奄掩罨弇揜渰嬮魘黶	染冉苒儼广	厭饜俺	驗艷焱焰爓燄釅豔		擪擫靨醃（語音）饁	葉叶業頁鄴

i:n/i:t

聲調 / 韻母 / 聲母	陰平	陽平	陰上	陽上	陰去	陽去	陰入	中入	陽入
	i:n	i:n	i:n	i:n	i:n	i:n	i:t	i:t	i:t
p	鞭蝙辮（超平）邊		窆貶扁匾蝙褊		變徧遍	辨辯便下汴抃弁	必	鼈鱉彆憋	別
p'	翩偏篇編扁（扁舟）	諞（巧言）便（便宜）胼駢（讀音）		諞（自誇）	騙片徧（語音）遍（語音）			撇瞥丿	
m		眠棉綿緜宀		緬沔腼眄免勉冕浼娩		面			蔑篾蠛滅
t	滇（讀音）顛巔癲		典碘			佃鈿奠淀靛電殿澱甸墊		跌	耋瓞昳[illegible]垤恎秩迭軼
t'	天	滇（語音）墊（語音）田佃畋鈿填闐	靦淟腆覥	殄	瑱			鐵銕驖飻	

聲調 / 韻母 / 聲母	陰平	陽平	陰上	陽上	陰去	陽去	陰入	中入	陽入
	i:n	i:n	i:n	i:n	i:n	i:n	i:t	i:t	i:t
n		年	撚拈(同撚)	碾輾涊					
l		鏈鰱憐連蓮漣		輦攆		練煉鍊		纈	列冽洌烈裂捩
K	鈃肩堅鞬犍		謇蹇趼		見建鍵腱	件健鍵		絜結潔拮頡擷	桀傑杰
K′		乾虔掮						契(契闊、契丹)訐楬碣竭擷孑詰頡黠挈(挈矩)揭揭挈羯	
									囓齧嚙

i:n/i:t

聲調 韻母 聲母	陰平	陽平	陰上	陽上	陰去	陽去	陰入	中入	陽入
	i:n	i:n	i:n	i:n	i:n	i:n	i:t	i:t	i:t
h	牽縴掀愆搴褰騫軒		蜆遣譴顯		憲獻献縴			歇蝎猲蠍	
tʃ	箋戔俴煎 毡饘旃栴		剪翦謭戩 展輾闡		荐餞濺 戰顫箭薦洊	纏（語音）賤踐		節櫛卩 折浙蜇哲	截捷睫
tʃʻ	千阡仟遷韆	錢前	淺	踐				切沏 設撤徹轍掣屮	
ʃ	先仙鮮（新鮮）躚	單（單于）嬋禪澶蟬	蘚銑冼跣獮 鮮（少也）癬尠		茜 綫腺線倩霰扇搧煽	擅嬗禪（禪讓） 羨善鄯膳繕單（姓）		屟楔燮竊 屑褻薛泄洩揲	舌䞣

聲調 韻母 聲母	陰平	陽平	陰上	陽上	陰去	陽去	陰入	中入	陽入
	i:n	i:n	i:n	i:n	i:n	i:n	i:t	i:t	i:t
j	烟咽胭煙焉(何也)嫣蔫鄢於燕(國名)臙	言延涎筵絃弦然焉(助詞)燃研賢妍	演匽偃堰		燕咽嚥讌宴	現見(發見、發現)峴硯莧彥喭諺唁			熱臬齧

聲調 韻母 聲母	陰平	陽平	陰上	陽上	陰去	陽去	陰入	中入	陽入
	Iŋ	Iŋ	Iŋ	Iŋ	Iŋ	Iŋ	IK	IK	IK
P	檳兵冰氷冫		屛(屛棄)丙炳餅秉		幷併柄並(語音)竝	病並(讀音)	偪逼壁璧碧迫(語音)		
P′	乒娉拼砰	瓶蘋(蘋果)駢(語音)屛平坪砰(地名)苹萍評			聘		闢霹辟僻劈(讀音)辟癖		
m		瞑茗鳴酩瞑明名銘冥溟		皿茗酩		命暝			糸汨(汨羅)覓覔冪幎冖
t	釘丁仃叮疔		頂酊鼎		椗碇錠訂	定	嫡鏑的滴嫡適		翟敵狄滌狄迪
t′	汀桯聽廳	渟亭停廷庭蜓	挺町	梃艇	聽(任凭)		惕剔忑逖		

I /IK

聲調 韻母 聲母	陰平	陽平	陰上	陽上	陰去	陽去	陰入	中入	陽入
	Iŋ	Iŋ	Iŋ	Iŋ	Iŋ	Iŋ	IK	IK	IK
n	擰	檸獰寗寧嚀擰（用兩手扭絞）				擰（用力扭轉）寗（姓）佞濘	匿暱昵搦		溺惄疒
l	拎（提也）	齡凌稜綾菱陵楞泠玲零令（讀音）伶鈴靈囹		領嶺	另令愣		礫櫟轢櫪		力叻歷瀝癧靂鬲
K	涇經京驚荊矜兢		儆憬景竟境警		敬徑逕	竟勁倞痙	激亟殛擊戟		極
Kw	冂扃坰駉		泂炯扃迥				馘隙郤鶪		
K'	傾	擎鯨瓊	頃						

Iŋ/IK

聲調 韻母 聲母	陰平	陽平	陰上	陽上	陰去	陽去	陰入	中入	陽入
	Iŋ	Iŋ	Iŋ	Iŋ	Iŋ	Iŋ	IK	IK	IK
h	馨氫兄輕卿興				罄綮（肯綮）詗興（高興）罄磬慶				
tʃ	精晶旌睛正（正月）征怔貞偵楨禎烝蒸徵		整井		正證症政幀証	淨靜靖阱穽	績嘖蹟磧職織陟隲節唧鯽迹跡積	炙脊瘠鶺	褅寂直值植殖籍耤夕汐席蓆
tʃ'	圊扔稱青清蜻鯖	澄瞪埕懲情晴呈程	請拯郢逞		稱秤		蟄抶飭戚斥叱敕彳	赤	
ʃ	昇陞勝（不勝）星惺腥猩聲升	繩承丞成城誠乘	惺醒省（省察）		聖姓性勝	盛剩賸乘	色式拭軾釋識飾適嗇悉蟋蜥晰晢析淅昔惜腊潟息媳熄	錫	食蝕

Iŋ / IK

聲調 / 韻母 / 聲母	陰平	陽平	陰上	陽上	陰去	陽去	陰入	中入	陽入
	Iŋ	Iŋ	Iŋ	Iŋ	Iŋ	Iŋ	IK	IK	IK
j	英應膺鷹嬰櫻攖鸚霙	形刑邢型仍盈迎凝瑩螢營贏瀛蠅塋	影映暎		應（應承）	認（語音）迎（親迎）媵	益嗌（咽喉）億臆抑閲		亦貿（貿易、易經）譯驛繹役疫翌翼逆液腋艗奕弋
w	扔	榮		永		咏泳詠穎潁頴			域棫緎罭蜮閾

ɔː

聲調 韻母 聲母	陰平	陽平	陰上	陽上	陰去	陽去	陰入	中入	陽入
	ɔː	ɔː	ɔː	ɔː	ɔː	ɔː			
（零）	喔（嘆詞）軻疴痾阿屙柯珂	哦（嘆詞）	嗄（嘆詞）						
P′	般（般若）坡玻波啵菠				播噃簸				
P′	[illegible]頗（讀音）坡	婆鄱皤	頗叵		破				
m	摩魔么	磨蘑	摸（語音）			磨（磨盤）			
f	科蝌棵窠		火伙顆夥		課貨				
t	多哆		躲埵朶朵垛			惰墮			
t′	牠他（讀音）拖拕它佗	陀駝馱佗（負荷也）	妥橢	舵柁	唾				
n	那（姓）	挪娜那（多也何也）	哪	那（那堪）娜（婀娜）		那（語氣助詞）懦糯			

ɔ:

聲母＼韻母＼聲調	陰平	陽平	陰上	陽上	陰去	陽去	陰入	中入	陽入
	ɔ:	ɔ:	ɔ:	ɔ:	ɔ:	ɔ:			
l	囉 羅（羅唆）	邏螺騾 羅籮蘿鑼	倮臝 裸躶瘰攞	卵		邏囉			
K	哥歌		啯		個				
Kw	戈渦（水名）		裹 果菓		過				
K'	鈳								
ŋ	痾	鵞鵝訛為 俄哦娥峨峩蛾		我		餓臥卧			
h	呵苛訶	何河荷菏	可			賀荷（擔任）			
tʃ			左咗 阻咀		佐	坐（讀音） 助座			
tʃ'	初芻	鋤耡	楚礎	坐（語音）	挫錯				

ɔː:

聲調 韻母 聲母	陰平	陽平	陰上	陽上	陰去	陽去	陰入	中入	陽入
	ɔː:	ɔː:	ɔː:	ɔː:	ɔː:	ɔː:			
ʃ	梳疏疎蔬 唆梭嗦抄	傻儍	所 鎖瑣哨		疏（注疏）				
j	喲 唷（嘆詞）								
w	渦堝媧蝸鍋窠倭窩	禾和啝		禍（語音）	涴（弄污）啝	禍啝 和（和韻、和詩）			

ɔ:i

聲調 韻母 聲母	陰平	陽平	陰上	陽上	陰去	陽去	陰入	中入	陽入
	ɔ:i	ɔ:i	ɔ:i	ɔ:i	ɔ:i	ɔ:i			
零	欸（嘆詞）哀埃唉		噯（嘆詞）藹靄乃（欸乃）		愛				
t						迨隶逮殆怠代袋岱玳黛待			
t´	胎苔（舌苔）	駘抬枱邰臺台檯苔		怠殆					
n				餒		內耐奈			
l		淶萊來倈徠				耒賚誄			
k	該垓賅陔		改		蓋				

ɔ:i

聲調 / 韻母 / 聲母	陰平	陽平	陰上	陽上	陰去	陽去	陰入	中入	陽入
	ɔ:i	ɔ:i	ɔ:i	ɔ:i	ɔ:i	ɔ:i			
K′			嘅慨		慨概漑 丐蓋愾				
ŋ		呆敱皚騃			愛	外碍閡			
h	開	孩咳頦骸	海凱鎧 肯（肯綮）	駭（又讀）		害亥			
tʃ	哉栽灾災菑		宰載(年)崽		再載				
tʃ′		才 材財裁	采採彩睬綵踩跐跴		菜塞（要塞）賽蔡				
ʃ	顋腮鰓								

聲母 \ 韻母 \ 聲調	陰平	陽平	陰上	陽上	陰去	陽去	陰入	中入	陽入
	ɔ:n	ɔ:n	ɔ:n	ɔ:n	ɔ:n	ɔ:n	ɔ:t	ɔ:t	ɔ:t
（零）	安鞍				桉摁案按				
K	干杆玕竿肝乾		赶稈桿趕		幹旰骭			蓋（姓）割葛轕愒	
ŋ						岸犴（牢獄也）			
h	看（看守）刊栞頇	寒汗（可汗）鼾韓邯	罕侃刊（語音）	旱	漢看厂	汗扞捍悍翰瀚		曷喝渴鞨害（曷）	

ɔ:ŋ/ɔ:K

聲調／韻母／聲母	陰平	陽平	陰上	陽上	陰去	陽去	陰入	中入	陽入
	ɔ:ŋ	ɔ:ŋ	ɔ:ŋ	ɔ:ŋ	ɔ:ŋ	ɔ:ŋ	ɔ:K	ɔ:K	ɔ:K
（零）					盎			惡	
P	邦梆幫傍（傍晚）浜		綁榜髈膀（肩膀）		甏	磅鎊傍（旁晚、又讀）		博搏縛膊亳駁	薄泊舶雹
P'	乒滂	龐尨彷（彷徨）旁傍膀（膀胱）螃	蚌搒		謗搒			朴撲樸醭扑支粕	
m		亡忘忙氓（流氓）芒茫虻蝱尨		魍莽蟒網輞罔网惘蝄		望妄	剝（剝皮）	摸（摸索）	莫寞幕漠瘼膜邈（遠也）

ɔ:ŋ / ɔ:k

聲調 韻母 聲母	陰平	陽平	陰上	陽上	陰去	陽去	陰入	中入	陽入
	ɔ:ŋ	ɔ:ŋ	ɔ:ŋ	ɔ:ŋ	ɔ:ŋ	ɔ:ŋ	ɔ:k	ɔ:k	ɔ:k
f	慌謊（語音）ㄈ 方坊（坊巷）枋芳肪荒	防妨房坊（通坊）	謊 怳恍晃幌仿倣紡舫		放況貺			縛 霍藿矍攫戄蠼躩	
t	當璫襠鐺噹		擋党檔讜黨		擋檔 當（妥當、抵押）	蕩盪碭宕			踱鐸 度（忖度、量度）
t'	湯鏜劏	堂膛螳棠 唐塘搪糖螗	倘躺儻帑（國帑）		熨（俗音） 趟燙盪（趟也）			托託拓魄（落魄）	
n		瓤囊		攮曩		齉			諾
l		（滄浪） 郎廊榔螂狼浪		朗烺閬		浪埌晾（晾衣）		犖 洛咯烙絡駱酪	落樂濼

ɔ:ŋ/ɔ:k

聲調 / 聲韻 / 聲母	陰平	陽平	陰上	陽上	陰去	陽去	陰入	中入	陽入
	ɔ:ŋ	ɔ:ŋ	ɔ:ŋ	ɔ:ŋ	ɔ:ŋ	ɔ:ŋ	ɔ:k	ɔ:k	ɔ:k
k	剛綱鋼肛缸江扛杠岡崗		講港		鋼（語音）杠槓降（下降）				閣各角覺閣擱
kw	光洸胱		廣獷誑		桄礦				郭廓擴國摑國幗蟈
k'			慷		抗亢伉炕			塙涸郝恪確埆搉榷壑	
k'w		狂			壙曠礦			鞹擴廓鞟	
ŋ		卬昂				戇（語音）			顎鍔鰐鄂噩鱷樂（音樂）嶽岳咢愕腭

ɔ:ŋ/ɔ:k

聲調 / 韻母 / 聲母	陰平	陽平	陰上	陽上	陰去	陽去	陰入	中入	陽入
	ɔ:ŋ	ɔ:ŋ	ɔ:ŋ	ɔ:ŋ	ɔ:ŋ	ɔ:ŋ	ɔ:k	ɔ:k	ɔ:k
h	康糠腔匡框筐	航降（投降） 行（銀行、行列）杭			炕（語音）	衖（跟巷字通）項 巷		売殻殼	學鶴貉鷽
tʃ	莊樁 妝粧裝臧髒贓		駔（駔儈）		壯戇葬塟	獞藏（西藏、庫藏） 狀撞僮臟奘		作	昨柞怍酢筰鑿 濯擢浞
tʃ'	倉傖滄艙蒼 瘡創（創傷）	床牀幢疒撞（讀音）藏	駔（駔子） 廠敞氅昶闖搶（以頭搶地）		創闖愴			錯（讀音） 戳（語音）	
ʃ	喪 桑		顙 爽嗓		喪（喪失）			數（頻數） 索朔	
w	汪尪尢	簧皇偟遑凰 王黃潢璜磺	枉	往徃	旺迋			矱臒	獲嚄鑊

Ou

聲調／韻母／聲母	陰平	陽平	陰上	陽上	陰去	陽去	陰入	中入	陽入
	ou	ou	ou	ou	ou	ou			
（零）	噢鏖		奥袄媪		奥墺懊澳				
p	煲褒哺晡逋餔		寶保堡褓圃補		布佈怖埔餔報	哺（吐哺）步捕暴簿部			
p'	鋪鋪（鋪張）痡	莆袍菩匍葡蒲	溥普譜甫浦脯	抱泡袌	鋪鋪甫（十里也）				
m		誣摹巫髦旄毛無蕪亡橅毋模		武廡憮有母姆拇舞侮		暮務霧騖鶩戊冒帽瑁募墓慕耄			
t	刀都叨		覩堵禱倒島搗賭睹		到倒妒妬蠹	蹈度渡杜道導盜悼稻			

ou

聲調／韻母／聲母	陰平	陽平	陰上	陽上	陰去	陽去	陰入	中入	陽入
	ou	ou	ou	ou	ou	ou			
tʻ	叨滔韜挑（挑撻）	涂荼萄淘掏陶桃逃圖屠徒途濤	討土禱	肚	吐兎套唾（唾沫）				
n		奴孥帑駑		砮惱腦瑙努弩		怒			
l	撈嚕	盧壚廬櫨瀘爐纑勞牢撈（讀音）嘮癆醪鸕罏艫蘆轤鑪鱸	佬	潦（水名）老姥栳狫銠虜擄艣魯櫓鑥艪鹵滷獠		路潞璐露鷺賂輅酪嫪勞（慰勞）澇			

ou

聲調 / 韻母 / 聲母	陰平	陽平	陰上	陽上	陰去	陽去	陰入	中入	陽入
	ou	ou	ou	ou	ou	ou			
K	篙臯皋高膏羔餻糕		皓縞暠槀槁稿稾藁杲		膏（動詞）告郜誥鋯				
ŋ	敖鏖	鏖鼇敖螯鷔鰲							
h	蒿	蠔豪嚎壕濠號	好		犒好（愛好）耗	昊鎬浩晧皓號			
tʃ	租遭糟蹧		藻棗蚤早祖組澡		竈灶	皂唣做造祚阜			
tʃʻ	麤粗操犓	徂螬殂曹嘈槽漕	草艸懆		造糙操（節操）措厝醋噪燥躁	造（新造地名）			
ʃ	酥臊繅蘇甦搔騷鬚		籔嫂數（計算）		臊（害臊）數（數目）素溯訴塑掃				

œ:

聲調 韻母 聲母	陰平	陽平	陰上	陽上	陰去	陽去	陰入	中入	陽入
	œ:	œ:	œ:	œ:	œ:	œ:			
t			朶（語音）						
t'					唾（語音）				
h	靴 鞾								

œ:ŋ/œ:k

聲調 / 韻母 / 聲母	陰平	陽平	陰上	陽上	陰去	陽去	陰入	中入	陽入
	œ:ŋ	œ:ŋ	œ:ŋ	œ:ŋ	œ:ŋ	œ:ŋ	œ:k	œ:k	œ:k
t								啄琢	
n		娘孃							
l		量(商量、量米)良粮梁樑涼		兩倆魎		量(容量)亮諒輛			略畧掠
k	羌羗蜣姜薑僵繮韁					彊強(倔強)[illegible][illegible]		脚	
k'		強彊		襁繈強(勉強)				却	噱臄醵
h	香鄉		響饗响享餉		向				
tʃ	將漿[illegible]張章彰樟		蔣獎掌長(校長、生長)		障瘴醬將(將士)帳漲賬脹仗(打仗)	象橡匠丈仗(依仗)杖		雀爵嚼鵲着(穿衣)酌	着

œːŋ/œːk

聲調 韻母 聲母	陰平	陽平	陰上	陽上	陰去	陽去	陰入	中入	陽入
	œːŋ	œːŋ	œːŋ	œːŋ	œːŋ	œːŋ	œːk	œːk	œːk
tʃ	槍搶（以頭搶地）瑲蹌鏘 昌倡猖菖娼窗窓囪	祥詳庠墻爿戕薔艢 長場塲萇腸翔檣	搶		唱倡（提倡）暢悵鬯	嗆（氣逆）		卓桌綽戳芍辵	
ʃ	霜孀襄鑲觴瀧 相箱廂湘商傷雙殤	常裳嘗償嫦徜	想賞	上（登也）	相（相貌、宰相）	尚 上（上邊）		削勺杓爍鑠	
j	央殃秧鴦坱鞅	羊陽揚楊佯徉洋瘍颺禳穰	怏鞅	養仰卬癢氧壤攘（擾攘）嚷	怏	釀 樣恙養（供養、奉養）漾讓		約	龠 若藥弱虐瘧鑰籥躍

øy

聲調 韻母 聲母	陰平	陽平	陰上	陽上	陰去	陽去	陰入	中入	陽入
	øy	øy	øy	øy	øy	øy			
t	堆				對碓	兌隊			
t′	推	頹隤	腿骽		退蛻				
n				女		女（稱把女兒許配他人）			
l		雷擂閭櫚累（累贅）驢壘		呂侶旅裏履累（累積）壘鋁儡蕾屢縷褸磊膂		類耒誄累（受累）戾慮淚濾沴慮濾			
k	居据琚裾俱車		舉矩榘櫸莒筥		句倨踞鋸瞿據	巨炬詎距鉅具懼醵			
k′	區嶇毆軀驅祛拘駒駈	瞿渠劬蘧		佢拒距（鷄距）					

øy

聲母 \ 韻母 \ 調	陰平	陽平	陰上	陽上	陰去	陽去	陰入	中入	陽入
	øy	øy	øy	øy	øy	øy			
h	盱訏歔虛噓墟吁		許栩詡咻		去				
tʃ	睢沮（水名）疽狙苴追椎騅錐隹蛆		棰箠嘴咀		醉最贅惴綴（點綴）	聚嶼墜序敘敍罪			
tʃ'	趨吹炊崔催摧	捶廚厨徐隋隨除槌搥鎚椎棰	揣取娶（語音）		翠脆吹（鼓吹）娶趣				
ʃ	雖須需綏夂衰	誰垂倕陲錘	湑糈醑水	墅緒髓	說（游說）歲嵗碎涚帥	膵萃穗繐遂燧祟邃睡瑞啐悴瘁粹絮脺			
j		蕤		蕊蘂蕋		芮銳裔睿叡			

øy/øt

聲調／韻母／聲母	陰平	陽平	陰上	陽上	陰去	陽去	陰入	中入	陽入
	øn	øn	øn	øn	øn	øn	øt	øt	øt
t	蹲（語音）敦墩惇噸					遁鈍頓困燉			
t'	湍啍		畽		彖	楯盾			
n									呐訥
l		論輪鄰燐磷鱗麟侖倫掄崙圇淪		卵		論吝藺躪磷			聿（俗音）律率栗慄
tʃ	津樽尊遵榛諄屯窀迍肫臻		準儘燼贐		駿縉濬浚進晉俊峻竣	盡燼	卒		
tʃ'	春椿	旬循巡秦	蠢				黜出絀		
ʃ	殉逡荀恂洵詢徇	脣純淳醇鶉	筍笋	盾楯	舜瞬信汛訊迅遜巽	順	蟀帥窣恤卹戌率摔		術述
j						潤閏			

u:

聲調 韻母 聲母	陰平	陽平	陰上	陽上	陰去	陽去	陰入	中入	陽入
	u:	u:	u:	u:	u:	u:			
f	莩孵桴庀嘑虖 呼乎夫敷枯膴膚伕麩孚俘	夫扶符芙乎凫	黼 府虎琥俯腑甫釜斧撫苦	婦媍	富庫副褲賦絝袴戽	鮒 父仆訃赴付咐腐附負傅輔			
Kw	姑咕沽菇辜鴣呱孤菰		凸 古估（估計）鼓瞽股賈（商賈）		痼 固故估（估衣）雇僱顧				
K'w	箍								
W	惡（何也、又嘆詞） 烏嗚鄔鎢污杇汙	狐乎壺 胡湖糊葫蝴衚醐餬弧	滸塢摀祜		惡（好惡）	護互芋沍怙怙穫（地名） 戶扈滬瓠鄠			

聲調 韻母 聲母	陰平	陽平	陰上	陽上	陰去	陽去	陰入	中入	陽入
	u:i	u:i	u:i	u:i	u:i	u:i			
P	杯盃桮揹				狽 貝背輩	焙 孛悖誖			
P′	醅胚坯	裴坏 培賠陪徘		倍蓓	沛霈 佩珮配旆				
m		禖玫枚 梅莓霉媒煤		每浼		瑁（玳瑁） 妹昧沬痗			
f	灰恢詼魁奎		賄鮪洧		悔晦誨喙				
Kw						癐			
K′w			憒潰 劊檜獪繪《 會（會計）儈						
W	偎渨煨隈	迴 回徊洄茴蛔		會	薈	會燴彙滙匯			

聲母 \ 韻母 \ 聲調	陰平	陽平	陰上	陽上	陰去	陽去	陰入	中入	陽入
	u:n	u:n	u:n	u:n	u:n	u:n	u:t	u:t	u:t
p	般搬		本畚		半	伴叛畔絆		鉢缽盋	餑鵓勃渤叉鈸撥跋孛浡脖荸
p'	潘番(番禺)	胖(體胖)盆盤磐蟠			拼(拼命)判拌泮胖			撥醱潑	
m		摩門們瞞蹣顢		滿		悶燜懣		抹沫秣	袜(袜肚)末茉韎沒歿
f	讙驩貛寬歡懽		盥款欵窾					闊濶	
kw	冠官倌棺觀		莞(東莞)琯管館舘脘		冠(冠禮)貫罐盥鸛				
k'w								鴰豁适栝括聒	
w	剜豌莞婠	援湲垣桓爰媛	腕碗椀惋盌	莞(莞爾)浣皖澣		玩緩瘓煥奐換喚渙			活

聲調 韻母 聲母	陰平	陽平	陰上	陽上	陰去	陽去	陰入	中入	陽入
	Uŋ	Uŋ	Uŋ	Uŋ	Uŋ	Uŋ	UK	UK	UK
（零）		擁	甕				屋		
p			捧菶				卜		瀑襮曝幞樸僕
p′		篷蓬	捧		碰		仆（語音）		
m		瞢懵（懵然）尨蒙幪曚朦檬濛矇艨		懞蠓懵（懵懂）		夢梦			穆繆（跟穆字通）木沐霂目苜鉬牧睦
f	烽蜂鋒封風楓瘋丰豐峯	馮（姓）逢縫蓬	俸奉捧		風（動詞）諷賵	奉鳳縫（名詞）	腹蝮馥福幅蝠輻複		伏袱服復宓
t	冬鼕東		懂董踵		凍棟	峝胴衕動働慟洞恫（恫喝）	督篤		髑讀獨毒瀆犢牘黷

聲調 / 韻母 / 聲母	陰平	陽平	陰上	陽上	陰去	陽去	陰入	中入	陽入
	uŋ	uŋ	uŋ	uŋ	uŋ	UK	UK	UK	UK
t'	通恫(痌、疾苦)	童僮潼瞳艟仝佟 同侗峒桐筒衕銅	統筩桶		痛		秃鋵鵚		
n		膿 農儂噥濃							忸恧朒衄
l	窿(語音)癃(語音)	籠聾隆癃 龍窿嚨朧櫳瀧瓏	壟攏隴槓			弄哢衖(跟弄字通)	麓碌轆簏		戮蓼(蓼義) 六陸祿綠錄鹿漉
K	龔宮 工功攻弓芎躬躳公蚣供恭		鞏 拱		供(供奉)貢	共	麴麯告(忠告)鵠(正鵠) 谷穀菊掬踘鞠梏牿嚳轂		局侷跼鋦焗

聲調 韻母 聲母	陰平	陽平	陰上	陽上	陰去	陽去	陰入	中入	陽入
	uŋ	uŋ	uŋ	uŋ	uŋ	uŋ	uk	uk	uk
k'		跫邛筇窮芎穹蛩					曲⿰𧾷曲		
h	空倥穹凶兇匈胸烘	紅虹訌鴻洪雄熊釁	孔恐		控空（窮乏）嗅	哄鬨汞銾	哭畜（畜牧）		酷鵠（鳥名）斛
tʃ	宗棕踪鬃縱（縱橫）蹤中忠盅鍾鐘衷終舂又夂		總傯種（名詞）腫踵		綜粽縱（放縱）衆眾粽種（動詞）中（中毒）	訟頌誦從（從者）仲重	足竹築竺粥燭筑囑祝	捉	俗族續嗾（俗讀）逐濁蜀妯舳軸
tʃ'	悤葱蔥驄樅充冲沖衷衝聰匆囪	叢從松悰淙重（重複）蟲虫种	寵冢塚	重（輕重）	銃衝（向也）		蔟簇蹴促觸畜矗速束蹙		

聲調 韻母 聲母	陰平	陽平	陰上	陽上	陰去	陽去	陰入	中入	陽入
	ʊŋ	ʊŋ	ʊŋ	ʊŋ	ʊŋ	ʊŋ	UK	UK	UK
ʃ	從（從容） 嵩崧菘淞鬆松	崇	慫聳悚竦		送宋餸		叔倏倐 夙宿縮肅粟謖		熟淑菽 屬蜀贖孰塾
j	雍嗈壅灉邕雝癰翁嗡	絨喁顒融茸濃（語音） 容榕溶熔蓉鎔庸傭墉戎	雍擁臃滃蓊甬俑恿踊踴湧慂	勇	雍（九州之一）	用佣	沃郁昱煜勖毓燠旭		玉鈺肉育淯峪欲浴慾辱溽褥獄鬻

y:

聲調 韻母 聲母	陰平	陽平	陰上	陽上	陰去	陽去	陰入	中入	陽入
	y:	y:	y:	y:	y:	y:			
tʃ	蛛跦誅茱姝諸豬猪瀦 朱洙邾咮侏株珠硃櫫		主拄麈渚煮		注炷蛀註駐著	住箸筯			
tʃ'		躇廚儲	楮褚 處貯杵	杼柱 宁佇竚	處				
ʃ	姝 樗摴輸樞 書抒紓舒	薯（語音）蜍 殊洙銖殳	鼠暑黍	薯（讀音） 署曙	庶戍恕處	樹豎竪			
j	於淤瘀于紆迂	愚隅俞愉揄榆渝踰逾歟輿臾腴諛舁妤 如茹余餘予魚漁儒孺濡圩盂竽娛虞禺嵎	傴嫗噢	窳 雨語圄齬汝與禹庾瘐予羽宇乳圉	飫饇煦淤瘀酗	馭裕孺 預豫與譽喻愈瘉癒諭茹御禦寓庽遇籲龥			

聲調 韻母 聲母	陰平	陽平	陰上	陽上	陰去	陽去	陰入	中入	陽入
	y:n	y:n	y:n	y:n	y:n	y:n	y:t	y:t	y:t
t	端耑		短		斷鍛煅	斷段緞			奪
t′		豚臀摶漙 屯囤（囤積）團		斷（斷咗、整斷）				脫	
n				暖煖餪		嫩			
l		孿欒 聯鸞攣巒		孌臠戀		亂		劣哷埒捋酹	
K	捐娟涓鵑蠲		捲卷		睠悁狷絹 卷（書卷）眷	倦圈（豬圈）			
K′		蜷顴 拳權惓卷（彎曲）						撅橛蹶蕨譎」 決抉玦缺訣厥噘	

y:n/y:t

聲母＼韻母＼聲調	陰平	陽平	陰上	陽上	陰去	陽去	陰入	中入	陽入
	y:n	y:n	y:n	y:n	y:n	Y;n	y:t	y:t	y:t
h	儇嬛煖壎 圈棬喧暄煊萱諠		犬畎咺烜		勸券敻綣楦絢			血	
tʃ	尊遵鑽鐏鐫纘噂 專甎磚耑顓摶纂		轉囀		鑽（名詞） 轉（轉圈）	傳（傳記）		絀（不足）嘬（語音） 拙棁茁掇輟綴絕撧	
tʃʻ	村邨躥 川穿	全痊筌荃詮銓攢（湊集） 傳椽歂遄存泉蹲	忖 喘踹舛荈揣		寸吋 串釧			卒（同猝） 撮猝捽	
ʃ	飧 孫宣酸揎悛飱	旋漩璿船	損選	吮	算祘蒜渲	篆瑑鐫		鱈說 雪	

聲調 韻母 聲母	陰平	陽平	陰上	陽上	陰去	陽去	陰入	中入	陽入
	y:n	y:n	y:n	y:n	y:n	y:n	y:t	y:t	y:t
j	淵鳶冤宛蜿鴛	元完丸紈原源員圓隕袁園猿轅爰媛援湲緣懸縣（通懸）沿玄	苑宛婉惋菀	遠軟阮耎蝡輭蠕泫鉉	怨	愿炫眩衒媛（美女）援（救助）院繯		乙	月說（悅）閱越粵曰穴悅

m̩/ŋ̩/hŋ̩

聲調 韻母 聲母	陰平	陽平	陰上	陽上	陰去	陽去	陰入	中入	陽入
m̩		唔							
ŋ̩		吾唔峿梧浯鼯吳蜈		五伍铻午仵忤		誤悞迕寤悟晤			
hŋ̩						哼（感嘆詞）			

§3.1.2. 廣州方言的詞彙特點

現代漢語方言之間的差別，一般認爲，語音和詞彙的差別很大，語法上的差別並不像語音、詞彙有那樣大的歧異。廣州方言詞彙的情況也不例外，這裡所謂特點，是拿它和標準語（國語）相比較，就其不同的地方提出來討論。由於歷史背景、地理條件、風俗習慣、生活環境等等因素的不同，廣州方言和標準語（國語）在詞彙上仍然有相當大的差異。總的來說，廣州方言的詞彙有以下六大特點：

(1) 廣州方言保留了許多古代語詞：

廣州方言在日常口語和書面語裡保留了很多古詞，這一批古詞，多數是單音節的，而標準語（國語）詞彙則是多音節的，如下：

〔表 8〕

詞類＼方言	廣州方言	標準語（國語）
名詞	頸	脖子
	翼	翅膀
	面	臉
	粥	稀飯
	衫褲	衣服
	髀（肶）	腿
動詞	食	吃
	行	走
	飲	喝
	企	站
	睇	看
形容詞	晏	晚、遲
副詞	卒之	終於
	即刻	立刻
代詞	佢	他（她）
	幾多	多少
量詞	啖	口
	餐	頓

(2) 廣州方言詞序與標準語（國語）相反：

比較廣州方言和標準語（國語）的詞彙， 我們發現一個有趣的現象;就是有一些複音詞，廣州方言和標準語（國語）在詞素結合的次序上前後相反， 如下：

廣　州　方　言	標　準　語（國　語）
人　客	客　人
齊　整	整　齊
緊　要	要　緊
擠　擁	擁　擠
鷄　公	公　鷄
鷄　乸	母　鷄
行人路	人行道

這個問題曾有不少爭論， 袁家驊等（1960）提出：

「粵方言構詞法有一個特點， 即有一批雙音詞，修飾性詞素放在被修飾的詞素後面 ， 這一特點是僮侗語構詞的重要特點。例如粵方言把 "客人" 叫 "人客" ， 把 "乾菜" 叫 "菜乾" ， 把 "公鷄" 叫 "鷄公"，把 "公牛" 叫 "牛牯" (牯即公的意思)・・・。」(袁家驊等 1960：181)

但是後來張日昇（1969）認爲這個理論缺乏證據， 提出了相反的意見， 首先他反駁說：

「第一， "客人" 和 "人客"， "公鷄" 和 "鷄公" 同時存在粵方言詞彙中，可以任意交替使用，而且這一類的例子並不普遍。第二， "菜乾" 的乾字，我們可以肯定屬於被修飾成分；因爲 "乾" 字在這裏的含意是 "經過脫水處理和製作的食物" 。假如 "乾" 字是修飾詞，修飾 "菜" 字，則這菜是可以指任何一種菜，但菜乾一詞，在粵方言裏

是指白菜。又如猪肉乾，乾牛肉則不成詞了。・・・」(張日昇 1969：88)

其次又提出他的看法，認爲這種詞序相反的情形與聲調變化有關，他說：

「・・・從漢語歷史中找得證據的，如長 chèuhng 讀陽平是形容詞，長 chéung 讀陰上是動詞。所以，在粵音平調的分化過程中，出現詞類對立的現象也是不難理解的。・・・但是，甚至在另外一些向心結構的複詞中，亦可以找到相似的語法現象：上陰平調出現於複詞的被修飾成分，下陰平調則出現於複詞的修飾成分。在漢語語法上，被修飾成分是具有強烈的名詞性，而修飾成分則具有非名詞性。」(張日昇 1969：88)

這個說法張洪年在《香港粵語語法的研究》中也頗贊同，認爲詞序相反的現象是漢語詞序結構的正常現象，不必看成一種例外。(参看張洪年 1972：92)

然而，從詞序相反的表面現象看來，這是漢語南方方言與北方方言（如〝國語〞）絶然相反的現象，橋本萬太郎（1979）有更平穩的說法，認爲：

「這些南方的所謂〝倒裝〞詞從南到北逐漸蛻變。浙南吳語區有像溫州話那樣的正裝倒裝兩可的方言。

普通話	溫州話
母　鷄	草鷄／鷄媛
公　猪	雄猪／猪牯

這些現象大家都知道，不必贅述。不過南方話中的倒裝現象，是有它的歷史涵義的。我們認爲所謂〝正裝、倒裝〞是由歷史和地域的轉變而來的。也就是說〝倒裝〞是漢語原來的造句法上的基本，〝正裝〞是變形句法。也因爲如此現代漢語中的修飾語有逐漸由後置變爲前置的趨勢。」(橋本萬太郎 1979：196)

從以上諸家的看法雖各有不同，但語彙是突變的，如果從現階段的漢語方言現象來看，詞序相反確是南方方言的特點，而廣州方言正是中國南方方言的一個典型，因此這種與標準語（國語）詞序相反的構詞法，應該算是廣州方言的特點之一。

(3) 同字異義:

廣州方言雖然不斷地吸收了標準語(國語)的詞彙，但是有一些詞，詞素及組成方式一致的，但彼此的意義却不盡相同，就會產生“同字不同義”的情形；如下:

［表 9］

廣州方言	說　　明
水	廣州方言也可以用來指“金錢”，“付錢”可以叫“磅水”
屋	相當於標準語(國語)的“房子”
房	相當於標準語(國語)的“屋子”(房間)。
班　房	相當於標準語(國語)的“教室”。
人　工	相當於標準語(國語)的“工錢”。
醒　目	相當於標準語(國語)的“機伶”。
肥	廣州方言,人和動物一律說“肥”，没有“胖”字的說法。
化　學	廣州方言也可以用來指“工作不認真”、“馬虎”。
地　頭	相當於標準語(國語)的“地盤”
地　盤	相當於標準語(國語)的“(建築)工地”。
地　牢	相當於標準語(國語)的“地下室”。

(4) 許多單音詞:

現代漢語，隨着語言的發展，產生許多複音詞，但是廣州方言還保存許多單音詞；如下:

[表 10]

廣 州 方 言	標 準 語（國 語）
色	顔 色
窗	窗 户
雲	雲 彩
眉	眉 毛
味	味 道
尾	尾 巴
盒	盒 子
箱	箱 子
鼻	鼻 子
木	木 頭
眼	眼 睛
耳	耳 朵

(5)標準語(國語)詞素部分相同:

有一些廣州方言的詞彙，其構詞成分一部分和標準語相同，另一部分却從不同的角度來描述或使用的，所以往往只差一字；如下:

[表 11]

廣州方言	標準語(國語)
游水	游泳
底褲	內褲
棉衲	棉襖
雪水	冰水
合桃	核桃
銀包	錢包
濕碎	零碎
手襪	手套
白豆	黄豆、大豆
白油	醬油
火燭	火災
電船	汽船
火船	輪船
肉粒	肉丁
拉尺	捲尺
頸巾	圍巾

(6)吸收非漢語詞彙：

在廣州方言裡可能存在着兩種非漢語的詞彙，它的來源，一種是從英語吸收來的所謂外來詞，另外一種，可能是從壯侗語族的語言借來的詞；從歷史的角度來看，前者是西方文化輸入後產生的，後者是早期借用中國西南少數民族語言長期積累下來的，現在分別介紹之:

A. 所謂外來詞:

廣州方言地區，由於有着特殊的社會、地理因素(香港、澳門爲隣)和歷史因素(中國較早的對外貿易商埠之一), 因而吸收了大量的外來詞, 來補充詞彙的不足, 甚至是替代漢語基本詞彙了。一般來説, 廣州方言所吸收外來詞的處理方式, 可以分三種; 如下:

a) 直接音譯的外來詞:

英語	廣州方言	標準語(國語)
chocolate	朱古力	巧克力
ball	波	球
taxi	的士	計程車
tire	呔	車胎

b) 音譯+説明:

英語	廣州方言	標準語(國語)
beer	啤酒	啤酒
shirt	恤衫	襯衫
cheque	仄紙	支票
warrant	花令紙	逮捕狀

c) 意譯:

英語	廣州方言	標準語(國語)
chewing gum	香口膠	口香糖
refrigerater	雪櫃	冰箱
motorcycle	電單車	摩托車

B. 壯侗語借來的詞:

一般説來, 廣州方言有許多它獨特的方言詞——就是其它漢語方言沒有而在以廣州爲代表的粵語有——, 這些方言詞的來源, 目前還不能作出很好的説明, 不過其中有一些詞和壯侗語族的語言是一致的; 例如:

[表 12]

語言 / 詞義	廣 州 方 言	壯語（武鳴方言）
這	ni:^{55}※	nɑi^{51}
們	tei^{22}	tøi^{13} (=隊伍)
青蛙	kɐp$^{\underline{3}}$	kop$^{\underline{45}}$
擤鼻	sɐŋ^{23}	θaŋ^{24}
推	ʊŋ^{33}	ɳoŋ^{51}
搖	ŋou^{35}	ŋau^{31}
柚子	lʊk$^{\underline{3}}$ jɐu^{35}※	lwk$^{\underline{12}}$ puk$^{\underline{12}}$
熱	na:t$^{\underline{33}}$	ʔdat^{24}

此外，詹伯慧(1981a)說：

「在詞彙方面，粵方言中明顯存在着一些壯語的詞，如"細想"叫"諗"[ᶜnɐm]，"抓住"叫"揿"[kɐm⁼]，"擲"叫"掟"[tɛŋ⁼]等，都是其它漢語方言沒有而在壯語中有的。」(詹伯慧 1981a:163-164)

當然，以上廣州方言和壯語相似的詞彙，或許有人認爲應該說是壯語從廣州方言借來的，而不是廣州方言從壯語借來的。但是從歷史語言看來，粵語本爲中原的語言，它和漢語其它方言有密切不可分的關係，所用的詞彙也幾乎與其它漢語方言相同，唯獨以上所舉的詞彙與漢語毫無關係，例如:(附表如後)

〔表 13.〕

語別	方言點 ＼ 詞目	這
漢語	北京	△ tʂə^{51} △ tʂei^{51}
	濟南	tʂə^{21}
	瀋陽	tsə^{41}
	西安	tʂə^{53}
	成都	tse^{13}
	昆明	tʂʅ^{13}
	合肥	tʂʅ^{53}
	揚州	tsəʔ^{4}
	蘇州	△ KE^{44} kɣʔ$^{4}_{21}$ （該※個） △ E^{44} kɣʔ$^{4}_{21}$ （哀※個）
	溫州	Ki^{23}
	長沙	△ Ko^{24} ，△ Kei^{24}
	南昌	Ko^{213}
	梅縣	△ li^{31} （俚） △ Kɛ^{31}
	陽江	Kɔ^{21} （果※）
	廈門	△ tsit^{32} △ tse^{44}
	潮州	tsia^{53} （者※）
	福州	tsi^{31} （只※）
	廣州	ni^{55}
壯語	武鳴	nai^{51}
	龍州	nai^{55}
布衣語		ni^{31}
侗語		na:i^{33}
毛難語		na:i^{213}
水語		na:i^{55}
仫佬語		na:i^{11}
拉珈語		ni^{231}
黎語	通什	ni^{51}
	保定	nei^{55}
Be(伯)語	臨高	nə^{21}
泰語		nî （只表示調類）
老語		ni^{5} （只表示調類）
勉語		na:i^{52}
布努語		nau^{43}

〔註 2〕

從上表 13. 的現象來看，廣州方言"呢" [ni:55]一詞，與壯侗語族的用法幾乎相同，而與漢語系統的用法無關，從這個現象來看，我們可以推測，前面所舉的廣州方言和壯語相似的詞彙是廣州方言從壯語借來的，而不是壯語從廣州方言借來的。

≪附註≫

〔註 1〕

武鳴方言是根據李方桂先生（1947），另參見Oi-Kan Yue Hashimoto 1976 第 2 頁。

〔註 2〕

①漢語的部分是根據北京大學編≪漢語方言詞彙≫。

②壯語是根據韋慶穩、覃國生 1980 。

③布衣語是根據喻翠容 1980。

④毛難語是根據梁敏 1980b。

⑤水語是根據張均如 1980。

⑥仫佬語是根據王均、鄭國喬 1980 。

⑦拉珈語是根據毛宗武、蒙朝吉、鄭宗澤 1982 。

⑧黎語是根據歐陽覺亞、鄭貽青 1980 。

⑨Be（伯）語是根據橋本萬太郎 1980。

⑩泰語是根據富田竹二郎 1959。

⑪老語是根據安本美典、本多正久 1978。

⑫勉語是與⑦同。

⑬布努語是與⑦同。

⑭侗語是根據梁敏 1980a。

§3.1.3. 廣州方言的語法特點

西洋人講語法，通常包括形態變化和造句方法，而漢語沒有形態變化，只能從句子結構上來談它。廣州方言在句子結構上，與其他漢語方言並沒有太大的不同，在這裡先描述各詞類的結構，再提出句子結構上

的特點加以討論 。

§3.1.3.1. **詞類**：

(一) 名詞：

漢語的語位是單音節性的，所以廣州方言的構成也由最簡單的單音節名詞加前後附語，或重疊所構成，當然廣州、香港受海外影響，也有不少由外來語翻譯過來的多音節名詞。

(1) 單音節名詞：

tʃɐu^{35}	t‘ɐu^{21}	fuŋ^{53}	p‘u:n^{21}
酒，	頭，	風，	盆

(2) 前附名詞：

lou^{23}tɐu^{22}	lou^{23}kʊŋ^{53}	a:^{33}kɔ:^{55}	a:^{33} ŋɐn^{55}tʃɐi^{35}
老 豆，	老 公，	阿 哥，	阿 奀 仔
(父親)	(丈夫)	(哥哥)	(瘦小的男孩子)

(3) 後附名詞：

ʃɐi^{33}lou^{35}ɔ:^{55}	kɐu^{35}tʃɐi^{35}	ha:i^{21} tʃɐi^{35}	jɐt^{2} tʃi:^{35}
細 佬 哥，	狗 仔，	鞋 仔 ，	日 子
(小孩子)	(小狗)	(小鞋子)	(日子)

(4) 重疊：

mu:i^{21}mu:i$^{35※}$	pa:^{21}pa:$^{55※}$	ma:^{21}ma:$^{55※}$
妹 妹，	爸 爸，	媽 媽

(5) 外來語翻譯名詞：(請參看 § 3.1.2 (6) A)

(二) 動詞：

表示動作變化或非變化的語詞。

(1) 表動作：此類動詞，基本上是單音節的詞，如睇t‘ɐi^{35} (看)、開hɔ:i^{53}、擰niŋ^{53} (拿)、諗nɐm^{35} (想)・・・等。

單音之外，也有加詞尾或詞嵌，或重疊，或由其他詞類變化而來的。

(甲) 加詞尾： 這類詞， 通常是由兩個單音動詞組成， 前一個音節是主要的動作，後一音節是配合的，例如： 起嚟 hei^{35}lɐi^{21} (起來) 、起上

hei35ʃœːŋ23，表示動作正在開始，要點著重在"起"。再如：食緊ʃɪk2kɐn35、食開 ʃɪk2hɔːi53、食住 ʃɪk2tʃyː22，表示動作正在進行，在詞尾加上"緊kɐn35、開 hɔːi53、住 tʃyː22"等單音詞，但它們所表示的動作以"食ʃɪk2"爲主，所附加的詞尾表狀態而已。

另外，廣州方言與其他漢語一樣在"狀態繼續存在"的情況下，常在詞尾加"着tʃoeːk22"。在表示"動作等待繼續完成"時，加詞尾"埋maːi21"，例如：鋤埋tʃ'ɔː21maːi21（鋤完吧）、揸埋nɪŋ53maːi21（拿完吧）。表示"動作已完成"時，則加詞尾"咗 tʃɔː35"，例如：入咗去jɐp2tʃɔː35høy33（進去了）、搵咗 wɐn35tʃɔː35（找過了）。表示"動作短暫"時，加詞尾"親 tʃ'ɐn53"，例如："郁親 jʊk5tʃ'ɐn53"（一動）"落親 lɔːk22 tʃ'ɐn53"（一下）。

（乙） 詞嵌：此指同一單音動詞中間加入"一 jɐt5"或"咗 tʃɔː35"來表示動作時間短暫，例如：

睇一睇 t'ɐi35 jɐt5 t'ɐi35　（看一看）

企咗企 k'ei23 tʃɔː35 k'ei23　（站一會兒）

另外在動詞中間加"呀 aː33"表示動作不斷重複，例如：

洗呀洗 ʃɐi35 aː33 ʃɐi35　（洗了又洗）

（丙） 重疊：同一動作同一音節重複兩次，表示時間短或動作快，例如：睇睇 t'ɐi35 t'ɐi35（看看），搵搵 wɐn35 wɐn35（找找），行行 haːŋ21 haːŋ21（走走）。

（丁） 由其他詞類轉化而成：這種現象一般漢語方言都很普遍，例如：名詞因音調改變而成的動詞，如："春風風人，春雨雨人"；由形容詞變來的動詞，如："熱起來了"、"紅起來了"、"胖起來了"・・・等等。廣州方言也有這種情形，例如："我袋咗兩個香口膠。"（我的口袋裏放了兩個口香糖。），"袋"本爲名詞，在此變成"袋裡裝了"的意思；"佢話你"（他說你）的"話"變成動詞"說"的意思。由形容詞變來的情況更多，如："肥咗"（胖了）、"熱起上嚟"（熱起來了）・・・等等。

(2) 非動作變化：一般所說的不完全不及物動詞都屬此類，例如："係hɐi22"（是）、"似 tʃ'iː23"（像）・・・等，另外如表心理變化的"知

tʃi:^{53}"（知道）、"諗 nɐm^{35}"（想)、 "怕p'a:^{33}"（害怕）、"憎 tʃɐŋ^{53}"（恨)：表存在的"有 jɐu^{23}"、"冇 mou^{23}"（没有)：當助動詞的 "肯 hɐŋ^{35}"、 "會 wu:i^{33}"・・・等。這種動詞可以加 "咗 tʃɔ:^{35}" 表動作完成，如："諗咗兩日 nɐm^{35} tʃɔ:^{35} lœ:ŋ^{23} jɐt$^{\underline{2}}$"（想了半天），"有咗三年咯 jɐu^{23} tʃɔ:^{35} ʃa:m^{53} ni:n^{21} lɔ:^{33}" 。有的非動詞可以和 "唔 ŋ̍ ^{21}" 配合表否定，如： "唔識 ŋ̍ ^{21}ʃɪk$^{\underline{5}}$"（不認識）、"唔係 ŋ̍ ^{21} hɐi^{22}"，"唔肯 ŋ̍^{21}hɐŋ^{35}"・・・等。

(三) 形容詞

形容詞由於可以數種重疊方式來構詞，所以它的結構較複雜 。下面分單音節、單音重疊、單音雙疊加詞尾、雙音重疊、單音加雙疊詞尾以及由他種詞轉化而來的形容詞等六項、説明如下:

(1) 單音節:如，凍 tʊŋ^{33}、乾 kɔ:n^{55}、大 ta:i^{22}・・・ 等。

(2) 單音重疊:形容詞重疊以後的意義在程度上比原來(單音)的形式更濃、更深，相當於比較級的意義。

例如:肥 fei^{21} →肥肥 fei$^{35※}$fei^{21} (很胖)

長 tʃ'œ:ŋ^{21}→長長tʃ'œ:ŋ $^{35※}$tʃ'œ:ŋ ^{21}(很長)

(3) 單音雙疊加詞尾:廣州方言形容詞雙疊後所加的"哋tei^{35}"相當於標準語(國語)的"的"，例如:

甜甜哋 t'i:m^{21} t'i:m$^{35※}$ tei^{35}

光光哋 kwɔ:ŋ^{55}kwɔ:ŋ^{55}tei^{35}

意思指稍微甜，稍微亮(或禿些)。

另外，形容詞也有單音三疊的形式，相當於形容詞的最高級，用以表示"非常"的意思，例如:

白白白 pa:k$^{\underline{35}※}$pa:k$^{\underline{22}}$pa:k$^{\underline{22}}$

紅紅紅 hʊŋ$^{35※}$hʊŋ^{21}hʊŋ^{21}

都是表示非常白，非常紅的意思。

(4) 雙音重疊:這類型的形容詞，重疊以後音調並不改變，意義也是表示加重形容的意思，例如:

穩穩陣陣 wɐn^{35} wɐn^{35} tʃɐn^{22} tʃɐn^{22} (很穩重，很穩當)

立立亂亂 la:p$^{\underline{22}}$ la:p$^{\underline{22}}$ ly:n^{22} ly:n^{22}(亂糟糟)

另外形容詞的雙音重疊也有間隔重疊的，意思指所形容的人或事物狀態非常短暫，例如:

鬧熱鬧熱 na:u^{22} ji:t$^{\underline{22}}$ na:u^{22} ji:t$^{\underline{22}}$ (熱鬧熱鬧)

齊整齊整 tʃ'ɐi^{21} tʃɪŋ^{35} tʃ'ɐi^{21} tʃɪŋ^{35} (整齊整齊)

(5) 單音加雙疊詞尾:加雙疊詞尾與單音重疊相同，都是表示加深程度，例如:

滑潺潺 wa:t$^{\underline{22}}$ ʃa:n^{21} ʃa:n^{21} (滑溜溜)

黑麻麻 hɐk$^{\underline{5}}$ ma:$^{55※}$ ma:$^{55※}$ (黑漆漆)

與單音加雙疊韻尾相反爲序的結構是在雙疊詞前加一附加形容詞，表示事物的特徵或狀態，例如:

涼浸浸 lœ:ŋ^{21} tʃɐm^{33} tʃɐm^{33} (涼冰冰)

光閃閃 kwɔ:ŋ^{55} ʃi:m^{35} ʃi:m^{35}(亮閃閃)

(6) 由其他詞類轉化而來的形容詞:這類形容詞，除了由名詞轉化來的形容詞之外，也有名詞加雙疊動詞、名詞加雙疊形容詞而構成新的形容詞的。

(甲) 名詞轉化的形容詞:如 "狼 lɔ:ŋ^{21}" (狠)、 "化學 fa:^{33}hɔ:k$^{\underline{22}}$" (馬虎)· · · 等。

(乙)名詞加雙疊動詞: 這一類形容詞大都用在形容身體感官的表現，例如:

眼眨眨 ŋa:n^{23} tʃɐm^{35} tʃɐm^{35} (眼睛不住地開閉)

淚流流 løy^{22} lɐu^{21} lɐu^{21} (眼淚不斷地往下流)

水滴滴 ʃøy^{35} tɪk$^{\underline{5}}$ tɪk$^{\underline{5}}$ (水不斷地滴下來)

(丙)名詞加雙疊形容詞:這一類仍然用在形容身體感官的表現爲主，例如:

頭大大 t'ɐu^{21} ta:i^{22} ta:i^{22} (大頭)

嘴尖尖 tʃøy^{35} tʃi:m^{55} tʃi:m^{55} (愛説話的人)

除了上述的結構，也有些形容詞是由單音動詞加雙疊詞尾構成

的，例如:

笑吟吟 ʃi:u^{33} jɐm^{21} jɐm^{21} (笑咪咪)

跳扎扎 t'i:u^{33} tʃa:t$^{\underline{33}}$ tʃa:t$^{\underline{33}}$ (蹦蹦跳跳的樣子)

(四)代名詞

代名詞在一般語法書分成人稱代名詞、反身代名詞、指示代名詞、疑問代名詞等四種、廣州方言也不例外、四種代名詞都有特別的稱法和結構，現在分述如下:

(1) 人稱代名詞: 談到代名詞一定涉及格與人稱的問題，當然單複問題也決不可少。爲了整齊明瞭起見，我先以表格表出其中變化。

[表 14]

人稱 / 數	格	第一人稱	第二人稱	第三人稱
單數	主受格	我 ŋɔ:^{23}	你 nei^{23}	佢 k'øy^{23}
	所有格	我 嘅 ŋɔ:^{23} kɛ:^{33}	你 嘅 nei^{23} kɛ:^{33}	佢 嘅 k'øy^{23} kɛ:^{33}
複數	主受格	我 哋 ŋɔ:^{23} tei^{22}	你 哋 nei^{23} tei^{22}	佢 哋 k'øy^{23} tei^{22}
	所有格	我 哋 嘅 ŋɔ:^{23} tei^{22} kɛ:^{33}	你 哋 嘅 nei^{23} tei^{22} kɛ:^{33}	佢 哋 嘅 k'øy^{23} tei^{22} kɛ:^{33}

(2) 反身代名詞:反身代名詞的基本型是"自己"加上數與人稱的變化

而有，如下：

我自己　ŋɔː^{23} tʃiː^{22} kei^{35}

我哋自己　ŋɔː^{23}tei^{22}tʃiː^{22} kei^{35}

你自己　nei^{23} tʃiː^{22} kei^{35}

你哋自己　nei^{23} tei^{23} tʃiː^{22} kei^{35}

佢自己　k'øy^{23} tʃiː^{22} kei^{35}

佢哋自己　k'øy^{23} tei^{22} tʃiː^{22} kei^{35}

(3) 指示代名詞：以時間空間遠近區分，指示詞有近指與遠指兩類，近的用"呢niː^{55}"、遠的用"嗰 kɔː^{35}"表示以所指性質而分有指人、物事、處所、時間、方式、性狀六種，爲明白其中的差異以表格來說明：

［表 15］

遠近 ＼ 種類		近指	遠指
指人	單數	呢個 ni:^{55} kɔ:^{33}（這個） 呢位 ni:^{55} wɐi^{35}※（這位）	嗰個 kɔ:^{35} kɔ:^{33}（那個） 嗰位 kɔ:^{35} wɐi^{35}※(那位)
	複數	呢啲 ni:^{55} ti:^{55} (這些)	嗰啲 kɔ:^{35} ti:^{55} (那些)
指事物	單數	呢個 ni:^{55} kɔ:^{33}（這個） 呢種 ni:^{55} tʃuŋ^{35}（這種） 呢樣 ni:^{55} jœ:ŋ^{22} (這樣)	嗰個 kɔ:^{35} kɔ:^{33} (那個) 嗰種 kɔ:^{35} tʃuŋ^{35}（那種） 嗰樣 kɔ:^{35} jœ:ŋ^{22} (那樣)
	複數	呢啲 ni:^{55} ti:^{55} (這些)	嗰啲 kɔ:^{35} ti:^{55} (那些)
指處所		呢度ni:^{55} tou^{22} (這裡) 呢處ni:^{55} ʃy:^{33} (這裡)	嗰度 kɔ:^{35} tou^{22} (那裡) 嗰處 kɔ:^{35} ʃy:^{33} (那裡)
指時間		呢陣ni:^{55} tʃɐn^{22}（這會兒） 呢排ni:^{55} p'a:i^{21}(這會兒) 呢陣時ni:^{55} tʃɐn^{22} ʃi:^{21}（這個時候）	嗰陣 kɔ:^{35} tʃɐn^{22}（那會兒） 嗰排 kɔ:^{35} p'a:i^{21} (那會兒) 嗰陣時 kɔ:^{35} tʃɐn^{22}ʃi:^{21}（那個時候）
指方式		咁樣 kɐm^{33} jœ:ŋ^{35}※（這樣）	噉樣 kɐm^{35} jœ:ŋ^{35}※（那樣）
指性狀		咁 kɐm^{33} (這樣)	噉 kɐm^{35} (那樣)

(4)疑問代名詞： 依所問問題的對象和性質分人、 事物、處所、時間、性狀、原因、數量而有:

指人
- 邊個 pi: n^{55} kɔ:^{33} (誰，哪位)
- 邊位 pi: n^{55} wɐi^{35}※(哪位)
- 邊啲 pi: n^{55} ti:^{55} (哪些)

指事物	乜 mɐt⁵⁵ (什麼) 乜嘢 mɐt⁵⁵ jɛː ²³ (什麼) 邊啲 piːn⁵⁵ tiː ⁵⁵ (哪些)
指處所	邊 piːn ⁵⁵ (哪) 邊度(處) piːn ⁵⁵ tou²² (ʃyː³³) (哪兒、哪裡)
指時間	幾時 kei³⁵ ʃiː ²¹ (何時) 幾耐 kei³⁵ nɔːi²² (多久)
指性狀	點 tiːm³⁵ (怎樣) 點樣 tiːm ³⁵ jœː ŋ ³⁵※(怎麼樣)
指原因	點解 tiːm³⁵ kaːi³⁵(爲什麼) (做)乜(tʃou²²) mɐt⁵⁵ } (爲什麼) (爲)乜(wɐi²²) mɐt⁵⁵ } (爲什麼) (因)乜(jɐn⁵⁵) mɐt⁵⁵ } (爲什麼)
指數量	幾 kei³⁵ (幾) 幾多 kei³⁵ tɔː⁵⁵ (多少)

（五） 量詞

廣州方言的量詞比標準語（國語）用得更嚴格、更精細，如下表：

〔表 16〕

詞類	類別	廣州方言量詞	標準語（國語）量詞
名詞	樹	𣓌 pʻɔː^{55}	棵
	牛	隻 tʃɛk^{3}	條、頭
	鞋	對 tøy^{3}	雙
	針	眼 ŋaːn^{23}	根
	豬	竇 tɐu^{33}	窩
	車	架 kaː^{33}	輛
	刀	張 tʃœːŋ^{55}	把
	星	粒 lɐp^{5}	顆
	船	隻 tʃɛk^{3}	隻
	橋	度 tou^{22}	座
動詞	去	匀 wɐn^{21}	回
	食	餐 tʃʻaːn^{55}	頓
	哭	場 tʃʻœːŋ^{21}	場
	罵	餐 tʃʻaːn^{55}	頓

廣州方言的量詞前面的數詞“一”可以省去，就是量詞本身就包含了“一”的意思。例如：

本書 puːn^{35}ʃyː^{55} →一本書

（六） 副詞

用來限制或修飾動詞（如：“不吃”）、形容詞（如：“很好”），但不能用來修飾名詞（如不能說“不人”“很人”）。廣州方言分時間、程度、範圍、否定、語氣等五種：

(1) 時間副詞：時間副詞大都放在它所修飾的形容詞或動詞前面。廣州方言的時間副詞如下表：

〔表 17〕

時間	廣州方言	標準語（國語）
表現在	而家 ji:^{21} Ka:^{53}	現在
	啱啱 ŋa:m^{55} ŋa:m^{55}	剛剛
	呢陣 ni:^{55} tʃɐn^{22}	這會兒
	呢牌 ni:^{55} pʰa:i^{35}※	目前、最近
	正話 tʃɪŋ^{33} wa:^{22}	剛剛
	湊啱 tʃʰɐu^{33} ŋa:m^{55}	恰好、剛好
表過去	舊陣（時） Kɐu^{22} tʃɐn^{22} （ʃi:^{21}）	從前
	已經 ji:^{23} Kɪŋ^{55}	已經
	本嚟 pu:n^{35} lɐi^{21}	本來
	原嚟 jy:n^{21} lɐi^{21}	原來
	向嚟 hœ:ŋ^{33} lɐi^{21}	向來
	頭先 tʰɐu^{21} ʃi:n^{53}	剛才
	不溜 Pɐt^{5} lɐu^{55}※	一向
	先個牌 ʃi:n^{53} Kɔ:^{35} Pʰa:i^{35}※	前一個時期
表未來	將嚟 tʃœ:ŋ^{53} lɔ:i^{21}	將來
	以後 ji:^{23} hɐu^{22}	以後
	就 tʃɐu^{22}	就
表不定	時時 ʃi:^{21} ʃi:^{21}	常常
	間中 Ka:n^{33} tʃʊŋ^{55}	有時
	有陣 jɐu^{23} tʃɐn^{22}	有時
	先 ʃi:n^{53}	先
	至 tʃi:^{33}	才
	一直 jɐt^{5} tʃɪK^{2}	一直
	一向 jɐt^{5} hœ:ŋ^{33}	一向
	一陣間 jɐt^{5} tʃɐn^{22} Ka:n^{55}	一下子
	當堂 tɔ:ŋ^{53} tʰɔ:ŋ^{21}	即刻

(2) 程度副詞：一般用來限定形容詞或動詞，放在形容詞或動詞之前。廣州方言的程度副詞，如下表：

〔表 18〕

廣　州　方　言	標　準　語（國　語）
重　tʃʊŋ^{22}	還、更
好　hou^{35}	很
至　tʃi:^{33}	最
幾　kei^{35}	相當
非 常　fei^{53}ʃœ:ŋ^{21}	非常
零 舍　lɪŋ^{21} ʃɛ:^{33}	特別
越 發　jy:t$^{\underline{22}}$ fa:t$^{\underline{33}}$	越
好 似　hou^{35} tʃʻi:^{23}	好像
乜 滯　mɐt$^{\underline{5}}$ tʃɐi^{22}	差不多
上 下　ʃœ:ŋ^{22} ha:^{35}※	差不多
差唔多　tʃʻa:^{53} m̩^{21} tɔ:^{55}	差不多
添　tʻi:m^{53}	再
約 莫　jœ:k$^{\underline{33}}$ mɔ:k$^{\underline{35}}$※	大約
得 滯　tɐk$^{\underline{5}}$ tʃɐi^{22}	太
太　tʻa:i^{33}	太
過 頭　kwɔ:^{33} tʻɐu^{21}	太
翻　fa:n^{53}	再

(3) 範圍副詞：通常用在限定動詞，但也可限定形容詞。廣州方言的範圍副詞，如下表。

〔表 19〕

廣　州　方　言		標準語（國　語）
淨（係）	tʃɪŋ^{22} (hɐi^{22})	總（是）
冚巴唥	hɐm^{21} paː^{22} laːŋ^{22}	總共、統統
惟　有	wɐi^{21} jɐu^{23}	只有
亦	jɪk$^{\underline{2}}$	也
哂	ʃaːi^{33}	全、都、完、光
一　齊	jɐt$^{\underline{5}}$ tʃ'ɐi^{21}	一齊
一　律	jɐt$^{\underline{5}}$ løt$^{\underline{2}}$	一律
單　單	taːn^{55} taːn^{55}	僅僅
都	tou^{55}	都
只　係	tʃiː^{35} hɐi^{22}	只是

(4) 否定副詞：大都用在限定動詞，但也可限定形容詞。廣州方言的否定副詞，如下表：

〔表20〕

廣　州　方　言		標　準　語（國　語）
唔	ŋ̍²¹	不
咪	mɐi²³	不要
未	mei²²	沒、沒有
未　曾	mei²² tʃ'ɐŋ²¹	未曾、還沒有
唔　好	ŋ̍²¹ hou³⁵	不好、不要
唔　使	ŋ̍²¹ ʃɐi³⁵	不要、不用
冇	mou²³	沒有

(5) 語氣副詞：通常用在限定動詞或形容詞。廣州方言的語氣副詞，如下表：

〔表 21〕

廣　州　方　言	標　準　語（國　語）
必　定　pi:t$^{\underline{55}}$ tɪŋ^{22}	必然
梗　　kɐŋ^{35}	一定
有　意　jɐu:^{23} ji:^{33}	故意
專　登　tʃy:n^{55} tɐŋ^{55}	故意
特　登　tɐk$^{\underline{2}}$ tɐŋ^{55}	特別
唔　通　m̩^{21} t'ʊŋ^{55}	難道
是　但　ʃi:^{22} ta:n^{22}	隨便
横　惦　wa:ŋ^{21} ti:m^{22}	反正
均　是　kwɐn^{53} ʃi:^{22}	反正
好　彩　hou^{35} tʃ 'ɔ:i^{35}	幸虧
好　在　hou^{35} tʃɔ:i^{22}	幸虧
千　祈　tʃ'i:n^{53} k'ei^{21}	千萬
先　至　ʃi:n^{53} tʃi:^{33}	才
至　　tʃi:^{33}	才
直　情　tʃɪk$^{\underline{2}}$ tʃ'ɪŋ^{21}	簡直

（七）　連接詞

連接名詞、代名詞或動詞、形容詞使發生關連。廣州方言的連接詞，可以分爲以下幾種：

(1) 表時間與處所：

"喺 hɐi^{35}"（在），"响 hœ:ŋ^{35}"（在、當），"由 jɐu^{21}"，"自 tʃi:^{22}"，

"從 tʃ'ʊŋ²¹"，"到 tou³³"，"向 hœːŋ³³"，‧‧‧‧‧‧等。

(2) 表原因與目的：

"因 jɐn⁵⁵"，"爲 wɐi²²"，"爲咗 wɐi²²tʃɔː³⁵"（爲了），"同 t'ʊŋ²¹"，"幫 pɔːŋ⁵³"，"所以 ʃɔː³⁵ jiː²³"，"但係 taːn²² hɐiː²²"（但是），"事關 ʃiː²² kwaːn⁵³"（因爲），"除非 tʃ'øy²¹ fei⁵³"‧‧‧等。

(3) 表被動：

"畀 pei³⁵"（給、被、讓），"被 pei²²"‧‧‧等。

(4) 表方式：

"使 ʃɐi³⁵"，"用 jʊŋ²²"，"同 t'ʊŋ²¹"（和），"同埋 t'ʊŋ²¹ maːi²¹"（跟）‧‧‧等。

(5) 表比較：

"過 kwɔː³³"（比），"不如 pɐt⁵ jyː²¹"，"好似 hou³⁵ tʃ'iː²³"（好像）‧‧‧ 等。

（八） 語氣詞

語氣詞是漢語所特有的，大都放在句子的末尾，表示不同的語氣。廣州方言的語氣詞頗爲複雜，分別舉例說明如下：

(1) 表行爲完成的語氣：

"咯 lɔː³³" → "我等你好耐咯。"
（我等你好久了。）

"嘞 laː³³" → "噉就真係多謝你嘞！"
（那就真謝謝你了！）

(2) 表疑問或反語的語氣：

"呢 nɛː⁵⁵" → "佢哋做乜咁遲重唔嚟呢？"
（他們怎麼那麼晚還不來呢？）

"嘅呢 kɛː³³ nɛː⁵⁵" → "臺北點解咁多雨落嘅呢？"
（臺北爲什麼有這麼多雨呢？）

"嗱 naː²¹" → "你以爲你柄埋我就搵唔到你嗱？！"
（你以爲你藏起來我就找不到你了？！）

"啊 aː²¹" → "你幾點鐘收工啊？"

（你幾點下班呀？）

“咩 mɛː^{55}” → “唔通我成日瞓覺咩？”

（難道我整天睡覺嗎？）

“㗎 kaː^{33}” → “乜你咁鳥龍㗎？”

（你怎麼那麼迷糊呀？）

(3) 表示提醒對方注意的語氣：

“啫 tʃɛː^{55}” → “行雷有乜嘢好怕啫！”

（打雷有什麼好怕嘛！）

“噃 pɔː^{21}” → “你唔好唔記得噃！”

（你別忘記了！）

“囉噃 lɔː^{33} pɔː^{21}” → “你聽日一定嚟囉噃！”

（你明天一定來！）

“㖭 wɔː^{23}” → “你咁肉緊做乜嘢㖭？！”

（你那麼激動幹嘛？！）

(4) 表推測的語氣：

“啩 kwaː^{33}” → “今日唔會落雪啩？”

（今天不會下雪吧。）

“嘞啩 laː^{33} kwaː^{33}” → “佢嘅病好啲嘞啩！”

（他的病好一點了吧！）

“啦 laː^{33}” → “我估佢就翻嚟啦！”

（我想他就要回來啦！）

(5) 表肯定的語氣：

“嘅 kɛː^{33}” → “呢笪地要嚟起樓用嘅！”

（這塊地要來蓋房子用的！）

“囉 lɔː^{21}” → “是但嘞！你中意點唔係點囉！”

（隨便吧！你喜歡怎麼樣就怎麼樣好了！）

(6) 表祈使、催促的語氣：

“啦 laː^{55}” → “唔該你快啲去啦！”

（勞駕您快點兒去吧！）

(7) 表示輕視的語氣：

"之嘛 tʃi:⁵⁵ ma:³³" → "有啲頭痛發燒之嘛！"

(有點頭痛發燒而已！)

§3.1.3.2. **句法**

除了詞類之外，廣州方言在句子成分上也有些特異之處，下面與標準語(國語)不同的幾個特點提出來説明之:

(1) 副詞的位置：標準語 (國語) 的副詞， 一般都放在動詞或形容詞的前面，而廣州方言的副詞基本上與標準語(國語)一樣，但有些副詞的位置却放在被修飾語(動詞或形容詞)的後面，甚至於在句子的末尾。如下:

a) "你有冇錢呀?借住幾百蚊嚟呢?!"

(你有没有錢呀?先借幾百塊來吧?!)

b) "佢冇錢乜滯。"

(他幾乎没有錢。)

c) "我行先，···" (我先走，···)

(2) 否定副詞"唔"的位置:廣州方言的否定副詞"唔"相當於標準語(國語)的"不"，一般説來彼此的詞序是相同，不過與"得"字連用時，在詞序上就與標準語(國語)不同了，標準語(國語)把"不"字放在動詞與"得"字中間，而廣州方言却把否定詞"唔"放在動詞與"得"的前面，如下:

廣州方言	標準語(國語)
唔記得	記不得
唔捨得	捨不得
唔食得嘅	吃不得的

(3) 比較用法不同:標準語(國語)形容詞比較時，把形容詞放在兩個相比事物的後面，把"比"字放兩物的中間，而廣州方言除了與標準語(國語)一樣的形式以外，還有不用"比"字，只在形容詞後面加"過"字，表示前者超過後者。如下:

廣州方言	標準語(國語)
我大過你。	我比你大。
我走得快過你。	我走得比你快。
鷄肉好食過猪肉。	鷄肉比猪肉好吃。

(4) 量詞的用法： 標準語 (國語) 的量詞一般是不單獨和名詞結合在一起的，而總是跟數詞或指示代詞結合在一起，但是廣州方言用不着跟數詞或指示代名詞在一起，而量詞本身就可以跟名詞結合:

"枝筆係邊個嘅 ?" (這枝筆是誰的?)

"我嚟攞翻枝筆 。" (我來把那枝筆拿回去。)

(5) 賓語的位置:廣州方言的直接(指物)賓語放在間接(指人)賓語的前面，而標準語(國語)的間接賓語放在直接賓語的前面， 如下:

廣州方言	標準語(國語)
佢畀三枝筆我。	他給我三枝筆。
畀本書我。	給我一本書。

此外廣州方言的語法特點還有很多，這裡不過舉幾條顯著例子罷了。

§3.2 比較音韻

§3.2.1. 廣州方言與中古音的比較

一般認爲，現代漢語方言都是由古代漢語演變而來的。廣州方言也不例外，因此每一種語音都有它歷史的來源。 雖然影響語音變化的因素很多，而例外的情形不是没有， 但是大多數的語音，都是有所承繼的。 這裡所説的中古音是以《切韻》系韻書加上唐以後產生的等韻圖爲輔佐材料的 。[註 1]

以廣州方言與中古音比較，詳細情形見於附表22.23.24.25中，現在按照聲、 韻、 調的次序、 分別簡單的説明。

[表23]

開合		開																								
等第		一					二						三									四				
韻母 \ 聲母		幫系	端系	精系	見系	影系	幫系	端系	知系	莊系	見系	影系	幫系	非系	端系	精系	知系	莊系	章系	見系	影系	幫系	端系	精系	見系	影系
陰聲	果		ɔ:																	ɛ:						
	假						ɑ:			ɑ:						ɛ:			ɛ:		ɛ:					
	(遇)																									
	蟹	u:i	ɑ:i ɔ:i	ɔ:i	ɑ:i ɔ:i	ɔ:i	ɑ:i			ɑ:i			ɐi		ɐi				ɐi	ɐi ɑ:i			ɐi			
	止												ei		ei	i:				i: ei	i:					
	效		ou					ɑ:u					i:u		i:u				i:u				i:u			
	流		ɐu																ɐu							
陽聲	咸		ɑ:m		ɐm				ɑ:m				(i:m)			i:m			i:m				i:m		i:m	
	山		ɑ:n		ɔ:n		ɑ:n		ɑ:n				i:n		i:n				i:n				i:n			
	宕		ɔ:ŋ												œ:ŋ			ɔ:ŋ	œ:ŋ							
	江						ɔ:ŋ		ɔ:ŋ	œ:ŋ	ɔ:ŋ															
	深														ɐm				ɐm							
	臻		ɐn		ɐn								ɐn		ɵn		ɐn									
	曾		ɐŋ										Iŋ				Iŋ		Iŋ							
	梗						ɑ:ŋ			ɐŋ ɑ:ŋ			Iŋ ɛ:ŋ		Iŋ ɛ:ŋ				Iŋ ɛ:ŋ		Iŋ	Iŋ	Iŋ ɛ:ŋ		Iŋ	
	(通)																									
入聲	咸		ɑ:p		ɐp					ɑ:p					i:p				i:p				i:p		i:p	
	山		ɑ:t		ɔ:t		ɑ:t			ɑ:t		ɑ:t	i:t		i:t		i:t		i:t				i:t			
	宕		ɔ:k												œ:k				œ:k							
	江						ɔ:k		œ:k	ɔ:k																
	深														ɐp				ɐp							
	臻												ɐt			ɐt										
	曾		ɐk										Ik		Ik											
	梗						ɑ:k		ɑ:k				Ik		Ik			Ik	Ik ɛ:k		Ik	Ik ɛ:k	Ik		Ik	
	(通)																									

[備註]

一、(1) 幫系包括幫、滂、並、明母。
(2) 非系包括非、敷、奉、微母。
(3) 端系包括端、透、定、泥(娘)、來母。
(4) 知系包括知、徹、澄母。
(5) 精系包括精、清、從、心、邪母。
(6) 莊系包括莊、初、崇、生、俟母。
(7) 章系包括章、昌、船、日、書、禪母。
(8) 見系包括見、溪、群、疑、曉、匣母。
(9) 影系包括影、云、以母。

二、不規則演變(例外字):
(1) [i:] ──→ 蟹攝齊開四:臍。
(2) [ɑ:] ──→ 果攝歌開一:阿、哪、那、他、
假攝麻開三:也、
蟹攝佳開二:灑、罷
(3) [u:] ──→ 流攝尤開三:婦、副、負、
(4) [i:u] ──→ 流攝幽開三:彪、丟、
(5) [ɐi] ──→ 蟹攝佳開二:篩、矮、
止攝支開三:踦、蒸、蟻、
〃 之開三:駛、
〃 微開三:毅、
山攝薛開三:拽、
(6) [ɑ:i] ──→ 止攝支開三:璽、徙、舐、
果攝歌開一:大、
咸攝合開一:拉、
(7) [ɑ:u] ──→ 效攝豪開一:考、靠、
流攝尤開三:矛、
(8) [ɑ:m] ──→ 咸攝談開一:喊、
深攝侵開三:簪、氹、
(9) [i:n] ──→ 山攝山開二:莧
咸攝鹽開三:貶、
(10) [ɐn] ──→ 深攝侵開三:稟、品、
(11) [ɑ:n] ──→ 山攝先開四:蔚、
咸攝談開一:坍、
〃 咸開二:賺、
(12) [u:n] ──→ 江攝江開二:胖、
(13) [Iŋ] ──→ 梗攝耕開二:鸚、櫻、
曾攝登開一:楞、
臻攝殷開三:勁、
(14) [ɐŋ] ──→ 曾攝蒸開三:凭、瞪、
梗攝庚開三:盟、
(15) [ɑ:ŋ] ──→ 江攝江開二:棒、
(16) [i:p] ──→ 山攝屑開四:捏、
(17) [ɐp] ──→ 咸攝洽開二:恰、
(18) [ɑ:p] ──→ 深攝緝開三:集、習、
(19) [i:t] ──→ 臻攝質開三:必、秩、
咸攝帖開四:跌、
葉開三:捷、
(20) [y:t] ──→ 臻攝質開三:乙、
(21) [ɵt] ──→ 臻攝質開三:栗、
(22) [ɐt] ──→ 蟹攝咍開一:咳、
梗攝麥開二:核、
山攝鎋開二:瞎、
(23) [ɑ:t] ──→ 咸攝狎開二:壓、
(24) [Ik] ──→ 曾攝德開一:忒、
臻攝質開三:慝、
(25) [ɐk] ──→ 曾攝職開三:側、測、
梗攝麥開二:麥、扼、
〃 陌開二:阨、
江攝覺開二:握、
(26) [ɑ:k] ──→ 梗攝昔開三:擲、
曾攝德開一:賊、
宕攝鐸開一:胳、
假攝馬開二:嚇、

[表 25]

<table>
<tr><td colspan="2" rowspan="2">中古調
演變條件</td><td rowspan="2">平</td><td colspan="2">上</td><td rowspan="2">去</td><td colspan="2">入</td></tr>
<tr><td>語音</td><td>讀音</td><td>內轉</td><td>外轉</td></tr>
<tr><td rowspan="4">中古聲母</td><td>全清</td><td rowspan="2">陰平
53:／55:</td><td colspan="2" rowspan="2">陰上
35:</td><td rowspan="2">陰去
33:</td><td rowspan="2">陰入
(上陰入)
5:</td><td rowspan="2">中入
(下陰入)
3:</td></tr>
<tr><td>次清</td></tr>
<tr><td>次濁</td><td rowspan="2">陽平
21:</td><td colspan="2">陽上
23:</td><td rowspan="2">陽去
22:</td><td colspan="2" rowspan="2">陽入
2:</td></tr>
<tr><td>全濁</td><td>陽上
23:</td><td>陽去
22:</td></tr>
</table>

(一)聲母的比較

(1) 中古音幫母字(以下稱中古音聲母時，只提類名，省去「中古」二字。)

廣州方言今音(以下簡稱「今音」是 p—。)

例外如: → p‘—: 編、豹、譜、遍、

→ m—: 剝、

(2) 滂母字今音都是 p‘—。

例外如: → p—: 玻、怖、品、

(3) 並母字仄聲今音 p—，平聲字和上聲字一部分白話音 p‘—。

例外如: → p— : 飽(陰平)、辯、

→ p‘—: 闢、佩、

(4) 明母字今音都是 m—。

(5) 非、敷、奉三母字今音都是 f—。

例外如:奉母: → p—:縛

敷母: → p‘—:捧

(6) 微母字今音都是 m—。

例外如: → w一:挽、輓、

(7) 端母字今音都是 t一。

例外如: → t'一:堤、肚、

→ n一:鳥

(8) 透母字今音都是 t'一。

(9) 定母字仄聲今音都是 t一, 平聲字和上聲字一部分白話音 t'一。

(10) 泥母字今音都是 n一。

例外如: → j一:釀、賃

(11) 來母字今音都是 l一。

例外如: → t一:隸、

(12) 知母字今音都是 tʃ一。

例外如: → t一:爹、秩、琢、

→tʃ'一:彖、

(13) 徹母字今音都是 tʃ'一。

例外如: → tʃ一:偵、著、

(14) 澄母字仄聲今音都是 tʃ一, 平聲字和上聲字一部分 tʃ'一。

例外如: → t一:登、特、踏、突、

→ʃ一:篆

(15) 精母字今音都是 tʃ一。

例外如: tʃ'一:躁、殲、

(16) 清母字今音都是 tʃ'一。

例外如: → tʃ一:蛆

(17) 從母字仄聲今音都是 tʃ一, 平聲字和極少數陽入字、上聲字白話音 tʃ'一。

(18) 心母字今音都是→ ʃ一。

例外如: → tʃ一:伺、睿、

→ tʃ'一:速、塞、棲、賜

(19) 邪母字今音分成三部分: 一是仄聲字大部分 tʃ一; 二是平聲字和一部分上聲字的白話音 tʃ'一; 三是三等韻的一部分 ʃ一。

(20) 莊母字今音都是 tʃ一。

(21) 初母字今音都是→ tʃ'一 。

例外如: → ʃ一:篡

(22) 崇母字今音分成兩部分：一部分讀 tʃ一 (都是仄聲字)； 一 部 分 讀 tʃ'一 (平聲字及上聲字白話音)。

例外如:→ʃ一:事、仕、愁、岑、

(23)生母字今音都是 ʃ一。

例外如:→ tʃ一:閘、

→ tʃ'一:杉、產、刷、

→ h一:厦

(24) 俟母字今音讀音 tʃ一，語音 k'一，只有「俟」一個字。

(25) 章母字今音都是 tʃ一。

例外如:→ʃ一:蝕

(26) 昌母字今音都是 tʃ'一 。

(27) 船母字今音都是 ʃ一。

例外如: → t'一 :盾。

(28) 書母字今音分成兩部分:一部分讀 ʃ一 ;一部分讀 tʃ'一 。找不出演變的條例。

例外如: → t一 :舂、春

→ h一 :餉

(29) 禪母字今音都是ʃ一 。

例外如: →tʃ一 :植、

→ tʃ' 一 :酬、

(30) 日母字今音都是 j一 。

例外如: → n一 :餌、

→ ʃ一 :瑞、

(31) 見母字今音都是 k一 ，其中合口字一部分讀 kw一 。

例外如: → k'一 :厥、決、給、冀、拘、稽、

→ k'w一: 規、箍、礦、

→ŋ:鈎(語音)

→l:臉、

→ h一:懈、

→ w一:鍋、

(32) 溪母字今音分成四部分:

今音讀 f一 的:合口字一部分

今音讀 h一 的:開口字

今音讀 k' 的:開、合口字, 其中合口字一部分讀 k'w。

例外如:→ k一 :撳、

→ j一 :丘、

(33) 群母字今音分成四部分:

今音讀 k一 的:仄聲字, 其中合口字一部分讀 kw一。今音讀 k'一 的: 平聲字以及上聲字和入聲字的一部分, 其中合口字一部分讀 k'w一。

(34) 疑母字今音分成兩部分:

今音讀 ŋ一 的: 除去遇攝合口一等字以外。

今音讀 ŋ̍一 的: 遇攝合口一等字。

例外如: → h一 :僥、

→ j一 :堯、吟、

(35) 影母字今音分成三部分: 一是今音讀 j一 ;二是今音讀 w一; 三 是今音讀 0一 (零聲 母)。

例外如:→ m一 :杳、

(36) 曉母字今音分成兩部分:

今音讀 f一 的:合口一二等字。

今音讀 h一 的:除去合口一二等以外的字。

例外如:→ k'一 :郝、吸、

→ k'w一:豁、

→ j一:釁、休、

→ w一:滸、毀、歪、煥、

(37) 匣母字今音分成三部分:

[表26]

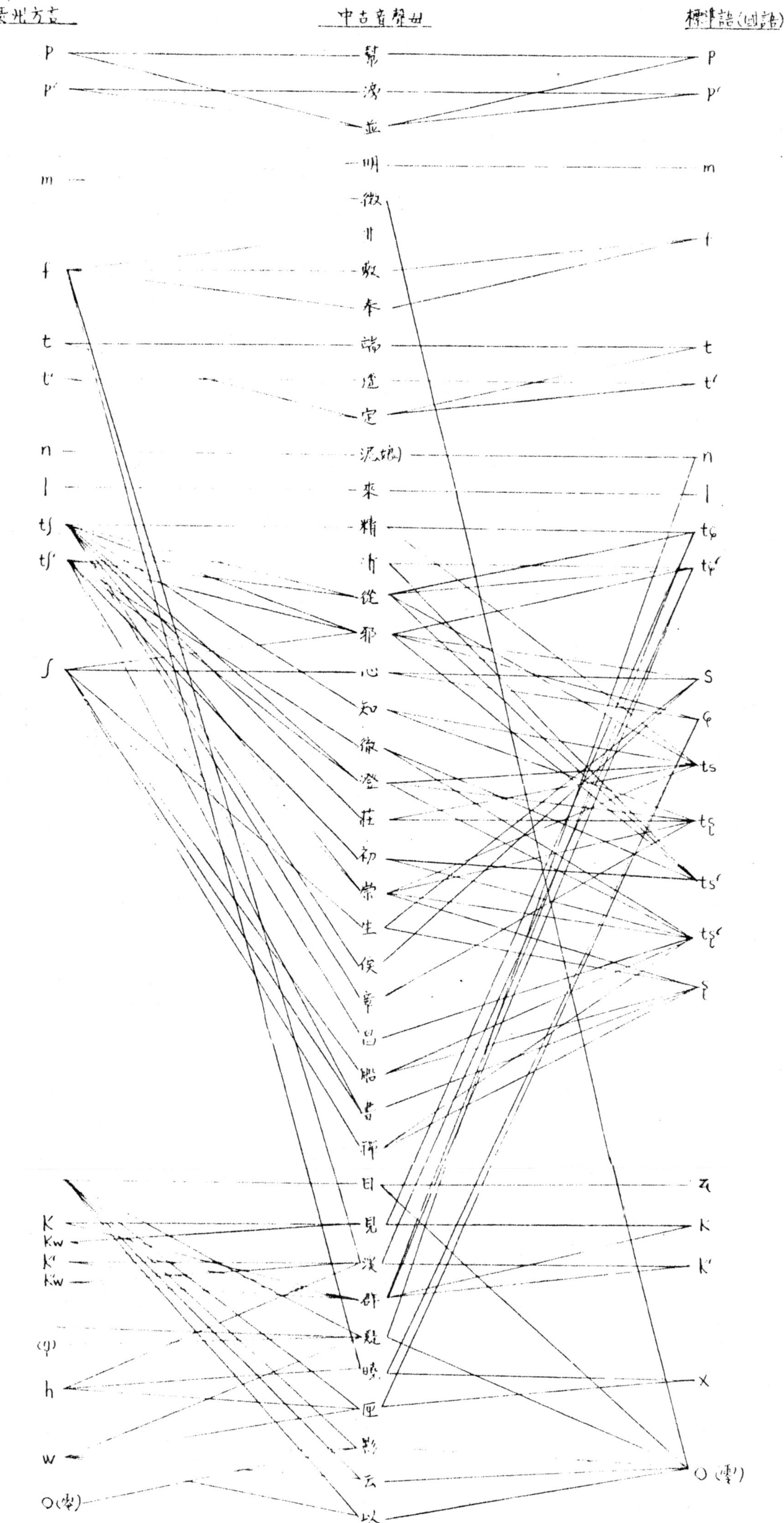

廣州方言
中古音聲母
標準語(國語)
p
p'
m
f
t
t'
n
l
tʃ
tʃ'
ʃ
k
kw
k'
k'w
(ŋ)
h
w
0(零)
幫
滂
並
明
微
非
敷
奉
端
透
定
泥(娘)
來
精
清
從
邪
心
知
徹
澄
莊
初
崇
生
俟
章
昌
船
書
禪
日
見
溪
群
疑
曉
匣
影
云
以
p
p'
m
f
t
t'
n
l
tɕ
tɕ'
s
ɕ
ts
tʂ
ts'
tʂ'
ʂ
ʐ
k
k'
x
0(零)

今音讀 j— 的：開口三等字和合口字一部分。

今音讀 w— 的：合口字。

今音讀 h— 的：除去以上兩部分以外的字。

例外如：→ k'w—：繪、潰、

→ ŋ—：淆、

→ f—：乎、晃、

(38) 云母字今音分成兩部分：

今音讀 w— 的：止、臻、梗三攝合口三等字；遇攝合口三等字的一部分。

今音讀 j— 的：除去上述以外的字。

例外如：→ h—：熊、雄、

(39) 以母字今音分成兩部分：

今音讀 w— 的：臻、梗兩攝合口三等字。

今音讀 j— 的：除去上述以外的字。

例外如：→ k— ：捐、

(40) 跟廣州方言和標準語(國語)的中古音聲母演變比較，如表 26：

(二) 韻母的比較

(1) 果攝一等開、合今音都是 ɔː：

多：꜀tɔː　　搓：꜀tʃʻɔː　　歌：꜀kɔː　　河：꜁hɔː

波：꜀pɔː　　坡：꜀pʻɔː　　果：꜂kwɔː　　火：꜂fɔː

三等開口群母字是 ɛː：

茄：꜁kʻɛː

三等合口群母字是 ɛː；曉母字是 œː：

瘸：꜁kʻɛː

靴：꜀hœː

※例外如：→ーa：阿、哪、那、他、

→ ーaːi：大、

→ ーœː：朶、唾、

(2) 假攝二等開、合今音都是 aː：

巴：꜀paː　　茶：꜁tʃʻaː　　沙：꜀ʃaː　　馬：꜃maː

瓜：꜀kwaː　　花：꜀faː　　蛙：꜀waː　　化：faː꜄

三等開口今音都是 ɛː：

姐：꜂tʃɛː　　射：ʃɛː꜅　　野：꜃jɛː　　車：꜀tʃʻɛː

※例外如：→ ーaː：也、

→ ーɔː：傻、

(3) 遇攝一等合口幫、端、精系是 ou；見系有 u：和 ŋ̍（限於疑母字）；影系是 u：。

舖：꜀pʻou　　都：꜀tou　　租：꜀tʃou　　布：pou꜄

姑：꜀kwu　　呼：꜀fuː　　吳：꜁ŋ̍　　吾：꜁ŋ̍

鳥：꜀wuː　　污：꜀wuː

三等合口非系是 uː 和 ou（限於微母字）；端、精系是 øy；知、章、影系是 yː；莊系是 ɔː；見系 øy 和 yː（限於疑母字）。

夫：꜀fuː　　敷：꜀fuː　　無：꜁mou　　誣：꜁mou

女：꜃nøy　　驘：꜁løy　　取：꜂tʃʻøy　　緒：ʃøy꜅

書：꜀ʃy　　煮：꜂tʃy　　朱：꜀tʃy　　于：꜀jyː

阻：ᶜtʃɔː　楚：ᶜtʃʻɔː　梳：꜀ʃɔː　所：ᶜʃɔː

魚：꜁jyː　娯：꜁jyː　區：꜀kʻøy　居：꜀køyi

※例外如：→ 一œː：鋸

→ 一ɔː：錯

→ 一ou：鬚、數、

→ 一ʊk：續

(4) 蟹攝一等開口幫系是uːi；端、見系是 aːi 和 ɔːi；精、影系是 ɔːi。

貝：puːi꜄　沛：pʻuːi꜄　旆：pʻuːi꜄

胎：꜀tʻɔːi　臺：꜁tʻɔːi　戴：taːi꜄　態：tʻaːi꜄

該：꜀kɔːi　開：꜀hɔːi　皆：꜀kaːi　艾：ŋaːi꜅

災：꜀tʃɔːi　才：꜁tʃʻɔːi　哀：꜀ɔːi　愛：ɔːi꜄

一等合口幫、見、影系是 uːi；端、精系是 øy。

杯：꜀puːi　梅：꜁muːi　灰：꜀fuːi　煨：꜀wuːi

堆：꜀tøy　隊：tøy꜅　罪：tʃøy꜅　碎：ʃøy꜄

二等開口字都是 aːi。

排：꜁pʻaːi　皆：꜀kaːi　柴：꜁tʃʻaːi　挨(~近)：꜀aːi

二等合口見系是 aː 和 aːi；影系是 aː。

掛：kwaː꜄　話：waː꜅　怪：kwaːi꜄　蛙：꜀waː

三等開口是 ɐi 和 aːi；aːi 限於疑母字的一部分。

敝：pɐi꜅　例：lɐi꜅　制：tʃɐi꜄　鷄：꜀kɐi

藝：ŋɐi꜅　刈：ŋaːi꜅

三等合口是 øy 和 ɐi，ɐi 限於非系和影、云母字。

脆：tʃʻøy꜄　税：ʃøy꜄　贅：tʃøy꜄　芮(姓)：jøy꜅

廢：fɐi꜄　肺：fɐi꜅　穢：wɐi꜄　衛：wɐi꜅

四等開、合都是 ɐi。

批：꜀pɐi　低：꜀tɐi　圭：꜀kwɐi　惠：wɐi꜅

※例外如：→ 一i　：臍、

→ 一a　：灑、罷、

→ 一ɐi　：篩、矮、盔、桅、

→ 一a:i：傀、塊、

→ 一ɔ:i：外、

→ 一u:i：奎、

(5) 止攝開口幫、端系是 ei；精、知、莊、章、影系是 i:；見系是 ei 和 i:，i: 限於疑母字。

碑：꜀pei　　離：꜁lei　　紫：꜂tʃi:　　知：꜀tʃi:

師：꜀ʃi:　　支：꜀tʃi:　　倚：꜂ji:　　奇：꜁k'ei

儀：꜁ji:

合口非系是 ei；見、影系是 ɐi；其他是 øy。

非：꜀fei　　微：꜁mei　　鬼：꜂kwɐi　　偉：꜃wɐi

類：løy꜅　　醉：tʃøy꜄　　追：꜀tʃøy　　衰：꜀ʃøy

誰：꜁ʃøy

※例外如：→ ɐi　：篩、荔、蟻、駛、毅、麾、費、猇

→ 一a:i：璽、徙、舐、

(6) 效攝一等是 ou；二等是 a:u；三、四等都是 i:u。

毛：꜁mou　　刀：꜀tou　　高：꜀kou　　襖：ou꜄

包：꜀pa:u　　鬧：na:u꜅　　交：꜀ka:u　　拗(~斷)：꜂a:u

標：꜀pi:u　　燎：꜁li:u　　驕：꜀ki:u　　搖：꜁ji:u

刁：꜀ti:u　　澆：꜀hi:u　　杳：꜃mi:u

※例外如：→一a:u：考、靠、

(7) 流攝都是 ɐu。

頭：꜁t'ɐu　　樓：꜁lɐu　　口：꜂hɐu　　嘔(~吐)：꜂ɐu

浮：꜁fɐu　　流：꜁lɐu　　抽：꜀tʃ'ɐu　　有：꜃jɐu

※例外如：→ 一u:　：婦、副、負

→ 一i:u：彪、丟、

→ 一a:u：矛、

(8) 咸攝一等開口陽聲韻是 a:m 和 ɐm，ɐm 限於見、影系；入聲韻見系是 ɐp；其他是 a:p。

貪：꜀t'a:m　　南：꜁na:m　　感：꜂kɐm　　暗：ɐm꜄

答：taːp꜆　　納：naːp꜇　　合：hɐp꜇

二等陽聲韻是 aːm；入聲韻是 aːp。

巖：꜀ŋaːm　　咸：꜁haːm　　站：tʃaːm꜅　　斬：꜂tʃaːm

甲：kaːp꜆　　夾：kaːp꜆　　插：tʃʻaːp꜆　　劄：taːp꜆

三、四等開口陽聲韻都是 iːm；入聲韻都是 iːp 。

斂：liːm꜅　　尖：꜀tʃiːm　　占：tʃiːm꜄　　炎：꜁jiːm

獵：liːp꜇　　接：tʃiːp꜆　　攝：ʃiːp꜆　　葉：jiːp꜇

添：꜀tʻiːm　　兼：꜀kiːm　　貼：tʻiːp꜆　　協：hiːp꜇

三等合口陽聲韻是 aːn，入聲韻是 aːt。

凡：꜁faːn　　范：faːn꜄　　泛：faːn꜄　　法：faːt꜆

※例外如：　→ 一aːm ：喊、

　　　　　→ 一aːi ：拉、

　　　　　→ 一iːn ：貶、

　　　　　→ 一aːn ：坍、賺

　　　　　→ 一ɐp ：恰、

　　　　　→ 一iːt ：跌、捷

　　　　　→ 一aːt ：壓、

(9) 山攝一等開口陽聲韻端、精系是 aːn；見、影系是 ɔːn；入聲韻端、精系 aːt；見系是 ɔːt。

旦：taːn꜄　　贊：tʃaːn꜄　　幹(事~)：kɔːn꜄　　按：ɔːn꜄

達(發~)：taːt꜇　　擦：tʃʻaːt꜆　　割：kɔːt꜆

一等合口陽聲韻端、精系事 yːn；其他是uːn；入聲韻端、精系是 yːt；其他是 uːt。

般：꜀puːn　　團：꜁tʻyːn　　官：꜀kwuːn　　碗：꜂wuːn

撥：puːt꜇　　脱：tʻyːt꜆　　闊：fuːt꜆

二等開、合陽聲韻都是 aːn；入聲韻都是 aːt。

山：꜀ʃaːn　　閑：꜁haːn　　班：꜀paːn　　慣：kwaːn꜄

殺：ʃaːt꜆　　揭：kʻaːt꜆　　八：paːt꜆　　刮：kwaːt꜆

三、四等開口陽聲韻都是 iːn； 入聲韻都是 iːt。

鞭：꜀pi:n　　連：꜁li:n　　然：꜁ji:n　　件：ki:n꜅

別：pi:t꜇　　列：li:t꜇　　熱：ji:t꜇　　傑：ki:t꜇

邊：꜀pi:n　　天：꜀tʻi:n　　千：꜀tʃʻi:n　　肩：꜀ki:n

瞥：pʻi:t$_{\circ}$　　鐵：tʻi:t$_{\circ}$　　節：tʃi:t$_{\circ}$　　結：ki:t$_{\circ}$

三、四等合口陽聲韻是 y:n 和 a:n，a:n 限於三等非系；入聲韻是 y:t 和 a:t，a:t 限於三等非系。

翻：꜀fa:n　　轉：꜂tʃy:n　　捲：꜂ky:n　　袁：꜁jy:n

髮：fa:t$_{\circ}$　　拙：tʃy:t꜇　　闕(宮~)：kʻy:t$_{\circ}$　　越：jy:t꜇

犬：꜂hy:n　　縣：jy:n꜅　　淵：꜀jy:n

缺：kʻy:t$_{\circ}$　　穴：jy:t꜇

※例外如：→ －i:n ：莧、

→ －ɐi ：拽、

→ －a:n ：藺、

→ －øn ：卵、

→ －u:n ：援、

→ －i:p ：捏、

→ －ɐt ：瞎、罰、襪、掘、

(10) 宕攝一等開、合陽聲韻都是 ɔ:ŋ；入聲韻都是 ɔ:k。

幫：꜀pɔ:ŋ　　當：꜀tɔ:ŋ　　倉：꜀tʃʻɔ:ŋ　　光：꜀kwɔ:ŋ

博：pɔ:k꜇　　託：tʻɔ:k꜇　　昨：tʃɔ:k꜇　　郭：kwɔ:k$_{\circ}$

三等開口陽聲韻莊系是 ɔ:ŋ；其他是 œ:ŋ；入聲韻是 œ:k。

莊：꜀tʃɔ:ŋ　　娘：꜁nœ:ŋ　　將：꜀tʃœ:ŋ　　疆：꜀kœ:ŋ

略：lœ:k꜇　　爵：tʃœ:k$_{\circ}$　　脚：kœ:k$_{\circ}$

三等合口陽聲韻都是 ɔ:ŋ；入聲韻都是 ɔ:k。

方：꜀fɔ:ŋ　　亡：꜁mɔ:ŋ　　匡：꜀hɔ:ŋ　　王：꜁wɔ:ŋ

縛：pɔ:k$_{\circ}$

※例外如：→－a:k：胳、

→－a:ŋ：逛、

(11) 江攝陽聲韻莊系是 œ:ŋ； 其他是 ɔ:ŋ； 入聲韻知系是 œ:k； 其他是

ɔːk。

雙：꜀ʃœːŋ　　撞：tʃɔːŋ꜅　　綁：꜂pɔːŋ　　講：꜂kɔːŋ

朔：ʃɔːk꜆　　桌：tʃœːk꜆　　駁：pɔːk꜆　　角：kɔːk꜇

※例外如：→ 一uːn：胖、
→ 一aːŋ：棒、
→ 一ɐk：握、

(12) 深攝陽聲韻都是 ɐm；入聲韻都是 ɐp。

林：꜁lɐm　　心：꜀ʃɐm　　今：꜀kɐm　　音：꜁jɐm

立：lɐp꜇　　濕：ʃɐp꜆　　急：kɐp꜆　　邑：jɐp꜆

※例外如：→ 一ɐn：稟、品、
→ 一aːm：簪、參、
→ 一aːp：集、習、

(13) 臻攝開口陽聲韻是 ɐn 和 øn，øn 限於三等端、精系；入聲韻都是 ɐt。

吞：꜀t'ɐn　　跟：꜀kɐn　　痕：꜁hɐn　　恩：꜀jɐn

彬：꜀pɐn　　鄰：꜁løn　　津：꜀tʃøn　　人：꜁jɐn

筆：pɐt꜆　　七：tʃ'ɐt꜆　　質：tʃɐt꜆　　日：jɐt꜇

合口一等陽聲韻幫系有 ɐn 和 uːn，uːn限於並、明母字；端系是 øn；精系是 yːn；見、影系 ɐn；入聲韻是 ɐt和 uːt，uːt 限於並，明母字。

奔：꜀pɐn　　門：꜁muːn　　敦：꜀tøn　　尊：꜀tʃyːn

婚：꜀fɐn　　不：pɐt꜆　　勃：puːt꜇　　突：tɐt꜇

骨：kwɐt꜆　　忽：fɐt꜆

合口三等陽聲韻非、見、影系是 ɐn；其他是 øn；入聲韻非、見、影系是 ɐt；其他 øt。

分：꜀fɐn　　倫：꜁løn　　純：꜁ʃøn　　君：꜀kwɐn

弗：fɐt꜆　　律：løt꜆　　恤：ʃøt꜆　　鬱：wɐt꜆

※例外如：→ 一ɪŋ：勁、
→ 一iːt：必、秩、

→ 一y:t：乙、

→ 一øt ：栗、卒、

→ 一ɪk ：悉、

→ 一y:n：屯、臀、嫩、

(14) 曾攝一等開、合口陽聲韻都是 ɐŋ；入聲韻開口是 ɐk，合口是 a:k 。

朋：꜁p‘ɐŋ　能：꜁nɐŋ　增：꜀tʃɐŋ　恒：꜁hɐŋ

北：pɐk꜆　得：tɐk꜆　則：tʃɐk꜆　黑：hɐk꜆

弘：꜁wɐŋ

惑：wa:k꜇

三等陽聲韻都是 ɪŋ；入聲韻都是 ɪk。

冰：꜀pɪŋ　陵：꜁lɪŋ　澄：꜁tʃ‘ɪŋ　凝：꜁jɪŋ

逼：pɪk꜆　力：lɪk꜇　直：tʃɪk꜇　極：kɪk꜇

域：wɪk꜇

※例外如：→ 一ɪŋ ：楞、

→ 一ɪk ：忒、

→ 一ɐk ：側、測、

→ 一a:k ：賊、

→ 一ɔ:k ：國、

(15) 梗攝二等開、合口陽聲韻 a:ŋ 和 ɐŋ，ɐŋ 限於開口莊、見系的一部分和合口見系的一部分；入聲韻都是 a:k 。

盲：꜁ma:ŋ　笙：꜀ʃɐŋ　坑：꜀ha:ŋ　亨：꜀hɐŋ

百：pa:k˳　澤：tʃa:k꜇　格：ka:k˳　額：ŋa:k꜇

橫：꜁wa:ŋ　宏：꜁wɐŋ

劃：wa:k꜇

三等開、合口陽聲韻 ɪŋ 和 ɛ:ŋ，ɛ:ŋ 限於開口幫、端、精、知、章、見系的一部分；入聲韻 ɪk 和 ɛ:k，ɛ:k 限於開口章、見系的一部分。

兵：꜀pɪŋ　名：꜁mɪŋ ꜁mɛ:ŋ　精：꜀tʃɪŋ ꜀tʃɛ:ŋ　敬：kɪŋ꜄

碧：pɪk꜆　僻：p‘ɪk꜆　積：tʃɪk꜆　屐：k‘ɛ:k꜇

永：ˁwɪŋ　　傾：˛k'ɪŋ

疫：jɪk˭

四等開、合口陽聲韻 ɪŋ 和 ɛːŋ，ɛːŋ 限於開口端、精系的一部分；入聲韻 ɪk 和 ɛːk，ɛːk限於開口幫系的一部分。

萍：˓p'ɪŋ　　聽：˛t'ɪŋ ˛t'ɛːŋ　　鈴：˓lɪŋ　　經：˛kɪŋ

霹：pɪk˺pɛːk˺　　滴：tɪk˭　　曆：lɪk˭　　激：kɪk˺

螢：˓jɪŋ

※例外如：→ 一ɪŋ ：鸚、櫻、

→ 一ɐŋ ：盟、

→ 一ɐt ：核、

→ 一ɐk ：麥、扼、

→ 一aːk ：擲、

→ 一ɪk ：虢、

→ 一ɔːk ：獲、

→ 一ɔːŋ ：礦、

(16) 通攝陽聲韻都是 ʊŋ；入聲韻都是 ʊk。

東：˛tʊŋ　　公：˛kʊŋ　　中：˛tʃʊŋ　　弓：˛kʊŋ

獨：tʊk˭　　谷：kʊk˺　　竹：tʃʊk˺　　菊：kʊk˺

(17) 跟廣州方言和標準語（國語）的中古音韻母演變比較、如表 27.28. 29.：

[表 27]

廣州方言

ɔ:
ɛ:
œ:
a:
ou
u:
ŋ̍
øy
y:
u:i
ɔ:i
a:i
ɐi
ei
i:
a:u
i:u
ɐu

中古音 韻母

果攝
開一
開三
合一
合三

假攝
開二
開三
合二

遇攝
合一
合三

蟹攝
開一
開二
開三
開四
合一
合二
合三
合四

止攝
開三
合三

效攝
開一
開二
開三
開四

流攝
(開合)一
(開合)三

標準語(國語)

uo
ɤ
ia
ie
ye
a
ua
u
y
ai
i
ei
uei
uai
ï
ɚ
au
iau
ou
iou

[表 28]

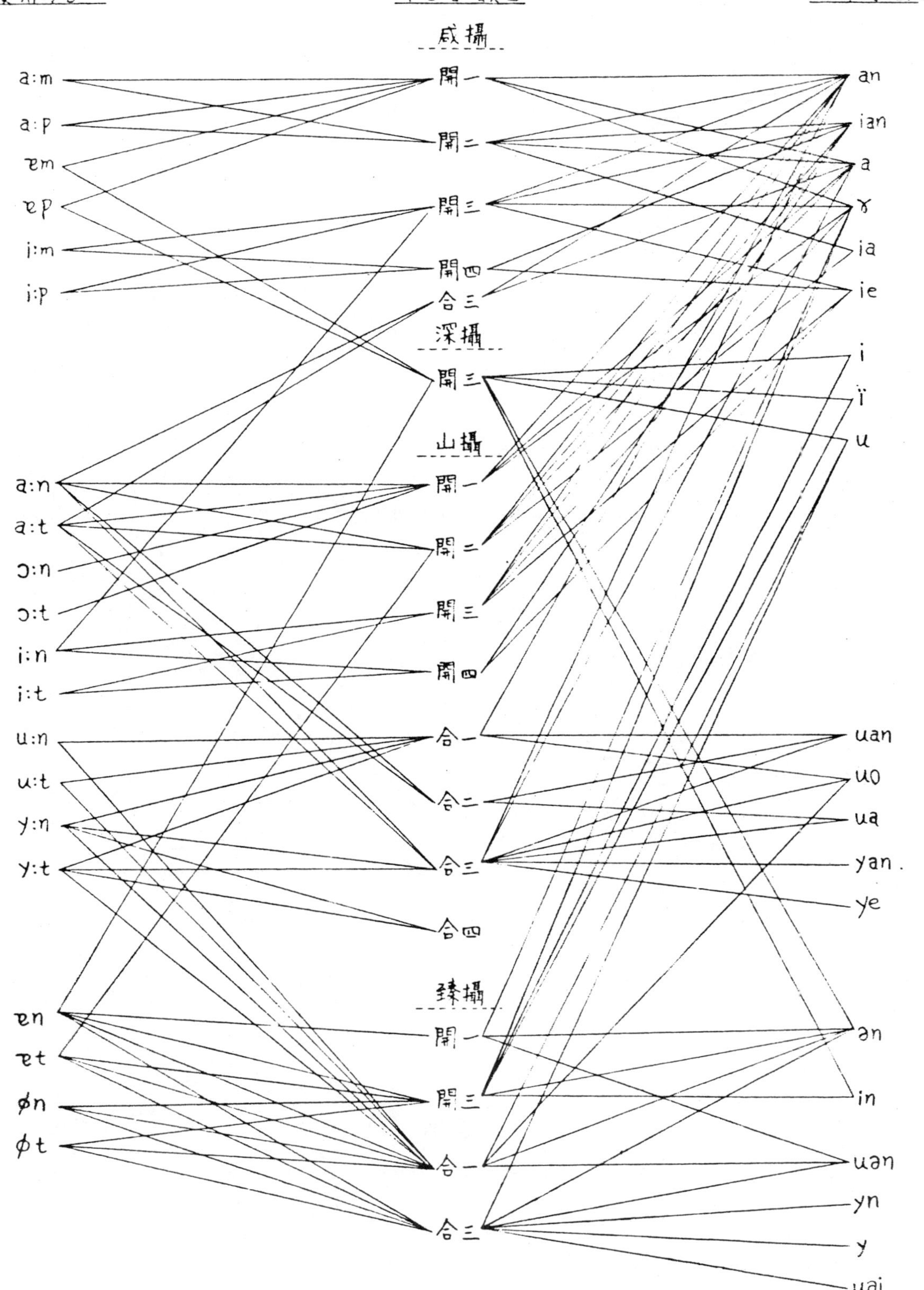

廣州方言
中古音 韻母
標準語(國語)
咸攝
a:m
a:p
ɐm
ɐp
i:m
i:p
開一
開二
開三
開四
合三
an
ian
a
ɤ
ia
ie
深攝
開三
i
ï
u
山攝
a:n
a:t
ɔ:n
ɔ:t
i:n
i:t
u:n
u:t
y:n
y:t
開一
開二
開三
開四
合一
合二
合三
合四
uan
uo
ua
yan
ye
臻攝
ɐn
ɐt
øn
øt
開一
開三
合一
合三
ən
in
uən
yn
y
uai

[表 29]

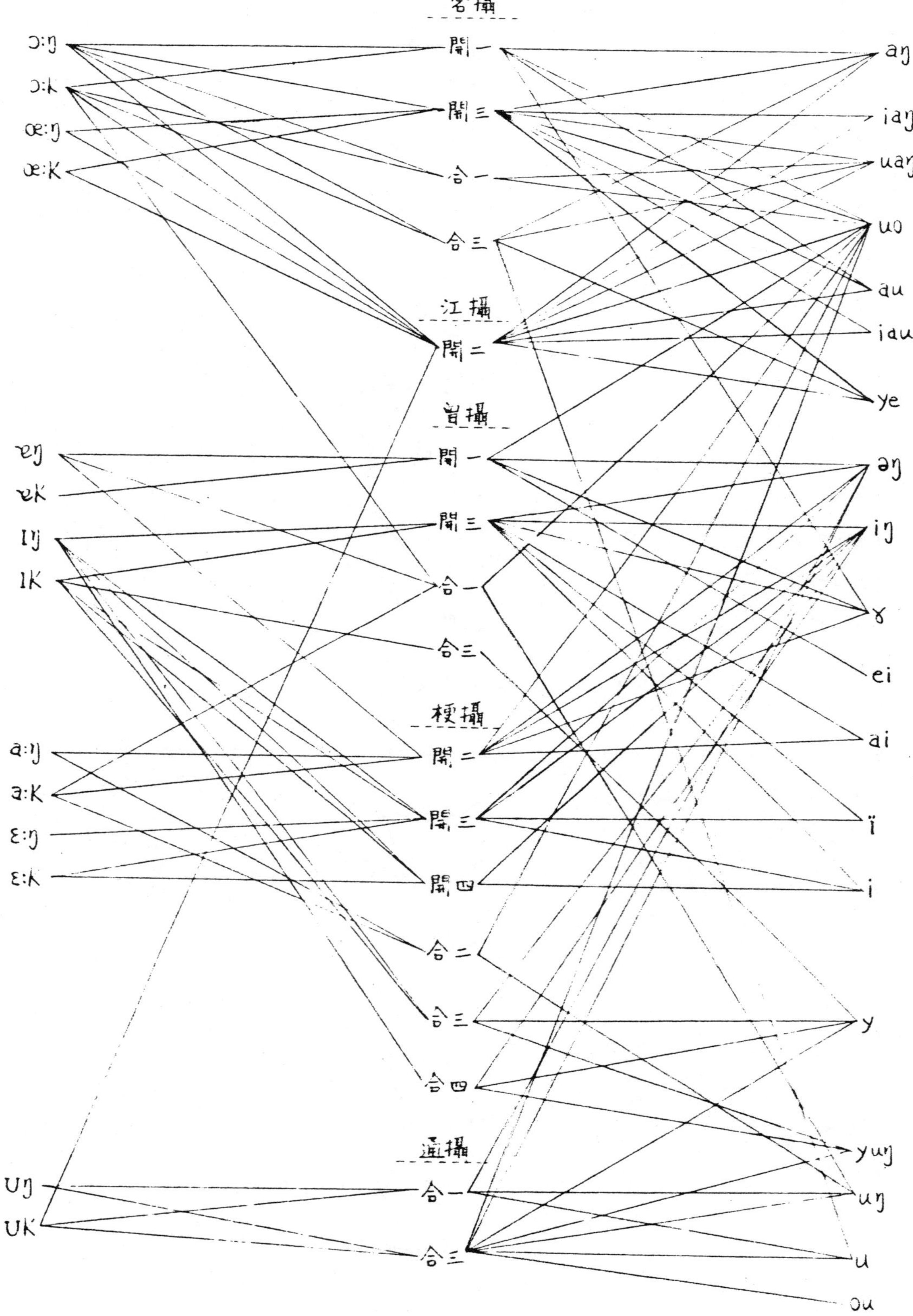

慶州方言
中古音 韻攝
標準語(國語)
宕攝
江攝
曽攝
梗攝
通攝
ɔ:ŋ
ɔ:k
œ:ŋ
œ:k
ɐŋ
ɐk
Iŋ
Ik
a:ŋ
a:k
ɛ:ŋ
ɛ:k
Uŋ
Uk
開一
開三
合一
合三
開二
開四
合二
合四
aŋ
iaŋ
uaŋ
uo
au
iau
ye
əŋ
iŋ
ɤ
ei
ai
ï
i
y
yuŋ
uŋ
u
ou

(三)聲調的比較

(1) 中古平聲清聲母今音都是陰平， 如：東、 通、 公、 空、煎、仙、千、 天、張、商。

(2) 中古平聲濁聲母今音都是陽平， 如：同、 窮、 從、 容、 移、 期、良、常、行、靈。

(3) 中古上聲清聲母今音都是陰上，如:椅、府、署、把、妥、舍、匪、粉、減、簡。

(4) 中古上聲次濁聲母今音都是陽上，如： 以、母、語、馬、我、野、買、忍。

(5) 中古上聲全濁聲母今音語音是陽上；讀音是陽去。中古漢語的全濁聲母塞音塞擦音（並、定、澄、從、崇、船、匣、邪、禪等聲母），在現代漢語方言中，除了吳語和湘語等一部分漢語方言外，大都已經演變爲清聲母；以標準語(國語)爲例，平聲則變爲其所相應的清送氣音；仄聲則變爲清不送氣音，而上聲字都變去聲， 如：巨、敘、杜、部、蟹、罪、幻、在、紹；廣州方言也基本上如此，但是廣州方言裡還保留着若干全濁聲母上聲未分化，如：蚌、市、似、柱、肚、 倍、盾、憤、抱、誘、厚、婦、墅、署、拒；這些字今音都屬於陽上，而塞音塞擦音必是讀送氣的。此外，如：伴、 淡、斷、坐、重、在等有文白異讀的字，語音是陽上，而塞音塞擦音必是送氣的；讀音是陽去，而不送氣的;因此黃錫凌曾經說:

> 「... 我們還發現了一條聲調變遷影響發音的規律，這就是[一]：低上（陽上）的字，以爆發音做音頭時，必是送氣的。[二]低去(陽去)的字，以爆發音做音頭，必是不送氣的。把這兩條規律應用到其他各聲調時，我們更得兩條通律：[一]不送氣諸輔音，如本韻彙所用的b d g dz ([p一、t一、k一、tʃ一])做字音的音頭時，沒有低平和低上的字音。[二]送氣諸輔音，如本韻彙所用的p t k ts ([p'一、t'一、k'一、tʃ'一])做音頭時，沒有低去和低入(陽入)的字音。」(黃錫凌 1940:57-58)

(6) 中古去聲清聲母今音都是陰去，如:霸、破、見、富、意、店。

(7) 中古去聲濁聲母今音都是陽去，如：義、父、遇、罵、惰、射、賣、份。

(8) 中古入聲清聲母今音根據韻圖内外轉而有陰入（上陰入）和中入(下陰入)之分；周法高(1968*b*)中指出：

「此外，廣州話裏還保留了一個區別内外轉的辦法，就是：在入聲裡，讀上陰入(又稱上入)的字屬内轉，是短元音，讀下陰入(又稱中入)的字屬外轉，是長元音。通常上陰入和下陰入不會發生最小的對比（minimum contrast）的，可是却有一個很有趣的現象，就是：「必」[pit˥]是上陰入，「鼈」[piːt˧]是下陰入，「別」[piːt˨]是陽入，構成最小的對比。這原來是由於：臻攝質韻「必」和山攝薛韻的「鼈」和「別」在元音方面變成相同的 i，可是却保留了元音短長的區別。」(周法高 1968 b:99)

陰入(上陰入)字，如：逼、滴、激、屋、哭、吉、竹、筆、一、式、不、菊。中入(下陰入)字，如：八、答、法、鴨、接、撥、覺、鐵、髮、甲、雪、各。

(9) 中古入聲濁聲母今音都是陽入，如：白、拔、渤、讀、十、舌、學、末、麥、力、日熱。

(10) 跟廣州方言和標準語（國語）的中古音聲調演變比較，如表 30：

〔表30〕

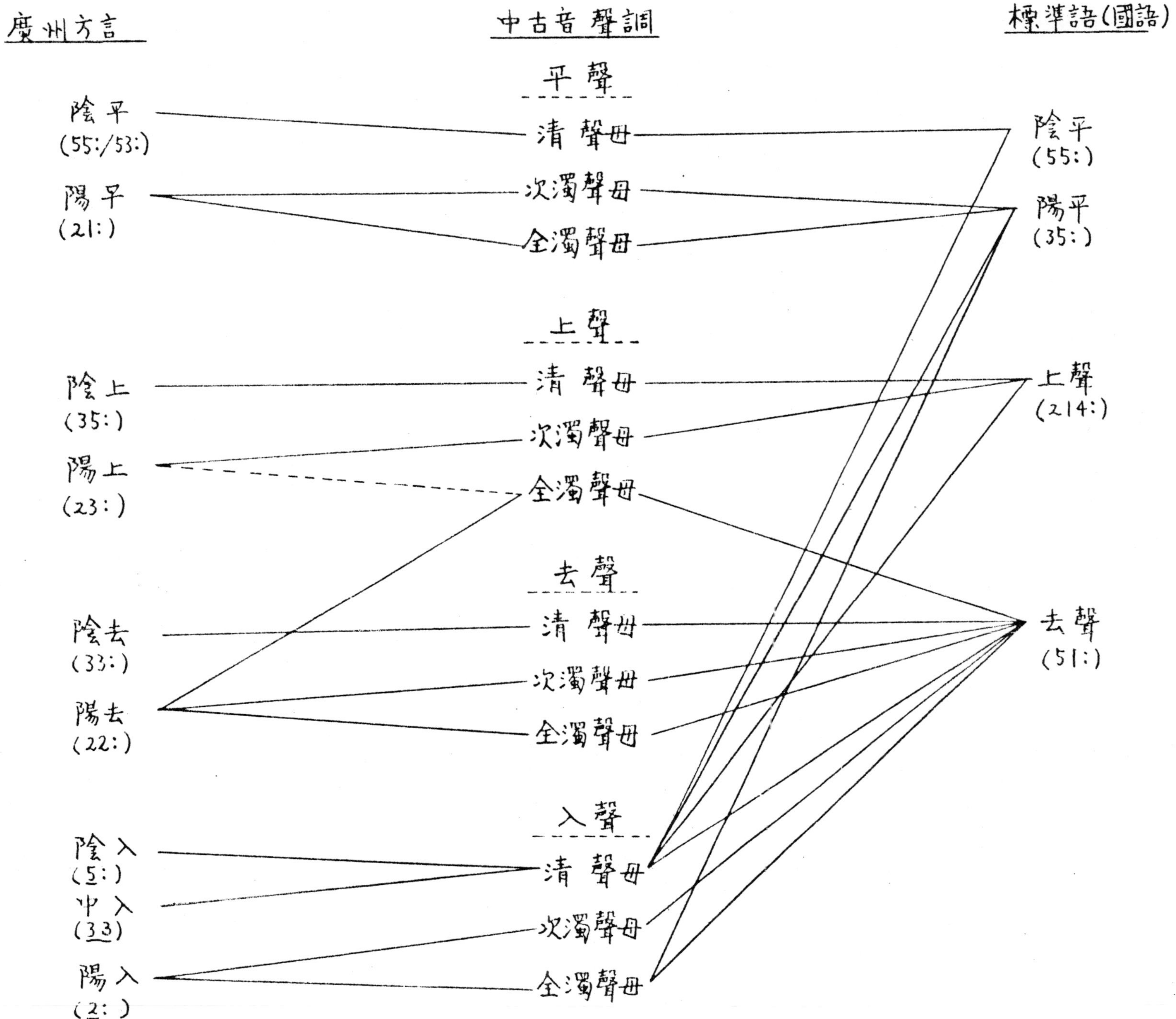

廣州方言
中古音聲調
標準語(國語)
平聲
陰平 (55:/53:)
清聲母
陰平 (55:)
陽平 (21:)
次濁聲母
陽平 (35:)
全濁聲母
上聲
陰上 (35:)
清聲母
上聲 (214:)
次濁聲母
陽上 (23:)
全濁聲母
去聲
陰去 (33:)
清聲母
去聲 (51:)
陽去 (22:)
次濁聲母
全濁聲母
入聲
陰入 (5:)
清聲母
中入 (33)
次濁聲母
陽入 (2:)
全濁聲母

(四)　廣州方言音韻特點

根據以上廣州方言音韻和中古音韻的比較，廣州方言在語音上的主要特點，可以歸納爲以下幾個方面：

(1) 中古全濁聲母→清聲母 { 送　氣 ／ 平聲、陽上語音(白話音)；不送氣 ／ 仄聲 }

(2) ／n－／、／l－／分清，但少數人有自由變音(free variants)。

(3) 中古牙喉音(見、溪、群、疑、曉、匣母)依然保留了舌根音的讀法。

(4) ／f－／、／xu－／的分混・分混的主要傾向是／xu－／(溪、曉母的合口字)混入／f－／(非、敷、奉母)。

(5) 知、照系與精組合流，全讀爲舌尖面混合音 tʃ－、tʃ'－、ʃ－。來自中古齒音精、清、從、心、邪、莊、初、崇、生、章、昌、船、書、禪及舌音中的知、徹、澄母今音都讀 tʃ－、tʃ'－、ʃ。

(6) 介音的失落，失落的主要原因是與廣州方言中多了／kw－／、／k'w－／兩個圓唇化聲母和 ／j－／、／w－／兩個半元音性的聲母有關。

(7) 保留中古止攝的讀法。周法高:(1968 b)中指出：

> 「... 可是止攝和蟹攝相當的字却讀成 ei 或 i，構成外轉和內轉很鮮明的對比。例如：蟹攝的「鷄」讀 kɐi，止攝的「機」讀 kei；蟹攝的「祭」讀 tʃɐi，止攝的「至」讀tʃi。最有趣的是:蟹攝的「弟」讀 tɐi，止攝的「地」讀 tei，後者是止攝的一個常見的定紐例外字，在廣州方言裏却保留了止攝的讀法。」
>
> (1968b:99)

(8) 保留中古鼻音韻尾[－m] (咸、深攝)、[－n](山、臻攝)[－ŋ](宕、江、曾、梗、通攝)。

(9) 保留中古塞聲韻尾 [－p] (咸、深攝)、[－t] (山、臻攝)、[－k] (宕、江、曾、梗、通攝)

(10)元音有長短之區別。

(11)中古聲調平、上、去、入，廣州方言再按聲母的清濁而各分爲陰陽兩類， 而且陰入部分又根據内外轉(就是主要元音長短之分)而有陰入(上陰入)和中入(下陰入)之區分，因而共有九個聲調類。

《附註》

[註 1]根據董同龢先生《漢語音韻學》第 139 頁。

§3.2.2. 跟其他粵方言（次方言）的比較

其他粵方言（次方言）的材料是根據詹伯慧(1981a)和袁家驊等(1960)，同時參閲辻伸久(1980)和 Oi-Kan Yue Hashimoto (1972)。根據詹伯慧的分析（參詹伯慧 1981a：165－169），粵方言的分布區域大致如下：

(1) 粵海系：包括珠江三角洲大部分地區和粵西肇慶地區沿西江一帶。

(2) 欽廉系：包括粵西欽州、廉州一帶。

(3) 高雷系：包括雷州半島高州、雷州一帶。

(4) 四邑系：包括台山、新會、開平、恩平四縣，以及美國的華僑、華裔。

(5) 桂南系：包括廣西東南部南寧、梧州、玉林、容縣、博白等十多個縣市。

以下是以音韻特點作爲異同條件而做的比較表：

〔表 31〕

異同條件	粵海系	高雷系	四邑系	欽廉系	桂南系
	廣州	陽　江	台　山	合浦	玉林
1.古日母字今音	[j－]	[j－]	[ŋ－]	[n－]	[n－]
2.邊擦音ɬ 的有無	無	有	有	有	有
3.濁塞音的有無	無	無	無	無	有
4.古端組與 精組的分合	分	分	分	分	不分
5.古精組與 知照組的分合	不分	不分	分	不分	分
6.鼻音聲母數	3	3	3	4	4
7.元音有長短之分	分	分	不分	分 ∠ { 鼻音韻尾 塞音韻尾	不分
8.撮口韻的有無	有	無	無	無	有
9.有幾種聲調, (　)內是入聲調數	9(3)	9(4)	9(4)	7(3)	10(4)

從上表 31 看來，粵方言之間的音韻系統是比較複雜的，下面是拿主要語音特點，補充簡單的說明：

(1)　在上表 31 的五個地點，除了廣州以外其他四個地點都有邊擦音 [ɬ—]。對於這一點，岑麒祥（1953）中指出：

「‧‧‧‧‧‧現在四邑（台山、新會、開平、恩平）兩陽（陽江、陽春）和高州等處的方言裏有個舌邊清擦音ɬ，僮語（筆者註：＝壯語）裏也有這個音,‧‧‧‧‧‧」

（岑麒祥 1953：10）

(2)　根據McCoy 1966 的調查〔註 1〕，台山方言（四邑系）是中古精組與知，照組不混，精組念 t—、t‘—、ɬ—；知、照組念 c—、c‘—、s—、；而且古端組失去 t—、t‘—，改念 ʔ— 或 h—，如下：

〔表32〕

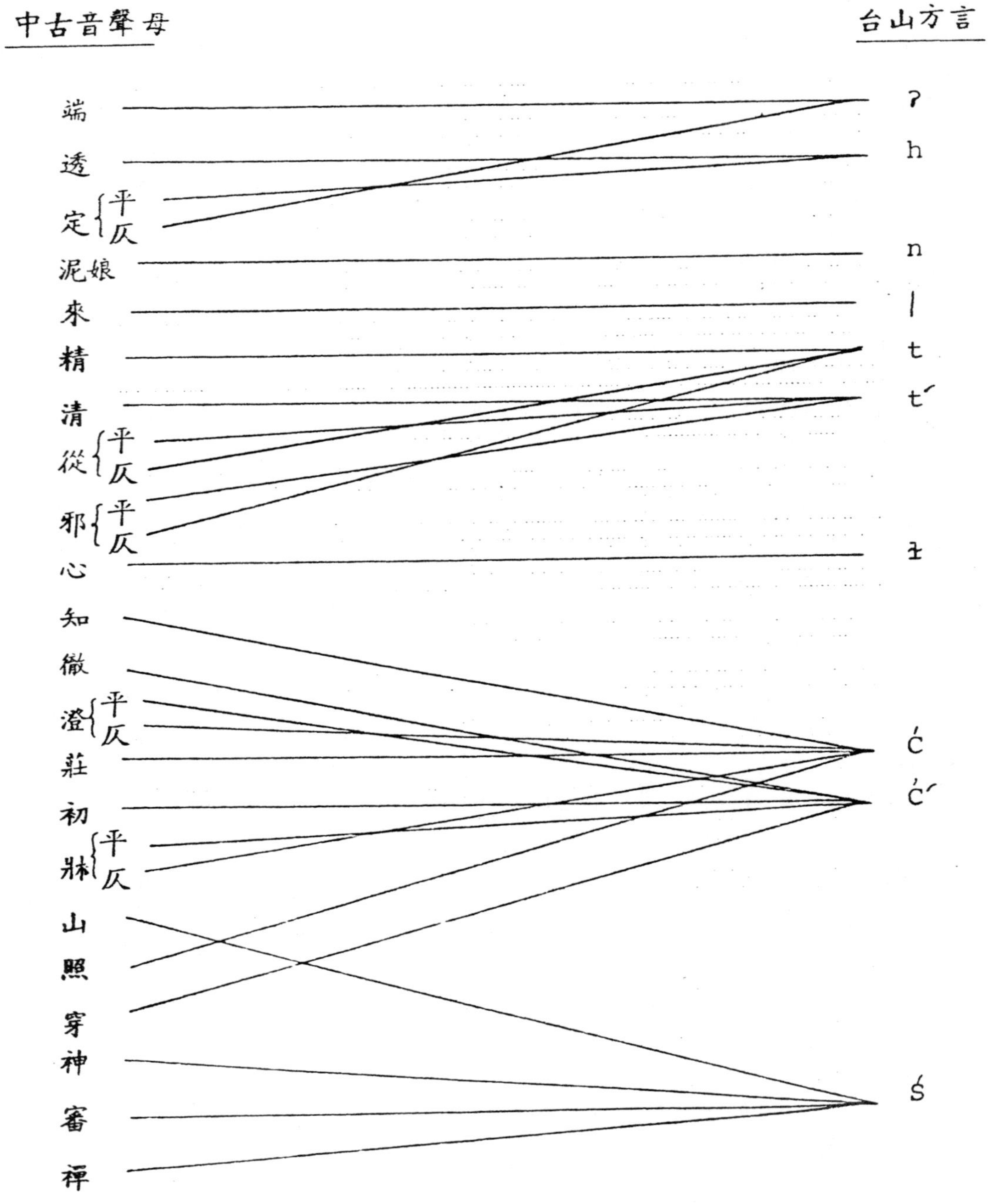

中古音聲母

台山方言

端
透
定 {平 仄
泥娘
來
精
清
從 {平 仄
邪 {平 仄
心
知
徹
澄 {平 仄
莊
初
牀 {平 仄
山
照
穿
神
審
禪

ʔ
h
n
l
t
tʻ
ɬ
ć
ćʻ
ś

(3) 根據辻伸久(1980)的調查（参辻伸久 1980：71－81），玉林方言(桂南系）是中古端組與精組不分，如下：

〔表 33〕

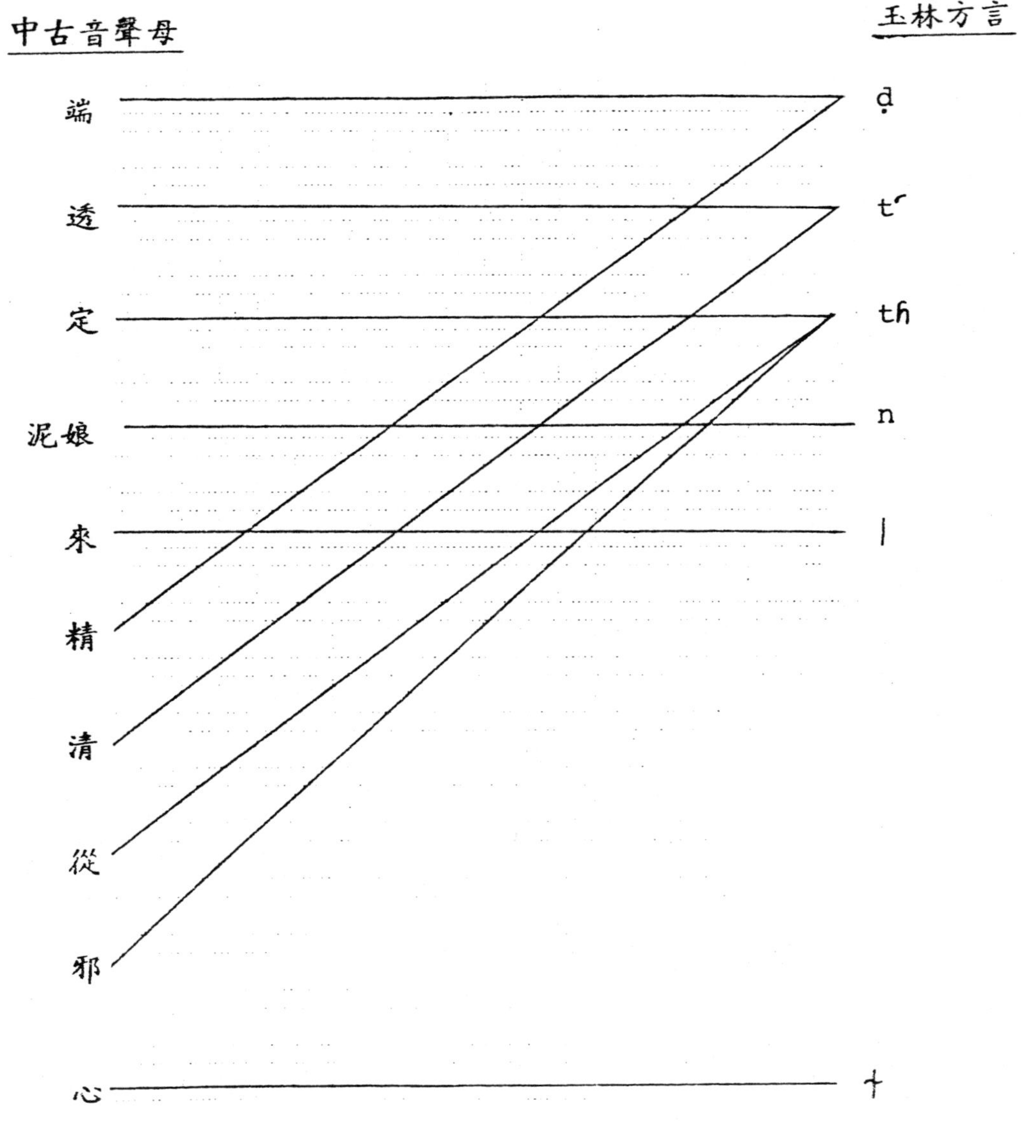

(4) 根據詹伯慧的調查（参詹伯慧 1981a：168），粵方言各地聲調的對照，如下：

〔表 34〕

調值 調類 地點	陰平	陽平	陰上	陽上	陰去	陽去	陰入一	陰入二	陽入一	陽入二	促陽平
廣州	55 或 53	21 或 11	35	13	33	22	5	中入 33	22		
中山	55	51	13		22		55	22			
東莞	2132	11	24	23	332		44	224	22		
台山	33	22	55	21	(33)	32	55	33	32	22	
陽江	33	42	11		35	54	45	11	55		42
合浦	44	33	13		11		33	13	11		
南寧	55	21	35	24	33	22	55	33	22		
玉林	54	32	33	23	52	21	55	33	12	11	

(5) 粵方言的古全濁聲母的演變是比較複雜的。尤其是古全濁聲母送氣不送氣分化與聲調的關係，我們應該注意的。上面説過，廣州方言古濁聲母的分化條件，基本上跟標準語（國語）一致的，就是平聲字變爲送氣清音；仄聲字變爲不送氣清音，而無論平仄都屬於陽聲調。但是古濁聲母上聲字的情況是特別的，就是白讀時聲調派入陽上聲，而聲母變爲不送氣清音。因此，黃錫凌曾經説過：

『這種現象，在近代漢方言中似乎成爲一定的趨勢。方音越近於古（如吳 閩 粵方言），則保存濁紐上聲字越多；方音越遠於古（如國語），則濁紐上聲字混於濁紐去聲字的成分越大。在粵語還有一小部分的字，尚遊移於上和去之間，將來恐怕也是併入於去的。・・・中略・・・不過讀低上聲的一般人視爲「語音」，讀低去的視爲「讀音」。玆假設這一説是對的話，也不是没有理由，因爲古音往往在「語音」裏保存着。』（黃錫凌 1940：55－57）

但是根據 Oi-Kan Yue Hashimoto（1976）的調查，有些粵方言的情況跟廣州方言不一樣，她說：

「・・・如順德話（廣州市正南方，珠江三角洲上，高要話和高明話（廣州市西方，沿西河），這些方言的中古全濁聲母塞音、塞擦音的今讀（高要話和高明話的例子只限於唇音和齒音。），平聲調和上聲調都用不送氣清音而不用送氣清音，下面的例子都屬於陽平調，若有特例，我們會標出。

（KY＝高要話，KM＝高明話，HL＝黄連話，TL＝大良話，YP＝粤埔話，CT＝陳村話，後面四支方言是順德話分出的方言。）

	KY／KM	TS	HL	YP	CT
grandmother 婆	po	po	po	po	—
to compensate 賠	pui	pui	pui	pui	pui
skin 皮	pei	pei	pei	pei	pi
tray (托)盤	pun	pun*	pun*	pun*	pun
table 檯	toi	toi*	toi*	toi*	toi
head 頭	tau	tau	tau	tau	tau
sweet 甜	tim	tim	tim	tim	tim
copper 銅	tuŋ	tuŋ	tuŋ	tuŋ	tuŋ
sausage (臘)腸	—	tsøŋ*	tsøŋ*	tsiøŋ	

若是上聲調，則這四支方言就會有不同之處，下面的例子都屬於陽上調，若有例外我們會標出。

	KY	KM	TL	HL	YP	CT
rudder 舵	t'a:i	ta:i	t'a:i	t'a:i	ta:i	—
stomach 肚	tou	tou	tou	t'tou	tu	tu
2ce as many 倍	(not used)	p'ui	p'ui	p'ui	pui	pui
to hold in the arms 抱	p'a:u	pa:u	p'o	p'o	p'ou	pou
bride (新)婦	pu	pu	p'u	p'ou	mou	—
insipid 淡	ta:m	ta:m	t'a:m	t'a:m	ta:m	—
company 伴	(not used)		pun³	(not used)		—
broken 斷	tyn	tyn	tyn	t'un	tyn	—
mussel 蚌			poŋ			poŋ

粵語方言不送氣的分佈和閩語雖然不大相同，但是這兩個方言之間，　送氣和聲調都有密切關係，而這個相似性決非是偶然的現象。」（譯自 Oi-Kan Yue Hashimoto 1976：6－7）

因此她推測，廣州等方言和順德等方言構成粵方言中不同的分支，前者位於廣東的政治、文化中心受到北方的影響較深，而後者却保存古全濁聲母最古的一層。同時她認爲閩粵方言古全濁聲母不規則的分化是由於語言層次的原因，而不送氣的一層無疑地跟壯台語的底層（以不送氣音的形式接受漢語的全濁聲母）有關係；而送氣的讀法應當來自北方方言（參見 Oi-Kan Yue Hashimoto 1976：7）。

這樣看來，Oi-Kan Yue Hashimoto（1976）的意見偏巧跟黃錫凌之前引文相反。那麼，這些方言的古全濁聲母，究竟經過了怎樣的演變過程呢？最近邵榮芬（1982）提出，Oi-Kan Yue Hashimoto（1976）說的極有力的旁證。邵榮芬說：

「《切韻》的濁塞音並、定、澄、群四母及濁塞擦音從、崇、船三母，高本漢都訂爲送氣音。陸志章先生和李榮先生不同意高本漢的說法，把這七母訂爲不送氣音・・・。我們認爲除船母應換成常母外・・・，這樣的改訂是正確的。

高本漢說法的一個重要根據是現代吳方言。他認爲吳方言的濁音是弱送氣音。並認爲"無疑的是古代送氣的遺跡。"・・・其實，即使把吳語的濁塞音或濁塞擦音認爲是送氣的，也不能作爲古漢語濁音送氣的證明。原來在吳方言里，這個所謂"濁送氣"不僅出現在塞音或塞擦音的後面，同時也出現在擦音、鼻音、邊音等通音的後面。試以吳興話爲例・・・。如果以濁擦音[ɦ]代表所謂"濁送氣"，吳興話不僅有[bɦ]，[dɦ]，[gɦ]，[dzɦ]等，而且還有[vɦ]，[zɦ]，[mɦ]，[nɦ]，[ŋɦ]，[lɦ]等（有的吳語方言[bɦ]等實際上等於[pɦ]等，[dzɦ]等實際上等於[tzɦ]等）。如果說[bɦ]，[dzɦ]等裏頭的[ɦ]是古代送氣的遺跡，難道[vɦ]，[mɦ]，[lɦ]等裏頭的[ɦ]也是古代送氣的遺跡嗎？值得注意的是，吳方言帶[ɦ]的聲母都出現於陽調而不出現於陰調。更有意思的是，同一個聲母出現於陰調時，後面没有[ɦ]，出現於陽調時，後面就有[ɦ]，比如吳興話：

陰平	m	n	ɳ	ŋ	l
例字	燜 mɐŋ	拿 no	粘 ɳie	□ŋɛ	拎 liŋ
陽平	mɦ	nɦ	ɳɦ	ŋɦ	lɦ
例子	門 mɦəŋ	拿 nɦo	年ɳɦie	獃ŋɦɛ	零lɦiŋ

這一事實清楚地說明了吳方言濁聲母後面的[ɦ]是一個後起的成分，就是在聲調分化爲陰、陽之後，受陽調的影響產生的。如果我們承認《切韻》的聲調只有四類，不分陰、陽，那末吳方言濁音後面的[ɦ]不但不能作爲《切韻》濁塞音和濁塞擦音送氣的證明，反過來倒可以作爲《切韻》濁塞音和濁塞擦音原來不送氣的證明了。吳語裏這個濁擦音[ɦ]有一個特點，就是它和後面的韻母元音差不多同時發出，並且可以伴隨着韻母元音直到末了，和韻母元音形成一個不可分割的銀體，所以這個[ɦ]和韻母的關係比和聲母的關係更爲密切，與其說它是聲母的特徵，還不如說它是韻母的特徵。這種特點和它產生於陽調的事實正好是一致的。所以吳語區的人向來都不把帶[ɦ]的聲母看成是送氣的。・・・中略・・・。

《切韻音系》曾經拿傜歌語音，即大致是傜族所說的漢語之音，來證明古代漢語濁塞音和濁塞擦音不送氣。這裏可以補充兩個同性質的證據。

①湖南城步苗族自治縣的苗族不說苗語，而說一種漢語方言。在這種方言裏，古濁塞音和濁塞擦音一概不送氣。現以城步苗族自治縣金水鄉苗族所說的漢語爲代表，列表舉例如下：

古聲母	**金水音**	**例字**
幫	p	飛 pi^{55}，比 pi^{33}，綁 puŋ^{33}，本 puŋ^{33}，斧 pu^{33}，霸 pa^{44}，拜 pa^{44}。
滂	p‘	批 p‘i^{55}，偏 p‘ie^{55}，蜂 p‘uŋ^{55}，怕 p‘a^{44}，派 p‘æ^{44}，肺 p‘e^{44}。
並	b，p	爬 bia^{13}，盘 bo^{13}，平 bie^{13}，扶 bu^{13}，病 pie^{43}，飯 pæ^{43}，白 boa^{21}。
端	t	冬 taŋ^{55}，東 tuŋ^{55}，胆 ta^{33}，打 ta^{33}，得 tæ^{13}。
透	t‘	拖 t‘o^{55}，天 t‘ie^{55}，剃 t‘ie^{44}，套 t‘au^{44}，鉄 t‘ie^{13}。
定	d,t	抬 da^{13}，駝 do^{13}，提 die^{13}，停 diŋ^{13}，糖 do^{13}，堂 daŋ^{13}，讀 du^{13}，袋 ta^{43}，洞 taŋ^{43}，第 ti^{43}。
知	t	知 ti^{55}，豬 te^{55}，中 tu^{55}。
徹	t‘	撑 t‘æ^{55}。
澄	d，t	茶 da^{13}，蟲 diŋ^{13}，柱 e^{23}，箸$_{筷子}$ te^{43}。
精	ts	栽 tsa^{55}，擠 tsi^{33}。
清	ts‘，tɕ‘	菜 ts‘a^{44}，猜 tɕ‘ia^{55}，
從	dʑ	牆 dzio^{23}
莊	t	裝 to^{55}，捉 to^{13}。
初	t‘	瘡 t‘o^{55}，炒 t‘uo^{33}，鏟 t‘æ^{33}
崇	d	牀 do^{13}。

章	t, tɕ	磚 tæ^{55}, 鑄 tu^{44}, 枕 tɕiŋ, 整 tɕiŋ^{33}。
昌	t‘	穿 t‘æ^{55}, 春 t‘uŋ^{55}。
常[(1)]	dʑ, tɕ	石 dʑiɑ^{21}, 上 tɕio^{43}。
見	k, tɕ	家 kɑ^{55}, 鋼 ko^{55}, 跟 koŋ^{55}, 耕 kæ^{55}, 歌 ko^{55} 過 ko^{44}, 慣 kuæ^{44}, 鷄 tɕi^{55}。
溪	——	
群	dʑ, tz	近 dʑiŋ^{13}, 舅 dʑy^{23}, 舊 tɕy^{43}。

〔原註〕

①我們認爲《切韻》常母應該是塞擦音, ・・・。

表上没有列舉這個方言讀輕唇[f]的例子, 因與我們所討論的問題無關。由於材料的限制, 溪母缺字。其他各母也許有個别讀法没有舉全的。就所列舉的這些例子來看, 這個方言裏古濁塞音或濁塞擦音的字没有一個是送氣的, 全都讀成不送氣濁音或清音。全清聲母讀不送氣清音, 次清聲母讀送氣清音。所以這個方言可以作爲古濁塞音和濁塞擦音不送氣的一個證據。尤其"飛、斧"等非母字讀[p], "肺、峰"等敷母字讀[p‘], 表明這個方言在唇音方面所保留的古讀, 差不多可以上溯到《切韻》時代。這就使我們很有理由相信它的[b]就是自中古以來的原樣子了。

②貴州錦屏縣白市一帶的苗族也不説苗語, 而説一種漢語方言。關於這個方言的材料較少。但可以看出下列兩點事實: 第一, 濁音已經失去, 但古濁塞音和濁塞擦音都變成不送氣的清塞音和清塞擦音。比如定母的"同"字讀[təŋ^{21}], 群母的"舅"字讀[tɕiəu^{22}], 崇母的"豺"字讀[tsai^{21}], 從母的"在"字讀[tsai^{22}], 等等。同時古次清各母字仍然讀清音送氣, 和從古濁塞音或濁塞擦音變來的清聲母形成了送氣和不送氣的對立。比如古清母的"菜"字讀[ts‘ai^{21}], 古初母的"差"字讀[ts‘ai^{13}], 等等。所以這個方言也是古濁塞音和濁擦音不送氣的一個有效證據。」(邵榮芬 1982:87-90)

要是假定他們的意見是對的，那麼，很有可能在粵方言史上的某一個階段，古全濁聲讀作不送氣濁音或清音佔了優勢(也可以說壯台語的底層)成爲比較古的一層，後來由於北方方言的擴散及影響力的增加，必然會帶來了平聲讀送氣音的增加和仄聲讀不送氣音增加。但是其演變過程中，某一個階段可能是有送氣的一派取代不送氣的一派，形成了新的一層（可能是客家的南遷有關，因爲客語是古全濁聲母不分平仄一律變爲送氣清音。這一特點各地客家方言幾乎都一致[註 2]）。不然的話，我們不能說明廣州方言古全濁上聲字的文白異讀。

《附註》

[註 1]McCoy(1966:第一章)，另參閱辻伸久(1980:111-123)。

[註 2]詹伯慧(1981a)說:

「(客家方言)古全濁聲母(並定群從澄崇船)不分平仄一律變爲送氣清音。這一點各地客家方言幾乎都一致。」(第 152 頁)

§3.3. 廣州方言與壯語

就今日廣州方言來看，無論從哪一方面，都屬於漢語系統。不過，我們通過上面的討論過程，已經知道;今日廣州方言的形成裡，有許多跟壯語相類似的現象，而那些現象決非是偶然現象。同時我們很自然的想到，假如原始廣東土著所操的語言和壯語同一系屬的話，或可找到擬構古語的一些綫索？因此在這裡，爲了進一步的瞭解廣州方言和壯語的關係，我們要拿壯語的音韻特點來重新檢討。

本文所討論的壯語材料是根據韋慶穩・覃國生 1980(以下簡稱韋等 1980)，同時參閱李方桂（1947、1956）。

§3.3.1. 壯語概述

據統計，壯族的人口現在有一千二百多萬人(參韋等 1980:1)，主要分布在兩廣、雲南等地方，而這些地區地理上連成一片。(請參看圖 2)。

圖2

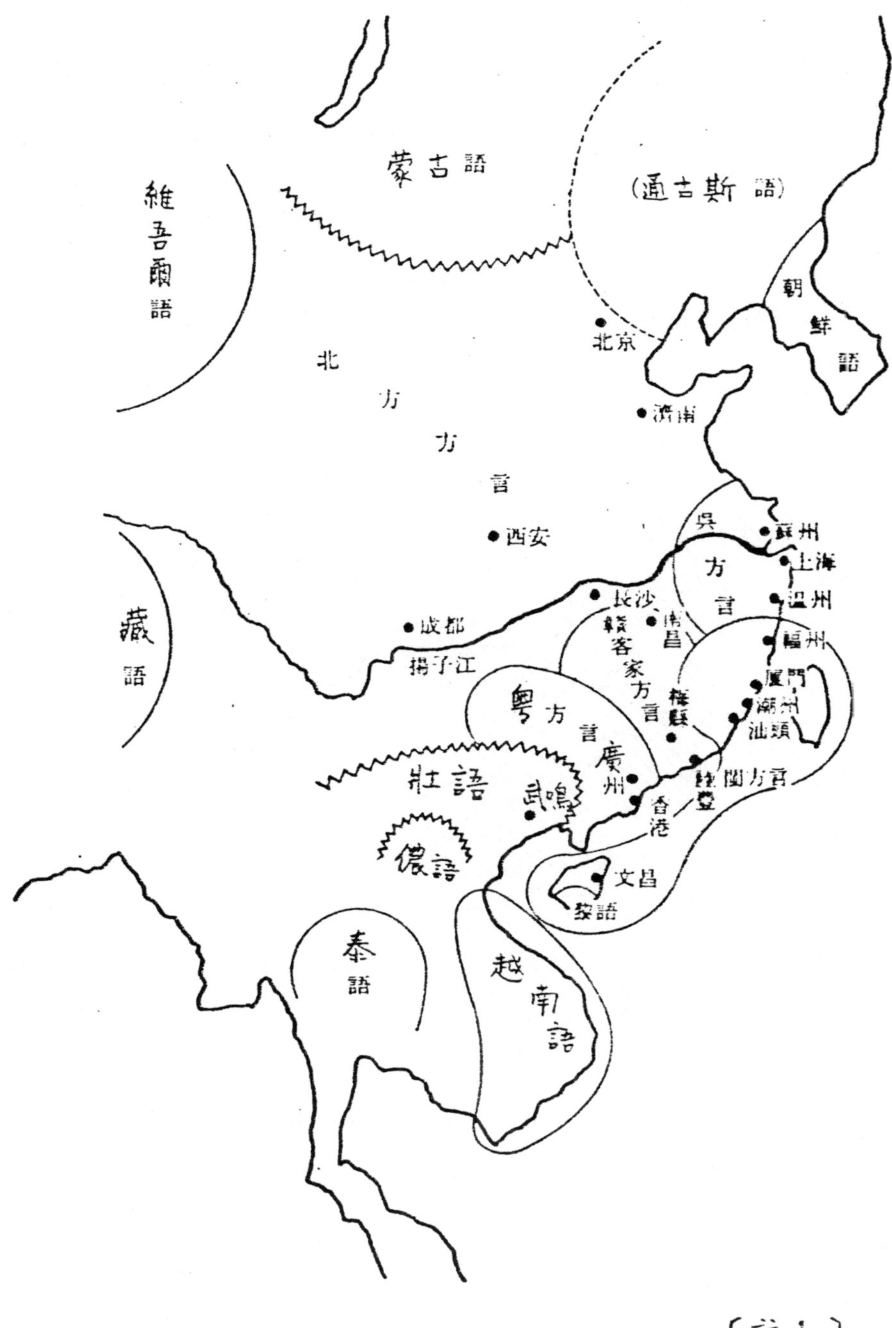

維吾爾語
蒙古語
(通古斯語)
朝鮮語
北京
北方方言
濟南
西安
吳方言
蘇州
上海
溫州
長沙
南昌
成都
揚子江
贛客家方言
福州
廈門
潮州
汕頭
梅縣
粵方言
廣州
壯語
武鳴
陸豐
閩方言
香港
傣語
文昌
黎語
泰語
越南語
藏語

〔註1〕

一般認爲，壯語是漢藏語系壯侗語族(也稱〝黔台語族〞或〝侗台語族〞)壯泰(也稱〝壯台〞)語支的一種語言。它和同語族的布衣族(主要分布在貴州西南部紅水河和南盤以北的地區)傣語(主要分布在雲南西雙版納傣族、德宏傣族、景頗族等的居住區，以及雲南西南和南部的一些縣里)、侗語(主要分布在貴州、湖南、廣西三個地區)、水語(主要分布在貴州黔南以及廣西的一些縣)、黎語(主要分布在海南島)等，以及中國外的泰語、老撾語、撣語、岱語、儂語等，都有密切的親屬關係〔註 2〕，而構成廣義的泰語系統(Tai connection)。(請參看圖 3)

圖 3

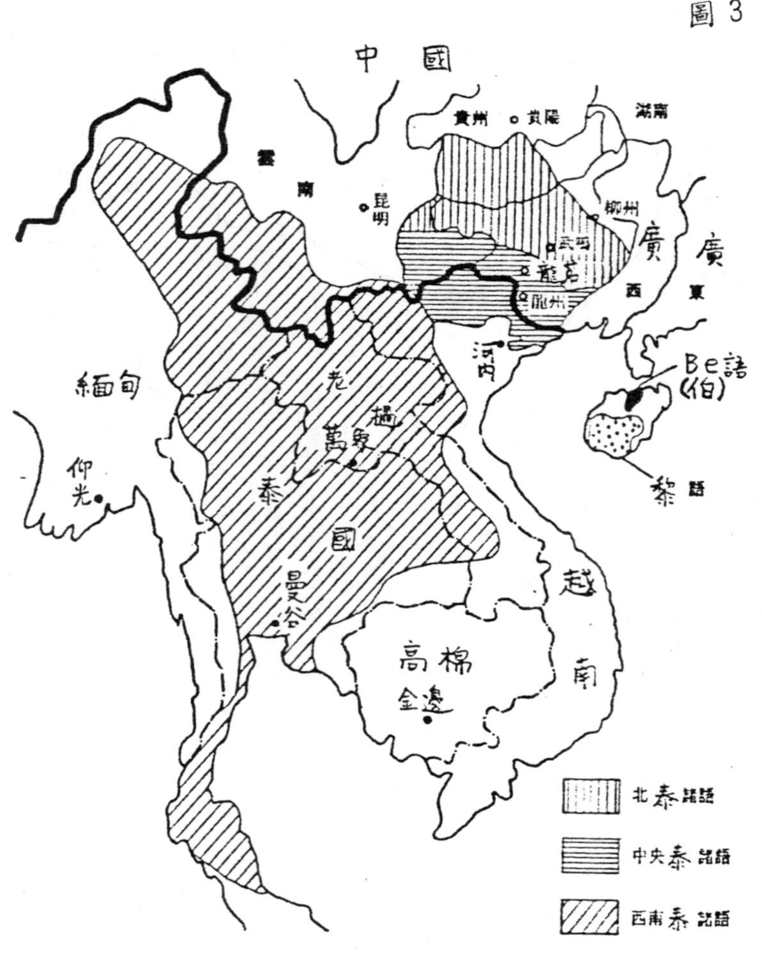

〔泰諸語分布圖〕

〔註 3〕

今日壯語分爲北部方言和南部方言，而北部方言內部一致性很大，人口也比南部方言多得多，因此以武鳴縣的語音（屬於北部方言）爲壯語標準音（參韋等 1980：3）。不過橋本萬太郎指出，南部方言却保存較多的古形。（參橋本萬太郎 1981：47）。壯語的主要特點是：

(1) 元音分長短。（請參看表 36）。

(2) 濁塞音聲母只有前邊帶喉塞音的[ʔb]、[ʔd]。（請參看表 35）。

(3) 輔音韻尾有[－m]、[－n]、[－ŋ]、[－p]、[－t]、[－k]。（請參看表 36）。

(4) 聲調有六個舒聲調和兩個促聲調。（請參看表 37）。

(5) 壯語固有詞和早期從漢語借來的詞以單音詞居多數。

(6) 以詞序和虛詞爲語法變化的主要手段。

(7) 名詞前面常冠以表示事物類別的量詞。

(8) 名詞的修飾語大都在名詞之後，但數量修飾語（"一" 除外）則在名詞之前。如下：

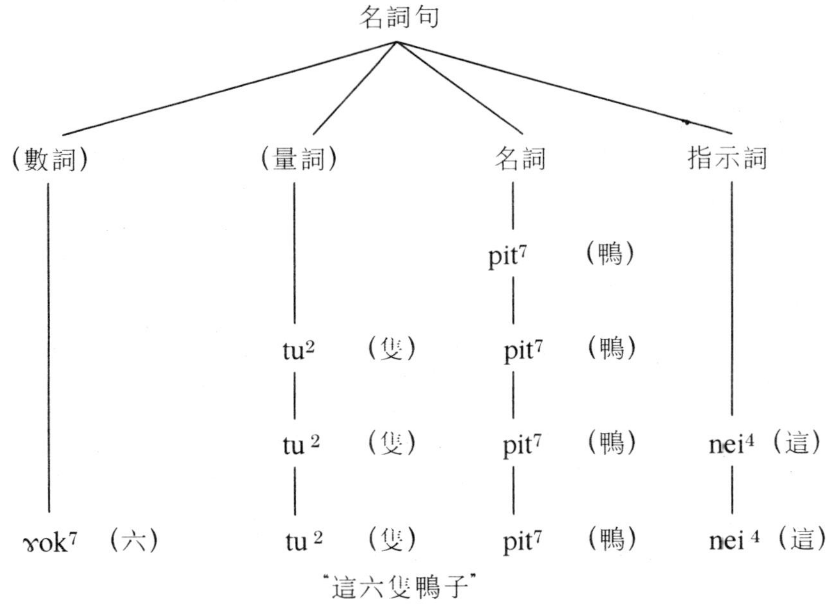

"這六隻鴨子"

(9) 句子的主語在謂語之前，賓語和補語在動詞之後。

(10) 隨着時代的進展，在漢語影響下吸收了許多新漢語借詞，并產生了一

些新的語音和語法結構形式。（参見韋等 1980：12－20）

壯語標準音的聲母表

〔表 35〕

p	t		k	ʔ	pj	kj	kv
b	d						
m	n	ɳ	ŋ	mj			ŋv
f	s	ç	h				
v	l	j	ɣ				

說明：

(1) 濁塞音 b 和 d 的實際音值是[ʔb]、[ʔd]。

(2) v 和 j 發音時摩擦很輕微。

(3) s 的實際音值是齒間清擦音[θ]。

〔註 4〕

壯語標準音的韻母表

〔表 36〕

長短 / 元音	長　短	長　短	長　短	長　短	長　短	長　短
單元音	a:	e:	i:	o:	u:	ɯ:
複元音	a:i　ai a:u　au 　aɯ	ei e:u	 i:u	o:i 　ou	u:i	ɯ:i
鼻尾韻	a:m　am a:n　an a:ŋ　aŋ	e:m e:n e:ŋ	i:m　im i:n　in i:ŋ　iŋ	o:m　om o:n　on o:ŋ　oŋ	u:m　um u:n　un u:ŋ　uŋ	 ɯ:n　ɯn 　ɯŋ
塞尾韻	a:p　ap a:t　at a:k　ak	e:p e:t e:k	i:p　ip i:t　it i: k　ik	o:p　op o:t　ot o: k　ok	u:p　up u:t　ut u: k　uk	 ɯ:t　ɯt 　ɯk

說明：

(1)　長 a 是前元音[a]，短a是央元音[ɐ]

(2)　e 是[E]，除 ei 外，其他以 e 爲主要元音的韻母都是長 e。

(3)　長 i 是[i]，短 i 是[ɪ]。

(4)　長 u 是[u]，短 u 是[ʊ]。

(5)　長 ɯ 是[ɯ]，短 u 是[ɣ]。

(6)　單元音和以 e 爲主要元音的韻母以及 o:i、u:i、ɯ:i、i:u 可以省寫長元音符號。

〔註 5〕

壯語標準音的聲調

〔表 37〕

壯語標準音聲調	標準音調值	例　　詞	漢語調類
1	˨˦ 24	na^{1} 厚　tam^{1} 舂(米)	陰平
2	˧˩ 31	na^{2} 田　tam^{2} 塘	陽平
3	˥ 55	na^{3} 臉　tam^{3} 織(布)	陰上
4	˦˨ 42	na^{4} 姨母　tam^{4} 抵撞	陽上 陰去
5	˧˥ 35	na^{5} 箭　tam^{5} 低矮	陽去
6	˧ 33	no^{6} 肉　tam^{6} 跺(脚)	
7 短	˥ 55	nap^{7} 插　tap^{7} 肝	陰入
7 長	˧˥ 35	na:p^{7} 挾　ta:p^{7} 塔	陰入
8 短	˧ 33	nap^{8} 束(紗) tap^{8} 蹬	陽入
8 長	˧ 33	na:p^{8} 繳納　ta:p^{8} 座(房子)	陽入

〔註 6〕

§3.3.2　廣州方言與壯語的關係

廣州方言的語言特點已經寫在前面，其中有好幾個問題跟壯語有關，分別牽涉到音韻、詞彙、語法各方面，值得在此討論。但因壯語的詞彙、語法的材料不多，本文只能討論音韻方面的幾個問題。

(一) 元音分長短的一致:

廣州方言的長元音／aː、ɛː、œː、ɔː、iː、uː、yː／等現象，是其它漢語方言所沒有的獨特現。這種現象，只能從壯語的元音結構去求取答案，從插表2、36看來，廣州方言和壯語的韻母中，廣州方言有 ／a、ɛ、œː、ɔ、i、u、y／ 七個基本元音，壯語有／a、e、i、o、u、ɯ／ 六個基本元音，其中／a／與／a／、／ɛ／與／e／、／i／與／i／、／u／與／u／、／ɔ／與／o／都是相互對音的，它們的韻母結構也很一致，而廣州方言的／y／相當於壯語的／ɯ ／[註7]。現在分別說明其中現象，如下：

(1) ／a／與／a／：

[表38]

廣州方言		壯語標準音	
長	短	長	短
aː		aː	
aːi	ɐi	aːi	ai
aːu	ɐu	aːu	au
			aɯ
aːm	ɐm	aːm	am
aːn	ɐn	aːn	an
aːŋ	ɐŋ	aːŋ	aŋ
aːp	ɐp	aːp	ap
aːt	ɐt	aːt	at
aːk	ɐk	aːk	ak

從／a／與／a／的比較，顯示出廣州方言與壯語元音／a／都有長短之別，它們的韻母結構也幾乎一致；可見廣州方言／a／元音結構完全保留了壯語／a／元音的語音結構。

(2) ／ɛ／與／e／：

[表 39]

廣州方言		壯語標準音	
長	短	長	短
ɛ		eː	
	ei		ei
		eːu	
		eːm	
		eːn	
ɛːŋ		eːŋ	
		eːp	
		eːt	
ɛːk		eːk	

從上表 39 來看，廣州方言／ɛ／與壯語／e／的分布情形都成「互補」出現，這也可以說廣州方言保留壯語語音結構的現象。

(3) ／i／與／i／:

［表 40］

廣州方言		壯語標準音	
長	短	長	短
iː		iː	
iːu		iːu	
iːm		iːm	im
iːn		iːn	in
	ɪŋ	iːŋ	iŋ
iːp		iːp	ip
iːt		iːt	it
	ɪk	iːk	ik

上表 40 所顯示，壯語的長短元音／i／成對立出現，而廣州方言的長短元音／i／却成「互補」出現。此種現象可能是廣州方言本來有跟壯語同樣完整的長短元音／iː／與／i／的對立；但在接受漢語的過程中，因爲漢語只有一種短元音／i／，所以使用漢字時，勢必要在長短元音中取用一種，才能和漢語相配，而說廣州方言的人習慣上使用普遍的長元音，自然在與只有一個短元音的漢語相配時，就取用長元音來代替漢語的短元音了，例如把 im → iːm，in → iːn，ip → iːp，it → iːt。而／ɪŋ ／與／ɪk／在今日廣州方言大部分字也可以唸成／ɛːŋ／與／ɛːk／(請參看 § 3.1.1.5. 的"同音字表")，更證明廣州方言把漢語短元音歸化成長元音的現象。廣州方言除了以上 im → iːm，in → iːn，ip → iːp，it → iːt，ɪŋ →ɛːŋ，ɪk →ɛːk 等六個結合韻有此短元音變長元音的現象外，只剩／iː／和／iːu／兩個長元音 這兩個長元音廣州方言與壯語完全一致。可見廣州方言是保有壯語的長元音／iː／，受漢語影響把壯語的短元音／i／歸化成長元音。

(4) ／u／與／u／：

〔表 41〕

廣州方言		壯語標準音	
長	短	長	短
u:		u:	
u:i		u:i	
		u:m	um
u:n		u:n	un
	ʊŋ	u:ŋ	uŋ
		u:p	up
u:t		u:t	ut
	ʊk	u:k	
		uk	

／ɔ／與／o／：

〔表 42〕

廣州方言		壯語標準音	
長	短	長	短
ɔ:		o:	
ɔ:i		o:i	
	ou		ou
		o:m	om
ɔ:n		o:n	on
ɔ:ŋ		o:ŋ	oŋ
		o:p	op
ɔ:t		o:t	ot
ɔ:k		o:k	ok

從上表 41、42 看來，它們的分布情況跟上述(3)的情況一樣，壯語的長短元音／u／、／o／成對立出現，而廣州方言的／u／、／ɔ／成「互補」出現，而單元音和複元音的分布情況與壯語完全一致。

(5) ／y／與／ɯ／：

〔表 43〕

廣州方言		壯語標準語	
長	短	長	短
y:c		ɯ:	
		ɯ:i	
y:n		ɯ:n	ɯn
			ɯŋ
y:t		ɯ:t	ɯt
			ɯk

上表 43 所顯示，壯語的長短元音／ɯ／成對立出現，而廣州方言／y／却只出現於長元音，這也證明廣州方言把漢語短元音歸化成長元音的現象。

(6) 此外，廣州方言還有一個基本元音／œ／，但本文未能作出合理的解釋，尚有待於今後的研究。

(二) 音節結構與聲調分歧的一致：

在討論廣州方言跟壯語音節結構與聲調的問題之前，似有必要先將漢語單獨加以考察。綜觀漢語各方言的分布狀況時，在音位學上，可以發現以下兩個特徵：

(1)用以辨別意義（meaning）的聲調種類，大致由南而北逐漸減少。（請參看下表。

〔表 44〕

現象 方言點	聲調										（聲調總數）	音節結構	方向
	平		上		去		入						
	陰	陽	陰	陽	陰	陽	陰		陽				
							短	長	短	長			
（滿語）	無										0	CVCV.........CV CVCV........ {n ŋ}	北 ↑
銀川（寧甘話）	1		2		3		(1，2，3)				3		
北京	1	2	3		4		(1,2,3,4)				4	CV CV {n ŋ}	
成都	1	2	3		4		(2)				4		
南昌	1	2	3		4	5	6				6	CV CV {n ŋ}，CV {t k}	
廈門	1	2	3		4	5	6		7		7	CV CV {m n ŋ}，CV {p t k}	
廣州	1	2	3	4	5	6	7	8	9		9		
（壯語）	1	2	3	4	5	6	7	8	9	10	10	CV CV {m n ŋ}，CV {p t k}	↓ 南

(1) 其音節結構亦由南而北逐漸簡單化。(請參上表 44。)

在此， 有一個值得一提的現象，那就是壯語的音節結構及聲調種類的特徵，均與中國的南方方言極爲近似；特別是與廣州方言更可說是完全相同（音節結構完全相同，聲調的分歧——就是按聲母的清濁而各分陰陽兩類以外，入聲調更有以主要元音的長短爲分的現象——也幾乎相同)。這種近似的現象，實不應該視爲偶然，則今日的廣州方言，與〝壯語〞等同一類型的語言的關係，實在需要進一步的研究，也許從「層次」的觀點來解釋，較能獲致合理的結論。

≪附註≫

〔註 1〕引自橋本萬太郎 1974 第 4 頁。

〔註 2〕參見復旦大學中文系等 1979 第 62 至 63 頁。

〔註 3〕引自橋本萬太郎 1981 第 46 頁。

〔註 4〕參見韋慶穩・覃國生 1980 第 12 至 20 頁。

〔註 5〕前同，第 3 至 4 頁。

〔註 6〕前同，第 5 至 6 頁。

〔註 7〕韋等 1980 中說：

「長 ɯ 是[ɯ]，短 ɯ 是[ɣ]。右江一帶長 ɯ 各韻幷入長 i 各韻，實際音值讀做 iə；南部方言有個別地方把長 ɯ 讀爲 y。」(第 6 頁)

§4 結語

語言是人與人溝通思想的最便捷的工具，它所涉及的範圍非常的廣泛，所以對某種語言形成的研究必須考古人類學、歷史學、地理學、民俗學……等相關科學相互應用、才能使語言的形成有清清楚楚的交代。

本文的研究礙於材料及能力所限，偏重在音韻方面做比較分析而已，所得的結論也僅限於長短元音及入聲調分歧是本於壯語原來的語音結構，至於兩種語言究竟如何互相影響而形成今日的廣州方言，以及音韻以外相關的研究，都只有等待來日了。

《主要參考書目》

［1］歷史之部

徐松石

1963 a　《粵江流域人民史》(修訂版)，世界書局，香港。

1963 b　《泰族僮族粵族考》(修訂版)，世界書局，香港。

羅香林

1953　《中國民族史》，中華文化，臺北。

1955　《百越源流與文化》，中華叢書，臺北。

黃福鑾

1946　《唐陳集原將軍及其先世與陳帝霸先之關係》，廣東省立文理學報第一期。

1961　〈中原民族之南遷與廣東文化之發展〉，香港《崇基學報》第一卷第一期。

林惠祥

《中國民族史》，商務印書館，臺北。

顧炎武

?　《天下郡國利病書》，四部叢刊本，商務，臺北。

司馬遷

?　《史記》，集解本，藝文印書館，臺北。

班　固

?　《漢書》，補注本，藝文印書館，臺北。

錢　穆

1939?　《國史大綱》(修訂本)，國立編譯館，臺北。

芮逸夫

1972　《中國民族及其文化論稿》(全三册)，藝文印書館，臺北。

周孟中等編

?　《廣西通志》，中國邊疆叢書第二輯本，文海出版社，臺北。

戴　璟等編

?　《廣東通志》，中國省志彙編本，華文書局，臺北。

林語堂

1933　〈閩粵方言之來源〉,《語言學論叢》, 開明書店, 上海 1967 民文出版社重印。

陳哲三

1978　〈閩粵方言之來源及其所保存的古音古語〉,《幼獅月刊》47.2, 第 21 至 23 頁。

歷史研究編輯部

1957　《漢民族形成問題討論集》, 影印本

胡耐安

1964　《中國民族誌》, 商務印書館, 臺北。

Chang Kwang-chi

1977　《The Archaeology of Ancient China》 Yale u. Press.

Jessica Rawson

1980　《Ancient China Art and Archaeology》 N.Y.Press.

[2]　語言之部

丁邦新師

1980　〈從漢語方言現象檢討幾個辨音徵性的問題〉,《中央研究院歷史語言研究所集刊》(以下簡稱《史語所集刊》), 第 51 本, 607 至 614 頁。

1982　〈漢語方言區分的條件〉,《清華學報》, 新 14 卷, 第 1、2 期合刊。

丁邦新師譯

1980　《中國話的文法》, 譯自Y.R.Chao(趙元任): A Grammar of Spoken Chinese 1968, 中文大學出版社。

丁邦新師編

1974　《董同龢先生語言學論文選集》, 食貨出版社, 臺北。

林尹師

1937　《中國聲韻學通論》，世界書局，臺北; 1980 九版。

陳新雄師

1971　《古音學發微》，嘉新水泥公司文化基金會，臺北。

董同龢

1968　《漢語音韻學》，文史哲出版社，臺北 1979 五版。

詹伯慧

1958　〈粵方言中的虛詞"親、翻、住、埋、添"〉，《中國語文》，3 期，第 119 至 122 頁。

1981a　《現代漢語方言》。

1981b　〈漢語北方方言的一致性與差異性〉，《中國語學(228)》，第 29 至 36 頁。

詹伯慧、黄家教

1965　〈談漢語方言語法材料的收集和整理〉，《中國語文》，第 3 期，第 211 至 223頁。

袁家驊等

1960　《漢語方言概要》，文字改革出版社，北京。

橋本萬太郎

1961　〈粵語の側面摩擦音〉，《中國語學(107)》，第 10 至 13 頁。

1974　〈中國語の特色〉，《言語》vol.3，No.8，第 2 至 15 頁。

1978　《言語類型地理論》，弘文堂、東京。

1979　〈現代吳語的類型學〉，《方言》第 3 期，第 196 至 200 頁。

1980　《THE BE LANGUAGE： A Classified Lexicon of Its Limkow Dialect》，東京外國語大學アジア・アフリカ言語文化研究所

1981　《現代博言學》，大修館，東京

岑麒祥

1953　〈從廣東方言中體察語言的交流和發展〉，《中國語文》，4

月號，第 9 至 12 頁。

高華年

1980 《廣州方言研究》，商務印書館，香港。

黃錫凌

1940 《粵音韻彙》，中華書局，上海: 1975 香港重印本。

趙元任

1947 《Cantonese Primer》，Harvard University Press.

1948 〈中山方言〉，《史語所集刊》第 20 本，第 49 至 73 頁。

1951 〈台山語料〉，《史語所集刊》第 23 本，第 25 至 76 頁

1959 《The Morphemic Status of Certain Chinese Tones》，《Transactions of the International Conference of Orientalists in Japan》(國際東方學者會議紀要)，No.4.

1968 《A Grammar of spoken Chinese》Berkeley:University of California Press.

張日昇

1969 〈香港粵語陰平調及變調問題〉，《香港中文大學中國文化研究所學報》第 2 卷第 1 期，第 81 至 107 頁。

宗福邦

1964 〈關於廣州話陰平調的分化問題〉，《中國語文》第五期，第 376 至 389 頁。

張洪年

1972 〈香港粵語語法的研究〉，香港中文大學出版。

黃伯榮

1955 〈談談陽江話語法的兩個特點〉，《語文知識》第 8 期，第 37 至 38 頁。

1957 《廣州人怎樣學習普通話》，人民出版社，廣州。

1958a 〈廣州話和普通話的語音比較〉，《方言與普通話集刊 1》，第 1 至 55 頁。

1958b 〈廣州方言語法的幾個特點〉，《方言與普通話集刊 1》，第

58 頁至 59 頁 。

1959a 〈廣東陽江話物量詞的語法特點〉,《中國語文》第 3 期 128 至 129 頁 。

1959b 〈廣州話補語賓語的詞序〉 ,《中國語文》第 6 期 , 第 275 至 276 頁 。

賴惟勤

1985 〈廣東語の音韻論について ,《中國語學》70 , 第 3 至 5 頁 。

清水茂

1963-64 〈廣東語の／e／〉,《音聲科學研究》3, 第 7 至 16 頁。

藤堂明保

1957 《中國語音韻論》, 光生館(第二版 1980 年) , 東京。

中嶋幹起

1972 〈香港粵語の音韻體系——主母音を中心として〉,《アジア・アフリカ言語文化研究》5, 第 145 至 162 頁, 東京外國語大學。

1981 《廣東語四週間》, 大學書林, 東京 。

辻伸久

1980 《Comparative Phonology of Guangxi Yue Dialects》(廣西粵語比較音韻論), 風間書房 , 東京。

1982 〈現代中國語方言研究史略記〉,《アジア・アフリカ言語文化研究》24, 第 43 至 61 頁, 東京外國語大學。

香坂順一

1952 〈廣東語の研究——モリソンから趙元任へ〉,《大阪市立大學人文研究》3:3, 第 35 至 63 頁。

1959 〈廣東語の語氣助詞試考〉,《中國語學》82, 第 8 至 18 頁。

1960 《廣東語の變聲》,《中國語學》100, 第 8 至 18 頁 。

王　力

1928 〈兩粵音説〉,《清華學報》5 卷 1 期, 第 1519 至 1565 頁。

1951　《廣東人怎樣學習普通話》，文化教育出版社，北京。

1956　《漢語音韻學》，中華書局，北京。

1957a　《廣州話淺説》，文字改革出版社，北京。

1957b　《漢語史稿》，科學出版社，北京。

1958　《漢語史論文集》，科學出版社，北京。

1963　〈中國語言學史〉，《中國語文》1963 年 3 期第 232 至 245 頁；4 期第 309 至 326 頁；5 期第 411 至 427 頁；6 期第 496 至 510 頁。

王力・錢淞生

1950　〈珠江三角洲方音總論〉，《嶺南學報》10 卷 2 期，第 57 至 66 頁。

陳 澧

1982　〈廣州音説〉，《東塾集》卷 1，菊坡精舍，廣州。

周法高

1963　《中國語文論叢》，正中書局，臺北。

1968 a　《中國語言學論文集》，崇基書店，香港。

1968 b　〈論切韻音〉，《香港中文大學中國文化研究所學報》第 1 卷，第 89 至 112 頁。

周法高等

1974　《漢字古今音彙》，中文大學出版，香港。

周祖謨

1957　《漢語音韻論文集》，商務印書館，上海。

1966　《問學集》，河洛圖書出版社，臺北。

朱德熙

1962　〈論句子結構〉，《中國語文》8－9，第 351 至 360 頁。

1980　〈北京話，廣州話，文水話和福州話裏的"的"字〉，《方言》3，第 161 至 165 頁。

羅常培

1950　《語言與文化》，北京大學出版部，北京。

1963　《羅常培語言學論文選集》，中華書局，北京。

趙元任、羅常培、李方桂合譯

《中國音韻學研究》，譯自B.Karlgr《Études sur la phonologie chinoise》1915-26，商務印書館 1944 臺北。

太田辰夫

1958　《中國歴史文法》，江南書院，東京。

高名凱

1960　《語法理論》，商務印書館，北京。

林蓮仙

1963 a　〈粵語動詞詞尾虛字用法的探討〉,《香港崇基學報》2 卷 2 期，第 181 至 191 頁。

1963 b　〈論粵語的入聲調〉，≪香港崇基學報》3 卷 1 期，第 23 至 45 頁。

1964　〈香港中國人的語言現象概況〉，《香港崇基學報》3 卷 2 期 161 頁。

1965　〈粵音與廣韻比較表初擬〉，《香港崇基學報》4 卷 2 期，第 174 至 239 頁。

野口正之

1974　〈廣州方言について〉，《大東文化大學紀要》12，第 203 至 229 頁。

松本一男

1958　〈廣東語の音系〉，《中國語學事典》，江南書院，東京。

1959　〈聲母の面からみた廣東語と福建語〉，《中國語學》1，第 3 至 7 頁。

魚返善雄譯

1942　《廣東語の發音》，譯自 Jones, Daniel & Woo Kwing-tong:《A Cantonese Phonetic reader》，文求堂，東京。

單周堯

1979　〈廣州話零聲母字與 ŋ 聲母字在聲調上的區別〉,《語文雜誌》1, 第 27 至 28 頁, 香港。

謝國平

1973　《The upper even tone in Cantonese：An instrumen-tal investigation》, 國立臺灣師範大學碩士論文。

陳慧英

1960　〈廣州方言的幾組詞彙〉,《方言與普通話集刊》1, 第 55 至 58 頁。

〈談談廣州話的形容詞〉,《中國語文》6 期, 第 451 至 454 頁。

張銶強

1966　〈廣州話量詞的語法特點〉,《中國語文》1 期, 第 30 至 32 頁。

羅正平

1958　〈廣州方言詞彙探源〉,《中國語文》33 期, 第 129 至 134 頁。

喬硯農

1964　《廣州話口語詞的研究》, 華僑語文出版社, 香港。

曾子凡

1982　《廣州話・普通話口語詞對譯手册》, 三聯書店, 香港。

梁猷剛

1979　〈化州話的d〉,《中國語文》5, 第 354 至 355 頁。

清水元助師

1973　《簡易粵音字彙》, 廣池學園出版部, 日本。

北京大學中國語言文學系編

1962　《漢語方音詞彙》, 文字改革出版社, 北京。

1964　《漢語方言詞彙》, 文字改革出版社, 北京。

幼獅月刊社編

1977　《中國語言學論集》，幼獅月刊社，臺北。

邵榮芬

1979　《切韻研究》，中國社會科學出版社，北京。

野沢素子

1980　〈廣東語話者の日本語學習における問題點について：——音節・母音を中心にして——〉，《日本語と日本語教育》第8號，第35至47頁。

1980　〈廣東語話者の日本語學習者における音聲の問題點について:——子音を中心にして——〉,《日本語教育》第41號，第13至24頁。

李方桂

1940　《龍州土語》，史語所單刊甲種十六。

1947　〈武鳴土語音系〉，《史語所集刊》第12本，第293至303頁。

1956　《武鳴土語》，史語所單刊之十九。

1962　〈台語系聲母及聲調的關係〉，《史語所集刊》第三十四本上册，第31至36頁。

安本美典、本多正久

1978　《日本語の誕生》，大修館書店，東京。

復旦大學中文系等編

1979　《語言文字學詞典》，爾雅社出版，香港。

白宛如

1980　〈廣州方言的ABA式主謂結構〉，《方言》2，第81至92頁。

韋慶穩、覃國生

1980　《壯語簡志》，民族出版社，北京。

張均如

1980　《水語簡志》，民族出版社，北京。

歐陽覺亞、鄭貽青

1980　《黎語簡志》，民族出版社，北京。

喻翠容

《布衣語簡志》，民族出版社，北京。

梁敏

1980 a　《侗語簡志》，民族出版社，北京。

1980 b　《毛難語簡志》，民族出版社，北京。

王 均、鄭國喬

1980　《仫佬語簡志》，民族出版社，北京。

毛宗武、蒙朝吉、鄭宗澤

1982　《瑤族語言簡志》，民族出版社，北京。

孫宏開

1980　《羌語簡志》，民族出版社，北京。

孫宏開等

1980　《門巴、珞巴、僜人的語言》，民族出版社，北京。

劉照雄

1980　《東鄉語簡志》，民族出版社，北京。

照那斯圖

1981　《土族語簡志》，民族出版社，北京。

富田竹二郎

1959　《日泰會話辭典》，江南書院，東京。

龍宇純

1959　《韻鏡校注》，藝文印書館，臺北。

余迺永

1975　《互註校正宋本廣韻》，聯貫出版社，臺北。

三根谷徹

1972　《越南漢字音の研究》，東洋文庫，東京。

Diana L. Kao

1971　《Structure of the syllable in Cantonese》, Mouton , The Hague. Paris.

Haudricourt , Andre G.

1960　《Note sur les dialects de la region de Moncay》《Bulletin de l'Ecole Francaise d'Extreme Orient》50 ， 第 161 至 177 頁 。

McCoy , John

1966　《Szeyap data for a first approximation of Proto-Cantonese》, Cornel University dissertation , Ithaca.

Oi-Kan Yue Hashimoto (橋本余靄芹)

1970　〈The Liang-Yue dialect materials〉 ,《Unicorn》6 , 第 35 至 51 頁 。

1972　《Studies in Yue Dialect I:Phonology of Cantonese.》 , Cambridge:At the University Press.

1976　〈Southern Chinese dialects: the Tai connection〉 ,《アジア・アフリカ語の計數研究》 , 第 6 號 , 第 1 至 9 頁 。

論　文

探討廣州話指示代詞“呢”〔ni˥〕的來源

千　島　英　一

1. 廣州話形成的背景

廣州話[1]是粵語（或稱粵方言，習慣上也叫做廣東話。）中的一種，是粵方言區最大的方言。在廣東省的一百多個縣市中，說粵語的或主要說粵語的縣有四十多個[2]。根據袁家驊等著《漢語方言概要》中的分析如下；

「粵方言……按其分佈區域，大略包括五個小系：

1. 粵海系——包括珠江三角洲大部分地區和西江一帶，
2. 欽廉系——包括欽州、廉州等地，
3. 高雷系——包括高州、雷州一帶，
4. 四邑系——包括台山、新會、開平、恩平四邑，
5. 桂南系——包括廣西南部梧州、容縣、郁林、博白等地。」[3]

粵方言區原先不是漢人的住地。粵，一作越，百粵又作百越[4]，《漢書・地理志》顏注引臣瓚說：「自交阯至會稽七八千里，百越雜處，各有種姓，不得盡云少康之後也。」、《通考・輿地考》古南越：「自嶺而南，……爲蠻夷之國，是百越之地。」，可見百粵當時是包括很多部落的，除漢族外還包括土著“少數民族”在內。那麼，這土著的“少數民族”到底是什麼樣的人呢？而他們所使用的語言又是什麼樣的語言呢？首先我們要知道粵方言形成的原因，就應該從漢民族入粵的複雜過程中去尋

找。岑麒祥（1953）指出許多廣州話與其他漢語不同的現象來自壯語——或作“僮”語，屬漢藏語系壯侗語族壯傣語支——，他說：

「總之，廣東是我國移民的一個“尾閭”，因爲遷移非一時，所從來的又非一地，加以山川阻隔，交通不便，慢慢就有了許多個別的方言。大概說來，廣東原始土著所操的語言是僮語同一系屬的，現在除少數僻處粵桂邊區的還保持着這種語言外，其他在廣東中區和西江、南路一帶的，都已徹底漢化，跟漢人分不開了。他們的語言就是現在的廣府話。」[5)]

從這段話可以瞭解，廣州話與粵桂邊區的壯語，因地域關係可能有混雜的現象。其後Haudricourt（1960）、Oi-Kan Yue Hashimoto（1976）等由語言層次說的角度進行研究，而提出廣州方言有壯傣語的基層，於是廣州方言由壯語演變而來的說法愈來愈被重視。

2. 廣州話與壯語之関係

然而，廣州話與壯語之間到底有什麼關連呢？就今日廣州話來看，無論從哪一方面而言，都屬於漢語系統。不過，今日廣州話的形成，有許多跟壯語相類似的現象，而分別牽涉到音韻、詞彙、語法各方面。例如：

① 元音分長短的一致：

廣州話的語音特徵，最特出的一點，就是跟壯語一樣元音有很明顯的長短之區別（請參看下表1、2）。這種現象，除了以廣州話爲代表的粵方言以外，其他漢語方言裡並沒有的獨特現象。詹伯慧(1981)將廣州方言中的元音有長短之別發生的原因，從語言內部自然發展的角度尋求其原因[6)]。反之，Oi-Kan Yue Hashimoto（1976）從語言層次方面尋求其原因；她說：

「（廣州方言）在語音特徵方面，舉例而言，元音有緊張（tense）和鬆懈（lax）的區別（其他粵方言很少發現），可能是受壯語的影響。壯語，這個方言和其他傣語方言一樣，元音有長短之分。」[7)]

表1：廣州話韻母表

元音＼長短	長　短	長　短	長　短	長　短	長　短	長　短	長
單元音	a:	ɛ:	œ:	ɔ:	i:	u:	y:
複元音	a:i ɐi a:u ɐu	ei	øy	ɔ:i ou	i:u	u:i	
鼻尾韵	a:m ɐm a:n ɐn a:ŋ ɐŋ	ɛ:ŋ	øn œ:ŋ	ɔ:n ɔ:ŋ	i:m i:n Iŋ	u:n Uŋ	y:n
塞尾韵	a:p ɐp a:t ɐt a:k ɐk	ɛ:k	øt œ:k	ɔ:t ɔ:k	i:p i:t Ik	u:t Uk	y:t
鼻　韵	m̩　ŋ̩						

表2：壯語標準音的韻母表 [8]

元音＼長短	長　短	長　短	長　短	長　短	長　短	長　短
單元音	a:	e:	i:	o:	u:	ɯ:
複元音	a:i ai a:u au aɯ	ei	i:u	o:i ou	u:i	ɯ:i
鼻尾韻	a:m am a:n an a:ŋ aŋ	e:m e:n e:ŋ	i:m im i:n in i:ŋ iŋ	o:m om o:n on o:ŋ oŋ	u:m um u:n un u:ŋ uŋ	ɯ:n ɯn ɯŋ
塞尾韻	a:p ap a:t at a:k ak	e:p e:t e:k	i:p ip i:t it i:k ik	o:p op o:t ot o:k ok	u:p up u:t ut u:k uk	ɯ:t ɯt ɯk

② 聲調分岐的一致：

岑麒祥(1953) 指出：

「就語音方面說，李方桂著《龍州土語》(1947年商務版) 已經發現龍州僮語裏面的漢語借字的音韻系統和廣府話極相近。龍州僮語有八個聲調，現在廣州話也有八個聲調（另有一個“中入”聲是最後變出來的），其中陰陽兩類相配，差不多完全相同，這決不是純粹出於偶然的。」[9)]

這就是壯語的音節結構及聲調種類的特徵，均與中國的南方方言極爲近似；特別是與廣州話更可說是完全相同（音節結構完全相同，聲調的分岐——就是按聲母的清濁而各分陰陽兩類以外，入聲調更有以主要元音的長短爲分化的條件——也幾乎相同，請參看下表３）[10)]。另外 m-、n-、ŋ-、l- 等聲母，在漢語音韻學上稱爲次濁聲母，按照漢語一般規律只能

表３：廣州話・壯語聲調的比較[11)]

條件＼方言			廣州話	壯語標準音
平聲	陰平		˥55 ˥˧53	˨˦24
	陽平		˨˩21	˧˩31
上聲	陰上		˧˥35	˥55
	陽上		˨˧23	˦˨42
去聲	陰去		˧33	˧˥35
	陽去		˨22	˧33
入聲	陰入	短元音	˥5	˥55
		長元音	˧33	35
	陽入	短元音 長元音	˨2 ˨22	˧3 ˧33

與陽聲調相配，壯語各有陰陽兩調的讀法，但廣州話口語詞裡如；“呢”〔ni˥55〕（這）、“乜”〔mɐt˥5〕（什麼）、“啱”〔ŋa:m˥55〕（對、不錯）、“㦒”〔la:i˥55〕（最小的或最後的）等等都讀陰聲調，這也與壯語很相似。這些現象，可能是壯語和粵語相互影響的遺跡[12)]，或者是雙方都留傳下來古代粵・壯祖語的遺跡。

③ 詞序的一致：

在語形方面，最常見的例子即語和語的“倒裝”現象。中國北方方言，複音詞中的修飾語通常出現在被修飾語之前，但是廣州話卻有“倒裝”的現象。所以，在北方方言，性別是放在動物名稱之前，如“公雞”，但是廣州話，性別則成爲接尾語，如“雞公”，壯語也是如此。（但，

這種現象不只限於以廣州話爲代表的粵方言，還包括閩語、客家語、贛語、湘語等等。」[13)]

④ 詞類的一致：

在詞類方面，一般說來，廣州話有許多它獨特的方言詞——就是其它漢語方言沒有而在以廣州話爲代表的粵語才有——，這些方言詞的來源，一種是從英語吸收來的所謂外來詞，另外一種，可能是從壯侗語族的語言借來的詞。若將廣州話和壯語比起來，我們就可以發現更多相關的詞類，如下表4：

表4 [14)]

詞義＼語言	廣州方言	壯語（武鳴方言）
這	ni55	nai51
們	tei22	tøi13 （＝隊伍）
青蛙	kɐp3	kop45
擤鼻	sɐŋ33	θaŋ24
推	uŋ23	ɲoŋ51
搖	ŋou21	ŋau31
柚子	luk5 jɐu35	lɯk12 puk12
熱	na:t33	ʔdat24

此外，詹伯慧(1981)指出：

「在詞彙方面，粵方言中明顯存在着一些壯語的詞，如“細想”叫“捻”〔꜀nɐm〕，“抓住”叫“撳”〔kɐm꜄〕，“擲”叫“掟”〔tɛŋ꜄〕等，都是其它漢語方言沒有而在壯語中有的。」[15)]

3. 現代漢語各地方言指示代詞和廣州話之比較

在現代漢語各地方言中，一般來說，指示代詞大都是分爲“近指”“遠指”兩類[16)]。廣州話也有這樣的區別，如下表5：

表 5

種類＼遠近		近指	遠指
指人	單數	呢個 ni^{55} kɔ^{33} （這個） 呢位 ni^{55} wɐi$^{35※}$（這位）	嗰個 kɔː^{35} kɔ^{33} （那個） 嗰位 kɔ^{35} wai^{35} （那位）
	複數	呢啲 ni^{55} ti^{55} （這些）	嗰啲 kɔ^{35} ti^{55} （那些）
指事物	單數	呢個 ni^{55} kɔ^{33} （這個） 呢種 ni^{55} tʃʊŋ^{35}（這種） 呢樣 ni^{55} joeːŋ^{22}（這樣）	嗰個 kɔ^{35} kɔ^{33} （那個） 嗰種 kɔ^{35} tʃʊŋ^{35} （那種） 嗰樣 kɔ^{35} joeːŋ^{22} （那樣）
	複數	呢啲 ni^{55} ti^{55} （這些）	嗰啲 kɔ^{35} ti^{55} （那些）
指處所		呢度 ni^{55} tou^{22} （這裡） 呢處 ni^{55} ʃy^{33} （這裡）	嗰度 kɔ^{35} tou^{22} （那裡） 嗰處 kɔ^{35} ʃy^{33} （那裡）
指時間		呢陣 ni^{55} tʃan^{22}（這會兒） 呢排 ni^{55} p'aːi^{21}（這會兒） 呢陣時 ni^{55} tʃan^{22} ʃi^{21} （這個時候）	嗰陣 kɔ^{35} tʃan^{22}（那會兒） 嗰排 kɔ^{35} p'aːi^{21} （那會兒） 嗰陣時 kɔ^{35} tʃan^{22} ʃi^{21} （那個時候）
指方式		咁樣 kɐm^{33} joeːŋ$^{35※}$（這樣）	噉樣 kɐm^{35} joeːŋ$^{35※}$ （那樣）
指性狀		咁 kɐm^{33} （這樣）	噉 kɐm^{35} （那樣）

但本篇限於篇幅的關係，只在以“近指”的“呢 ni˥”來做討論。下表 6 是現代漢語各地方言及壯侗語族的“近指”與廣州話的語音之比較。

表 6 [17)]

語族別	語別	方言點＼詞目	這
漢語族	漢語	北京	△ tʂə^{51} △ tʂei^{51}
		濟南	tʂə^{21}
		瀋陽	tʂə^{41}
		西安	tʂə^{53}
		成都	tse^{13}
		昆明	tʂʅ^{13}
		合肥	tʂʅ^{53}

		揚州	tsəʔ^{4}
		蘇州	△ kE^{44} kɤʔ$^{4}_{21}$ （該※個） △ E^{44} kɤʔ$^{4}_{21}$ （哀※個）
		溫州	ki^{23}
		長沙	△ ko^{24}，△ kei^{24}
		南昌	ko^{213}
		梅縣	△ li^{31} （俚） △ kɛ^{31}
		陽江	kɔ^{21} kɔ^{21}（果※）
		廈門	△ tsit^{32} △ tse^{44}
		潮州	tsia^{53} （者※）
		福州	tsi^{31} （只※）
		廣州	ni^{55}
壯侗語族（也稱"黔台語族"或"侗台語族"）	壯語	武鳴	nai^{51}
		龍州	nai^{55}
	傣語	西傣	niʔ^{8}, ni^{3}
		德傣	lai^{4}
	布衣語		ni^{31}
	侗語		na:i^{33}
	毛難語		na:i^{213}
	水語		na:i^{55}
	仫佬語		na:i^{11}
	拉珈語		ni^{231}
	黎語	通什	ni^{51}
		保定	nei^{55}
	Be語（伯）	臨高	nə^{21}
	泰語		nî（只表示調類）
	老語		ni^{5}（只表示調類）
苗瑤語族	勉語		na:i^{52}
	布努語		nau^{43}

從上表看來，很明顯的可以瞭解，跟廣州話“近指”“呢”〔ni˥〕的語音最接近的語言却是非漢語的壯・侗語系統。這是什麼原故呢？根據一

般語言變化理論來說，基本詞彙是“詞彙中最主要最穩定的部分”[18)]，假令廣州話眞的是漢語方言中的一支的話，那麼它跟現代漢語各地方言一定有關連，但現代漢語各地方言——尤其是北方方言系統——“近指”的大都是聲母有〔t－〕的音素（請參看上表6），而廣州話的聲母是〔n－〕。我們知道，在現代漢語方言裡面，聲母〔n－〕跟〔l－〕或者〔t－〕跟〔l－〕的變化的情形相當多，例如：

① n－＞l－的變化[19)]

方言點 例字	廣州	北京	蘭州	西安	成都	漢口	南京	
南	꜀na:m	꜀nan	꜀lɐ̃ (꜀nɐ̃)	꜀nã	꜀nan	꜀nan (꜀lan)	꜀lã	
年	꜀nin	꜀nian	꜀liã (꜀niɐ)	꜀ȵiɛ̃	꜀ȵian	꜀nian (꜀lian)	꜀lẽ	
	揚州	上海	長沙	南昌	梅縣	廈門	福州	建甌
	꜀lɛ	꜀nø	꜀nan	lan꜄	꜀nam	꜀dam	꜀naŋ	naŋ
	꜀niẽ	꜀ȵi	꜀ȵiẽ	ȵiɛn꜄	꜀nian	꜀dian	꜀nieŋ	niŋ꜄

② l－＞n－的變化[20)]

方言點 例字	廣州	北京	蘭州	西安	成都	漢口	南京	
蘭	꜀la:m	꜀lan	꜀lɐ̃ (꜀nɐ̃)	꜀lã	꜀nan	꜀nan (꜀lan)	꜀lã	
連	꜀lin	꜀lian	꜀liã (꜀niɐ̃)	꜀liɛ̃	꜀nian	꜀nian (꜀lian)	꜀lẽ	
	揚州	上海	長沙	南昌	梅縣	廈門	福州	建甌
	꜀lɛ̃	꜀lɛ	꜀nan	lan꜄	꜀lam	꜀dam	꜀laŋ	laŋ꜄
	꜀niẽ	꜀li	꜀niẽ	liɛn꜄	꜀lian	꜀dian	꜀lieŋ	liŋ꜄

（關於n－>l－、l－>n－的變化，高本漢在《中國音韻學研究》裡有詳細的討論[21)]，在此不多贅述。）

③ l－＞t－的變化

有關l->t-的變化例子不多，在《漢語方言字彙》(文字改革出版社1964年5月北京)裡只有一例，如下表[22]:

例字	中古音	方言點	北京	濟南	西安	太原	漢口	成都	揚州
隸	蟹開四去霽來	方　音	li꜄	li꜄	li꜄	li꜄	ni꜄ ti꜄	ti꜄	li꜄

蘇州	溫州	長沙	雙峯	南昌	梅縣	廣州	廈門	潮州	福州
di꜅	lei꜅	ti꜅	ni꜅	t‘it꜆	li꜄	tai꜅	le꜅	꜂ti	la꜅

根據羅肇錦的《瑞金方言》一書，瑞金方言(江西省瑞金縣)的中古來母字部分變成〔t-〕，例如:[23]

方言點＼例字	李	梨	嶺	涼	兩	龍	笠
北　京	li	li	liŋ	liaŋ	liaŋ	luŋ	li
瑞　金	ti	ti	tiɑŋ	tioŋ	tioŋ	tiuŋ	tit

(聲調略)

此外，贛方言中也有部分地區l-轉化爲t-的現象。例如，臨川的“臨”念〔꜀tim〕[24]。

但是在現代漢語方言裡幾乎找不到n-跟t-混用的現象。從中國語言的歷史來看，n-跟t-是截然不同的聲母系統，不可能混用的(見高本漢《中國聲韻學研究》卷一、卷三部分[25]、羅常培〈知徹澄娘音值考〉[26])。從横面看來，現代漢語方言没有t-與n-混用的現象，再從縱面看，上・中古漢語中没有t-系與n-系的混用的現象。從上面的横、縱現象中都找不出t-與n-混用的線索。

再者，從現代漢語的指示代詞“這”的演變來探討t-與n-是否有混用的線索。在上古漢語時期，除了近指詞“之”以外，更常見的指示代詞是“此”、“斯”、“是”、“茲”等。這些字都是近指詞。“之”在上古漢語屬於舌音・之部(照董同龢先生所擬的上古音是 t̂ieg[27])。“此”、“斯”、“是”在上古音都屬於支部，而且同屬齒音，是“因爲差不多所有的代詞都是假借音同或音近的詞而作成的”[28]原故。那麼，“這”這個詞是什麼時代產生的呢？王力在《漢語史稿》（中册第三章２３８頁）裡指出：

「“這”字在唐代就出現了[29]，宋代更多，有時候寫作“者”，“遮”。……………………。比較近理的推測應該是由指示代詞“之”字轉變而來。“之”和“者”同屬照母。由於口語和文言讀音的分道揚鑣，“之”字的口語音到了中古，和文言的“者”音相混了（聲調微異），就有人借“者”字表示。但是，許多人覺得“者”字並非本字，所以又寫作“遮”。至於“這”本音彥，是“迎”的意思（據玉篇），爲什麼能被借用來作指示代詞，還是一個謎。」[30]

由此可知，據推測“這”的來源是從“之”而來的，可是據上古漢語的歷史演變來說，只不過是以虛線連接而已，還不太明確[31]。不過，不管怎樣上・中古漢語的近指是舌音或是齒音系統的語音，都没有讀鼻音n-的可能。這就是說從現代漢語方言、上・中古漢語代表“此”的指示詞裡都找不到跟廣州話近指詞“呢”〔ni˥〕之間的關係。但是張公瑾(1983)提出値得注意的現象，他認爲古代漢語指示詞（“者”字）的讀音和用法與傣語——屬漢藏語系壯侗語族壯傣語支——指示詞nǐ[6 32]（這）有一種對當關係，提出了原始漢・台語的一個共同特點，他說：

「呂叔湘先生把上古漢語近指指示詞構擬爲＊t̂i̯ăg，與“者”字古音極爲近似。“者”在廣韻時代屬照母三等字，從諧聲系統來看，上古時與舌音的端、知系統相通，……………………，因此＊t̂i̯ăg實際上可以代表“者”字的上古讀音。

那麼，〔t〕聲母怎麼會和傣語〔n〕聲母的nǐ[6]和năn[6]相對應呢？下面是一部分有關的材料，說明上古漢語的舌尖塞音有一部分與傣語裏同部位的鼻音〔n〕是相對應的，看下表。：

例字	中古聲韻	上古聲母	傣語讀音
鳥	篠韻端母	端母＊t	nok[8]
多	歌韻端母	端母＊t	năm[1]
刀	豪韻端母	端母＊t	nau[4]（長刀）
朝(夕)	宵韻知母	端母＊t	năi[1]

趾	止韻章母	端母 *t		niu^4
漲	養韻知母	端母 *t		nɒŋ^2
轉	獮韻知母	端母 *t		nin^2
定	徑韻定母	定母 *d‘		nim^1
動	董韻定母	定母 *d‘		nuŋ^1
塘	唐韻定母	定母 *d‘		noŋ^1
墊	霰韻定母	定母 *d‘		nɛŋ^1
田	先韻定母	定母 *d‘		na^2
逃	豪韻定母	定母 *d‘		ni^1
上	漾韻禪母	讀如定母 *d‘		nr^1
睡	寘韻禪母	讀如定母 *d‘		nɒn^2
盛	勁韻禪母	讀如定母 *d‘		nɣŋ^2
屬(相)	燭韻禪母	讀如定母 *d‘		nam^2
重	腫韻澄母	定母 *d‘		năk^7
墜	至韻澄母	定母 *d‘		nɒŋ^5
遲	脂韻澄母	定母 *d‘		nan^2
潮	宵韻澄母	定母 *d‘		nɣ̌^{6}
指	旨韻章母	章母 *ʈ	通 *t	nɛ^1
蒸	蒸韻章母	章母 *ʈ	通 *t	nɯŋ^3
者	馬韻章母	章母 *ʈ	通 *t	nǐ^6, năn^6
扯	馬韻昌母	昌母 *ʈ‘	通 t‘	niŋ^6
穿	仙韻昌母	昌母 *ʈ‘	通 t‘	nuŋ^6

上表漢字的上古聲母基本上是按王力先生《漢語史稿》上册的上古擬音來標音的(〔原注〕王力：《漢語史稿》上册第66頁，科學出版社，1975年。)其中“禪”母字古讀通定母根據的周祖謨先生《禪母古音考》(〔原注〕周祖謨：《漢語音韻論文集》第141－153頁，商務印書館，1957年。)。從這個表的材料看，傣語中舌尖鼻音〔n〕有相當一部分詞的確與上古漢語的舌尖塞音是相對應的。從漢語本身的演變情況來看，也有從舌尖塞音變爲鼻音的，如“鳥”字，而在傣語中成爲舌尖鼻音的字就要多一些。當然，傣語〔n〕聲母與漢語聲母的對應關係相當複雜，並不是一對一的關係，因與本文無關，這裡不再多說。上表材料只是說明，傣語nǐ^{6}和năn^{6}在語音上與漢語“者”字有共同淵源。至於漢語一個“者”字怎麼會與傣語中近指的nǐ^{6}和遠指的năn^{6}兩個詞相當，這是由於傣語指示範疇的嚴密化之後隨韻母的更替而出現

的分化。nǐ⁶的本音應該是nǎi⁶，現在德宏傣語的指示詞近指爲hǎi⁴（書面爲lǎi⁴），遠指爲hǎn⁴（書面爲lǎn⁴），也是ǎi和ǎn的對立。同語族侗語、水語、仫佬語和毛難語的近指指示詞仍讀爲nai⁶。因此，早期台語的近指指示詞可以構擬*nǎi⁶。西雙版納傣語的指示詞大概是先有帶輔音尾的nǎn⁶，後來分化出nǎi⁶，分別表示遠指和近指，後來nǐ⁶又受主語與謂語之間或句子前加狀語與句子之間使用頻率極高的隔語助詞nǐ⁶的影響而同化爲nǐ⁶（〔原注〕隔語助詞nǐ⁶使用的範圍比nǎn還要更寬一些，有些用法完全看不出與指示詞有什麽聯係，故指示詞可能受隔語助詞之影響而從nai⁶變爲nǐ⁶。）。另一方面，漢語的*t̂i̯ǎg也因聲母替換而分化出*ńi̯ǎg，分別表示近指和遠指。於是，上古漢語指示詞與傣語nǐ⁶和nǎn⁶的關系，可表示如下：

上古漢語	早期傣語		現代西雙版納傣語
* t̂i̯ag（者）＝	nǎn⁶	⟶	nǎn⁶
* niǎg	nǎi⁶	⟶	nǐ⁶

」[33)]

他的見解十分有趣，漢語與壯・傣語系統的語言，從表面上看來，音義相當，因此可以推想，漢・台這兩種語言，從原始時代以來早就有一個共同的特點，不過若從兩種語言的體系來說，要依據這些有限材料，來說明原始台語與古漢語的親屬關係，看來還有許多困難，尚有待於今後研究。

4. 結　　語

從上面討論來看，我們知道廣州話“呢”〔ni˥〕的來源，離漢語較遠，反而較接近以壯語（非漢語）爲代表的壯、侗語系統的指示詞語音形式，它們也都跟廣州話一樣有聲母 n-（請參看附表6）。當然詞彙問題很複雜，我們所依據的語言材料也有限，規律性也不强，因而難於斷定它們之間的聯屬關係。但是，我們不是沒有理由設想；廣州話指示代詞“呢”〔ni˥〕可能跟壯、侗語系統的各個指示代詞有一個來源的關係[34)]。

《注》

1）本文所說的“廣州話”，是指以廣州、香港爲中心的粵方言區最大的語言，一般或稱“廣州方言”，也叫作“廣府話”，廣州本地人稱之爲“白話”的。

2）根據 Oi-Kan Yue Hashimoto 1972，7－8頁：廣州市、花縣、從化、南海、順德、珠海、高鶴、台山、恩平、三水、番禺、中山、新會、開平、淸遠、佛岡、東莞、龍門、博羅、寶安、增城、高要、新興、羅定、德慶、四會、雲浮、鬱南、封開、廣寧、化縣、電白、信宜、陽江、海康、廉江、靈山、東興、吳川、高州、陽春、徐聞、遂溪、合浦、欽州。此外，還有香港和澳門。

3）引自袁家驊等1960，179頁。

4）林語堂曾說：『現稱廣東人爲粵人，實在古粵越二字通。以史記之「南越傳」，「東越傳」，「漢書」作「南粵傳」,「閩粵傳」，可見古「粵」，「越」二字通用。古有「百粵」之目，粵（越）就是一種普通名詞，包括南部異族。自會稽之東甌以至九眞交趾之駱越，都包括在內。所以古有「於越」，「揚越」，「南越」，「閩越」，「駱越」種種稱號。春秋有「夷越」，國語有「夔越」(芈姓夔越）；史記漢通西南夷，以邛都爲越雋郡；唐朝有「飛越」，「盤越」；明有「騰越」，「平越」（都在四川貴州雲南等地）。可見古時越人在南部極爲普遍，廣東廣西即古百粵地。』（林語堂，1933，205頁）

5）引自岑麒祥1953，9頁。

6）參見詹伯慧1981，173頁。

7）譯自 Oi-Kan Yue Hashimoto　1976，1頁。

8）廣州話韻母表據千島英一1983 ，25 頁。壯語標準音的韻母表據韋慶穩・覃國生　1980，3頁。

9）見岑麒祥1953，10頁。另參 Fang Kuei Li 1977。

10）漢語聲調系統的演變是以中古音聲母的“淸濁”爲分化的條件，

就是清聲母讀陰調，濁聲母讀陽調，聲母與調類發生關係。但是廣州方言的陰入（上陰入）和中入（下陰入）的分化條件是以「音節主要元音的長短」爲分化的條件。引起這種分化的語音條件是不能够利用一般漢語演變的規律來加以解釋的（參見橋本萬太郎 1978，222−229 頁）。

11）廣州話的部分據千島英一　1983（以下同），39 頁。壯語的部分據韋慶穩・覃國生 1980， 9 頁。另參見橋本太郎 1978，227 頁。

12）參見詹伯慧　1981，163 頁。

13）但本師丁邦新先生在漢語方言學課程中提出了另一個看法：「認爲“鷄公”的“公”和北方話“公鷄”的“公”詞性不同，前者是名詞，後者才是表示性別的形容詞。另有“鷄婆”和“鷄母”“鷄㜷”相當；“婆”絕對不是形容詞。」

14）武鳴方言是根據李方桂先生 1947，另參見 Oi−Kan Yue Hashimoto 1976， 2 頁。

15）引自詹伯慧　1981， 163−164 頁。

16）但也有例外，蘇州話的指示代詞有三種：近稱“該個”〔Kᴇ˧Kɤʔ˧˥〕，中稱“格個”〔gɤʔ˨Kɤʔ˧〕，遠稱“歸個”〔Kuᴇ˧Kɤʔ˧˥〕（據小川環樹 1981，287 頁）。潮州話的指示代詞也有三種：近稱“只塊”〔tsi^{53}_{24} Ko^{213}〕，中稱“許塊”〔$hɯ^{53}_{24}$ Ko^{213}〕，遠稱“許塊”〔$hɯ^{53}$ Ko˙〕（據詹伯慧・黃家教，1965，222 頁）。此外，馮蒸（1983）指出：「除了吳語和官話區的某些方言外，客家方言中也有指代詞三分（甚至四分）的現象。如廣東東北部五華縣華城客家話卽是如此。」（ 2 頁）

17）① 漢語的部分是根據北京大學編《漢語方言詞彙》。
② 壯語是根據韋慶穩、覃國生 1980。
③ 布衣語是根據喻翠容 1980。
④ 毛難語是根據梁敏 1980（*b*）。

⑤ 水語是根據張均如1980。

⑥ 仫佬語是根據王均、鄭國喬 1980。

⑦ 拉珈語是根據毛宗武、蒙朝吉、鄭宗澤 1982。

⑧ 黎語是根據歐陽覺亞 鄭貽青,1980。

⑨ 伯語是根據橋本萬太郎 1980。

⑩ 泰語是根據富田竹二郎 1959。

⑪ 老語是根據安本美典、本多正久 1978。

⑫ 勉語是與⑦同。

⑬ 布努語是與⑦同。

⑭ 傣語是喻翠容、羅美珍1980。

⑮ 侗語是根據梁敏1980(a)。

18) 據《語言文字學詞典》(爾雅社出版1979年1月澳門14頁)。而梁振仕(1984)指出:「壯漢兩種語言都是採取十進制,讀音十分相似,特別是壯語跟粵語音系更加接近。壯語聲母數詞除 h(haj 五)外都跟粵語相似,尾音有收 -m, -n, -ng, -p, -t, -k 的,也跟粵語一致。不過,有人認爲這些數目字是漢語借詞。我們認爲,象數目字這樣最常用的基本詞彙,很難設想它們會是借詞,把它們看作漢傣語的同源詞似更恰當。」。但橋本萬太郎 1981 指出:『……言語のあいだの系統をあきらかにしようとおもったら、今日だれでもふつうにやることは、まず、それらの言語の「基礎的」な語彙項目をとって、それらのあいだに、一定の音韻の対応関係があるかどうか、しらべてみることであろう。基礎的でない語彙項目をとったのでは、借用語について、音韻の対応をみてしまう危険性が、おおきいからである。ところが、まず、この基礎的ということがわかっているようでありながら、よくわからない。けっきょくは、いろいろ難点があるけれど(……)、いちばん、ひろくおこなわれているものとして、モーリス・スワデシの「調査語彙表」あたりにでも、ひとまず、よってみよう、ということになる。

とこはが、スワデシのこの語彙表が、おおいに問題をふくむ。表は、周知のように、まず、人称代名詞にはじまり、指示詞、疑問詞とうつっていく。人称代名詞が、音韻対応の発見に不適当であることは、インド・ヨーロッパ語のそれが、外見上はよくにていても、真の一致がなくて、言語学者を前世紀からこまらせてきたことからも、あきらかなはずなのにである。指示詞もあまり適当でないことは、おおくの言語についてみられることであるが、その来源がはっきりしないことからもわかろう。』(285頁);又橋本(1978)云:「インド・ヨーロッパ語族のばあいは、あらゆる言語を通じて、数詞くらい安定したものはなく、そのために、系統論というと、まず数詞の調査を最初のてがかりとする習慣ができたくらいである。ところが東アジアでは、まったくその逆で数詞ぐらい変りやすいものはない。」(8頁)。

19) 據詹伯慧1981，28—29。

20) 跟19)同。

21) 請參看高本漢1940，

22) 據《漢語方言字彙》，(文字改革出版社1964年5月，61頁)

23) 據羅肇錦1977，另參羅肇錦1985。

24) 據詹伯慧1981，139頁。

25) 參看高本漢前引書。

26) 參看羅常培 1931。

27) 據董同龢 1967。

28) 見周法高1963，85頁。

29) 志村良治(1984)指出:『「這」の表記をもつ早い例は、変文集にあらわれるものが、やはり信頼すべきもので、唐の詩人たちの例は書き改められた可能性がつよい。』(119頁)

30) 但志村良治前引書指出:『王力氏が「之」(ロ語音)と「者」(文語音の混淆を説かれるのは、ひとつの推測で、あまり説得性はないように見受けられる。これも「這」が「之」に来源する前提をはじめに持つために言いうることで、「這」が「之」から出るとするもともとの論拠が薄弱なため、頼るべき見解となりえていない。』（128頁）

31）據志村良治前引書48—49頁。

32）注音據張公瑾1983。

33）引自張公瑾1983，55—56頁。

34）韋慶穩（1982)云：「粵語、吳語、閩語等方言區都是古代百越民族分布的地區。這些方言的特點，很可能就是上古百越民族被同化以後在語言上留下的遺跡。例如粵語的ni“這”，很可能是上古百越語的詞。」（289頁）

張均如 1980 《水語簡志》，民族出版社。

梁敏 1980a 《侗語簡志》，民族出版社。

______ 1980b 《毛難語簡志》，民族出版社。

梁振仕 1984 〈略論壯語與漢語的親屬關係〉，《廣西大學報》（哲社版）20—27 頁。

馮蒸 1983 〈關於漢藏語系空間指示詞的幾個問題〉·《均社論叢》13 號 1 — 19 頁。

喩翠容 1980 《布衣語簡志》，民族出版社。

喩翠容、羅美珍 1980 《傣語簡志》，民族出版社。

復旦大學中文系等編 1979 《語言文字學詞典》，爾雅社出版。

董同龢 1967 《上古音韻表稿》，中央研究院歷史語言研究所。

詹伯慧 1981 《現代漢語方言》，湖北人民出版社。

詹伯慧、黃家教 1965 〈談漢語方言語法材料的收集和整理〉，《中國語文》1965—3，211—223頁。

歐陽覺亞 鄭貽青 1980 《黎語簡志》，民族出版社。

羅常培 1931 〈知徹澄娘音值考〉，《史語所集刊》第 3 本，121—157 頁。

羅肇錦 1977 《瑞金方言》，國立臺灣師範大學碩士論文。

1985 〈瑞金方言的音韻〉，《新竹師專學報》285—317 頁。

小川環樹 1981 〈蘇州方言的指示代詞〉，《方言》1981—4，287—288 頁。

千島英一 1983 《廣州方言形成的研究》，麗澤大學中國語學研究室。

安本美典、本多正久 1978 《日本語の誕生》、大修館。

志村良治 1984 《中国中世語法史研究》、三冬社。

富田竹二郎 1959 《日泰會話辭典》、江南書院。

橋本萬太郎 1978 《言語類型地理論》、弘文堂。

__________ 1980 《*THE BE LANGUAGE* : *A Classified Lexicon of Its Limkow Dialect*》 東京外國語大學アジア・アフリカ言語文化

《參考文獻目錄》

王力 1958 《漢語史稿》(修訂本),科學出版社。

王均、鄭國喬 1980《仫佬語簡志》,民族出版社。

毛宗武、蒙朝吉、鄭宗澤 1982 《瑤族語言簡志》,民族出版社。

北京大學中國語言文學系語言學教研究室編 1962 《漢語方音字彙》,文字改革出版社。

____________________ 1964 《漢語方言詞彙》,文字改革出版社。

李方桂 1940 《龍州土語》,史語所單刊甲種十六。

______ 1947 〈武鳴土語音系〉,《史語所集刊》第十二本 293—303頁。

______ 1956 《武鳴土語》,史語所單刊之十九。

呂叔湘 1955 《漢語語法論文集》,科學出版社。

岑麒祥 1953 〈從廣東方言中體察語言的交流和發展〉・《中國語文》4月號 9 — 12 頁。

林語堂 1933 〈閩粵方言之來源〉・《語言學論叢》,開明書店, 1967,民文出版社重印。

周法高 1963 〈「之」「厥」「其」用法之演變〉,《中國語文論叢》84—98 頁(原載《學術季刊》4 卷 4 期 26—32 頁, 1950)。

高本漢 1940 《中國音韻學研究》(趙元任、羅常培、李方桂合譯),商務印書館。

袁家驊等 1960 《漢語方言概要》,文字改革出版社。

韋慶穩 1982 〈試論百越民族的語言〉,《百越民族史論集》289—305 頁,中國社會科學出版社。

韋慶穩、覃國生 1980 《壯語簡志》,民族出版社。

馬端臨 《文獻通考》卷 323、輿地考九,新興書局影印本。

班固 《漢書》王先謙補注本,藝文印書局。

張公瑾 1983 〈傣語指示詞和漢語“者”字關係探源〉・《民族語文》4 期,中國社會科學出版社。

研究所。

＿＿＿＿＿ 1981 《現代博言學》、大修館。

Hashimoto, Oi-Kan Yue 1972《*Studies in Yue Dialect I : Phonology of Cantonese*》, Cambridge : At the University Press.

＿＿＿＿＿ 1776 〈Southern Chinese Dialects : the Tai Connection〉, 《アジア・アフリカ語の計数研究》・第6號、1－9頁、東京外國語大學。

Haudricourt, Andrè G. 1960 〈Note sur les dialects de la region de Moncay〉, 《*Bulletin de l'Eclole Francaise d' Extreme Orient*》, 50, 161－177

Li, Fang Kuei 1977《*A Handbook of Comparative Tai*》, The University Press of Hawaii.

台湾南部客家方言概要

千　島　英　一
樋　口　　　靖

§ 1.　台湾南部の客家[1)]

康熙22年（1683）、清は台湾を平定し、翌23年、台湾府を置いた。台湾府のもとに台湾県、鳳山県、諸羅県の三県が属した。その地理的範囲は、北は朴子溪から南は下淡水溪までにすぎず、台湾開発の中心が依然南部地区に止っていたことが知られる。台湾平定の功労者施琅将軍の献策により、当時、清朝は台湾への移民に対する「三禁」を行っていた。「三禁」の要点は、⑴渡台を希望する者は原籍地で渡航許可証を貰い、台湾方面を担当する警察および海軍の許可を取ること、⑵渡台者は妻子を同伴できないし、妻子を呼び寄せることもできないこと、⑶広東人は渡台を許さないこと、というものであった。「三禁」が緩みはじめると、渡台する粤東客家人も次第に増加して行ったが、オランダ時代と鄭氏時代を通じて、早くから移民を開始し、大量に移住しつつあった閩南人がすでに比較的肥沃な土地を占居、開拓していたため、客家人が初めて台湾にやって来た時には、開墾すべき良質の土地はほとんど残っていなかった。その後、康熙30年（1691）頃、下淡水溪の東岸に未開墾の広大な荒地があるのを知って、大挙して移り、開墾に従事した。成功した者は粤東の郷親を呼び寄せ、噂を耳にした客家人も新たに移住して来た。その結果、下淡水溪の東岸沿いに、台湾で最も歴史の古い純客家村落が成立し、現在に至っている。因みに、現在台湾において客家の経済的・文化的センターとなっている苗栗、新竹、桃園等北部各県の客家地区は、乾隆年間にこの南部客家地区を基地にして客家人が進出、開発して行ったものである。

康熙60年(1721)、閩南人朱一貴が反乱を起こした際、下淡水溪一帯の客家人（1万3千人あまり）は清の旗の下に部隊を組織し、朱一貴軍に対抗した。反乱が平定された後、清朝はこれを称えるために武職を授けた。この時の戦闘部隊の配置によって組織されたのがいわゆる「六堆」[2)]である。以来この地区の客家人の村落はみな「六堆」のいずれかに属することとなった。この郷団組織は行政単位とは必ずしも一致しないが、現在に至っても、この地区の客家人の精神・文化の紐帯の役割を果たし、行政組織を超越して活動している。竹田郷西勢村の忠義祠は六堆客家人の精神的団結の象徴である。[3)]六堆客家の地理的配置はおよそ次のとおりである。[4)]

屏東県竹田郷 — 中堆
〃　萬巒郷 — 先鋒堆
〃　内埔郷 — 後堆
〃　長治郷 ⎫
〃　麟洛郷 ⎭ 前堆
〃　新埤郷 ⎫
〃　佳冬郷 ⎭ 左堆
〃　高樹郷 ⎫
高雄県美濃鎮 ⎭ 右堆

§ 2.　「六堆」客家語音韻体系の概略

音韻情報にもとづいて、Yang, Paul S. J. (1967) は客家語を、

(1)　梅県グループ：梅県、蕉嶺、平遠、新竹、

(2) 興寧グループ：興寧とその近隣、

(3) 饒平グループ：饒平、

(4) 海陸グループ：海豊、陸豊、

(5) 香港グループ：香港、沙頭角、中山、

(6) 汀州グループ：長汀とその近隣、

(7) 四川グループ：華陽その他。

の七グループに分けた。六堆客家語はこのうち、梅県グループに属する変種のひとつであり、かつて、四県・海陸・饒平・永定のように分類した[5)]、いわゆる四県客家語である。このことは、六堆客家人の祖籍が大部分嘉応州の梅県および蕉嶺県である[6)]、という事実を見ても首肯される。

梅県を含む四県客家方言の音韻体系については、すでにHashimoto (1958、1973)、橋本 (1958、1972) および袁家驊等(1960、1983)においてその詳細を見ることができるし、台湾における四県客家語についても楊時逢 (1957、1971)、Harkin (1975)、羅肇錦 (1984)、Yu (1984) 等に詳しいので、詳細はそれに譲り、ここでは概略を説明するにとどめる。以下は萬巒五溝水方言の音系である。

(1) 声母

p	p‘	m	f	v	
t	t‘	n			l
ts(tɕ)	ts‘(tɕ‘)		s(ɕ)		
k	k‘	ŋ (ȵ)			
0			h		

例字			
	p ：背 pɔi˥,	放 piɔŋ˥,	八 pat˧˨,
	p‘：片 p‘iɛn˧˩,	朋 p‘ɛn˩,	部 p‘u˥,
	m：毛 mɔ˨˦,	目 muk˧˨,	明 min˩,
	f ：風 fuŋ˨˦	話 fa˥,	火 fɔ˧˩,
	v ：烏 vu˨˦,	位 vi˥,	萬 van˥,
	t ：刀 tɔ˨˦,	東 tuŋ˨˦,	頂 taŋ˧˩,
	t‘：聴 t‘aŋ˨˦,	読 t‘uk˥,	動 t‘uŋ˨˦,

n	：内 nui˥，	泥 nai˩，	能 nɛn˩，
l	：落 lɔk˥，	路 lɔ˥，	両 liɔŋ˧˩，
ts	：珠 tsu˨˦，	指 tsɿ˧˩，	走 tsɛu˧˩，
(tɕ)	：酒 tɕiu˧˩，	隻 tɕiak˥˧，	節 tɕiɛt˥˧，
ts‘	：虫 ts‘uŋ˩，	草 ts‘ɔ˧˩，	唱 ts‘ɔŋ˥，
(tɕ‘)	：銭 tɕ‘iɛn˩，	七 tɕ‘it˥˧，	切 tɕ‘iɛt˥˧，
s	：手 su˧˩，	食 sɿp˥，	三 sam˨˦，
(ɕ)	：死 ɕi˧˩，	心 ɕim˨˦，	想 ɕiɔŋ˧˩，
k	：公 kuŋ˨˦，	狗 kɛu˧˩，	間 kian˨˦，
k‘	：共 k‘iuŋ˥，	看 k‘ɔn˥，	開 k‘ɔi˨˦，
ŋ	：牙 ŋa˩，	我 ŋai˩，	外 ŋɔi˥，
(ȵ)	：耳 ȵi˧˩，	肉 ȵiuk˥˧，	月 ȵiat˥，
h	：血 hiat˥，	河 hɔ˩，	下 ha˨˦，
0	：愛 ɔi˥，	雨 i˧˩，	鴨 ap˥。

説明

[tɕ, tɕ‘, ɕ, ȵ] は斉歯韻母の前における /ts, ts‘, s, ŋ/ の異音である。v は摩擦要素が極めて軽微で、[ʋ] に近い。また、接尾辞 ɛ˧˩ が直前の音節の円唇要素の影響により、連音変化する際にも、この音があらわれる。

tɔ˨˦ ɛ˧˩ → tɔ˨˦ ʋɛ˧˩（ナイフ）

斉歯韻母の前におけるゼロ声母の異音として硬口蓋摩擦音 [j] を聞くことができる。この異音は低音調（陽平声）をもつ音節において、現れることが多い。「仁」jin˩,「塩」jiam˩、等。その他、種々の環境において出現する多くの異音については、省略することとする。

(2) 韻母

ɿ	i	ɛ	a	ia	ua	ɔ	iɔ	u	iu
			ai	iai					
		ɛu	au	iau	uai	ɔi		ui	
m̩	ɿm/ɿp	im/ip	am/ap	iam/iap					

ŋ̍	ɿn/ɿt	in/it	ɛn/ɛt	/uɛt	an/at	ian/iat (iɛn)/(iɛt)	uan/uat	ɔn/ɔt	iɔn	un/ut	iun/iut
ŋ̍					aŋ/ak	iaŋ/iak		ɔŋ/ɔk	iɔŋ/iɔk	uŋ/uk	iuŋ/iuk

例字

ɿ：歯 ts'ɿ˩, 紙 tsɿ˩, 時 sɿ˩, 字 sɿ˥, 事(文) sɿ˥,

i：西 ɕi˧, 鼻 p'i˥, 雨 i˩, 耳 ȵi˩, 紀 ki˩,

ɛ：鶏 kɛ˧, 歳 sɛ˥, 姐 tsɛ˥, 係 hɛ˥, 事(白) sɛ˥,

a：牙 ŋa˩, 家 ka˧, 花 fa˧, 下 ha˧, 話 fa˥、

ia：写 ɕia˩, 謝 tɕ'ia˥, 野 ia˧,

ua：瓜 kua˧,

ɔ：毛 mɔ˧, 破 p'ɔ˥, 刀 tɔ˧, 草 ts'ɔ˩, 河 hɔ˩,

iɔ：靴 hiɔ˧,

u：手 su˩, 珠 tsu˧, 褲 fu˥, 樹 su˥, 路 lu˥,

iu：油 iu˩, 酒 tɕiu˩, 久 kiu˩, 九 kiu˩, 友 iu˧,

ai：大 t'ai˥, 泥 nai˩, 弟 t'ai˧, 哪 nai˥, 壊 fai˩,

iai：介 kiai˥,

ɛu：頭 t'ɛu˩, 狗 kɛu˩, 走 tsɛu˩, 少 sɛu˩, 後 hɛu˥,

au：飽 pau˩,

iau：鳥 tiau˧, 曉 hiau˩, 条 t'iau˩,

uai：怪 kuai˥,

ɔi：材 ts'ɔi˩, 吹 ts'ɔi˧, 妹 mɔi˥, 背 pɔi˥, 開 k'ɔi˧,

ui：水 sui˩, 桂 kui˥, 貴 kui˥,

ɿm：斟 tsɿm˧,

ɿp：十 sɿp˥,

im：今 kim˧, 音 im˧, 心 ɕim˧, □ tɕim˩,（接吻する） □ lim˧,（飲む）

ip：入 ȵip˥, 急 kip˩,

am：衫 sam˧, 暗 am˥, 三 sam˧, 男 nam˩, 胆 tam˩,

ap：合 hap˥,

iam：塩 iam˩, 検 kiam˩, 廉 liam˩,

iap：葉 iap˥，　接 tɕiap˧˩，

ɿn：身 sɿn˧˥，　神 sɿn˩，

ɿt：食 sɿt˥，　直 tsʻɿt˥，

in：人 ȵin˩，　齢 lin˩，　明 min˩，　眠 min˩，　新 ɕin˧˥，

it：日 ȵit˧˩，　一 it˧˩，　七 tɕʻit˧˩，

ɛn：星 sɛn˧˥，　朋 pʻɛn˩，　能 nɛn˩，　□mɛn˧˩（思う），

ɛt：色 sɛt˧˩，　北 pɛt˧˩，　□hɛt˥（住む），　得 tɛt˧˩，

uɛt：国 kuɛt˧˩，

an：山 san˧˥，

at：八 pat˧˩，　殺 sat˧˩，　舌 sat˥，　辣 lat˥，

ian：遠 ian˧˩，　烟 ian˧˥，　年 ȵian˩，　言 ȵian˩，　間 kian˧˥，

(iɛn)：線 ɕiɛn˥，　銭 tɕʻiɛn˩，　田 tʻiɛn˩，　天 tʻiɛn˧˥，　片 pʻiɛn˧˩，

iat：月 ȵiat˥，　血 hiat˥，　歇 hiat˧˩，　熱 ȵiat˥，　缺 kʻiat˧˩，

(iɛt)：切 tɕʻiɛt˧˩，　鉄 tʻiɛt˧˩，

uan：関 kuan˧˥，

uat：刮 kuat˧˩，

ɔn：卵 lɔn˧˩，　干 kɔn˧˥，　看 kʻɔn˥，　算 sɔn˥，　短 tɔn˧˩，

ɔt：割 kɔt˧˩，

iɔn：全 tɕʻiɔn˩，

un：門 mun˩，　分 pun˧˥，　春 tsʻun˧˥，

ut：物 vut˥，　骨 kut˥，　出 tsʻut˧˩，

iun：雲 iun˩，　近 kʻiun˧˥，　銀 ȵiun˩，

iut：屈 kʻiut˧˩，

aŋ：声 saŋ˧˥，　頂 taŋ˧˩，　聴 tʻaŋ˧˥，　行 haŋ˩，　生 saŋ˧˥，

ak：石 sak˥，　白 pʻak˥，　□ nak˧˩（笑う），　□ pak˥（たばこを吸う），

iaŋ：病 pʻiaŋ˥，　名 miaŋ˩，　姓 ɕiaŋ˥，　驚 kiaŋ˧˥，

iak：隻 tɕiak˧˩，　劈 pʻiak˧˩，

ɔŋ：光 kɔŋ˧˥，　長 tsʻɔŋ˩，　講 kɔŋ˧˩，　唱 tsʻɔŋ˥，　湯 tʻɔŋ˧˥，

ɔk：落 lɔk˥，　着 tsɔk˧˨，　鹿 lɔk˥，　各 kɔk˧˨，　学 hɔk˥，

iɔŋ：両 liɔŋ˧˩，　強 k'iɔŋ˩，　放 piɔŋ˥，　想 ɕiɔŋ˧˩，　養 iɔŋ˨˦，

iɔk：薬 iɔk˥，　脚 kiɔk˥，　弱 ȵiɔk˥，　緑 liɔk˥，　約 iɔk˧˨，

uŋ：東 tuŋ˨˦，　虫 ts'uŋ˩，　種 tsuŋ˧˩，　風 fuŋ˨˦、　公 kuŋ˨˦，

uk：目 muk˧˨，　屋 vuk˧˨，　読 t'uk˥，

iuŋ：共 k'iuŋ˥，　窮 k'iuŋ˩，　□kiuŋ˥(生む)，

iuk：肉 ȵiuk˧˨，　六 liuk˧˨，

m̩：唔 m̩˩，

n̩：你 n̩˩，

ŋ̍：魚 ŋ̍˩，　五 ŋ̍˧˩，

説明

/ɿ/は ts, ts', sの後にのみ現われ、開音節では舌尖母音[-ɿ]であり、子音韻尾 -m, -p, -n, -tの前では成音節無摩擦継続音[-z̩-]である。ただし、一律にɿで表記した。

/-ian, -iat/は、頭子音に牙喉音（軟口蓋子音、声門音、ゼロ声母）を持つ音節にあっては広母音[a]に近く、それ以外の音節にあっては半広母音[ɛ]に近い。

賢 /꜀hian/ →[çian˩]

線 /ᶜsian/ →[ɕiɛn˥]

月 /ŋiat꜁/ →[ȵiat˥]

滅 /miat꜁/ →[miɛt˥]

萬巒方言の母音体系は以下のとおりである。

i　ɨ　u

e　o

a

⑶ 声調

陰平	陽平	上声	去声	陰入	陽入
24:˨˦	11:˩	31:˧˩	55:˥	<u>32</u>:˧˨	<u>55</u>:˥

§3.　「六堆」客家方言の音声特色

いわゆる六堆の客家村落は下淡水溪沿いの東岸に南北に連なって位置している。およそ南から北へ佳冬、新埤、萬巒および竹田、内埔および麟洛、長治、高樹、そして下淡水溪を渡って美濃の順である、先にも述べたように、これらの村落の客家人はその大部分が四県客家語を話しており、発音の面から見た方言差というものは基本的には存在しないと言うことができる。しかし、もちろん微細な「訛り」の違いは存在するのであって、土地の人々はそのことをよく自覚している。[7)]

我々の初歩的な理解によれば、竹田、萬巒、内埔あたりは六堆の中心地区で、お互いの間に「訛り」の差は殆ど感じられない。(これを萬巒変種と呼ぶ。)南端の新埤、佳冬は独自の訛りを持つので、これを新埤変種と呼ぶ。萬巒グループの西側に位置する長治、麟洛をまとめて、長治変種とし、最北端の高樹、美濃もまたある種の特徴に着目してこれを美濃変種とする。以上のようなグループ分けの仕方については、未だそれほど確信があるわけではないが、四県客家語に存在するいくつかの変種の音声的特徴をよく反映するものと考える。

萬巒、内埔、竹田は、声・韻・調すべて一致する。ただし、萬巒の[-ian, -iat]は内埔、竹田では[-iæt]のようにやや高めに調音される。

	竹田	内埔	萬巒
たばこ：	iæn ˨˦	iæn ˨˦	ian ˨˦
暑　い：	ȵiæt ˥	ȵiæt ˥	ȵiat ˥
年　：	ȵiæn ˩	ȵiæn ˩	ȵian ˩
(宿に)とまる：	hiæt ˧˨	hiæt ˧˨	hiat ˧˨

内埔には/n̩/がない。

	竹田	内埔	萬巒
あ　な　た：	ŋ̩˩	ŋ̩˩	n̩˩
あなたがた：	n̩˩tɛn ˨˦	ŋ̩˩tɛn ˨˦	n̩˩tɛn ˨˦

萬巒の陽平調は実際には他の地区よりもやや高く、[22 :˨]となることが多

い。他の地区はすべて［11：˩］または［21：˨˩］で安定しない。

新埤変種は、他の地区の /ɿ/ を一律に、［i］で発音することによって、大きく区別される。

	新埤	萬巒	美濃
歯：	ŋa˩tɕ‘i˨˩	ŋa˩ts‘ɿ˨˩	ŋa˩ts‘ɿ˨˩
指：	su˨˩tɕi˨˩	su˨˩tsɿ˨˩	su˨˩tsɿ˨˩
身：	ɕin˨˦t‘i˨˩	sɿn˨˦t‘i˨˩	sɿn˧tɿ˨˩
食物：	ɕit˥vut˥	sɿt˥vut˥	sɿt˥vut˥
字：	ɕi˥	sɿ˥	sɿ˥

長治変種は、声母において精、荘両組を /ts, ts‘, s/ に、知、章両組を /tʃ, tʃ‘, ʃ/ に発音し、両者を区別する変種である。後者は硬口蓋歯茎音である。

	長治	萬巒	美濃
声：	ʃaŋ˨˦	saŋ˨˦	saŋ˨˦
うたう：	tʃ‘ɔŋ˥	ts‘ɔŋ˥	ts‘ɔŋ˥
着る：	tʃɔk˧˩	tsɔk˧˩	tsɔk˧˩

従って、これらと共起する /ɿ/ は、開音節で ts, ts‘, s の後では［ɿ］に、tʃ、tʃ‘, ʃ の後では中舌狭母音［ɨ］に、閉音節で tʃ, tʃ‘ ʃ の後では中舌母音［ə］[8] に近づく。

	長治	萬巒	美濃	新埤
字：	sɿ˥	sɿ˥	sɿ˥	ɕi˥
歯：	tʃ‘ɨ˧˩	ts‘ɿ˧˩	ts‘ɿ˧˩	tɕ‘i˧˩
紙：	tʃɨ˧˩	tsɿ˧˩	tsɿ˧˩	tɕi˧˩
身：	ʃən˨˦	sɿn˨˦	sɿn˨˦	ɕin˨˦
食：	ʃət˥	sɿt˥	sɿt˥	ɕit˥
十：	ʃəp˥	sɿp˥	sɿp˥	sɿp˥

また、長治変種は、牙喉音とそれ以外の頭子音のもとにおける［-ian］または［-iæn］と［-iɛn］, あるいは［-iat］または［-iæt］と［-iɛt］の音声レベルの区別を原則としてもたないタイプである。

	長治	萬巒	美濃	新埤
血：	hiɛt˥	hiat˥	hiæt˥	hiæt˥
烟：	iɛn˨˦	ian˨˦	iæn˨˦	iæn˨˦
年：	ȵiɛn˩	ȵian˩	ȵiæn˩	ȵiæn˩
田：	t'iɛn˩	t'iɛn˩	t'iɛn˩	t'iɛn˩
線：	ɕiɛn˥	ɕiɛn˥	ɕiɛn˥	ɕiɛn˥
切：	tɕ'iɛt˨	tɕ'iɛt˨	tɕ'iɛt˨	tɕ'iɛt˨

美濃変種の大きな特色は、nとlの区別がきわめて不安定で不規則なことである。

	美濃	萬巒	長治	新埤
卵：	nɔn˧˩	lɔn˧˩	lɔn˧˩	lɔn˧˩
雨が降る：	nɔk˥i˨˩	lɔk˥i˨˩	lɔk˥i˨˩	lɔk˥i˨˩
夫：	nɔ˧˩kuŋ˨˦	lɔ˧˩kuŋ˨˦	lɔ˧˩kuŋ˨˦	lɔ˧˩kuŋ˨˦
妹：	lɔ˧˩mɔi˥	lɔ˧˩mɔi˥	lɔ˧˩mɔi˥	lɔ˧˩mɔi˥
来る：	lɔi˩	lɔi˩	lɔi˩	lɔi˩

おおむね、/l/が/n/に合流する傾向があるがその条件は見出せない。

そのほか、美濃の陰平調値は他の地区の上昇調〔24：˨˦〕とは異なり、中平調〔33：˧〕である。[9)]

	美濃	萬巒	新埤
目：	muk˨tsu˧	muk˨tsu˨˦	muk˨tsu˨˦
毛：	mɔ˧	mɔ˨˦	mɔ˨˦
山：	san˧	san˨˦	san˨˦
花：	fa˧	fa˨˦	fa˨˦

ただし、後に陽平または上声の音節が続く場合、この陰平の調値は24：˨˦に交替する。[10)] たとえば、

刀：	tɔ˧	聴：	t'aŋ˧
刀仔：	tɔ˨˦ɛ˨˩	聴到：	t'aŋ˨˦ tɔ˨˩
刀□(なた)：	tɔ˨˦ma˩	聴不到：	t'aŋ˨˦m̩˩tɔ˨˩

天：t'iɛn ˧	心肝：ɕim ˧kɔn ˧
天頂：t'iɛn ˦ taŋ ˨	心情：ɕim ˦tɕ 'in˩

§ 4. 「六堆」客家語の語彙

最後に、六堆の各村で採集した基礎語彙を梅県、[11] および桃園[12]の四県客家語と対照して示す。桃園の方言は、台湾北部客家語の一種である。

語彙は、各地区とも基本的に一致しており、この事実は、客家語の強力な共通性の反映と考えられて興味深い。しかしながら、多少の語形の「ゆれ」ともいうべきものも観察される。たとえば、「大腿」は、

萬巒・美濃：t'ai˥ lɔ˩pi ˨

内埔：kiɔk ˨pi ˨

新埤：t'ai˥ k'ɔ ˨pit ˨， t'ai˥ t'ɔ˩pit ˨

また、nak ˨（笑う）のように、南部独特と考えられる語彙も見出される。

最も複雑な異形をもつのは代詞、指示詞であるが、なかでも三人称はたいへん注目される。すなわち、内埔、新埤、美濃においては、頭子音の k が脱落した形式が用いられている。

	内埔	新埤	美濃	竹田	萬巒	長治
かれ：	i˩	i˩	i˩	ki˩	ki˩	ki˩
かれら：	i˩tɛn ˦	i˩nɛn ˦	i˩ɛn ˧	ki˩tɛn ˦	ki˩tɛn ˦	ki˩nɛn ˦

この脱落現象はおそらく閩南語の影響[13]によるものと推測されるが、必ずしも地域差ということばかりではなく、年齢層の違いによって、どちらかの語形をより多く用いるという情報もある。従って、年齢や性別などを考慮した、いわゆる社会言語学的方法を導入して、この現象を究明する必要がある。因みに、新埤ではこれに呼応して、遠称指示詞も kɛ>iɛ に変化している。

このたびの調査は試験的なものであったので、社会言語学的観点を考慮する余裕がなかった。語彙表には文語的な語、または「国語化」された語も挙げられているし、ある地点においては、その語形しか用いないというものでもない。「常用」「少用」についてもあまり考慮されていないが、聞いてわか

るけれども自分たちは用いない、というようなものは挙げられていない。ただ、将来、視点を確立した研究を行うための礎石としたいのである。

§ 5.　「六堆」客家方言基礎語彙表

(1)　あたま，head，脳袋

梅縣　t'ɛu˩ na˩

桃園　꜀t'eu

竹田　t'ɛu˩ na˩

萬巒　t'ɛu˨ na˨

內埔　t'ɛu˩ na˩

長治　t'ɛu˩

新埤　t'ɛu˩ na˩

美濃　t'ɛu˩ na˩

(2)　かみの毛，hair，頭髪

梅縣　t'ɛu˩ na˩ mɔ˧

桃園　꜀t'eu ꜀na ꜀mo

竹田　t'ɛu˩ na˩ mɔ˧˦

萬巒　t'ɛu˨ na˨ mɔ˧˦

內埔　t'ɛu˩ na˩ mɔ˧˦

長治　t'ɛu˩ na˩ mɔ˧˦

新埤　t'ɛu˩ na˩ mɔ˧˦

美濃　t'ɛu˩ na˩ mɔ˧

(3)　め，eye，眼睛

梅縣　muk˥˧ tsu˧

桃園　muk꜄ ꜀tʃu

竹田　muk˥˧ tsu˧˦

萬巒　muk˥˧ tsu˧˦

內埔　muk˧˩ tsu˧˦

長治　muk˥ tʃu˧˦

新埤　muk˧˩ tsu˧˦，ȵiæn˩ tsu˧˦

美濃　muk˧˩ tsu˧

(4)　みみ，ear，耳朶

梅縣　ɲi˥˧ kvuŋ˧

桃園　꜂ȵi ꜀k'uŋ

竹田　ȵi˩ kuŋ˧˦

萬巒　ȵi˩ kuŋ˧˦

內埔　ȵi˩ kuŋ˧˦

長治　ȵi˥˧ kuŋ˧

新埤　ȵi˩ kuŋ˧˦

美濃　ȵi˩ kuŋ˧

(5) はな，nose，鼻子
梅縣 p'i˥ kvuŋ˧
桃園 p'i˞ ꜀k'uŋ
竹田 p'i˩ kuŋ˧˥
萬巒 p'i˥ kuŋ˧˥
内埔 p'i˥ kuŋ˧˥
長治 p'i˥ kuŋ˧˥
新埤 p'i˥ kuŋ˧˥
美濃 p'i˥ kuŋ˧

(6) くち，mouth，嘴
梅縣 tsɔi˥
桃園 ᶜtʃoi
竹田 tsɔi˥; tsɔi˥ sɿn˥˩（くちびる）
萬巒 tsɔi˥
内埔 tsɔi˥; tsɔi˥ sɿn˩（くちびる）
長治 tsɔi˥;
新埤 tsɔi˥; tsɔi˥ sun˩（くちびる）
美濃 tsɔi˥; tsɔi˥ sɿn˩（くちびる）

(7) は，tooth，牙
梅縣 ŋa˩ ts'ʐ̩˥˩
桃園 ꜀ŋa ᶜtʃ'ï
竹田 ŋa˩ ts'ɿ˩
萬巒 ŋa˩ ts'ɿ˩
内埔 ŋa˩ ts'ɿ˩; ŋa˩ ȵian˧˥
ȵiuk˥˩（はぐき）
長治 ŋa˩ tʃ'ɨ˩
新埤 ŋa˩ tɕ'i˩
美濃 ŋa˩ ts'ɿ˩

(8) て，hand，手
梅縣 su˥˩
桃園 ᶜʃu
竹田 su˩
萬巒 su˩
内埔 su˩; su˩ pi˩（うで）
長治 ʃu˩
新埤 su˩
美濃 su˩

(9) ゆび，finger，指頭
梅縣 su˩ tsʐ̩˩
桃園 ᶜʃu ᶜtʃï
竹田 su˩ tsɿ˩
萬巒 su˩ tsɿ˩
内埔 su˩ tsɿ˩
長治 ʃu˩ tʃɨ˩
新埤 su˩ tɕi˩
美濃 su˩ tsɿ˩

(10) あし，leg，foot，腿，脚
梅縣 kjiɔk˥˩，kjiɔk˥˩ p'an˧（foot）
桃園 kiok꜀
竹田 kiɔk˩; t'ai˥ lɔ˩ pi˩（大腿）
萬巒 kiɔk˥; t'i˥ lɔ˩ pi˩（大腿）
内埔 kiɔk˩; kiɔk˩ pi˩（大腿）
長治 kiɔk˩
新埤 kiɔk˩; t'ai˥ k'ɔ˧˥ pit˩（大腿），
t'ai˥ t'ɔ˩ pit˥˩
美濃 kiɔk˩，tai˥ lɔ˩ pi˩

(11)　ひふ，skin；皮膚

梅縣　p'i˩

桃園　꜀p'i，꜀p'i　꜀fu

竹田　p'i˩，p'i˩ fu˨˦

萬巒　p'i˧，p'i˧ fu˨˦

內埔　p'i˨˩，p'i˨˩ fu˨˦

長治　p'i˨˩，p'i˨˩ fu˨˦

新埤　p'i˩，p'i˩ fu˩

美濃　p'i˩

(12)　け，hair，毛

梅縣　mɔ˧

桃園　꜀mo，꜀hon ꜀mo

竹田　mɔ˨˦；hɔn˩ mɔ˨˦（うぶ毛）

萬巒　mɔ˨˦

內埔　mɔ˨˦；hɔn˥ mɔ˨˦（うぶ毛），

hɔn˨ mɔ˨˦ ku˧（とりはだ）

長治　mɔ˨˦

新埤　mɔ˨˦；hɔn˩ mɔ˩（うぶ毛）

美濃　mɔ˧；hɔn˩ mɔ˧（うぶ毛）

(13)　ち，blood，血

梅縣　ʃiæt˨

桃園　hiet꜄

竹田　hiæt˨

萬巒　hiat˥

內埔　hiæt˨；liu˨˩ hiæt˨（流血）

長治　hiɛt˥

新埤　hiæt˥

美濃　hiæt˨

(14)　ほね，bone，骨頭

梅縣　kvt˨ t'ɛu˩

桃園　kut꜄ ꜀t'eu

竹田　kut˥ t'ɛu˩

萬巒　kut˥ t'ɛu˨˩

內埔　kut˥ t'ɛu˩

長治　kut˥ t'ɛu˩

新埤　kut˥ t'ɛu˨˩

美濃　kut˥ t'ɛu˩

(15)　にく，flesh，肉

梅縣　ɲiuk˥

桃園　ȵiuk꜄

竹田　ȵiuk˨

萬巒　ȵiuk˨

內埔　ȵiuk˨

長治　ȵiuk˨

新埤　ȵiuk˨

美濃　ȵiuk˨

(16)　からだ，body，身体

梅縣　jiæn˩ sz̩n˧，sz̩n˧ t'i˨

桃園　꜀ian ꜀ʃen，꜀ʃen ꜂t'i

竹田　sɿn˨˦ t'i˧˩

萬巒　sɿn˨˦ t'i˧˩，ian˧ ʃɿn˨˦

內埔　sɿn˨˦ t'i˧˩，iæn˩ sɿn˨˦

長治　ʃən˨˦ t'i˧˩

新埤　ɕin˨˦ t'i˧˩，iæn˩ ɕin˨˦

美濃　iæn˩ sɿn˧，sɿn˧ t'i˧˩

⒄ びょうき，diseases, illness, sickness，病

梅縣 p‘iaŋ˥

桃園 p‘iaŋ^{ɔ}

竹田 p‘iaŋ˥，p‘ɔ˥ p‘iaŋ˥（病気になる）

萬巒 p‘iaŋ˥，p‘ɔ˥ p‘iaŋ˥（病気になる）

内埔 p‘iaŋ˥，p‘ɔ˥ p‘iaŋ˥

長治 p‘iaŋ˥

新埤 p‘iaŋ˥，p‘ɔ˥ p‘iaŋ˥

美濃 p‘iaŋ˥，pɔt˧ p‘iaŋ˥

⒅ くすり，medicine，藥

梅縣 jɔk˥

桃園 iok$_{\underline{2}}$

竹田 iɔk˥，iɔk˥ kɛ˩

萬巒 iɔk˥

内埔 iɔk˥ kɛ˩，sɿt˥ iɔk˥ kɛ˩（くすりをのむ）

長治 iɔk˥

新埤 iɔk˥ ki˩

美濃 iɔk˥ kɛ˩

⒆ しお，salt，鹽

梅縣 jam˩

桃園 $_{\underline{c}}$iam

竹田 iam˩

萬巒 iam˩

内埔 iam˩

長治 iam˩

新埤 iam˩

美濃 iam˩

⒇ あぶら，oil，油

梅縣 ju˩

桃園 $_{\underline{c}}$iu

竹田 iu˩

萬巒 iu˩

内埔 iu˩

長治 iu˩

新埤 iu˩

美濃 iu˩

⑵1 さけ, liquor, wine, 酒

梅縣 tsjiu˨˩

桃園 ᶜtsiu

竹田 tɕiu˩ ; sɿt˥ tɕiu˨˩ (酒をのむ)

萬巒 tɕiu˩

内埔 tɕtu˩ ; lim˧˦ tɕiu˩ , (さけをのむ)

長治 tɕiu˩

新埤 tɕiu˩ ; ɕit˥ tɕiu˨˩

美濃 tɕiu˩ ; lim˧ tɕiu˨˩

⑵2 たばこ, tobacco, 烟

梅縣 jæn˧

桃園 ꜀ian

竹田 iæn˧˦ ; sɿt˥ iæn˧˦ , pak˥ iæn˧˦ (たばこをすう)

萬巒 ian˧ ; sɿt˥ ian˧ , pak˥ ian˧ (たばこをすう)

内埔 iæn˧˦ ; pak˥ iæn˧˦ (たばこをすう)

長治 iɛn˧˦

新埤 iæn˧˦

美濃 iæn˧

⑵3 たべもの, food, 食物, 糧食

梅縣 sz̩t˥ tɛ˥ tuŋ˧ ʃi˧ , sz̩t˥ vut˥

桃園 ʃi̍t꜆ vut꜆

竹田 sɿt˥ vut˥

萬巒 sɿt˥ vut˥

内埔 sɿt˥ tuŋ˧ ɕi˧˦ (たべものをたべる) ; hɔ˩ sɿt˥ kɛ˥ tuŋ˧ ɕi˧ (たべられるもの) ; sɿt˥ vut˥ (食物)

長治 ʃət˥ vut˥

新埤 ɕit˥ vut˥

美濃 sɿt˥ lɛ˥ tuŋ˧ ɕi˧

⑵4 たまご, egg, 蛋

梅縣 lɔn˨˩

桃園 ᶜlɔn`

竹田 lɔn˨˩ ; kɛ˧˦ lɔn˩ , kɛ˧ ts'un˧˦ (にわとりの〜)

萬巒 lɔn˩ ; kɛ˧˦ lɔn˩ , kɛ˧ ts'un˧˦ (にわとりの〜)

内埔 kɛ˧ ts'un˧˦ , kɛ˧˦ lɔn˩

長治 lɔn˩ , kɛ˧˦ tʃ'un˦

新埤 lɔn˩ , kɛ˧˦ lɔn˩ , kɛ˧ ts'un˧˦

美濃 nɔn˩ , kɛ˧ nɔn˩ , kɛ˧ ts'un˧

(25) とり, bird, 鳥

梅縣 tiau˧ vi˧

桃園 ꜀tiau

竹田 tiau˨˦ ɛ˨˩

萬巒 tiau˧ wɛ˨˩

内埔 tiau˨˦ uɛ˨˩

長治 tiau˨˦ ɛ˨˩

新埤 tiau˨˦ ɛ˨˩

美濃 tiau˨˦ uɛ˨˩; tiau˧ tsʻun˧ (とりのたまご)

(26) かたな, sword, 刀子

梅縣 tɔ˧ vi˧

桃園 ꜀to ꜀ə

竹田 tɔ˨˦ ɛ˨˩ (ナイフ), tɔ˨˦ ma˩ (なた)

萬巒 tɔ˨˦ wɛ˨˩ (ナイフ), tɔ˨˦ ma˩ (なた)

内埔 tɔ˨˦ uɛ˨˩, tɔ˨˦ ma˩

長治 tɔ˨˦ uɛ˨˩

新埤 tɔ˨˦ ɛ˨˩, tɔ˨˦ ma˩

美濃 tɔ˨˦ ɛ˨˩, tɔ˨˦ ma˩

(27) いと, thread, 綫

梅縣 ʃiɛn˥

桃園 sian꜄

竹田 ɕiɛn˥

萬巒 ɕiɛn˥

内埔 ɕiɛn˥

長治 ɕiɛn˥

新埤 ɕiɛn˥

美濃 ɕiɛn˥

(28) きもの, clothes, clothing, 衣服

梅縣 sam˧ fv˥

桃園 ꜀sam fu꜄

竹田 sam˧ fu˥; nui˥ sam˨˦ (下着)

萬巒 sam˧ fu˥

内埔 sam˧ fu˥; nui˥ sam˨˦ (下着)

長治 sam˧ fu˥

新埤 sam˧ fu˥

美濃 sam˧ fu˥; nui˥ sam˧

(29) かみ，paper，紙

梅縣　tsz̩˥˧
桃園　ᶜtʃï
竹田　tsɿ˧˩
萬巒　tsɿ˧˩
内埔　tsɿ˧˩
長治　tʃɨ˧˩
新埤　tɕi˧˩
美濃　tsɿ˧˩

(30) もの，thing，東西

梅縣　tuŋ˧ ʃi˧
桃園　꜀tuŋ ꜀si
竹田　tuŋ˧ ɕi˨˦
萬巒　tuŋ˧ ɕi˨˦
内埔　tuŋ˧ ɕi˨˦
長治　tuŋ˧ ɕi˨˦
新埤　tuŋ˧ ɕi˧
美濃　tuŋ˧ ɕi˧

(31) むし，worm, insect，蟲

梅縣　ts'uŋ˩ ɲi˥˧
桃園　꜁tʃ'uŋ ꜁ə
竹田　ts'uŋ˩ ŋɛ˧˩
萬巒　ts'uŋ˧ ŋɛ˧˩
内埔　ts'uŋ˩ ŋɛ˧˩
長治　tʃ'uŋ˩ ŋɛ˧˩
新埤　ts'uŋ˨˦ ȵi˧˩
美濃　ts'uŋ˨˦ ŋɛ˧˩

(32) さかな，fish，魚

梅縣　ŋ̍˩ ɲi˥˧
桃園　꜁ŋ̍
竹田　ŋ̍˩ ŋɛ˧˩
萬巒　ŋ̍˩ ŋɛ˧˩
内埔　ŋ̍˩ ŋɛ˧˩
長治　ŋ̍˧˩ ŋɛ˧˩
新埤　ŋ̍˩ ȵi˧˩
美濃　ŋ̍˩ ŋɛ˧˩

(33) いぬ，dog，狗

梅縣　kɛu˥˧ vi˥˧
桃園　ᶜkeu
竹田　kɛu˧˩ uɛ˧˩
萬巒　kɛu˧˩ uɛ˧˩
内埔　kɛu˧˩ uɛ˧˩
長治　kɛu˧˩ uɛ˧˩
新埤　kɛu˧ ui˧˩
美濃　kɛu˧˩ uɛ˧˩

(34) いえ，house, home，家，房子

梅縣　vuk˥˧, vuk˥˧ k'va˥, vuk˥˧ ha˥
桃園　vuk꜆, vuk꜀ k'a꜄
竹田　vuk˧˨ kɛ˧˩, vuk˧˨ fa˦, vuk˧˨
　　　k'ua˨˦
萬巒　vuk˧˨ kɛ˧˩, luk˧˨ k'a˨˦
内埔　vuk˧˨ kɛ˧˩, luk˧˩ k'a˨˦
長治　vuk˧˨ kɛ˧˩, ka˨˦ t'in˩（家庭）
新埤　vuk˧˨ i˧˩, vuk˦ k'a˧
美濃　vuk˦ ɛ˧˩, vuk˦ k'a˥

(35) かね, money, 銭

梅縣 tsj'iɛn˩

桃園 ꜀ts'ian

竹田 tɕ'iɛn˩

萬巒 tɕ'iɛn˩

內埔 tɕ'iɛn˩

長治 tɕ'iɛn˩

新埤 tɕ'iɛn˩

美濃 tɕ'iɛn˩

(36) き, tree, 樹木

梅縣 su˥ vi˧˩

桃園 ʃu꜄ ꜀ə

竹田 su˥ uɛ˨˩; muk˧˩ ts'ɔi˩(木材)

萬巒 su˥ uɛ˨˩; muk˧˩ ts'ɔi˩(木材)

內埔 su˥ uɛ˨˩, muk˧˩ ts'ɔi˩, muk˧˩ liau˥

長治 ʃu˥ ɛ˨˩; muk˧˩ tʃ'ɔi˩

新埤 su˥ ui˨˩ muk˧˩ ts'ai˩

美濃 su˥ uɛ˨˩; su˥ kɔk˧˩ ɛ˧˩ muk˧˩ liau˥(木材)

(37) くさ, grass; 草

梅縣 ts'ɔ˧˩

桃園 ꜂ts'o

竹田 ts'ɔ˨˩

萬巒 ts'ɔ˨˩

內埔 ts'ɔ˨˩

長治 ts'ɔ˨˩, ts'ɔ˨˩ ɛ˨˩

新埤 ts'ɔ˨˩

美濃 ts'ɔ˨˩

(38) は; leaf; 葉子

梅縣 jap˥ pi˧˩

桃園 iap꜆

竹田 iap˥ pɛ˨˩

萬巒 iap˥ pɛ˨˩

內埔 iap˥ pɛ˨˩

長治 iap˥ pɛ˨˩

新埤 iap˥ pi˨˩

美濃 iap˥ pɛ˨˩

(39) はな; flower; 花

梅縣 fa˧

桃園 ꜀fa

竹田 fa˧

萬巒 fa˧

內埔 fa˧

長治 fa˧

新埤 fa˧

美濃 fa˧

(40) み; fruit, nut; 果品

梅縣 sui˧˩ kɔ˧˩

桃園 ꜂ko ꜀ə, ꜂ko ꜂tsï

竹田 sui˨˩ kɔ˨˩, kɔ˨˩ tsɿ˨˩, fut˥, in˩

萬巒 sui˨˩ kɔ˨˩, fut˥, in˩

內埔 sui˨˩ kɔ˨˩, kɔ˨˩ tsɔk˨˩, kɔ˨˩ ɛ˨˩

長治 ʃui˨˩ kɔ˨˩, kɔ˧˩ tsɿ˨˩

新埤 sui˨˩ kɔ˨˩, kɔ˨˩ tɕi˨˩, in˩

美濃 sui˨˩ kɔ˨˩, fut˥, in˩

⑷1 たね; seed; 種子

梅縣 tsuŋ˦˨
桃園 ᶜtʃuŋ
竹田 tsuŋ˩ ŋɛ˩
萬巒 tsuŋ˩, tsu˩ ŋɛ˩
内埔 tsuŋ˩ ŋɛ˩
長治 tʃuŋ˩
新埤 tsuŋ˩ tɕi˩
美濃 tsuŋ˩

⑷2 た, はたけ; field, acres; 田, 地

梅縣 t'iɛn˩ kj'iu˧
桃園 ꜀t'ien t'iᵓ
竹田 t'iɛn˩ (田); p'u˧˥, iæn˩ (はたけ)
萬巒 t'iɛn˩
内埔 t'iɛn˩, t'iɛn˩ k'iu˧˥ (水田), p'u˧˥ (はたけ)
長治 t'iɛn˩, p'u˧
新埤 t'iɛn˩, p'u˧˥
美濃 t'iɛn˩ k'iu˧, p'u˧, hɔn˧˥ t'iɛn˩ (旱田)

⑷3 みち; way, road; 道路

梅縣 lu˥
桃園 luᵓ
竹田 lu˥
萬巒 lu˥
内埔 lu˥
長治 lu˥
新埤 lu˥
美濃 lu˥

⑷4 かわ; river; 河, 江

梅縣 hɔ˩, hɔ˩ pa˥
桃園 ꜀ho, ꜀ho paᵓ
竹田 hɔ˩ pa˥; tsun˥ nɛ˩, kɛu˧˥ uɛu˩ (小川)
萬巒 hɔ˩ pa˥
内埔 hɔ˩ pa˥ (大きい川), tsun˥ nɛ˩ (やや小さい小川), sui˩ kɛu˧˥ ɛ˩, tsun˥ kɛu˧˥
長治 hɔ˩ pa˥; hai˧˥ (溪); kɛu˧˥ (溝)
新埤 hɔ˩ pa˥, tsun˥ ni˩
美濃 hɔ˩ pa˥, tsun˥ nɛ˩

⑷5) やま; mountain; 山

梅縣 jin˥ kɔŋ˧, san˧
桃園 ꜀san
竹田 san˦
萬巒 san˧
内埔 san˦, san˦ nɛ˩
長治 san˧
新埤 san˦
美濃 san˧

⑷6) みず; water; 水

梅縣 sɛ˨˦
桃園 ꜂ʃui
竹田 sui˩
萬巒 sui˩
内埔 sui˩
長治 ʃui˩
新埤 sui˩
美濃 sui˩

⑷7) いし; stone; 石頭

梅縣 sak˥ t'ɛu˩
桃園 ʃak꜊ ꜁t'eu
竹田 sak˥ t'ɛu˩
萬巒 sak˥ t'ɛu˩
内埔 sak˥ t'ɛu˩; t'ai˥ sak˥ t'ɛu˩ (大石), sɛ˥ sak˥ ɛ˩ (小石)
長治 ʃak˥ ɛ˩, ʃak˥ t'ɛu˩
新埤 sak˥ t'ɛu˩
美濃 sak˥ t'ɛu˩

⑷8) つち; earth; 土

梅縣 nai˩ t'u˨˦
桃園 ꜁nai
竹田 nai˩
萬巒 t'u˩, nai˩ t'u˩; nai˩ pa˦ (どろ)
内埔 nai˩ t'u˧, nai˩; nai˩ tɕioŋ˧ (どろ)
長治 nai˩, nai˩ tu˩, nai˩ sa˦
新埤 nai˩, t'u˩
美濃 nai˩; nai˩ tɕioŋ˦ (どろ)

(49)　ひ; fire; 火

梅縣　fɔ˦˥
桃園　ᶜfo
竹田　fɔ˨˩
萬巒　fɔ˨˩
内埔　fɔ˨˩
長治　fɔ˨˩
新埤　fɔ˨˩
美濃　fɔ˨˩

(50)　かぜ; wind; 風

梅縣　fuŋ˧
桃園　꜀fuŋ
竹田　fuŋ˨˦; fuŋ˧ ts'ai˨˦ (台風)
萬巒　fuŋ˨˦; ts'ɔi˧ fuŋ˨˦ (風が吹く)
内埔　fuŋ˨˦;hi˨˩ fuŋ˨˦ (風が吹く),
　　　fuŋ˧ ts'ai˨˦ (台風)
長治　fuŋ˨˦
新埤　fuŋ˨˦
美濃　fuŋ˧

(51)　くも; cloud; 雲彩

梅縣　jun˩
桃園　꜁iun
竹田　iun˩
萬巒　iun˩
内埔　iun˩
長治　iun˩
新埤　iun˩
美濃　iun˩

(52)　あめ; rain; 雨

梅縣　ji˦˥
桃園　ᶜi
竹田　i˨˩;lɔk˥ i˨˩ (雨が降る)
萬巒　i˨˩;lɔk˥ i˨˩
内埔　i˨˩;lɔk˥ i˨˩
長治　i˨˩; lɔk˥ i˨˩
新埤　i˨˩; lɔk˥ i˨˩
美濃　i˨˩; nɔk˥ i˨˩

(53)　そら; sky; 天

梅縣　t'iɛn˧ k'vuŋ˧, t'iɛn˧ taŋ˦˥
　　　hɔŋ˥
桃園　꜀t'ian ꜀k'uŋ
竹田　t'iɛn˧
萬巒　t'iɛn˧
内埔　t'iɛn˧ taŋ˨˩
長治　t'iɛn˧
新埤　t'iɛn˨˦ taŋ˨˩
美濃　t'iɛn˨˦,t'iɛn˨˦ taŋ˧˩

(54)　たいよう; sun; 太陽

梅縣　ɲit˧˩ t'ɛu˩
桃園　ȵit꜇ ꜁t'eu, ȵit꜇ ꜀koŋ
竹田　ȵit˧˩ t'ɛu˩
萬巒　ȵit˧˩ t'ɛu˩
内埔　ȵit˦˥ t'ɛu˩
長治　ȵit˦˥ t'ɛu˩
新埤　ȵit˦˥ t'ɛu˩
美濃　ȵit˦˥ t'ɛu˩

(55) つき; moon; 月亮

梅縣 ɲiæt˥ kvɔŋ˧

桃園 ȵiet꜁ ꜀koŋ

竹田 ȵiæt˥ kɔŋ˧˦

萬巒 ȵiat˥ kɔŋ˧˦

内埔 ȵiæt˥ kɔŋ˧˦

長治 ȵiat˥ kɔŋ˧˦

新埤 ȵiæt˥ kɔŋ˧˦

美濃 ȵiɛt˥ kɔŋ˧

(56) ほし; star; 星星

梅縣 sɛn˧ ɲi˥˧

桃園 ꜀sen

竹田 sɛn˧˦ nɛ˧˩

萬巒 sɛn˧˦ nɛ˧˩

内埔 sɛn˧˦ nɛ˧˩

長治 sɛn˧˦ nɛ˧˩

新埤 sɛn˧˦ ni˧˩

美濃 sɛn˧˦ nɛ˧˩

(57) ひ, day; 日子

梅縣 ɲit˥˧

桃園 ȵit꜀

竹田 ȵit˥˧

萬巒 ȵit˧˨, ȵit˧˨ tɛ˧˩

内埔 ȵit˧˨

長治 ȵit˧˨ lɛ˧˩

新埤 ȵit˧˨, ȵit˥˧ li˧˩

美濃 ȵit˧˨ lɛ˧˩

(58) つき; month; 月

梅縣 ɲiæt˥

桃園 ȵiet꜁

竹田 ȵiæt˥

萬巒 ȵiat˥

内埔 ȵiæt˥

長治 ȵiat˥

新埤 ȵiæt˥

美濃 ȵiæt˥

(59) とし; year; 年

梅縣 ɲiæn˩

桃園 ꜁ȵian

竹田 ȵiæn˩

萬巒 ȵian˩

内埔 ȵiæn˩

長治 ȵiɛn˩

新埤 ȵiæn˩

美濃 ȵiæn˩

(60) あさ; morning; 早上

梅縣 tsɛu˧ sɿn˩

桃園 ꜀tʃeu ꜁ʃen ᶜtso, ꜀tʃeu ꜁ʃen ꜁t'eu

竹田 tsɛu˧˦ sɿn˩ tsɔ˧˩

萬巒 tsɛu˧˦ sɿn˩ t'ɛu˩,tsɛu˧˦ sɿn˩ tsɔ˧˩

内埔 tsɛu˧˦ sɿn˩, tsɛu˧˦ sɿn˩ t'ɛu˩

長治 tʃɛu˧˦ ʃən˩ t'ɛu˩, tʃɛu˧˦ sən˩ tsɔ˧˩

新埤 tsɛu˧˦ ɕin˩

美濃 tsɛu˧˦ sɿn˩ t'ɛu˩

(61)　ひるま；afternoon；白天

梅縣　ɲit˦ sz̩˩ t'ɛu˩，ɲit˦ ti˦ sz̩˩

桃園　꜀toŋ tʃu꜄ ꜀t'eu（正午），ha꜄ tʃu꜄ ꜀t'eu（午後）

竹田　ȵi˩ sɿ˩ t'ɛu˩；tsu˥ piɛn˧˥ t'ɛu˩（11〜12時頃），ha˩ tsu˥ t'ɛu˩（午後），tɔŋ˧ tsu˥ t'ɛu˩（正午）

萬巒　ȵi˩ sɿ˩ t'ɛu˩；tɔŋ˧ tsu˥，ha˩ tsu˥

内埔　ȵit˦ sɿ˩ t'ɛu˩；tɔŋ˧ tsu˥ t'ɛu˩，ha˩ tsu˥ t'ɛu˩

長治　tɔŋ˧ tʃu˥（おひる），ha˩ tʃu˥（午後）

新埤　ȵit˦ ɕi˩ t'ɛu˩；ha˩ tsu˥ t'ɛu˩，tɔŋ˧ tsu˥ t'ɛu˩

美濃　ȵi˦ sɿ˩ t'ɛu˩；ha˩ tsu˥ t'ɛu˩，tɔŋ˧ tsu˥ t'ɛu˩

(62)　ばん；night；晩上

梅縣　am˥ pu˧ sz̩˩，ja˥ pu˧ t'ɛu˩，am˥ pu˧ t'ɛu˩

桃園　am꜄ ꜀pu，am꜄ ꜀pu ꜀t'əu，am꜄ ꜀pu ia꜄

竹田　am˥ pu˧˥ t'ɛu˩；lim˩ am˥ t'ɛu˩（黄昏）

萬巒　am˥ pu˧˥ t'ɛu˩；lim˩ am˥ t'ɛu˩（黄昏），sam˧ kaŋ˧ pan˥ ia˥（深夜）

内埔　am˥ pu˧˥ t'ɛu˩；lim˩ am˥ t'ɛu˩

長治　am˥ pu˧˥ t'ɛu˩，lim˩ am˥

新埤　am˥ pu˧˥ t'ɛu˩，lim˩ am˥ t'ɛu˩，pau˥ ia˥

美濃　am˥ pu˧˥ t'ɛu˩；lim˩ am˥ t'ɛu˩，pan˥ ia˥

(63)　きのう；yesterday；昨天

梅縣　ts'ɔ˩ pun˧ ɲit˦

桃園　ts'ok꜁ ꜀pu ȵit꜀，ts'ok꜁ ȵit꜀

竹田　ts'ɔ˩ pun˧˥ ȵit˦

萬巒　ts'ɔ˩ pun˧˥ ȵit˥

内埔　ts'ɔ˩ pun˧˥ ȵit˦

長治　ts'ɔ˩ pun˧˥ ȵit˥

新埤　ts'ɔ˩ pin˧˥ ȵit˦

美濃　ts'ɔ˩ pun˧˥ ȵit˦

(64)　あす；tomorrow；明天

梅縣　t'iam˧ kvɔŋ˧ ɲit˧

桃園　꜀t'ian ꜀koŋ ȵit꜀，꜀ʃeu ꜂tso

竹田　t'iæŋ˧ kɔŋ˧ ȵit˧

萬巒　t'iaŋ˧ kɔŋ˧ ȵit˥

内埔　t'iæŋ˧ kɔŋ˧ ȵit˧

長治　t'iɛn˧ kɔŋ˧ ȵit˥

新埤　t'iɛn˧ kɔŋ˧ ȵit˧

美濃　t'iæŋ˧ kɔn˧˥ ȵit˧

(65) きょう; today; 今天

梅縣　kjin˧ pun˧ ɲit˥˧
桃園　꜀kim ꜀pu ɳit꜄, ꜀kim ɳit꜄
竹田　kim˧ pun˨˦ ɳit˧
萬巒　kim˧ pun˨˦ ɳit˥
内埔　kim˧ pun˨˦ ɳit˧
長治　kim˧ pun˨˦ ɳit˥
新埤　kim˧ pin˨˦ ɳit˧
美濃　kim˧ pun˨˦ ɳit˧

(66) いま; now; 現在

梅縣　kjin˧ na˥˧, kjin˧ li˥˧ ha˥
桃園　꜀kin, ᶜli ꜀man, hianᵓ ts'aiᵓ ts'ïᵓ k'et꜄
竹田　kin˨˦, ia˨˩ man˧, ia˨˩ ha˥
萬巒　kin˨˦, ia˨˩ man˨˦, ia˨˩ ha˥; t'ɛu˩ tɔ˥ (～したばかり)
内埔　it˥˧ man˧, ia˧ man˨˦
長治　ia˨˩ man˨˦, ia˨˩ ha˥
新埤　kin˨˦,ia˨˩ kin˨˦,ia˨˩ ha˥,ia˨˩ man˧
美濃　ia˨˩ ha˥,kin˧

(67) いつ; when; 甚麼時候

梅縣　mak˧ ai˥ sz̩˩ hɛu˥
桃園　mak꜆ kaiᵓ ꜀ʃï heuᵓ, ᶜki ꜀ʃï
竹田　na˧ it˧ kiu˨˩
萬巒　na˧ it˧ kiu˨˩
内埔　mak˧ kɛ˥ sɿ˩ hɛu˥, na˧ it˥˧ kiu˨˩
長治　na˧ it˧ kiu˨˩
新埤　na˧ it˧ kiu˨˩
美濃　lai˥ ha˥ vɛ˩, lai˥ kiu˧˩

(68) とき; hour; 時間

梅縣　sz̩˩ hɛu˥
桃園　꜀ʃï heuᶜ, ꜀ʃï ꜀kian
竹田　sɿ˩ kiæn˨˦
萬巒　sɿ˩ kian˨˦
内埔　sɿ˩ kiæn˨˦
長治　ʃɨ˩ kiɛn˨˦
新埤　ɕi˩ kiæn˨˦
美濃　sɿ˩ kiæn˧

(69)　ひとつ; one; 一

梅縣　jit˧,

桃園　it꜀

竹田　it˧, it˧ kɛ˥ (一箇)

萬巒　it˧, it˧ kɛ˥ (一箇)

内埔　it˧, it˧ kɛ˥

長治　it˧

新埤　it˧, it˧ lɛ˥

美濃　it˧, it˧ kɛ˥

(70)　ふたつ; two; 二, 兩

梅縣　ɲi˥, liɔŋ˩

桃園　ȵi꜄, ꜂lioŋ

竹田　ȵi˥, liɔŋ˩ ŋɛ˥

萬巒　ȵi˥, liɔŋ˩ kɛ˥, liɔŋ ˩ ŋɛ˥

ȵi˥ iɛ˥ (二箇)

内埔　ȵi˥, liɔŋ˩ kɛ˥

長治　ȵi˥, liɔŋ˩ ŋɛ˩

新埤　ȵi˥, liɔŋ˩ ŋɛ˥

美濃　ȵi˥, liɔŋ˩ ŋɛ˥

(71)　みっつ; three; 三

梅縣　sam˧

桃園　꜀sam

竹田　sam˧, sam˧ mɛ˥

萬巒　sam˧, sam˧ mɛ˥

内埔　sam˧, sam˧ mɛ˥

長治　sam˧

新埤　sam˧, sam˧ mɛ˥

美濃　sam˧, sam˧ mɛ˥

(72)　よっつ; four; 四

梅縣　ʃi˥

桃園　si꜄

竹田　ɕi˥, ɕi˥ kɛ˥

萬巒　ɕi˥, ɕi˥ iɛ˥

内埔　ɕi˥, ɕi˥ ɛ˥

長治　ɕi˥

新埤　ɕi˥, ɕi˥ iɛ˥

美濃　ɕi˥, ɕi˥ ɛ˥

(73)　いつつ; five; 五

梅縣　ŋ˦˨

桃園　꜂ŋ̍

竹田　ŋ̍˩, ŋ̍˩ ŋɛ˥

萬巒　ŋ̍˩, ŋ̍˩ ŋɛ˥

内埔　ŋ̍˩, ŋ̍˩ ŋɛ˥

長治　ŋ̍˩,

新埤　ŋ̍˩, ŋ̍˩ ŋɛ˥

美濃　ŋ̍˩, ŋ̍˩ ŋɛ˥

(74)　むっつ; six; 六

梅縣　liuk˧

桃園　liuk꜀

竹田　liuk˧, liuk˧ kɛ˥

萬巒　liuk˧ kɛ˥

内埔　liuk˧, liuk˧ kɛ˥

長治　liuk˧

新埤　liuk˧, liuk˧ kɛ˥

美濃　liuk˧, liuk˧ ɛ˥

(75) ななつ; seven; 七

梅縣 tsj'it˧
桃園 ts'it꜀
竹田 tɕ 'it˦˥,tɕ it˧ kɛ˥
萬巒 tɕ 'it˧ kɛ˥
内埔 tɕ 'it˦˥, tɕ 'it˧ kɛ˥, tɕ 'it˧ tɛ˥
長治 tɕ 'it˧
新埤 tɕ 'it˧, tɕ 'it˧ lɛ˥
美濃 tɕ 'it˧, tɕ 'it˧ lɛ˥

(76) やっつ; eight; 八

梅縣 pat˧
桃園 pat꜀
竹田 pat˧, pat˧ kɛ˥
萬巒 pat˧ kɛ˥
内埔 pat˦˥, pat˦˥ kɛ˥, pat˦˥ tɛ˥
長治 pat˧
新埤 pat˧, pat˧ lɛ˥
美濃 pat˧, pat˧ lɛ˥

(77) ここのつ; nine; 九

梅縣 kjiu˦˥
桃園 ᶜkiu
竹田 kiu˩, kiu˩ kɛ˥
萬巒 kiu˩ uɛ˥
内埔 kiu˩, kiu˦˥ ɛ˥, kiu˦˥ kɛ˥
長治 kiu˩
新埤 kiu˩, kiu˦˥ uɛ˥
美濃 kiu˩,kiu˩ uɛ˥

(78) とお; ten; 十

梅縣 sz̩p˥
桃園 ʃïp꜁
竹田 sɿp˥, sɿp˥ pɛ˥
萬巒 sɿp˥, sɿp˥ pɛ˥
内埔 sɿp˥, sɿp˥ pɛ˥
長治 ʃəp˥
新埤 sɿp˥, sɿp˥ pɛ˥
美濃 sɿp˥, sɿp˥ pɛ˥

(79) いくら; how cost; 多少銭

梅縣 kjit˧ tɔ˧ tsj'iɛn˩
桃園 ᶜki ꜀to ꜁ts'ian
竹田 it˧ tɔ˧ tɕ 'iɛn˩
萬巒 it˧ tɔ˧ tɕ 'iɛn˩, tɔ˧ sɛu˩
内埔 it˧ tɔ˧ tɕ 'iɛn˩
長治 it˧ tɔ˧ tɕ 'iɛn˩, tɔ˧ sɛu˩
新埤 it˧ tɔ˧ tɕ 'iɛn˩
美濃 it˧ tɔ˧ tɕ 'iɛn˩

(80) いくつ; how many; 幾個, 多少

梅縣 kjit˦˥ tɔ˧
桃園 ᶜki ꜀to
竹田 it˧ tɔ˧ uɛ˩
萬巒 it˧ tɔ˧ (wɛ˥ ȵin˩ なんにん)
内埔 it˧ tɔ˧ ɛ˩
長治 it˧ tɔ˧ ɛ˩
新埤 it˧ tɔ˧ uɛ˩
美濃 it˧ tɔ˧, it˧ tɔ˧ uɛ˩

(81)　ぜんぶ，みんな，すべて；altogather, all, whole；全部，全都

梅縣　tsj'iɛn˩ p'u˥, luŋ˧ tsuŋ˨ tsuŋ˨ kj'iuŋ˥

桃園　꜀ts'ion p'u꜄, luŋ꜄ ꜂tsuŋ, ꜂tsuŋ k'iuŋ꜄

竹田　tɕ'ion˩ p'u˥, it˧ k'iuŋ˥, tsɔŋ˩ k'iuŋ˥

萬巒　it˧ k'iuŋ˥, tɕ'ion˩ p'u˥

内埔　tɕ'ion˩ p'u˥, it˧ k'iuŋ˥, tsuŋ˩ kiuŋ˥

長治　tʃ'uan˩ p'u˥, luŋ˦ t'uŋ˩, luŋ˦ tsuŋ˩

新埤　tɕ'ion˩ p'u˥, it˨ k'iuŋ˥, tsuŋ˩ k'iuŋ˥

美濃　tɕ'ion˩ p'u˥, nam˩ tsɔŋ˥

(82)　ねんれい；age；歳數

梅縣　sɛ˥

桃園　soi꜄

竹田　sɛ˥, ȵiæn˩ lin˩

萬巒　sɛ˥, ȵian˧ lin˩, ȵian˩ ki˩

内埔　ȵiæn˩ ki˩, sɛ˥

長治　ȵiɛn˩ lin˩, ȵiɛn˩ ki˩, ȵiɛn˩ kaŋ˦

新埤　sɛ˥, ȵiæn˩ lin˩

美濃　sɛ˥,

(83)　おっと；husband；丈夫

梅縣　lɔ˨ kvuŋ˨

桃園　꜂lo ꜀kuŋ, tʃ'oŋ꜅ ꜀fu（文）

竹田　lɔ˩ kuŋ˦

萬巒　lɔ˩ kuŋ˦

内埔　lɔ˧ kuŋ˦

長治　lɔ˩ kuŋ˦

新埤　lɔ˩ kuŋ˦

美濃　nɔ˩ kuŋ˧

(84)　つま；wife；妻子

梅縣　iɔ˨ p'ɔ˩

桃園

竹田　lɔ˨ p'ɔ˩

萬巒　tɕia˥ vɛ˩

内埔　tɕia˥ vɛ˩, tɕia˥ ɛ˩

長治　tɕia˥ ɛ˩, lɔ˩ p'ɔ˩

新埤　tɕia˥ i˨, lɔ˩ p'ɔ˩

美濃　tɕia˨ vɛ˩

(85) ちち; father; 父親

梅縣	a˧ pa˧, ja˩ vi˧˩
桃園	꜀a ꜀pa, fu꜄ ꜀ts'in(文), ꜁ia
竹田	a˧ pa˧˥
萬巒	a˧ pa˨˦
内埔	a˧ pa˧˥ ; ia˩ ɔi˨˦(父母)
長治	a˧ pa˨˦
新埤	a˧ pa˧˥
美濃	a˧ pa˧˥, a˧ suk˨, a˧ saŋ˧˩

(86) はは; mother; 母親

梅縣	a˧ mε˧, ɔi˧ ji˧˩
桃園	꜀a ꜀me, ꜀mu ꜀ts'in(文), ꜀oi
竹田	a˧ mε˧˥
萬巒	a˧ mε˧˥, a˨˦ i˧˩, a˧˥ iε˧˩
内埔	a˧ mε˧˥
長治	a˧ mε˧˥
新埤	a˧ mε˧˥
美濃	a˧ mε˨˦, m˧ ma˧˩, a˧ ȵia˧

(87) むすこ; son; 兒子

梅縣	lai˥ ji˧˩
桃園	lai꜅ ꜁ə, lai꜅ ꜂tsï
竹田	lai˥ ε˧˩
萬巒	lai˥ iε˧˩
内埔	lai˥ ε˧˩
長治	lai˥ ε˧˩
新埤	lai˥ i˧˩
美濃	lai˥ ε˧˩

(88) むすめ; daughter; 女兒

梅縣	mɔi˥ ji˧˩
桃園	mɔi꜄ ꜁ə
竹田	mɔi˥ ε˧˩
萬巒	mɔi˥ iε˧˩
内埔	mɔi˥ ε˧˩
長治	mɔi˥ ε˧˩
新埤	mɔi˥ i˧˩
美濃	mɔi˥ ε˧˩

(89) あに; brother; 哥哥

梅縣	a˧ kɔ˧
桃園	꜀a ꜀ko
竹田	a˧ kɔ˧˥
萬巒	a˧ kɔ˧˥
内埔	a˧ kɔ˧˥
長治	a˧ kɔ˧˥
新埤	a˧ kɔ˧˥
美濃	a˧ kɔ˧˥

(90) あね; sister; 姐姐

梅縣	a˧ tsji˧˩
桃園	꜀a ꜁tse
竹田	a˧ tsε˥
萬巒	a˧ tsε˥
内埔	a˧ tsε˥
長治	a˧ tsε˥
新埤	a˧ tsε˥
美濃	a˧ tsε˥

(91)　おとうと；younger brother；弟弟

梅縣　lɔ˥˧ t'ai˧
桃園　ᶜlo ꜀t'ai
竹田　lɔ˩ t'ai˨˦
萬巒　lɔ˩ t'ai˨˦
内埔　lɔ˩ t'ai˨˦
長治　lɔ˩ t'ai˨˦
新埤　lɔ˩ t'ai˨˦
美濃　lɔ˩ t'ai˧

(92)　いもうと；younger sister；妹妹

梅縣　lɔ˧ mɔi˥
桃園　ᶜlɔ moiᵓ
竹田　lɔ˩ mɔi˥
萬巒　lɔ˩ mɔi˥
内埔　lɔ˩ mɔi˥
長治　lɔ˩ mɔi˥
新埤　lɔ˩ mɔi˥
美濃　lɔ˩ mɔi˥

(93)　ともだち；friend；朋友

梅縣　p'ɛn˩ ju˧
桃園　꜁p'en ꜀iu
竹田　p'ɛn˩ iu˨˦
萬巒　p'ɛn˩ iu˨˦
内埔　p'ɛn˩ iu˨˦
長治　p'ɛn˩ iu˨˦
新埤　p'ɛn˩ iu˨˦
美濃　p'ɛn˩ iu˧

(94)　おとこ；male；男人

梅縣　nam˩ ɲin˩, nam˩ tsz̩˥˧
桃園　꜁nam ꜁ȵin, ꜁ nam ꜁ə honᵓ, ꜁nam ꜁ə ꜁ ȵin
竹田　sɛ˥ lai˥ ɛ˨˩; nam˩ mɛ˩ȵin˩（既婚の～）
萬巒　sɛ˥ lai˥ iɛ˨˩, nam˩ mɛ˩ ȵin˩
内埔　hɛu˥ saŋ˨˦, sɛ˥ lai˥ ɛ˨˩; nam˩ mɛ˩ ȵin˩
長治　sɛ˥ la˥ ɛ˨˩; nam˩ mi˩ ȵin˩
新埤　sɛ˥ lai˥ i˨˩, nam˩ mi˩ ȵin˩
美濃　sɛ˥ lai˥ ɛ˨˩, hɛu˥ saŋ˧; nam˩ mɛ˩ ȵin˩

(95) おんな; female; 女人

梅縣 ŋ˥˧ ɲin˩, ŋ˥˧ tsz̩˥˧, pu˧ ȵiɔŋ˩,
ɲin˩, fu˥ ɲin˩ ka˧

桃園 ᶜŋ̍ ꜀ȵin, ᶜŋ̍ ᶜtsï, fu꜄ ꜀ȵin ꜀ka

竹田 sɛ˥ mɔi˥ ɛ˩; fu˥ ȵin˩ ka˧˥
(既婚の～)

萬巒 sɛ˥ mɔi˥ iɛ˨, fu˥ ȵin˨ ka˧˥

内埔 sɛ˥ mɔi˥ ɛ˨, fu˥ ȵin˩ ka˧˥

長治 sɛ˥ mɔi˨ ɛ˨, sɛ˥ mɔi˥
ȵin˩; fu˥ in˩ ka˩

新埤 sɛ˥ mɔi˥ i˥˧,fu˥ ȵin˩ ka˧˥

美濃 sɛ˥ mɔi˥ ɛ˨, fu˥ ȵin˩ ka˧

(96) ひと; person, man; 人

梅縣 ɲin˩

桃園 ꜀ȵin

竹田 ȵin˩

萬巒 ȵin˩

内埔 ȵin˩

長治 ȵin˩

新埤 ȵin˩

美濃 ȵin˩

(97) わたし; I; 我

梅縣 ŋai˩; ŋai˩ tɛn˥˧ ɲin˩ (複)

桃園 ᶜŋai; ᶜŋai ꜀ten ꜀ȵin, ᶜŋai litɔ,
ᶜŋai ꜀teu

竹田 ŋai˩; ŋai˩ nɛn˧˥, nan˩ nɛn˧,
nan˩ tɛn˧˥ (複); ŋai˩ iɛ˥,
ŋai˩ nɛn˧˥ kɛ˥ (～の)

萬巒 ŋai˧; ian˩ tɛn˧˥, ŋai˧ tɛn˧˥;
ŋai˧ kɛ˥, ŋai˧ iɛ˥ ian˧
tɛn˧ kɛ˥

内埔 ŋai˩; ŋai˩ tɛn˧˥; ŋai˩ kɛ˥, ŋai˩
tɛn˩ kɛ˥

長治 ŋai˩; ŋai˩ nɛn˧ , ŋai˩ ɛ˥

新埤 ŋai˩; ŋa˩ nɛn˧˥; ŋai˩ ɛ˥ ,
ŋa˩ nɛ˧

美濃 ŋai˩; ŋan˩ nɛn˧, ŋan˩ nɛn˧
nɛ˥

(98) あなた; you; 你

梅縣 ŋ˩; ŋ˩ tɛn˥˧ ɲin˩ (複)

桃園 ꜀ȵi; ȵi ꜀teu; ꜀ȵia (～の)

竹田 ŋ̍˩; n̩˩ tɛn˧˥; ȵia˩ kɛ˥, n̩˩
tɛn˧˥ kɛ˥

萬巒 n̩˧; n̩˧ tɛn˧˥ , ȵia˧ kɛ˥, n̩˧
kɛ˥,n̩˧ tɛn˩ kɛ˥

内埔 ŋ̍˩; ŋ̍˩ tɛn˧˥, ŋ̍˩ kɛ˥, ȵia˩
kɛ˥, ŋ̍˩ tɛn˩ kɛ˥

長治 n̩˩; n̩˩ nɛn˧˥ ȵia˩, n̩˩ ɛ˥

新埤 ŋ̍˩; n̩˩ nɛn˧˥; ŋ̍˩ ŋɛ˥, ȵia˩,
n̩˩ nɛ˧˥

美濃 n̩˩; n̩˩ nɛn˧; ȵia˧,ŋ̍˧ ȵia˧,
n̩˩ nɛn˧ nɛ˥

(99,100) かれ，かのじょ; he, she; 他，她

梅縣　kji˩; kji˩ tɛn˥˩ ɲin˩, kji˩ tɛu˧ ɲin˩ (複)

桃園　꜀ki; ꜀ki ꜀teu; ꜀kia (～の)

竹田　ki˩; ki˩ tɛn˧˥, kia˩ kɛ˥, kia˩ tɛn˧ kɛ˥

萬巒　ki˧; ki˧ tɛn˥, ki˧ iɛ˥, ki˧ tɛn˧ kɛ˥, ki˩ tɛn˩ nɛ˥

内埔　i˥; i˩ tɛn˧˥; i˩ kɛ˥; i˩ tɛn˧˥ kɛ˥

長治　ki˩; ki˩ nɛn˧, ki˩ ɛ˥, kia˩ kɛ˥

新埤　i˩; i˩ nɛn˧, i˩ ɛ˥, i˩ nɛn˧ nɛ˥

美濃　i˩, iɛn˧; ia˧, i˩ a˧, i˩ ɛn˧ nɛ˥

(101) だれ; who; 誰

梅縣　man˥˩ ɲin˩, mak˧ kɛ˥ ɲin˩

桃園　ᶜma ꜀ȵin, ᶜma ꜀sa

竹田　man˩ ȵin˩; man˩ ȵin˩ kɛ˥ su˧ (だれの本)

萬巒　man˩ ȵin˩; man˩ nɛ˥ su˧ (だれの本)

内埔　man˩ ȵin˩

長治　man˩ ȵin˩

新埤　man˩ ȵin˩

美濃　man˩ ȵin˩

(102) なまえ; name; 名字

梅縣　miaŋ˩; ʃiaŋ˥ (姓), miaŋ˩ ts'ʐ̩˥

桃園　꜀miaŋ; siaŋ꜄

竹田　miaŋ˩; ɕiaŋ˥

萬巒　miaŋ˧; miaŋ˩ ŋɛ˩, ɕiaŋ˥

内埔　miaŋ˩ ŋɛ˩; ɕiaŋ˥, ɕiaŋ˥ miaŋ˩

長治　miaŋ˩ ŋɛ˩

新埤　miaŋ˩ ȵi˩; ɕiaŋ˥

美濃　miaŋ˩ ŋɛ˩; ɕiaŋ˥

(103) じ; letter; 字

梅縣　ts'ʐ̩˥

桃園　sï꜄

竹田　sɿ˥; ɕia˩ sɿ˥ (字をかく)

萬巒　sɿ˥; ɕia˩ sɿ˥

内埔　sɿ˥

長治　sɿ˥

新埤　ɕi˥, ɕia˩ ɕi˥

美濃　sɿ˥, ɕia˩ sɿ˥

(104) こえ; voice; 声音

梅縣 saŋ˧
桃園 ꜀ʃaŋ
竹田 saŋ˧
萬巒 saŋ˧
内埔 saŋ˧
長治 ʃaŋ˨˦
新埤 saŋ˧
美濃 saŋ˧

(105) おと; sound; 声音

梅縣 saŋ˧ jim˧
桃園 ꜀ʃaŋ ꜀im
竹田 saŋ˧ im˨˦
萬巒 saŋ˧ im˧
内埔 saŋ˧ im˧
長治 ʃaŋ˧ im˧
新埤 saŋ˧ ɳim˧
美濃 saŋ˧ im˧

(106) ことば; language, speech; 話, 語言

梅縣 fa˥, ɲiæn˩ ɲi˧
桃園 fa꜄, ꜀ ɳi ꜀ian
竹田 fa˥, ɳiæn˩ ɳi˨
萬巒 ɳi˨ ɳian˨
内埔 fa˥, ɳi˨˦ ɳiæn˨
長治 fa˥, ɳi˨˦ ɳiɛn˥˧
新埤 fa˥, ɳiæn˩ ɳi˨
美濃 fa˥, ɳi˨˦ iæn˨

(107) こころ; mind, heart; 心

梅縣 ʃim˧, ʃim˧ kɔn˧
桃園 ꜀sim, ꜀sim ꜀kon
竹田 ɕim˨˦, ɕim˧ kɔn˧
萬巒 ɕim˧, ɕim˧ kɔn˧
内埔 ɕim˧, ɕim˧ kɔn˧
長治 ɕim˧
新埤 ɕim˧
美濃 ɕim˧, ɕim˧ tɕin˩ (心情), ɕim˧ kɔn˧ (心肝)

(108) かみ; God; 神

梅縣 sz̩n˩, sz̩n˩ min˩
桃園 ꜀ʃen, ꜀ʃen ꜀min, ꜀ʃen ꜀sian
竹田 sɿn˩ min˩
萬巒 sɿn˨, sɿn˨ min˨
内埔 sɿn˩, sɿn˩ min˩, sɿn˩ min˩ nɛ˨
長治 ʃən˩ min˩
新埤 ɕin˩ min˩
美濃 sɿn˩ min˩, sɿn˩ min˩ nɛ˩

(109) これ; this (one); 這(個)

梅縣 li˥˧ (jɛ˥), li˥˧ (kɛ˥)
桃園 ꜂li, ꜂li(kai꜄), ꜂lia, ꜂lia(kai꜄)
竹田 ia˨ kɛ˥; ia˥˧ tɛu˨˦ (複)
萬巒 ik˧ kɛ˥; ia˥˧ tɛu˧
内埔 iak˧ kɛ˥; ia˥˧ tɛu˧
長治 iɛ˨ kɛ˥, ia˨
新埤 ia˨ kɛ˥; ia˥˧ tɛu˨˦
美濃 ia˨, ia˧ kɛ˥; ia˨ tɛu˧

(110,111)　あれ，それ；that (one)；那，(個)

梅縣　kɛ˥ (kɛ˥)
桃園　꜀na，꜀na (kai꜄)
竹田　kɛ˥ kɛ˥；kɛ˥ tɛu˧ (複)
萬巒　kɛ˥ kɛ˥；kɛ˥ tɛu˧
内埔　kɛ˥ kɛ˥；kɛ˥ tɛu˧
長治　kɛ˥ kɛ˥，kɛ˥
新埤　iɛ˥，iɛ˥ kɛ˥；iɛ˥ tɛu˧
美濃　kɛ˥，kɛ˥ ɛ˥，kɛ˥ tɛu˧

(112)　どれ，どの；which (one)；哪 (個)

梅縣　nai˧˥ (jɛ˥)，nai˥˧ (kɛ˥)
桃園
竹田　nai˥ kɛ˥；nai˥ tɛu˧ (複)
萬巒　nai˥ iɛ˥，nai˧ kɛ˥；nai˥ tɛu˧
内埔　na˥ it˧ kɛ˥，nai˥ kɛ˥；nai˥ tɛu˧˥
長治　nai˥ ɛ˥
新埤　nai˥ ɛ˥
美濃　lai˥，lai˥ ɛ˥，lai˥ tɛu˧

(113)　なに；what；甚麼

梅縣　mak˧ kɛ˥
桃園　mak꜊ kai꜄
竹田　mak˧ kɛ˥
萬巒　mak˧ kɛ˥
内埔　mak˧ kɛ˥
長治　mak˧ kɛ˥
新埤　mak˧ kɛ˥
美濃　mak˧ kɛ˥

(114)　なぜ；why；爲甚麼

梅縣　ɲioŋ˥˧ pan˧ (−koŋ)
桃園
竹田　tsɔ˥ mak˧ kɛ˥；ɲioŋ˨ ŋɛ˧ (どのように)
萬巒　ɲioŋ˨，ɲioŋ˨ ŋɛ˧˥
内埔　tsɔ˥ mak˥˧ kɛ˥；nioŋ˥˧ nɛ˧˥
長治　ɲioŋ˨，ɲioŋ˨ ɛ˧
新埤　tsɔ˥ mak˥˧ kɛ˥，ɲioŋ˨ ɲi˧
美濃　tsɔ˥ mak˥˧ kɛ˥，ɲioŋ˨ ɛ˧

(115) ここ; here; 這裏

梅縣 li˦˥ jɛ˧
桃園 ᶜlia vuiᵓ
竹田 ia˨˩ tɕiak˦˥ vi˥, ia˨˩ vi˥
萬巒 ia˨˩ vɛ˧˥, ia˨˩ tɕiak˦˥ vi˥
内埔 ia˨˩ vɛ˧, ia˨˩ tɕiak˧ vi˥
長治 iɛ˧ tʃak˦˥ vi˨˩
新埤 ia˨˩ tɕiak˧ ȵi˧, ia˦˥ i˧, ia˦˥ vi˧
美濃 ia˨˩ vɛ˧

(116,117) そこ，あそこ; there, that place, over there; 那裏

梅縣 kɛ˥ pʻiɛn˦˥, kɛ˥ ʃioŋ˥
桃園 kaiᵓ vuiᵓ, kaiᵓ ꜀pian
竹田 kɛ˥ tɕiak˧ vi˥, kɛ˥ vi˥
萬巒 kɛ˥ ɛ˧, kɛ˥ tɕiak˧ vi˥
内埔 kɛ˥ ɛ˧, kɛ˥ tɕiak˧ vi˥
長治 kɛ˥ tʃak˧ vi˨˩
新埤 iɛ˥ tɕiak˧ ȵi˧
美濃 kɛ˥ ɛ˧

(118) どこ; where, anywhere; 哪裏

梅縣 nai˦˥ jɛ˧
桃園 ꜀nai ᶜli
竹田 nai˥ tɕiak˧ vi˥, nai˥ vi˥, nai˥ iɛ˧
萬巒 nai˥ iɛ˧, nai˥ tɕiak˧ vi˥
内埔 nai˥ vi˥, nai˥ iɛ˧, nai˥ tɕiak˧ vi˥
長治 nai˥ vi˨˩, nai˥ tʃak˧ vi˨˩
新埤 nai˥ i˨˩, nai˥ tɕiak˧ ȵi˧
美濃 lai˥ ɛ˧

(119) みぎ; right; 右

梅縣 ju˥, ju˥ pʻiɛn˦˥ (場所)
桃園 iuᵓ, iuᵓ ꜀pian
竹田 iu˥, iu˥ pʻiɛn˨˩
萬巒 iu˥, iu˥ pʻiɛn˨˩
内埔 iu˥, iu˥ pʻiɛn˨˩
長治 iu˥, iu˥ pʻiɛn˩, iu˥ piɛn˧
新埤 iu˥, iu˥ pʻiɛn˩
美濃 iu˥, iu˥ pʻiɛn˩

(120)　ひだり；left；左

梅縣　tsɔ˧˩; tsɔ˧˩ p'iɛn˧˩（場所）
桃園　ᶜtso; ᶜtso ꜀pian
竹田　tsɔ˩; tsɔ˩ p'iɛn˩
萬巒　tsɔ˨; tsɔ˨ p'iɛn˩
内埔　tsɔ˩; tsɔ˩ p'iɛn˩
長治　tsɔ˩; tsɔ˩ p'iɛn˨, tsɔ˨ piɛn˨˦
新埤　tsɔ˩; tsɔ˩ p'iɛn˩
美濃　tsɔ˩; tsɔ˩ p'iɛn˩

(121)　まえ；front；前邊

梅縣　tsj'iɛn˩ t'ɛu˩,tsj'iɛn˩ pɔi˥,
　　　miɛn˥ tsj'iɛn˩
桃園　꜁ts'ian, ꜁t'eu ꜁ts'ian, mianᵓ
　　　꜁tsi'ian, ᶜȵian ꜁ts'ian
竹田　t'ɛu˩ tɕ'iɛn˩, miɛn˥ tɕ'iɛn˩
萬巒　t'ɛu˩ tɕ'iɛn˧, miɛn˥ tɕ'iɛn˩
内埔　t'ɛu˩ tɕ'iɛn˩, miɛn˥ tɕ'iɛn˩
長治　t'ɛu˩ tɕ'iɛn˩, miɛn˥ tɕ'iɛn˩
新埤　t'ɛu˩ tɕ'iɛn˩; t'ɛu˩
　　　miɛn˥ tɕ'iɛn˩, ɕiɛn˨˦（時間）
美濃　t'ɛu˩ tɕ'iɛn˩, t'ɛu˩ ɕiɛn˧
　　　（時間）

(122)　うしろ；back；後邊

梅縣　hɛu˥ mi˧, hɛu˥ pɔi˥
桃園　heuᵓ poiᵓ, poiᵓ heuᵓ
竹田　hɛu˥ pɔi˥, sɿ˥ pɔi˥ mi˨˦
萬巒　sɿ˥ pɔi˥ mi˨˦, hɛu˥ pɔi˥
内埔　hɛu˥ pɔi˥, sɿ˥ pɔi˥ mi˧
長治　hɛu˥ pɔi˥
新埤　hɛu˥ pɔi˥, ɕi˥ pɔi˥ mi˨˦,
　　　hɛu˥ pɔi˥ mi˨˦
美濃　hɛu˥ pɔi˥, pɔi˥ hɔŋ˥

(123)　なか；inside；裏邊

梅縣　ti˧ pɔi˥, tu˧˩ vɛ˧˩
桃園　꜀ti poiᵓ, ꜀ti ᶜtu
竹田　nui˥ tu˨˩ uɛ˨, ti˧ pɔi˥
萬巒　ti˧ pɔi˥
内埔　ti˧ pɔi˥, nui˥ tu˨˩ uɛ˨˩
長治　ti˧ pɔi˥, tu˨˩ hɔŋ˥
新埤　ti˧ pɔi˥
美濃　ti˧ pɔi˥

(124) そと; outside; 外邊

梅縣 ŋoi˥ poi˥, ŋoi˥ miɛn˥

桃園 ŋoi² mian⁵

竹田 ŋoi˥ poi˥, nɔ˥ poi˥

萬巒 lɔ˥ poi˥

内埔 lɔ˥ poi˥

長治 ŋoi˥ hɔŋ˥, nɔ˥ poi˥

新埤 nɔ˥ poi˥

美濃 lɔ˥ poi˥

(125) うえ; up; 上

梅縣 sɔŋ˥ poi˥, sɔŋ˥ t'ɛu˩, taŋ˦ hɔŋ˥

桃園 ʃoŋ⁵ poi⁵ (とおい所の上); ʃoŋ⁵ mian⁵, ʃoŋ⁵ ₍pian (ちかい所のうえ); ᶜtaŋ ₍t'eu (てっぺん)

竹田 taŋ˩ hɔŋ˥, sɔŋ˥ poi˥

萬巒 taŋ˩ hɔŋ˥

内埔 taŋ˩ hɔŋ˥, sɔŋ˥ poi˥

長治 taŋ˩ hɔŋ˥, taŋ˩ kɔ˧˥

新埤 taŋ˩ hɔŋ˥, taŋ˩ kɔ˧˥

美濃 taŋ˩ hɔŋ˥, sɔŋ˥ poi˥

(126) した; down; 下

梅縣 ha˧ poi˥, tai˦ ha˧

桃園 ha⁵ poi⁵, ᶜtai ha⁵

竹田 kiɔk˦ ha˧˥, ha˧ poi˥, tai˨˩ ha˧˥

萬巒 kiɔk˦ ha˧˥, tai˨˩ ha˧˥

内埔 kiɔk˦ ha˧˥, ha˧ poi˥, tai˨˩ ha˧˥

長治 ha˧ poi˥, ha˧˥ t'ɛu˩

新埤 kiɔk˦ ha˧˥, tai˨˩ ha˧˥

美濃 ha˧ poi˥, tai˨˩ ha˧

(127) みる; look, see; 看

梅縣 k'on˥; k'on˥ ɲit˦ tɔ˦, k'on˥ ɲɛt˦ tɔ˦ (みえる)

桃園 k'on⁵

竹田 k'ɔn˥

萬巒 k'ɔn˥; k'ɔn˥ nɛ˩ tɔ˩ (みえる) k'ɔn˥ m̩˩ tɔ˩ (みえない)

内埔 k'ɔn˥

長治 k'ɔn˥; k'ɔn˥ nɛ˩ tɔ˩, k'ɔn˥ m̩˩ tɔ˩

新埤 k'ɔn˥

美濃 k'ɔn˥

(128)　きく；hear；聽

梅縣　t'aŋ˧, t'aŋ˧ ŋɛt˧ tɔ˦(きこえる)
桃園　t'aŋ꜄
竹田　t'aŋ˧
萬巒　t'aŋ˧; t'aŋ˧ ŋɛ˩ tɔ˩(きこえる),
　　　t'aŋ˧ m̩˩ tɔ˦(きこえない)
内埔　t'aŋ˧
長治　t'aŋ˧; t'aŋ˧ ŋɛ˩ tɔ˩, t'aŋ˩
　　　m̩˩ tɔ˩
新埤　t'aŋ˧
美濃　t'aŋ˧, t'aŋ˧ tɔ˩, t'aŋ˧ m̩˩ tɔ˩

(129)　いう；say；説

梅縣　kɔŋ˧
桃園　꜀kɔŋ
竹田　kɔŋ˩
萬巒　kɔŋ˩
内埔　kɔŋ˩
長治　kɔŋ˩
新埤　kɔŋ˩
美濃　kɔŋ˩

(130)　うたう；sing；唱

梅縣　ts'ɔŋ˥ kɔ˧
桃園　tʃ'oŋ꜄ ꜀ko
竹田　ts'ɔŋ˥(kɔ˧)(うたを～)
萬巒　ts'ɔŋ˥(kɔ˧ uɛ˩)
内埔　ts'ɔŋ˥(kɔ˧ uɛ˩)
長治　tʃ'ɔŋ˥(kɔ˧)
新埤　ts'ɔŋ˥(kɔ˧ ɛ˩)
美濃　ts'ɔŋ˥(kɔ˧ ɛ˩)

(131)　はなす；speak；説話．談話

梅縣　kɔŋ˦(fa˥), t'am˩(二人で)
桃園　꜀kɔŋ fa꜄, ꜀t'am fa꜄
竹田　kɔŋ˩ fa˥
萬巒　kɔŋ˩ fa˥
内埔　kɔŋ˩ fa˥
長治　kɔŋ˩ fa˥
新埤　kɔŋ˩ fa˥
美濃　kɔŋ˩ fa˥

(132)　わらう；laugh；笑

梅縣　ʃiau˥
桃園　seu꜄
竹田　nak˧
萬巒　nak˧
内埔　nak˧
長治　nak˧
新埤　nak˧
美濃　nak˧

(133)　なく；weep；哭

梅縣　kɛu˥
桃園　keu꜄
竹田　kɛu˥ tsɿ˧
萬巒　kɛu˥
内埔　kɛu˥ tsɿ˧
長治　kɛu˥
新埤　kɛu˥ tɕi˧
美濃　kɛu˥ tsɿ˧

(134) おこる; get angry; 生氣

梅縣　k'ɛn˥˧;sɛn˧ ʃi˥
桃園　ᶜk'en, ᶜhen, ꜀sen hiᵓ
竹田　k'iɛn˧˩, fat˧ fɔ˧˩
萬巒　k'iɛn˧˩
内埔　k'iɛn˧˩
長治　k'iɛn˧˩
新埤　k'iɛn˧˩
美濃　k'ɛn ˧˩

(135) おどろく; be startled; 吃驚

梅縣　kjiaŋ˧, ta˥˧ nuk˥（ビクッとする）
桃園　꜀kiaŋ
竹田　kiaŋ˧˥
萬巒　kiaŋ˧˥
内埔　kiaŋ˧˥ to˧˩, hak˥˧
長治　kiaŋ˧˥
新埤　kiaŋ˧,hak˧
美濃　hak˧, hak˧ tɔ˧˩

(136) うつ; strike, beat, hit; 打

梅縣　k'ɔk˥, ta˥˧, ɛu˥˧, san˧（ほほを）
桃園　k'ok꜀, ᶜta
竹田　ta˧˩
萬巒　ta˧˩
内埔　ta˧˩
長治　ta˧˩
新埤　ta˧˩
美濃　ta˧˩

(137) おす; push; 推

梅縣　suŋ˥˧
桃園　ᶜsuŋ
竹田　suŋ˩
萬巒　t'ɔi˧˥, suŋ˧˩
内埔　suŋ˩
長治　suŋ˩
新埤　suŋ˩; ts'ɔt˥˧（どんとつく）
美濃　suŋ˩; ts'ɔt˥˧

(138) もつ; hold; 拿

梅縣　tiam˥˧
桃園　꜀na
竹田　na˧˥
萬巒　na˧˥
内埔　na˧˥
長治　na˧˥
新埤　na˧˥
美濃　na˧

(139) あるく; walk; 走

梅縣　haŋ˩, haŋ˩ lu˥
桃園　꜀haŋ, ᶜtseu luᵓ
竹田　haŋ˩
萬巒　haŋ˩（lu˥）
内埔　haŋ˩
長治　haŋ˩（lu˥）
新埤　haŋ˩（lu˥）
美濃　haŋ˩（lu˥）

⒁⓪ はしる; run; 跑

梅縣　tsɛu˦˨

桃園　ᶜtseu

竹田　tsɛu˨˩

萬巒　tsɛu˨˩

内埔　tsɛu˨˩

長治　tsɛu˨˩

新埤　tsɛu˨˩

美濃　tsɛu˨˩

⒁① たつ; stand; 站

梅縣　kj'i˧

桃園　꜀k'i, ꜀k'i lip꜄

竹田　k'i˧; k'i˧˦ tɔ˨˩, k'i˧˦ tɛn˨˩(たっている)

萬巒　k'i˧˦; k'i˧˦ tɔ˨˩, k'i˧˦ tɛn˨˩

内埔　k'i˧˦; k'i˧˦ tɔ˨˩, k'i˥ tɛn˨˩

長治　k'i˧˦

新埤　k'i˧; k'i˧˦ tɛn˨˩, k'i˧˦ tɔ˨˩

美濃　k'i˧; k'i˧˦ nən˨˩

⒁② すわる; sit; 坐

梅縣　ts'ɔ˧

桃園　꜀ts'o

竹田　ts'ɔ˧

萬巒　ts'ɔ˧; ts'ɔ˨˩ tɔ˥, ts'ɔ˨˩ tɛn˨˩(すわっている)

内埔　ts'ɔ˥; ts'ɔ˨˩ tɔ˨˩, ts'ɔ˥ tɛn˨˩

長治　ts'ɔ˧

新埤　ts'ɔ˧

美濃　ts'ɔ˧;ts'ɔ˧ nən˨˩

⒁③ ねる，よこたわる; lie, lie down; 躺

梅縣　min˩ lɔk˥ çi˥, min˩ tɛn˦˨(横になっている)

桃園　꜁min

竹田　min˩ tɔ˨˩

萬巒　min˧ tɔ˩; min˩ tɛn˨˩(横になっている)

内埔　min˩ tɔ˨˩

長治　min˩

新埤　min˩

美濃　min˩; min˩ nən˨˩

(144) ねむる; sleep; 睡覚

梅縣 sɔi˥ muk˨; sɔi˥ tɛn˨ nɛ˧(ねむっている)
桃園 ʃoiᵓ mukₒ limᵓ
竹田 sɔi˥ muk˧; muk˧ sɔi˥(ねむい)
萬巒 sɔi˥ muk˧
内埔 sɔi˥ muk˨, sɔi˥ tɛn˩ muk˨(ねむっている), sɔi˥ lɔk˥, sɔi˥ hɛt˨(ねむりにつく)
長治 sɔi˥ muk˨
新埤 sɔi˥ muk˨
美濃 sɔi˥ muk˨

(145) たべる; eat; 吃

梅縣 sz̩t˥
桃園 ʃït₂ fanᵓ
竹田 sɿt˥
萬巒 sɿt˥(fan˥)ごはんをたべる
内埔 sɿt˥(fan˥)
長治 ʃət˥
新埤 ɕit˥(fan˥)
美濃 sɿt˥(fan˥)

(146) のむ; drink; 喝

梅縣 jim˨
桃園 ꜀lim, ᶜim(文)
竹田 lim˧; sɿt˥(ts'a˩)お茶をのむ
萬巒 lim˧(ts'a˩), sɿt˥(ts'a˩)
内埔 lim˧; sɿt˥(ts'a˩)
長治 lim˧, ʃət
新埤 lim˧; ɕit˥(ts'a˩)
美濃 lim˧; lim˧(ts'a˩)

(147) とぶ; fly; 飛

梅縣 pi˧
桃園 ꜀pui
竹田 pi˧
萬巒 pi˧
内埔 pi˧
長治 pi˧
新埤 pi˧
美濃 pi˧

(148)　やく；roast；烤，燒

梅縣　p'ɔi˧(てりやき)，tsak˧ fɔ˨(あぶる)，sɛu˧

桃園　p'oi° (烘)，tʃak。 ᶜfo(烘火)，꜀ʃeu

竹田　sɛu˦，haŋ˦

萬巒　sɛu˦，haŋ˦（じか火でやく）

内埔　haŋ˦ fɔ˩

長治　ʃɛu˦，haŋ˦

新埤　haŋ˦，tsak˧ fɔ˩(暖を取る)，tsak˧ ts'a˩(茶をせんじる)

美濃　sɛu˧，haŋ˧（tuŋ˧ ɕi˧），tsak˧ fɔ˩（暖を取る）

(149)　ころす；kill；殺死

梅縣　sat˧；ts'z̩˩（動物）

桃園　sat。；꜀tʃ'ï

竹田　sat˧ ȵin˩（人を～），ts'ɿ˩ kɛ˦（鶏を～）

萬巒　sat˧，ts'ɿ˧（kɛ˦）

内埔　ts'ɿ˩（ȵin˩）（人を～），sat˧

長治　sat˧

新埤　sat˧；tɕ'i˩（ȵin˩，kɛ˦）

美濃　sat˧，ts'ɿ˩ kɛ˧，ts'ɿ˩ ȵin˩

(150)　きる；wear, put on；穿

梅縣　tsɔk˧，tsɔk˧ sam˧ fv˥

桃園　tʃok。 tʃok。 ꜀sam

竹田　tsɔk˧

萬巒　tsɔk˨（sam˧ fu˥）きものをきる

内埔　tsɔk˨ sam˧ fu˥

長治　tʃɔk˨（sam˧ fu˥）

新埤　tsɔk˨

美濃　tsɔk˨

(151)　よむ；read；看，讀

梅縣　t'uk˥，t'uk˥，su˧，ɲiam˥ ts'z̩˥

桃園　t'uk꜄，t'uk꜄ ꜀ʃu，ȵiam꜄

竹田　t'uk˥ su˦（本を～）

萬巒　t'uk˥，t'uk˥ su˦

内埔　t'uk˥ su˦

長治　t'uk˥，t'uk˥ ʃu˦

新埤　t'uk˥

美濃　t'uk˥ su˧

(152) きる; cut; 割，切

梅縣 kɔt˥˩（きりとる），tsj'iɛt˥˩（きざむ）

桃園 kotɔ, ts'ietɔ

竹田 tɕ'iɛt˥˩（野菜を～），tɔk˥˩（力を入れて～），kɔt˥˩（草を～），tsam˨˩（力を入れて上から），p'iak˥˩（ななめに～）

萬巒 tɕ'iɛt˧˩（野菜を），tɔ˨˩（木を切りたおす），p'iak˧˩（枝をはらう）

内埔 tɕ iɛt˧˩，kɔt˧˩，tɔk˧˩（力を入れて）

長治 tɕ'iɛt˥˩

新埤 tɕ'iɛt˥˩，kɔt˥˩，tɔk˥˩，p'iak˥˩，tsam˥˩

美濃 tɕ'iɛt˥˩，kɔt˥˩，tɔk˥˩；tsam˨˩ t'ɛu˩（首を切る）

(153) つくる; make; 做

梅縣 tsɔ˥

桃園 tsoᵓ

竹田 tsɔ˥；tsɔ˥ sɛ˥（仕事をする），tsɔ˥ sɿ˥（用事をする）

萬巒 tsɔ˥；tsɔ˥ sɛ˥，tsɔ˥ sɿ˥

内埔 tsɔ˥；tsɔ˥ sɛ˥，tsɔ˥ sɿ˥

長治 tsɔ˥ ʃɛ˥，tsɔ˥ sɿ˥

新埤 tsɔ˥；tsɔ˥ sɛ˥，tsɔ˥ ɕi˥

美濃 tsɔ˥；tsɔ˥ sɛ˥，tsɔ˥ sɿ˥

(154) あける，ひらく; open; 開，打開

梅縣 k'ɔi˧

桃園 ꜀k'oi;ᶜta ꜀k'oi

竹田 k'ɔi˧˦

萬巒 ta˧˩ k'ɔi˧˦

内埔 k'ɔi˧˦

長治 ta˨˩ k'ɔi˧˦

新埤 k'ɔi˧˦

美濃 k'ɔi˧

(155) しめる，とじる; close; 關

梅縣 kvan˧

桃園 ꜀kuan

竹田 kuan˧˦

萬巒 kuan˧˦; kuan˧˦ mun˨˩（ドアをしめる）

内埔 kuan˧˦

長治 kuan˧˦

新埤 kuan˧˦; kuan˧˦ tɛn˨˩（しまっている）

美濃 kuan˧

(156) すむ; live, dwell; 住

梅縣 hɛt˥; ʃiæt˧ (とまる)

桃園

竹田 hɛt˥; hiæt˧ (とまる)

萬巒 hɛt˥, tsʻu˥; hiat˧ (とまる)

内埔 hɛt˥; hiæt˧

長治 hɛt˥; hiɛt˨ (とまる)

新埤 hɛt˥; hiæt˨

美濃 hɛt˥

(157) かぞえる; reckon, count; 数

梅縣 sɔn˥

桃園 sonᵓ

竹田 sɔn˥

萬巒 sɔn˥

内埔 sɔn˥

長治 sɔn˥

新埤 sɔn˥

美濃 sɔn˥

(158) うむ; bear; 生, 産

梅縣 kjiuŋ˥ lai˥ ji˧ (こども), saŋ˧
lɔn˨ (たまご)

桃園 kiuŋᵓ

竹田 kiuŋ˥ (人), iɔŋ˧ (動物),
saŋ˧ (たまご)

萬巒 kiuŋ˥ (人を), iɔŋ˧ (動物),
saŋ˧ (たまご)

内埔 kiuŋ˥, iɔŋ˧, saŋ˧

長治 kiuŋ˥, iɔŋ˧, saŋ˧

新埤 kiuŋ˥, iɔŋ˧, saŋ˧

美濃 kiuŋ˥, iɔŋ˧, saŋ˧

(159) うまれる; be born; 生

梅縣 tsʻut˧ sɛ˥

桃園 tʃʻutᵓ ʃeᵓ

竹田 tsʻut˧ sɛ˥

萬巒 tsʻut˧ sɛ˥

内埔 tsʻut˧ sɛ˥

長治 tʃʻut˧ ʃɛ˥

新埤 tsʻut˧ sɛ˥

美濃 tsʻut˧ sɛ˥

(160) しぬ；die；死了

梅縣　ʃi˧˩
桃園　ᶜsi
竹田　ɕi˨˩
萬巒　ɕi˨˩；ɕi˨˩ hɛt˧ lɛ˧˥（死んだ）
内埔　ɕi˨˩；ɕi˨˩ hɛt˧ ɛ˧˥
長治　ɕi˨˩
新埤　ɕi˨˩
美濃　ɕi˨˩

(161) あう，であう；meet；見面

梅縣　kjiæn˥ miɛn˥，fuŋ˩ tɔ˧˩，ɲi˥ tɔ˧˩
桃園　kianᵓ mianᵓ，꜀fuŋ tʃʻok꜔，ŋuᵓ mianᵓ
竹田　tu˩ tɔ˨˩，kiæn˥ miɛn˥
萬巒　tu˨˩ tɔ˨˩，kian˥ tɔ˨˩
内埔　tu˩ tɔ˨˩
長治　kiɛn˥ tɔ˨˩，kʻɔn˥ tɔ˨˩
新埤　tu˩ tɔ˨˩
美濃　tu˩ tɔ˨˩，kiɛn˥ miɛn˥

(162) おく；set, put；放，擱

梅縣　piɔŋ˥
桃園　piɔŋᵓ
竹田　piɔŋ˥，kʻɔŋ˥
萬巒　piɔŋ˥，kʻɔŋ˥
内埔　piɔŋ˥，kʻɔŋ˥
長治　piɔŋ˥，kʻɔŋ˥
新埤　piɔŋ˥，kʻɔŋ˥
美濃　piɔŋ˥，kʻɔŋ˥

(163) でる；come out；出

梅縣　tsʻʐ̩t˧ çi˥，tsʻʐ̩t˧ lɔi˩
桃園　tʃʻut꜖ hiᵓ
竹田　tsʻut˧
萬巒　tsʻut˧ hi˥（でていく）
内埔　tsʻut˧ hi˥
長治　tʃʻut˧ ŋɔi˥（外へ出る）
新埤　tsʻut˧ hi˥
美濃　tsʻut˧ hi˥

(164) はいる；enter；進

梅縣　ɲip˥ çi˥，ɲip˥ lɔi˩
桃園　ȵip꜔ hiᵓ，ȵip꜔ ꜀loi
竹田　ȵip˥
萬巒　ȵip˥ lɔi˩（はいってくる）
内埔　ȵip˥ lɔi˩
長治　ȵip˥ lɔi˩
新埤　ȵip˥ lɔi˩
美濃　ȵip˥ lɔi˩

(165) くる；come；來

梅縣　lɔi˩
桃園　꜀loi
竹田　lɔi˩
萬巒　lɔi˩
内埔　lɔi˩
長治　lɔi˩
新埤　lɔi˩
美濃　lɔi˩

⑯⑥ いく；go；去，走

梅縣　çi˥
桃園　hiᵓ
竹田　hi˥
萬巒　hi˥; lɔi˨ hi˥（いこう）
内埔　hi˥
長治　hi˥
新埤　hi˥
美濃　hi˥

⑯⑦ うごく；move；動

梅縣　t'uŋ˥
桃園　t'uŋᵓ
竹田　t'uŋ˧˥
萬巒　t'uŋ˧˥
内埔　t'uŋ˧˥
長治　t'uŋ˧˥
新埤　t'uŋ˧˥
美濃　t'uŋ˧

⑯⑧ あたえる；give；給

梅縣　pun˧
桃園　꜀pun
竹田　pun˧˥
萬巒　pun˧˥
内埔　pun˧˥
長治　pun˧˥
新埤　pun˧˥
美濃　pun˧

⑯⑨ する；do；做，幹

梅縣　tsɔ˥, tsɔŋ˧
桃園　tsoᵓ
竹田　tsɔ˥
萬巒　tsɔ˥
内埔　tsɔ˥
長治　tsɔ˥
新埤　tsɔ˥
美濃　tsɔ˥

⑰⓪ おもう；think；想

梅縣　ʃiɔŋ˧˩
桃園　꜂siɔŋ
竹田　mɛn˩
萬巒　ɕiɔŋ˩; mɛn˩（あれこれ考える）
内埔　ɕiɔŋ˩; mɛn˩
長治　ɕiɔŋ˩
新埤　ɕiɔŋ˩; mɛn˩
美濃　ɕiɔŋ˩; mɛn˩

⑰① しる，しっている；know；知道

梅縣　ti˧, ti˧ tɛt˧˩, sz̩t˧˩（わかる）
桃園　꜀ti, ꜀ti tet꜆, ʃït꜆
竹田　ti˧˥
萬巒　ti˧˥
内埔　ti˧˥, ti˧˥ tɛt˧˩
長治　tɪ˧˥
新埤　ti˧˥
美濃　ti˧

(172) できる； can, bepossible; 能，可能，会

梅縣 vɔi˥

桃園

竹田 vɔi˥, hiau˨ tɛt˨

萬巒 hiau˨ tɛt˨, vɔi˥, kɔ˥˩ nɛn˨

内埔 vɔi˥, hiau˧ tɛt˨; sɿ˨ tɛt˥˧ mɔ˩ （かまわないか）

長治 kɔ˩ nɛn˩, kɔ˨ i˥˩, hiau˥˩ tɛt˨

新埤 vɔi˥; tsɔ˥ tɛt˥˩ mɔ˩（できるか）

美濃 vɔi˥; hiau˥˩ tɛt˥˧, tsɔ˥ tɛt˥˧ mɔ˩ tɛt˧

(173) （が）ある； exist; 在

梅縣 ju˧, ts'ɔi˧

桃園 ꜀iu, ꜀ts'oi

竹田 iu˧˥; iu˧˥ ts'ɛ˧ luk˧ k'ua˨˦ mɔ˩ （在宅か）

萬巒 iu˨˦; t'ɔi˧ nai˥ iɛ˨˦（どこにあるか）, iu˧ t'ɔi˨˦ luk˥˧ k'a˨˦ mɔ˩ （在宅か）

内埔 iu˧˥, ts'ɔi˧˥; iu˧ t'ɛ˧˥ luk˧ k'a˧˥ mɔ˩（在宅か）

長治 iu˧˥, ts'ai˧˥; iu˧ t'ɔi˨˦ vuk˥˧ k'ua˨˦ mɔ˩（在宅か）

新埤 iu˧˥, ts'ɔi˨˦; iu˧ t'ɛ˧˥ vuk˥˩ k'a˧˥ mɔ˩（在宅か）, iu˧ ȵin˩ t'ɛ˨˦ ia˥˩ mɔ˩（だれかいるか）

美濃 iu˧, t'i˧; iu˧ t'i˨˦ uk˥˧ k'a˨˦ ma˩（在宅か）

(174) ない； not, nonexistent; 没有

梅縣 mɔ˩

桃園 ꜀m̩, ꜀mo꜄

竹田 mɔ˩

萬巒 mɔ˨; mɔ˨ ts'ɔi˨˦（不在）

内埔 mɔ˩; mɔ˩ ts'ɔi˨˦, mɔ˩ t'ɛ˨˦（不在）

長治 mɔ˩; mɔ˩ ts'ai˨˦（不在）

新埤 mɔ˩

美濃 mɔ˩

(175) おおきい； big, large; 大

梅縣 t'ai˥

桃園 t'ai꜄

竹田 t'ai˥, tɕ'in˥ t'ai˥（とても大きい）, kɔi˥ t'ai˥（とても大きい）

萬巒 t'ai˥

内埔 t'ai˥

長治 t'ai˥

新埤 t'ai˥

美濃 t'ai˥

⑴76　ちいさい; little; 小

梅縣　sɛ˥
桃園　seᵓ
竹田　sɛ˥
萬巒　sɛ˥
内埔　sɛ˥
長治　sɛ˥
新埤　sɛ˥
美濃　sɛ˥

⑴77　つよい; strong; 強

梅縣　kj'iɔŋ˩
桃園　꜀k'ioŋ
竹田　k'iɔŋ˩
萬巒　k'iɔŋ˩
内埔　k'iɔŋ˩; tsap˧˩(からだが～); k'iaŋ˥
(能力がある), voi˥
長治　k'iɔŋ˩
新埤　k'iɔŋ˩; tsap˥˧
美濃　k'iɔŋ˩; tsɔŋ˥ vɔŋ˥ (からだが～)

⑴78　よわい; weak; 弱

梅縣　ɲiɔk˥
桃園　ȵiok꜆
竹田　ȵiɔk˥
萬巒　ȵiɔk˥
内埔　ȵiɔk˥
長治　ȵiɔk˥
新埤　ȵiɔk˥
美濃　ȵiɔk˥

⑴79　ながい; long; 長

梅縣　ts'ɔŋ˩
桃園　꜀tʃ'oŋ
竹田　ts'ɔŋ˩
萬巒　ts'ɔŋ˩
内埔　ts'ɔŋ˩
長治　tʃ'ɔŋ˩
新埤　tsɔŋ˩
美濃　tsɔŋ˩

⑴80　みじかい; short, brief; 短

梅縣　tɔn˥˧
桃園　ᶜton
竹田　tɔn˧˩
萬巒　tɔn˧˩
内埔　tɔn˧˩
長治　tɔn˧˩
新埤　tɔn˧˩
美濃　tɔn˧˩

⑴81　とおい; distant, far; 遠

梅縣　jæn˥˧
桃園　ᶜian
竹田　iæn˧˩
萬巒　ian˧˩
内埔　iæn˧˩
長治　iɛn˧˩
新埤　iæn˧˩
美濃　iæn˧˩

(182) ちかい; near; 近

梅縣 kj'iun˧
桃園 ꜀k'iun
竹田 k'iun˦
萬巒 k'iun˦
内埔 k'iun˦
長治 k'iun˦
新埤 k'iun˦
美濃 k'iun˧

(183) あつい; hot; 熱

梅縣 ɲiæt˥; sɛu˧(水が)
桃園 ȵiet꜁; ꜀ʃeu
竹田 ȵiæt˥
萬巒 ȵiat˥
内埔 ȵiæt˥
長治 ȵiɛt˥
新埤 ȵiæt˥
美濃 ȵiæt˥

(184) さむい; cold; 冷

梅縣 laŋ˧, hɔn˩
桃園 ꜀laŋ, ꜂hon
竹田 hɔn˩
萬巒 hɔn˩
内埔 hɔn˩
長治 hɔn˩
新埤 hɔn˩
美濃 hɔn˩; liɔŋ˩(すずしい)

(185) あたらしい; new; 新

梅縣 ʃin˧
桃園 ꜀sin
竹田 ɕin˦
萬巒 ɕin˦
内埔 ɕin˦
長治 ɕin˦
新埤 ɕin˦
美濃 ɕin˧

(186) ふるい; old, ancient; 老, 舊

梅縣 kj'iu˥
桃園 k'iu꜄
竹田 k'iu˥
萬巒 k'iu˥
内埔 k'iu˥
長治 k'iu˥
新埤 k'iu˥
美濃 k'iu˥

(187) おおい; many; 多

梅縣 tɔ˧
桃園 ꜀to
竹田 tɔ˦
萬巒 tɔ˦
内埔 tɔ˦
長治 tɔ˦
新埤 tɔ˦
美濃 tɔ˧

(188)　すくない；few；少

梅縣　sɛu˧˩
桃園　꜂ʃeu
竹田　sɛu˨˩
萬巒　sɛu˨˩
内埔　sɛu˨˩
長治　ʃɛu˨˩
新埤　sɛu˨˩
美濃　sɛu˨˩

(189)　あかるい；bright；亮

梅縣　kvɔŋ˧
桃園　꜀koŋ
竹田　kɔŋ˨˦
萬巒　kɔŋ˨˦
内埔　kɔŋ˨˦
長治　kɔŋ˨˦
新埤　kɔŋ˨˦
美濃　kɔŋ˧

(190)　しろい；white

梅縣　p'ak˥
桃園　p'ak꜇ set꜆
竹田　p'ak˥（sɛt˨˩）
萬巒　p'ak˥（sɛt˨˩）
内埔　p'ak˥（sɛt˨˩）
長治　p'ak˥（sɛt˨˩）
新埤　p'ak˥（sɛt˧˩）
美濃　p'ak˥（sɛt˨˩）

(191)　くろい；black

梅縣　vu˧
桃園　꜀vu
竹田　vu˨˦
萬巒　vu˨˦
内埔　vu˨˦
長治　vu˨˦
新埤　vu˨˦
美濃　vu˧

(192)　あかい；red；紅

梅縣　fuŋ˩
桃園　꜁fuŋ set꜆
竹田　fuŋ˩
萬巒　fuŋ˩
内埔　fuŋ˩
長治　fuŋ˩
新埤　fuŋ˩
美濃　fuŋ˩

(193)　いろ；colour；顔色

梅縣　（ɲiæn˩）sɛt˧˩
桃園　（꜁ȵian）set꜆
竹田　sɛt˧˩
萬巒　sɛt˧˩
内埔　sɛt˧˩,（ȵiæn˩）sɛt˨˩
長治　sɛt˨˩,（ȵiɛn˧）sɛt˨˩
新埤　sɛt˨˩,（ȵiæn˩）sɛt˨˩
美濃　sɛt˧˩,（ȵiæn˩）sɛt˨˩

(194) いい; good; 好

梅縣 hɔ˧˩
桃園 ᶜho
竹田 hɔ˩
萬巒 hɔ˩
内埔 hɔ˩
長治 hɔ˩
新埤 hɔ˩
美濃 hɔ˩

(195) わるい; wrong; 壞

梅縣 fai˥
桃園 faiᵓ
竹田 fai˥
萬巒 fai˥˧
内埔 fai˥
長治 fai˥˧
新埤 fai˩
美濃 fai˩

(196) おなじ; same; 一様, 相同

梅縣 jit˧˩ jɔŋ˥, ʃiɔŋ˧ t'uŋ˩
桃園 it꜀ ioŋᵓ, k'iuŋᵓ ioŋᵓ
竹田 k'iuŋ˥ iɔŋ˥
萬巒 k'iuŋ˥ iɔŋ˥
内埔 k'iuŋ˥ iɔŋ˥, k'iuŋ˧ iɔŋ˥
長治 k'iuŋ˥ iɔŋ˥
新埤 ɕiɔŋ˧ t'uŋ˩, it˧˩ iɔŋ˥, k'iuŋ˥ iɔŋ˥
美濃 k'iuŋ˥ iɔŋ˥

(197) はい; yes; 是, 是的

梅縣 hɛ˥
桃園 heᵓ
竹田 hɛ˥
萬巒 hɛ˥
内埔 hɛ˥
長治 hɛ˥
新埤 hɛ˥
美濃 hɛ˥

(198) いいえ; no; 不

梅縣 m̩˩, m̩˩ ti˥
桃園 ꜀m̩
竹田 m̩˩
萬巒 m̩˩
内埔 m̩˩
長治 m̩˩
新埤 m̩˩
美濃 m˩

(199) (で)ある; be; 是

梅縣 hɛ˥
桃園 heᵓ
竹田 hɛ˥
萬巒 hɛ˥
内埔 hɛ˥
長治 hɛ˥
新埤 hɛ˥
美濃 hɛ˥

(200) （で）ない; not; 不是

梅縣　m̩˩ hɛ˥

桃園　꜀m̩ he꜄

竹田　m̩˩ hɛ˥

萬巒　m̩˨ hɛ˥

内埔　m̩˩ hɛ˥

長治　m̩˩ hɛ˥

新埤　m̩˩ hɛ˥

美濃　m̩˩ hɛ˥, m̩˩ mɛ˥

〔注〕

1) この項は、曽秀気（民国67年）、陳其南（1981）、鍾孝上（民国71年）を参考にした。

2) 「堆」は「隊」のことであるという。

3) 羅卓英「六堆忠義祠史略」（忠義祠内の碑文）による。

4) 今回、初歩的調査を行なった地域とインフォーマントは以下の如くである。インフォーマントとして協力して戴いた諸氏に満腔の謝意を表しておきたい。

陳騏上（男、73歳）—— 竹田郷西勢村
鍾孝上（男、50歳）—— 萬巒郷五溝水村
李清増（男、60歳）—— 長治郷徳協村
呉癸英（男、73歳）—— 長治郷徳成村
張達礼（男、69歳）—— 新埤郷新埤村
曽秀気（男、45歳）—— 内埔郷美和村
鍾鉄英（女、33歳）—— 美濃鎮広林村

その他、補助的に情報を提供して戴いた六堆客家の多くの方々に感謝する。また、調査に同行され、多大の協力と教示を賜った羅肇錦博士に特にお礼を申し上げねばならない。なお、本調査は昭和60年８月７日から11日に亙って行なわれた。

5）菅向栄（1935）参照。また、Yang, Paul S. J.（1966）もこの四分類を踏襲している。

6）曽秀気（民国67）p.13 参照。

7）たとえば、「佳冬、新埤あたりでは酌をする（tsɿm）をキスをする（tɕim）と言う」というような笑話がある。

8）ただし、標準の［ə］よりももっと高い。

9）我々の美濃のインフォーマントは、楊時逢（1971）のそれと多少異なるタイプの話し手のようである。

10）美濃以外の地区における陰平の変調規則は、陰平または去声の前で中平詞 33：˧ に交替する、というものである。たとえば、

鶏 kɛ˨˦ ＋□ ts'un˨˦ → kɛ˧ ts'un˨˦（たまご）

衫 sam˨˦＋褲 fu˥˧ → sam˧ fu˥˧（衣服）

11）梅県は橋本（1972）を引用し、北京大学（1964）によって補充した。

12）桃園は、楊時逢（1957）の四県方言の部分に拠った。

13）閩南語の人称代詞三人称は［i˥˧］である。音声面での客家語に対する閩語の影響の問題は、橋本（1972）pp.30〜31 においてつとに指摘されているが、語彙の交流ももちろんありうるわけである。たとえば、萬巒では豚の足のことをよく tsu˧ k'a˨˦ と言うが、これは当然 tsu˨˦ kiɔk˨ が原来の語形であって、k'a˨˦ は閩南語 k'a˥˧（あし）からの借用形である。

参　照　文　献

鍾孝上：台湾先民奮闘史、民国71、台湾文芸社。

曽秀気：六堆英華、民国67、美和出版社。

陳其南：清代台湾社会的結構変遷、1981、中央研究院民族学研究所集刊49。

橋本萬太郎：客家語音韻論 —— 梅県宝坑方言の音素体系について、1958、中国語学1958、10。

橋本萬太郎：客家語基礎語彙集、1972、アジア・アフリカ言語文化研究所。

菅向栄：標準広東語典、1935、台湾警察協会。

楊時逢：台湾桃園客家方言、1957、中央研究院。

楊時逢：台湾美濃客家方言、1971、BIHP42。

丁邦新：台湾語言源流、民国69、学生書局。

袁家驊等：漢語方言概要、1960・1983、文字改革出版社。

北京大学中文系：漢語方言詞彙、1964、文字改革出版社。

羅肇錦：客語語法、民国73、学生書局。

Hashimoto, M. J.; The Hakka Dialect, 1973, Cambridge.

Hashimoto,Mantaro; Hakka Phonemics, 1958, 言語研究。

Harkin, George F. ; Hakka One, 1975, Maryknoll Language School, Taichung.

Yang, Paul S. J.: A Sociolinguistic profile of the Hakka dialect, 1966, Languages and Linguistics 1 : 1。

Yang, Paul S. J. : Elements of Hakka Dialectology, 1967, MS.

Yu, Shiou－Min : Aspects of the Phonology of Miao-Li Hakka, 1984, Fu-Jen Catholic Uninversity, unpubl. M. A. thesis.

広東語の「変音」試論※

― あわせて外来借用語の声調について ―

千　島　英　一

1. はじめに

本稿で言う広東語とは現在、中国の「開放」体制の進展にともない、「広東語経済圏」として新たな脚光を浴びている広州・香港等で使用されているところの粤語広州方言を指す。

広東語には興味深い声調交替がみとめられ、早くから研究者の注意を引いていたが、この現象に関する従来の研究は、ともすると変調の複雑な規則を扱ったもの或いはいささか妥当性を欠く分析が多かったように思われる。[(1)] 現在、この問題に対してまず必要とされるのは、声調交替をめぐる現象の適切な分類であろう。本稿は特に声調交替によって何らかの語義的あるいは文法的変化を生起させる現象をとりあげ、形態論、統語論レベルひいては意味論レベルの分析を試みようとするものである。

以下の分析にあたって粤語広州方言に限ったのは、全ての粤方言について網羅的に帰納する力量が筆者に無いこともあるが、資料上の制約もあり、今後、粤方言の研究調査がより一層進展することを期待している。

2. 広東語の声調

広東語には表1で示したように7つの基本声調がある。表2のように中国声韻学の伝統的分類に従えば、平・上・去・入の四声調が、声母の清・濁を条件にそれぞれ陰陽の二類に分かれ、入声調は更に陰入が母音の長短を条件に二つに分かれることによって9種類の声調があるということになる。しか

表 1 ：広東語の声調のまとめ

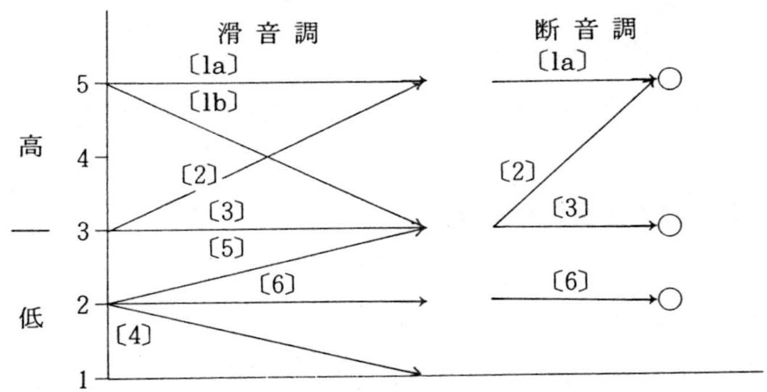

表 2 ：声調名称と例字

調類	陰 平	陽平	陰上	陽上	陰去	陽去	陰入(上陰入)	中入(上陰入)	陽 入
調値	55 53	21	35	23	33	22	5	33	2 22
例字	詩・敷	時・扶	使・苦	市・婦	試・富	事・父	識・忽	泄・法	食・佛

し実際には、入声調は音節（－p、－t、－kで収音する）が異なっているだけで、ピッチは相応の滑音調と同じであるので、それぞれの異音と見做すことができるわけである。(2) 従って、記述的立場からは、広東語には７つの声調があるということもできる。

3. 広東語の声調交替 ―“連読変調”と“変音”

声調の調値がある一定の条件の下で別の調値に交替する現象を「声調交替」という。広東語の声調交替には言語学的レベルを異にする２種類の現象がみとめられ、一種は単純に音声学レベルにおける声調交替であり、もう一種は形態音韻レベルにおける声調交替である。前者が普通“連読変調”（tone sandhi）とよばれるものであり、後者がいわゆる“変音”（morpho-phonemical change）とよばれるものである。“連読変調”が通常、語義的、文法的変化をひきおこさないのに対して、“変音”は声調交替を通じて、語義的、文法的変化をひきおこす。李栄（1978）は“変音”をつぎのように定義している：

> 这就是说、本音的调类是语音单位；变音不但是语音单位、也是意义单位。因此、本调和变调之间是语音变化的关系；本音和变音之间是语法变化的关系。(p.96)

3.1　広東語声調交替の解釈をめぐって

過去、広東語のこの二つの異った声調交替の解釈をめぐっていくつかの論争が生じたが、朱徳熙（1986）が、

> 变调问题之所以复杂、可能还有以下两个方面的原因。一是由于纯语音学平面上的连读变调现象跟形态音位学(morpho－phonemics)上表示语法意义的变调现象往往混在一起、不把二者分开、就不容易看出条理来。广州话变调问题争论多、就是这个原因。(p.251)

と指摘しているように、“変音”の現象と“変調”の現象とが区別されていないことから生じたものである。なぜこのような混乱が生じたかというと、広東語の形態音韻レベルの声調交替とトーンサンディによる声調交替の結果現われる調値が、広東語にあってはたまたま同一の調値であることからきている。[3)]

この間の事情を李栄（1983）はつぎのように簡潔に指適している：

> 广州的变音为什么引起辩论呢？那是因为它的高变音跟阴平的连读变调犯了、它的升变音跟阴上重了。因此就搞不清了。从纯语音的立场上看、我们只能说它是一个调。(p.15)

3.2　広東語“変音”の調値をめぐって

上掲の李栄（1983）にもあるように、広東語の“変音”には二種類の調値がある。一つは“高変音”または“超平”とよばれている/˥55※/調で、もう一つが“升変音”もしくは“変上声（変入声を含む)”とよばれている/˧˥35※/調である。この調値の記述をめぐっても研究者によって見解が異っている。黄錫凌（1940)、袁家驊（1960)、高華年（1980)、饒秉才等（1981)等は、いずれも本来の陰平調/˥55/、陰上調/˧˥35/よりもややピッチが高いとしている

が、趙元任（1947）は、“升変音”と陰上調とのちがいは上りピッチがどこまで延長されるかということで定義されるとし、そして陰上調の／35／に対して“升変音”を／25／と少しちがったピッチパターンを与えていて、超平については陰平と同じ／˥55／のピッチパターンを与えている。(4)

しかし、サウンドスペクトログラムを使用した実験音声学的観察によれば、変音と本音の調値の間には何ら差はみとめられないと報告されており、(5) 現時点での実験音声学のレベルでは、この「やや高くなる」という現象は析出されていない。ただこの種の聴覚印象が音声学の理論と実験のいっそうの進展を俟って、実証を得る可能性は充分にあると言える。

4. 広東語“変音”の分類

次に広東語“変音”の分析に当って、先ず、(1)形式と(2)機能の二面から分類してみた。また(2)機能面を更に、①品詞を変えるもの、②品詞を変えないもの、③借用語と三分した。以下、個別に見ていくことにする。なお広東語の材料は、主に袁(1960)、宗(1964)、張日昇(1969、1986)、張洪年(1972)より採取、一部を中島(1982)、饒等(1981)、劉(1977)から補充した。表記は全て音声表記に改めた。

4.1 形式面の分類

広東語の“変音”は表3で示したように、原則として、平仄を条件として二種類の調値が現われる。勿論、例外はあるが、その多くは外来語の音訳字及び一部の方言字であり、それらを除けば、極めて規則的であると言える。張日昇（1969）はこの間の事情を以下のように記している：

> 一般來說、下陰平調變高平調、其餘、陰去、下陰入、陽平、陽上、陽去、 陽入都變高升變調 ；上陰平之高平變調、陰上之高升變調都是正變同值、那就沒有變與不變的問題；上陰入是上陰平的促聲、通常也是沒有變調、只有用作動詞完成體時變讀高升變調。這條規律具有極普遍性。（p. 98）

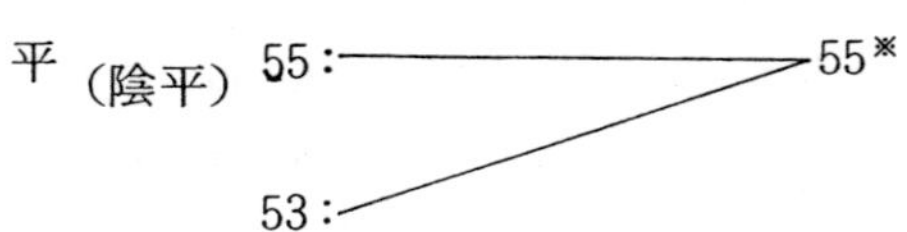

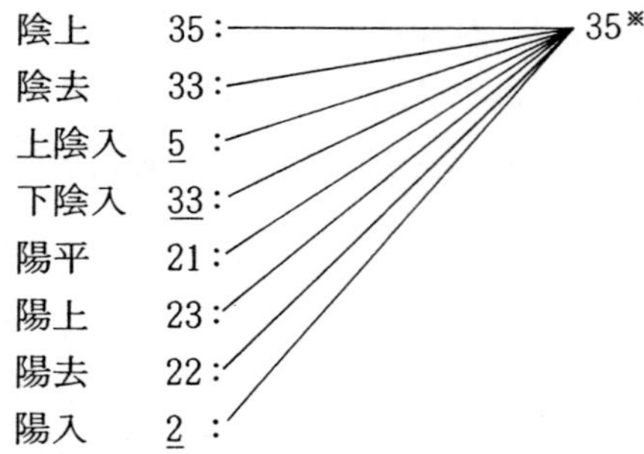

4.2　機能面の分類

4.2.1　品詞を変えるもの：声調交替の結果、動詞、形容詞、量詞などが名詞化されることが多い。

〈例　字〉

钉〔tɛŋ〕

名詞〔55：〕	くぎ	铁钉、竹钉、屐钉、螺丝钉、
動詞〔53：〕	くぎを打つ	钉鞋〈(靴の底に) くぎを打ちつける〉

摊〔t'a:n〕

名詞〔55：〕	露店	旧书摊〈古書の露店〉
動詞〔53：〕	広げる、伸ばす	摊开本书〈本を開く〉

挑〔t'iu〕

名詞〔55：〕	天秤棒	担挑〈天秤棒〉
動詞〔53：〕	選ぶ、よる	挑选〈選ぶ〉、挑逗〈からかう〉

褛〔lɐu〕

名詞〔55：〕	オーバーコート、コート	雨褛〈レインコート〉、

大褸〈オーバー〉

動詞〔53:〕 はおる、まとう　　褛实件衫〈服をはおる〉、

褸蓆〈おちぶれる〉

叉〔ts‘a〕

名詞〔55:〕 フォーク、さすまた　　铁叉〈さすまた〉、

餐叉〈フォーク〉

動詞〔53:〕（さすまたで）つきさす　　叉鱼〈(やすで)魚をつく。

梳〔sɔ〕

名詞〔55:〕 くし　　一把梳〈一本のくし〉、

梳粧枱〈鏡台〉

動詞〔53:〕 くしでとく　　梳头〈髪をとく〉

筛〔sɐi〕

名詞〔55:〕 ふるい　　米筛〈米のふるい〉、

竹筛〈竹のふるい〉

動詞〔53:〕 ふるう　　筛米〈米をふるう〉、

筛粉〈粉をふるう〉

箍〔ku〕

名詞〔55:〕 たが　　铁箍〈鉄のたが〉

動詞〔53:〕 締める　　箍紧〈(たがなどで)締めつける〉

勾〔ŋɐu〕

名詞〔55:〕（諧謔的言い方で）歳　　五十几勾啰〈50余歳だ〉

動詞〔53:〕 ひっかける　　勾结〈ぐるになる〉、

勾引〈勾引する〉

圈〔hyn〕

名詞〔55:〕 輪状のもの　　一个圈〈一つのまる〉

動詞〔53:〕（点やまるを）つける　　圈点〈まるや点をつける〉、

圈选〈まる印をつけ選びだす〉

班〔pa:n〕		
名詞〔55:〕	クラス、組	日班〈日勤〉、专修班、班长
量詞〔53:〕	組、人の団体を数える	一班人〈一群の人〉
堆〔t'œy〕		
名詞〔55:〕	山盛りにしたもの	土堆〈土の山〉、 草堆〈草の山、わらの山〉
量詞〔53:〕	積みあげたもの、多くのものをまとめたものを数える。	一堆泥〈ひとかたまりの泥〉
剂〔tsɐi〕		
名詞〔55:〕	調合した薬剤	清凉剂、兴奋剂
量詞〔53:〕	薬剤の計量単位	一剂药〈薬一服〉
餐〔ts'a:n〕		
名詞〔55:〕	料理	餐厅〈レストラン〉、 西餐〈洋食〉
量詞〔53:〕	食事の回数を数える	三餐茶〈三度の"飲茶"〉 两餐饭〈二度の食事〉
酸〔syn〕		
名詞〔55:〕	酸	硫酸、盐酸、炭酸
形容詞〔53:〕	すっぱい	辛酸、悲酸、心酸〈悲しい〉
松〔suŋ〕		
名詞〔55:〕	でんぶ	鱼松〈魚のでんぶ〉、牛肉松
形容詞〔53:〕	緩やかである	松动〈ゆとりがある〉 松化〈歯ざわりのよい〉
乖〔kwai:i〕		
名詞〔55:〕	良い子、おりこうちゃん	乖乖〈おりこうちゃん〉
形容詞〔53:〕	(子供が)おとなしい、すなおな	好乖〈とてもおとなしい〉、 乖戻〈ひねくれている〉

孓〔ŋɐn〕

名詞〔55:〕 人名 阿孓

形容詞〔53:〕やせている、細い 孓细、好孓〈やせぎす〉

轩〔hin〕

名詞〔55:〕 部屋 听雨轩、秋水轩

形容詞〔53:〕高い 轩昂、轩然大波〈大事件、大さわぎ〉

锤〔ts'œy〕

名詞〔35:〕 金づち 锤仔〈金づち〉

動詞〔21:〕 槌で打つ、鍛える 千锤百炼〈鍛えに鍛える〉

油〔jɐu〕

名詞〔35:〕 油 白油〈酱油〉

動詞〔21:〕 ぬる 油颜色〈色をぬる〉

钳〔k'im〕

名詞〔35:〕 ペンチ、やっとこ 牙钳〈抜歯用ペンチ〉

動詞〔21:〕 ものをはさむ 钳牙〈歯をぬく〉

斜〔ts'ɛ〕

名詞〔35:〕 綿布 蓝斜〈ジーンズ〉

動詞〔21:〕 傾斜する 斜坡〈傾斜地〉

黄〔wɔŋ〕

名詞〔35:〕 卵黄 蛋黄〈たまごの黄味〉

形容詞〔21:〕黄色 黄色

扫〔sou〕

名詞〔35:〕 はたき 鸡毛扫〈羽毛製のはたき〉

動詞〔33:〕 掃除する、はく 扫地、扫毒

架〔ka〕

名詞〔35:〕 たな 书架

量詞〔33:〕 乗物や機械などを数える 一架飞机、一架汽车

片〔p'in〕

名詞〔35:〕	フィルム	日本片〈日本映画〉
量詞〔33:〕	面積や範囲を示す	片糖〈板状の砂糖〉

垫〔tin〕

名詞〔35:〕	クッション	垫套〈クッションカバー〉
動詞〔33:〕	下にあてがう、金銭をたてかえる	垫付〈金をたてかえる〉

卖〔ma:i〕

名詞〔35:〕	食物	烧卖〈シューマイ〉
動詞〔22:〕	売る	卖货〈品物を売る〉

定〔tɪŋ〕

名詞〔35:〕	手付け金	五文定〈5ドルの手付金〉
副詞〔35:〕	当然	佢去定啦〈彼は当然行く〉
動詞〔22:〕	定める	决定

犯〔fa:n〕

名詞〔35:〕	犯人	杀人犯
動詞〔22:〕	犯す	犯法

话〔wa〕

名詞〔35:〕	言葉、文句	白话〈広東語〉
動詞〔22:〕	話す	话畀佢知〈彼に話す〉

磅〔pɔŋ〕

名詞〔35:〕	はかり	磅〈台秤〉
動詞〔22:〕	お金を払う	磅水〈お金を払う〉
量詞〔22:〕	ポンド	一磅朱咕力〈1ポンドのチョコレート〉

件〔kin〕

名詞〔35:〕	事件	案件
量詞〔22:〕	ある個体を数える	一件事

刷〔ts'a:t〕

名詞〔35：〕 ブラシ　　刷〈ブラシ〉 牙刷〈歯ブラシ〉

動詞〔33：〕（ブラシで）みがく　　刷〈歯をみがく〉

夹〔ka:p〕

名詞〔35：〕 物をはさむもの　　夹〈クリップ〉、文件夹、衫夹

動詞〔33：〕 合わせる　　夹餸〈箸でおかずをとる〉

拍〔p'a:k〕

名詞〔35：〕 ものをたたく道具　　球拍〈ラケット〉

動詞〔33：〕 たたく　　拍蒜头〈にんにくをくだく〉

凿〔tsɔk〕

名詞〔35：〕 のみ　　凿〈のみ〉

動詞〔 2 ：〕 掘る　　凿井〈井戸をほる〉

盒〔hɐp〕

名詞〔35：〕 はこ　　烟仔盒〈タバコのはこ〉、火柴盒

量詞〔 2 ：〕 はこ入りのものを数える　　一盒火柴〈ひとはこのマッチ〉

4.2.2　品詞を変えないもの：品詞を変えないものを、先ず、(1)附加、(2)意味を変えるものに二分した。(1)の附加はまたそれぞれ①指小化、②指大化、③動詞のアスペクトと三分してみた。(2)の意味を変えるものとしては、①派生語、②特殊な場合とに二分した。次に、個別にみていくことにする。

(1)　附加：

①　指小化：変調（声調交替）によって、微小な、二次的な、あるいは親近性、軽視するといった意味を表す。如下：

例字	不変	変
人〔jɐn^{21}〕	一个人〔jɐt^{5} kɔ^{33} jɐn^{21}〕〈人ひとり〉	一个人〔jɐt^{5} kɔ^{33} jɐn^{55}※〕〈わずかに一人〉 嗰个人〔kɔ^{35} kɔ^{33} jɐn^{35}※〕〈あいつ〉
妹〔mui^{22}〕	姊妹〔tsi^{35} mui^{22}〕〈姉妹〉	妹仔〔mui^{55}※ tsɐi^{35}〕〈婢女〉

		妹钌〔mui$^{55※}$ tɛŋ^{55}〕 〈小娘のお手伝い〉
		妹〔mui$^{35※}$〕妹
女〔nœy^{23}〕	男女〔na：m^{21} nœy^{23}〕 〈男女〉	衰女〔sœy^{53} nœy$^{35※}$〕〈あま〉
		肥女〔fei^{21} nœy$^{35※}$〕〈でぶ女〉
姐〔tsɛ^{35}〕	姐夫〔tsɛ^{35} fu^{53}〕〈姉の夫〉	家姐〔ka^{53} tsɛ$^{55※}$〕 〈おねえちゃん〉
		芳姐〔fɔŋ^{53} tɛe$^{55※}$〕 〈(名の一字をとって) 芳ねえちゃん〉
鱼〔jy^{21}〕	鱼丸〔jy^{21} jyn^{35}〕 〈魚のミートボール〉	鱼〔jy$^{35※}$〕〈おさかな〉
		金鱼〔kɐm^{53} jy$^{35※}$〕〈金魚〉
李〔lei^{23}〕	李〔lei^{23}〕〈姓〉	李〔lei$^{35※}$〕〈すもも〉
桃〔t'ɔu^{21}〕	桃花〔t'ɔu^{21} fa^{55}〕〈桃花〉	桃〔t'ɔu^{35}〕〈もも〉
门〔mun^{21}〕	大门〔ta:i^{22} mun^{21}〕〈正門〉	横门〔wa:ŋ^{21} mun$^{35※}$〕 〈通用口〉
	正门〔tsɪŋ^{33} mun^{21}〕〈正門〉	后门〔hɐu^{22} mun$^{35※}$〕〈裏口〉
姨〔ji^{21}〕	姨婆〔ji^{21} p'ɔ^{21}〕〈しゅうとめ〉	阿姨〔a^{33} ji$^{55※}$〕〈おばちゃん〉
白〔pa:k$^{\underline{22}}$〕	白色〔pa:k$^{\underline{22}}$ sɪk$^{\underline{5}}$〕〈白色〉	白白哋〔pa:k$^{\underline{22}}$ pa:k$^{\underline{35}※}$ tei$^{35※}$〕 〈やや白い〉
红〔huŋ^{21}〕	红色〔huŋ^{21} sɪk$^{\underline{5}}$〕〈赤色〉	红红哋〔huŋ^{21} huŋ$^{35※}$ tei$^{35※}$〕 〈やや紅い〉
肥〔fei^{21}〕	肥佬〔fei^{21} lou^{35}〕 〈太った男性〉	肥肥哋〔fei^{21} fei$^{35※}$ tei$^{35※}$〕 〈やや太った〉
甜〔t'im^{21}〕	甜品〔t'im^{21} pɐn^{35}〕 〈デザート〉	甜甜哋〔t'im^{21} t'im$^{35※}$ tei$^{35※}$〕 〈やや甘い〉

② 指大化：声調交替を通じて、形容詞の程度の深さもしくは強化の現象を表す。

例字	不変	変
红〔hʊŋ^{21}〕	红色〔hʊŋ^{21} sɪk^{5}〕〈赤色〉	红红〔hʊŋ$^{35※}$ hʊŋ^{21}〕〈まっ赤〉
白〔pa:k^{22}〕	白色〔pa:k^{22} sɪk^{5}〕〈白色〉	白白〔pa:k$^{35※}$ pa:k^{22}〕〈まっ白〉
长〔ts‘œŋ^{21}〕	长短〔ts‘œŋ^{21} tyn^{35}〕〈長短〉	长长〔ts‘œŋ$^{35※}$ ts‘œŋ^{21}〕〈とても長い〉
慢〔ma:n^{22}〕	慢行〔ma:n^{22}ha:ŋ^{21}〕	慢慢〔ma:n$^{35※}$ ma:n^{22}〕〈とてもゆっくり〉
靓〔lɛŋ^{33}〕	好靓〔hou^{35} lɛŋ^{33}〕〈とても美しい〉	靓靓〔lɛŋ$^{35※}$ lɛŋ^{33}〕〈とても美しい〉
热〔jit^{2}〕	热狗〔jit^{2} kɐu^{35}〉〈ホットドッグ〉	热热〔jit$^{35※}$ jit^{2}〕〈とても熱い〉

③　動詞のアスペクト：これはいわゆる「内部屈折」に当り、広東語では、声調が交替することによって、交替形の完了アスペクトが表わされる。

例字	不変	変
食〔sɪk^{2}〕	我食啦。〔ŋɔ^{23} sɪk^{2} la^{33}〕〈私は食べます〉	我食啦。〔ŋɔ^{23} sɪk$^{35※}$ la^{33}〕〈私は食べました〉
去〔hœy^{33}〕	我去啦。〔ŋɔ^{23} hœy^{33} la^{33}〕〈私は行きます〉	我去啦。〔ŋɔ^{23} hœy$^{35※}$ la^{33}〕〈私は行きました〉
嚟〔lɐi^{21}〕	佢嚟啦。〔k‘œy^{23} lɐi^{21} la^{33}〕〈彼は来ます〉	佢嚟啦。〔k‘œy^{23} lɐi$^{35※}$ la^{33}〕〈彼は来ました〉
买〔ma:i^{23}〕	买三斤〔ma:i^{23} sa:m^{5} kɐn^{55}〕〈三斤買う〉	买三斤〔ma:i$^{35※}$ sa:m^{53} kɐn^{55}〕〈三斤買った〉
落〔lɔk^{2}〕	落场雨〔lɔk^{2} ts‘œŋ^{21} jy^{23}〕〈雨が降る〉	落场雨〔lɔk$^{35※}$ ts‘œŋ^{21} jy^{23}〕〈雨が降った〉

この現象に対する解釈も研究者によって異っている。詹伯慧（1981）は、“声調の変換を利用して文法的な意義を表わす”[(6)]と説明しているが、饒秉才

等(1981)は、この種の現象は：

"從變調的角度上看、恰與高升變調一樣、變調之後表示動詞的完成時態但實際上這是音節的縮減現象。"(p. 293)

であると説明するとともに、また、次のように説明を加えている：

"咗"zo² 是表示動詞完成時態的助詞、在說話時、如果前面的動詞是屬陽平、陽上、陰去、陽去、陽入、中入等調的字、它可以與動詞結合成一個音節(或者"咗"的聲母脫落、變作o²、動詞爲塞音韵尾時更常見)。例如：

嚟咗未呀？ lei⁴ zo² (＞lei²) méi⁶ a³ (來了沒有？)

買咗三斤 mai⁵ zo² (＞mai²) sam¹ gen¹ (買了三斤)

去咗開會 hêu³ zo² (＞hêu²) hoi¹ wui⁶⁻² (去了開會)

賺咗好多 zan⁶ zo² (＞zan²) hou² do¹ (賺了很多)

落咗場雨 log⁶ zo² (＞log²) cêng⁴ yu⁵ (下了一場雨)

(或 log⁶ o² cêng⁴ yu⁵)

食咗飯未？ xig⁶ zo² (＞xig²) fan⁶ méi⁶ (吃飯了沒有？)

(或 xig⁶ o² fan⁶ méi⁶)

這種現象屬於音節的縮減、即動詞和"咗"合成一個音節、前面的動詞保留聲母和韵母、後面的"咗"僅保留聲調。(p. 295)

(2) 意味を変えるもの：声調交替をすることによって、本義から傍義を派生したり、ときには反意を表したりするものがこれである。

① 派生語：例えば"糖"〔t'ɔŋ²¹〕であるが、本義の〈砂糖〉の場合は声調交替せず、それを利用して作られたキャンデー類は全て声調交替している。如下：

例字	不変	派生
糖〔t'ɔŋ²¹〕〈砂糖〉	冰糖〔pɪŋ⁵³ t'ɔŋ²¹〕〈砂沙糖〉	牛奶糖〔ŋɐu²¹ na:i²³ t'ɔŋ³⁵※〕〈ミルクキャラメル〉
	白糖〔pa:k²² t'ɔŋ²¹〕〈白沙糖〉	花生糖〔fa⁵⁵ sɐŋ⁵⁵ t'ɔŋ³⁵※〕〈ピーナッツのあめ〉

		水果糖〔sœy^{35} kwo^{35}t'ɔŋ$^{35※}$〕〈フルーツキャンディー〉
烟〔jin^{53}〕〈けむり〉	烟幕〔jin^{53} mɔk^{2}〕〈えんまく〉	烟仔〔jin$^{55※}$ tsɐi^{35}〕〈タバコ〉
银〔ŋɐn^{21}〕〈銀〉	银色〔ŋɐn^{21} sɪk^{5}〕〈銀色〉	银仔〔ŋɐn$^{35※}$ tsɐi^{35}〕〈小銭〉
女〔nœy^{23}〕〈女〉	女学生〔nœy^{23} hɔk^{2} sa:ŋ^{55}〕〈女学生〉	女〔nœy$^{35※}$〕〈若い娘、女の子、コールガール〉
对〔tœy^{33}〕〈つい〉	对照〔tœy^{33} tsiu^{33}〕	对联〔tœy$^{35※}$ lyn^{21}〕〈対聯〉
皮〔p'ei^{21}〕〈皮〉	皮鞋〔p'ei^{21} ha:i^{21}〕〈皮靴〉	皮衣〔p'ei$^{35※}$ ji^{55}〕〈毛皮でつくった服、毛皮コート〉
遮〔tsɛ^{53}〕〈さえぎる〉	遮住〔tsɛ^{53} tsy^{22}〕〈さえぎる〉	一把遮〔jɐt^{5} pa^{35} tsɛ$^{55※}$〕〈傘一本〉

② 特殊な場合：これは形容詞が声調交替することによって、"反意"を表したり、時には"制限"のニュアンスを表わすものである。

a) 反意：

例字	不変	反意
长〔ts'œŋ^{21}〕	咁长〔kɐm^{33} ts'œŋ^{21}〕〈こんなに長い〉	咁长〔kɐm^{33} ts'œŋ$^{55※}$〕〈こんなに短い〉
大〔ta:i^{22}〕	咁大〔kɐm^{33} ta:i^{22}〕〈こんなに大きい〉	咁大〔kɐm^{33} ta:i$^{55※}$〕〈こんなに小さい〉
多〔tɔ^{53}〕	咁多〔kɐm^{33} tɔ^{53}〕〈こんなに多い〉	咁多〔kɐm^{33} tɔ$^{55※}$〕〈こんなに少い〉

b) 制限：

例字	不変	制限
长〔ts'œŋ^{21}〕	咁长	咁长〔kɐm^{33} ts'œŋ$^{35※}$〕〈ただこれだけ長いだけ〉

大〔ta:i^{22}〕	咁大	咁大〔kɐm^{33} ta:i$^{35※}$〕 〈ただこれだけ大きいだけ
多〔tɔ^{53}〕	咁多	咁多〔kɐm^{33} tɔ$^{35※}$〕 〈ただこれだけ多いだけ〉

4.2.3　借用語：さて、いままで述べてきた“変音”の現象は、何らか文法機能のまたは意味論的な変化をその本質とするものであった。これにし、ここにとり上げる借用語は、同様の声調交替を示すが、機能・意味面の変化をともなわず、従って本来の“変調”としてとり扱うべきものであが、特殊なものとして、ここにとり上げることにする。[7] 但し、タイ語系もくはそれと思われる語彙については、広東語の形成過程の観点から、純粋借用語とよべるかどうか疑わしいのでここではとり上げず、もっぱら英語中心としたヨーロッパ系言語のものを分析の対象とした。なお分類の基準して、⑴漢字表記をもつもの、⑵ローマ字と漢字表記の組み合わせ、⑶漢表記をもたないものとした。広東語における借用語は、原則として、第1節は / 55 / 調、第2音節は / 55 / 調または / 35 / 調になるという頗る規則を有している。また、張日昇（1969）は次のように言っている。

“不過粤人在自己創造的新詞中確有利用35調和55調作為複詞標誌的傾所以、一個書面音還是保留着基本調值的字、用於口語和方言性的詞中讀變調。”（p. 100）

であるとして、外来語はその展型的な例であると分析している。

⑴　漢字表記をもつもの：

①　音訳借用語

原語	音訳語	日訳
fare	飞〔fei^{55}〕	〈(乗物や劇場等の)切
quarter	骨〔kwɐt$^{\underline{5}}$〕	〈クオーター、15分〉
card	咭〔kɐt$^{\underline{5}}$〕	〈カード〉
pan	镑〔p‘a:ŋ^{55}〕	〈なべ〉
mile	咪〔mɐi^{55}〕	〈マイル〉

microphone	咪〔mɐi^{55}〕	〈マイクロフォン〉
pump	泵〔pɐm^{55}〕	〈ポンプ〉
mark	唛〔ma:k$^{\underline{5}}$〕	〈マーク〉
tire	呔〔t'a:i^{55}〕	〈タイヤ〉
necktie	呔〔t'a:i^{55}〕	〈ネクタイ〉
laine（仏語）	冷〔la:ŋ^{55}〕	〈セーター〉
cent	仙〔sin^{55}〕	〈セント〉
guitar	结他〔kit$^{\underline{33}}$ t'a^{55}〕	〈ギター〉
fashion	花臣〔fa^{55} sɐn^{35}〕	〈ファッション〉
partner	拍乸〔p'a:k$^{\underline{55}}$ na^{35}〕	〈パートナー〉
toast	多士〔tɔ^{55} si^{35}〕	〈トースト〉
stamp	士担〔si^{22} ta:m^{55}〕	〈スタンプ〉
steam	士店〔si^{22} tim^{55}〕	〈スティーム〉
stick	士的〔si^{22} tɪk$^{\underline{5}}$〕	〈ステッキ〉
taxi	的士〔tɪk$^{\underline{5}}$ si^{35}〕	〈タクシー〉
sirloin	西冷〔sɐi^{55} la:ŋ^{55}〕	〈サーロイン〉
boss	波士〔pɔ^{55} si^{35}〕	〈ボス〉
minced	免治〔min^{23} tsi^{22}〕	〈ミンチ〉
sandwiches	三文治〔sa:m^{53} mɐn^{21} tsi^{22}〕	〈サンドイッチ〉

② 音意訳借用語

bar	酒吧〔tsɐu^{35} pa^{55}〕	〈バー〉
pie	肉批〔juk$^{\underline{2}}$ p'ɐi^{55}〕	〈パイ〉
shirt	恤衫〔sœt$^{\underline{5}}$ sa:m^{55}〕	〈シャツ〉
beer	啤酒〔pɛ^{55} tsɐu^{35}〕	〈ビール〉
warrant	花令纸〔fa^{55} lɪŋ^{35} tsi^{35}〕	〈逮捕状〉

(2) ローマ字と漢字表記の組み合せ

T−bone steak　T 骨牛扒〔t'i^{55} kwɐt$^{\underline{5}}$ŋɐu^{21} p'a^{35}〕

〈Tボーンステーキ〉

T−shirt	T恤〔t‘i^{55} sœt^{5}〕	〈Tシャツ〉
X−ray	X光〔ɛ:k^{55} si^{22} kwɔŋ^{55}〕	〈X線〉

(3) 漢字表記をもたないもの（表記する時はローマ字表記）

D.J	D.J〔ti^{55} tsei^{55}〕	〈ディスクジョッキー〉
N.G	N.G〔ɛn^{55} tsi^{55}〕	〈N.G〉
T.B	T.B〔t‘i^{55} pi^{55}〕	〈肺病〉
D.D.T	D.D.T〔ti^{55} ti^{55} t‘i^{55}〕	〈D.D.T〉

上記資料から、ほとんどが借用語の声調規則に従っていることがわかるであろう。この声調規則を破ったものは、“免治”〔min^{23} tsi^{22}〕や“三文治”〔sa:m^{53} mɐn^{21} tsi^{22}〕など極めて少数である。これについて、張日昇（1986）は次のように指摘している：

其次、音译借词确有受书写文字的影响而改变读音、以致变成语音规律不能解释的例外、但这就不能说是真正的例外。例如minced一词、一般借作“免治”〔min ˨˧ tsi ˨〕、也就是直读汉字。但广州话双音节的音译借词的声调通常是：第一音节读〔˥〕^{55}、第二音节读〔˧˥〕^{35}、那么这个词是不是例外呢？其实〔min ˨˧ tsi ˨〕这个读音是藉着书写文字（如在菜单上）的推广、逐渐替代了口语中间还有人使用而合乎语音对应规律的最初读音〔min ˥ tsi ˧˥〕。讨论英语音译借词的声调规律问题时、〔min ˨˧ tsi ˨〕一词看来是违反规律的例外、但从历史的观点上看、〔min ˨˧ tsi ˨〕是从〔min ˥ tsi ˧˥〕变来、而〔min ˥ tsi ˧˥〕正合乎规律、后期的变化是受了文字的影响。
(p. 43)

このことはとりもなおさず、言葉の「こなれ」あるいは「こなし」方を意味するものであろう。借用語の声調規則（即ち / 55 / 調又は / 35 / 調になる）と対応しているものを第1パターン、破ったものを第2パターンとするならば、第1パターンから第2パターンに変化しているものを分析することによって、借用語の受容過程が推測可能となるし、またその定着性の指標とすることもできる。例えば、“幽黙”〔jɐu^{53} mɐk^{2}〕〈humour〉、“浪漫”〔lɔŋ^{22} ma:n^{22}〕〈roantic〉、“道林紙”〔tou^{22} lɐm^{21} tsi^{35}〕〈dowling paper〉等、比較的早期に外来語として定着したものは、ほとんどが本来の声調で発話されていることからも窺えよう。

また、辻伸久（1986）は香港粤語の例から、言語接触により新しい語彙は次々に誕生するが、漢字形態素を持つものだけが将来まで生き残るであろうと予想している。

5.　今後の課題

5.1　言語史上の問題

“変音”の分析を通じて、広東語の形成過程を明らかにするうえでの傍証とすることができよう。張日昇（1969）も指摘しているように、広東語は造語法上、新語を造る際の指標として、/55/調又は/35/調を利用し、体系的異質性を示す傾向が強い（特に外来語はその展型）。従って、書面語では依然として本来の調値を保っているが、口頭語や方言的色彩の濃いものはその声調が交替することが多い。ここではとり上げなかったが、タイ語系言語の遺留とみなされている語の多くも、漢字語の一般規則に反して/55/調又は/35/調に読まれる。[8] この種の現象も何らかの体系的な異質性を示さんとする現象の一つとして解釈できるのではないだろうか。

5.2　言語人類学上の問題

借用語の分類あるいはその組み込まれ方のパターンを分析することによって、「文化受容」の形式を明らかにすることも可能であろう。

5.3　社会言語学上の問題

前述のように、借用語の受容パターンを通じて一種の語の「こなれ」の現象をみることができる。また張日昇（1986）は、次のような興味深い報告をしている：

双音节借词的声调受两条超音段对应规律的制约。第一、如上所述、凡是主重音和次重音的都变成〔˥〕^{55}调。第二、非重音如果出现在第二音节则读〔˧˥〕^{35}调或〔˨˩〕^{21}调、出现在第一音节则读〔˧〕^{33}调或〔˨〕^{22}调。第二音节读〔˧˥〕^{35}调是较“广州话化”、而读〔˨˩〕^{21}调则较接近原借词的读音。

> 因此创造借词的人要是英语水平高的话(例如大学生等)、倾向用〔˨˩〕^{21}调、而不懂英语或英语水平低的倾向用〔˧˥〕^{35}调。(p. 44)

として、すなわち、英語の水準が高い人ほど英語本来の音調パターンに接近した発音をし、英語の水準が低い人は「広東話化」のパターンとなると、その階層性を指摘している。

※本稿は1986年12月13日、中国語学会関東支部例会（於麗澤大学）において口頭発表したものに加筆修正したものである。なお、例会において牛島徳次先生はじめ、多くの方々から貴重な御教示を戴いた。誌して御礼を申し上げる。

＜注＞

(1) 従来広東語を取扱った研究者の多くが、何らかの形で広東語の声調交替について言及しているが、専書としては、香坂順一（1960）、宗福邦（1964）、張日昇（1969）等がある。

(2) 但し遠藤光暁（1984）は香港粤語の機械測定の結果、“各入声（特に上陰入）はそれに相応する舒声よりピッチが高いという結果が出ている。”（p. 21）と報告している。

(3) 例えば、叶国泉・唐志东(1982)によれば、粤語信宜方言では九つの基本声調（陰平53：、陽平11：、陰上35：、陽上23：、陰去33：、陽去22：、上入55：、中入33：、陽入22：）があるが、“信宜话的九个单字调都可以变音、变音只有一个、调值特高而上扬、比任何一个单字调本调都要高、与本调极易区别。”とあり、広東語のような複雑さはない。

(4) 趙元任（1947）p. 34 参照。

(5) 池田広昭（1984）p. 23 参照。

(6) 詹伯慧（1981）p. 57 参照。

(7) 香坂順一（1960）は“借音は語彙に対して意義をきれいに排除しているという意味で大きな変化である。広東語における外来語が、かならずどの音節かが変平になるという事実は、変平は変化の意味を内包するということに対して、最も典型的な例になるであろう。」（p. 12）と説明している。

(8) 「又如m－、n－、l－等按汉语的习惯是不与阴调类相配、而只与阳调类相配的；但粤方言中却不乏m－、n－、l－读阴调类的例子、如“乜”〔mɐt꜀〕(什么)、“拧”

〔cniŋ〕（拿）、"啱"〔cŋa:m〕（对、不错）等都念阴调、这也与壮语近似、有可能是壮语和粤方言相互影响的遗迹。」（詹伯慧1981, p.163）

＜参考文献＞

池田広昭　1984.《広東語の声調の実験音声学的研究》、《金田一春彦博士古稀記念論文集》、第2巻、pp.195－229

遠藤光曉　1984.《桂林・貴陽・宜良方言の声調》、《均社論叢》、15、pp.5－21

香坂順一　1960.《広東語の変声》、《中国語学》100、pp.8－18

辻　伸久　1986.《中国語の通時相と口語語彙：香港カントン語の例から》、AA研辞典編纂プロジェクトでの発表要旨、1986.6.14

中嶋幹起　1982.《広東語常用6000語》、大学書林

…………　1986.《広東語分類語彙》、大学書林

平田昌司　1983.《"小称"与变调》、《アジア・アフリカ語の計数研究》、第21号、pp.43－57

叶国泉・唐志东　1982.《信宜方言的变音》、《方言》1982－1、pp.47－51

李　荣　1978.《温岭方言的变音》、《中国语文》1982-2、pp.96-103

…………　1983.《关于方言研究的几点意见》、《方言》1983－1、pp.1－15

朱 德 熙　1986.《在中国语言和方言学术讨论会上的发言》、《中国语文》1984－4、pp.246－252

宗 福 邦　1964.《关于广州话阴平调的分化问题》、《中国语文》1964－5、pp.376－389

高 華 年　1980.《廣州方言研究》、香港商務印書館

袁 家 驊　1960.《汉语方言概要》、文字改革出版社、北京

張 日 昇　1969.《香港粵語陰平調及變調問題》、《香港中文大學中國文化研究所學報》、第2巻第1期、pp.81－107

…………　1986.《香港广州话英语音译借词的声调规律》、《中国语文》1986－1、pp.42－50

張 洪 年　1972.《香港粵語語法的研究》、香港中文大學出版

黄 錫 凌　1940.《粵音韻彙》、香港中華書局重印本（1973年）

趙 元 任　(Chao, Y. R.) 1947. Cantonese Primer, Harvard University Press.

…………　1948.《中山方言》、《史語所集刊》第20本上、pp.49－73

…………　1951.《台山語料》、《史語所集刊》第23本上、pp.25－76

………… 1959. The Morphemic Status of Certain Chinese Tones, The Transaction of the International Conference of Orientalists in Japan, 4, pp. 44－48

詹伯慧 1981. 《现代汉语方言》、武汉湖北人民出版社

饒秉才等 1981. 《廣州話方言詞典》、商務印書館香港分局

劉錫祥 1977. 《實用粵英詞典》、The Government Printer Hong Kong

Hashimoto, Oi－Kan Yue 1972. Studies in Yue Dialect I: Phonology of Cantonese, Cambridge At The University Press

麗澤大学紀要　第57巻　1993年12月

（報告）

「第１回台湾語言国際研討会」に参加して

千　島　英　一

1993年３月27日、28日の両日の間、台北の国立台湾師範大学において開催された「第１回台湾語言国際研討会」に参加する機会を得た。第１回ということではあったが、関係者のご努力で大会は非常に盛会なものであった。

周知のように、台湾は約２千万の人口が、台湾本島と周囲のいくつかの島嶼に居住している地域だが、複数の言語が競合する多言語社会でもある。上位言語はもちろん公用語の「國語」と呼ばれている北京語であるが、もともと台湾に分布する漢語系の言語は閩南語であったり客家語であった。人口的にも閩南語を母語とする人が総人口の約75％、客家語を母語とする人が約13％占めている、という。この２系以外では、戦後、蔣介石の国民党とともに大陸から移住してきた人々の話すさまざまな漢語方言がある。さらに、漢民族の台湾入植以前から居住している先住民族である高砂族諸語もある。狭い地域であっても言語的にはかなり複雑な様相をみせていることがおわかりできよう。しかし、この40年来、国民党政権の言語政策は一貫して〝國語〟の推進であり、方言や民族語の禁圧であった。

ところが、この数年来、一般人の台湾の諸言語に対する関心は、急激な高まりをみせており、一種のブームともいうべき様相を呈している。このことは1989年の年末に、国民党政府下で初めて自由選挙が行われ、民進党などの国民党以外の議員や自治体の首長が誕生したのと、決して無関係なことではない。戒厳令の解除（1987年）などの措置によって、言論や政治的選択の幅が広がったことにより、台湾の言語・文化の尊重と回復が声高に叫ばれるようになったのだ。こうした状況の変化のもとでの今回の開催だけに、よけいに熱気があふれているようだった。

今回参加のきっかけとなったのは、去年の夏（1992年）の一本の電話からであった。惰眠をむさぼっていたら、畏友の姚栄松博士から突然電話がかかってきた。聞けば、いま東京にいる、ぜひ会いたい、との申し出なので、早速、宿舎まで面会に行って来た。その席上、来年、君の母校の師範大学で、台湾の言語をめぐる最初の国際的な学会を開くから、ぜひ参加するように、との誘いを受けたのであった。何か発表せよ、との命であったが、それは固く辞退した。

初日、会場の師範大学綜合大楼に着いてみると、受付にはすでに人だかりができていた。関係者の話しでは、当初300人位の参加者を見込んでいたのが、実際には500人位の参加者となり、てんてこ舞いした、ということであった。

すでに、『第1屆臺灣語言國際研討會論文集』という表題の大判の論文集ができており、関係者のなみなみならぬ意気込みが感じられたが、さらに発表レジメの載っている『大會手冊』まで用意していたのには感心させられた。主催単位は、国立台湾師範大学英語、国文系所、中華民国台湾語文学会、賛助単位は、教育部、行政院文化建設委員会、太平洋文化基金会、国立台湾師範大学国語教学中心、徐元智先生記念基金会であった。

今回の大会の主要テーマは台湾閩南語、客家語及びオーストロネシア語（南島語）の語彙と語法であった。各研究者の発表に先立って、李壬癸教授（中研院史語所）の司会のもと、わが国の土田滋教授（東大）と鄭良偉教授（ハワイ大学）の講演があった。土田教授の演題は《Reorganization of the Austronecian Language Family》というものであった。鄭教授は《臺灣話的代名詞—語意與語用》という題で熱心に講演し、後の質疑にも丁寧に答えていたのが印象に残った。

その後、発表は閩南語、客家語、南島語の各分科会にわかれて行われた。客家語の部会では同窓の友人羅肇錦博士（臺北師範學院）が《四縣客語虛詞的功能結構》の題で発表するのでそれを聞きにいった。聞いているうちに8年前の夏、一緒に台湾南部の客家語調査をした時のことを懐かしく思い出した。

大会には大陸の学者も参加しており、そのうちのひとりである班弨（暨南大学）氏の《臺灣南島語—壯侗語詞源研究》は、なんとしても拝聴しようと思っていた。が、ちょうど師大語言中心に留学中の麗大卒業生福田佳南子さんとばったり出会い、おしゃべりしていて聞き逃してしまった。〝百越〟絡みの面白いテーマで興味があったのだが…。

二日目のことも紹介したかったが、残念ながら紙数が尽きた。二日間で、約40人の口頭発表があり、最初にも記したようにとても盛会であった。早速、次回開催を望む声も出たが、未定とのことである。

（専攻：中国語学）

马来西亚粤语中的借词问题初探

千岛英一　樋口靖

1. 马来西亚华族的语言

马来西亚是世界上最有名的复合民族国家之一。居住在西部(半岛)马来西亚的各民族之中,华族人口达到33%以上,可见;他们是马来西亚国家的非常重要的组成因素。马来西亚华人的方言群相当复杂,至少包括9种中国南方各地方言在内。西部马来西亚华族方言群的人口统计如下:[1]

	人口	百分比
Hokkien(闽南)	333,936	36.7
Teocheu(潮州)	447,370	12.3
Hainan(海南)	140,429	3.9
Hokchiu(福州)	68,736	1.9
Hokchia(福清)	6,515	0.2
Henghua(兴化)	11,982	0.3
Hhek(客家)	789,686	21.7
Kanton(广东)	692,520	19.1
Kwongsai(广西)	81,815	2.3
The others	57,543	1.6
合计	3,630,542	100.0

概算为闽语系55.3%,客语系21.7%,粤语系21.4%。

这几种不同方言,也就是他们的母语,由于相互之间的出入太大,语言不大通,另外需要别的共同的交际语言,所以在各个地域社会里自然形成了一种地域通用语。例如,槟城、马六甲等地的闽南语(马来西亚人管它叫福建话),在怡保、吉隆坡等地的广府话等皆是。值得注意的是在马来西亚境内两广系人口的比率为数较少,但是,广府话作为地域通用语,却颇具优势,可与福建话匹敌。

随着现代社会的经济和交通的发展,地域、社会之间有了频繁的接触,必然需要一种更大的通用语用以结合不同方言群。目前,华语正扮演着这种重要角色。据1970年的调查[2],西部马来西亚华人之中,41%的人会说华语,现在,它的比率也许更多了。

2. 马来西亚粤语的一些特征

马来西亚是马来西亚的土著民族,已有超过1000年的历史。马来文化由于长期受过印度、伊斯兰和西洋文化的影响,它的语言也接纳了不少源自这些外族语言中的外来词。相同的,过去100多年来,马来族跟华族也在社会生活中来往交际,不断接触,结果,形成了词汇上的互相借移关系。马来西亚汉语方言群中,"福建话"的势力很大,因此,在马来语中借自闽南语的借词最显著。另一方面,马来西亚闽语也借用了很多来自马来语的单字。例如,tongkat(手杖)、amsak(玩具)、kampong(乡村)、loti(面包)、satbun(肥皂)、sateh(烤肉串)、mata(警察)、lui(钱)、kauyin(结婚)、suka(欢喜)、sayang(可惜)、tiam(安静)等不胜枚举。其实,这些源自马来语的借词同时也存在于马来西亚粤语里面,而且它的词汇项目上的反映相当一致(参见下面的材料)。

早期马来西亚华人社会,华语未曾普及,方言盛行,当华人跟马来人在日常生活各领域互相来往、互相交际的时候,所谓的"市场马来语"Bazzar Malay或者闽、粤语都可能成为不很通晓马来语的人的原始交际语言。在这里,马来语和汉语方言这两种语言形成了相互接触、冲突的局面,结果,方言也引进了大量的马来语借词。正因为这个原因,方言中的马来语来源的单字包含着许多基本生活语汇,有时候甚至于从对方的阵地把原有的方言基础语汇驱逐出去了。华语的情况是刚刚相反。因为华语来到马来西亚比较晚一点,华语本身直接接触到马来语的场面也很有限,并且华语保有一个非常巩固的书面语传统,所以它受到马来语的影响极小,它受到中国南方各方言的影响反而较大[3]。另外,一般的马来西亚华人或多或少都会说两种方言。他的母语设使是广府话,同时,也会了解福建话。这一点是闽、粤语都吸收了同是源自马来语借词的主要原因之一。

广东话本来以拥有丰富的英语外来词闻名,马来西亚粤语也保有大量英语外来词。但是,其内容跟香港、广州的有所出入,这也许反映着中国跟马来西亚的文化、社会条件的异同。

在马来西亚汉语中,最具优势的还是闽语,所以马来西亚粤语吸收了较多闽语词汇。结果,很自然地发生了跟中国广东话的出入现象。同时,近年来,华语急速普及,在方言里面进来了很多华语的词汇及语法。

3. 小结

马来西亚粤语,因其特殊的文化、社会背景的缘故,吸收了大量的其他语言、方言的词汇,已形成了跟中国境内的粤语有所不同的面貌。我们认为目前关于这方面的研究比较落后,因此,在此要提供一些材料并提出一个初步的看法,请示各位,乞求批评指导。还有,马来西亚粤语中存在着不跟香港、广州广东话一致的很多词汇、说法,对于其原因,目前我们不敢轻率的提出意见。有的可能是从其他方言(包括别的粤方言在内)搀进来的,有的可能是保留着较古老的单字或在香港、广州粤语里已流失的说法。

附. 马来西亚粤语中的借词举例

这次调查的词汇基本上按《汉语方言词汇》(北京大学语言文学系语言学教研室编,

1964，文字改革出版社）记录的，另外补充一些词汇。

主要发音合作人——梁嘉征先生

调查时 24 岁（1971 年出生），学生，大学 4 年级。在马来西亚 Perak 州 Kampar 市长大，从小学到高中一直念华语学校。1990 年来日，在日 5 年。会说广州话、华语、马语、日语。家庭语言基本上是广州话。

辅助发音合作人——胡溧苹女士

调查时 27 岁（1968 年出生），学生，大学 1 年级。在马来西亚 Kuala Lumpur（吉隆坡）长大。从小学到高中一直念华语学校。1993 年来日，在日 2 年。会说广州话、华语、马语、日语。家庭语言基本上是广州话。

辅助发音合作人——侯文龙先生

调查时 27 岁（1968 年出生），学生，大学 1 年级。1993 年来日，在日 2 年。在马来西亚 Pahng 州 Darul 市长大，从小学到高中一直念华语学校，会说广州话、华语、马语、日语，家庭语言基本上是广州话。

［举例］

①来自英语

普通话	广州话	马来西亚粤语	英语
叔父/伯父	亚叔/亚伯	ɐŋ^{55}kɛ^{21}	uncle
婶母/姨母	亚婶/亚姨	ɐŋ^{55}ti^{21}	aunt
护士	护士	mi^{22}ʃi^{22}	miss
卡车	货车	lɔ^{22}li^{55}车	lorry
摩托车	电单车	mɔ^{22}t'ɔ^{55}	motor - cycle
巧克力	朱咕力	tʃɔ^{55}kɔ^{55}løt^{5}	chocolate
驴	驴仔	tøn^{21}ki^{55}	donkey
逛商店	行公司	去 shopping	shopping
		［例］今日去 shopping.	

②来自马来语

普通话	广州话	马来西亚粤语	马语
全部	冚唪呤	ʃa^{55}ma^{55}	semua
		［例］冚唪呤几多钱？⇨ʃa^{55}ma^{55}几多钱？	
钱	钱	løy^{21}	duit
市场	街市	pa^{22}ʃɐt^{5}	pasar
		［例］去街市。⇨去 pa^{22}ʃɐt^{5}。	
聪明	聪明/叻	pa:n^{22}lɐi^{55}	pandai
	［例］佢系一个好聪明嘅人。⇨佢系一个 pa:n^{22}lɐi^{55}嘅人。		
	［例］佢唱歌唱得几好。⇨佢 pa:n^{22}lɐi^{55}唱歌。		
面包	面包	lɔ^{21}ti^{55}	roti
		［例］一嚿 lɔ^{21}ti^{55}	
		［例］一片 lɔ^{21}ti^{55}	

安静	咪嘈	tiɐm^{22}tiɐm^{35}	diam
	[例]咪嘈，唔好出声！⇨tiɐm^{22}tiɐm^{35}，唔好出声！		
喜欢	中意	ʃɔ^{55}ka^{22}/中意	suka
	[例]你中意乜嘢？⇨你 ʃɔ^{55}ka^{22}乜嘢？ 你中唔中意睇戏？⇨你 ʃɔ^{55}唔 ʃɔ^{55}ka^{22}睇戏？		
光头	光头	pɔ^{22}tɐk^{5}	botak
	[例]佢剪 pɔ^{22}tɐk^{5} 个头。		
咖啡	咖啡	kɔ^{22}pi^{55}	kopi
	[例]你饮唔饮 kɔ^{22}pi^{55}呀？		
冰镇咖啡	冻咖啡	kɔ^{22}pi^{55}雪	kopi ais
什锦	什锦(鸡)	tʃaːp^{22}(鸡)pa^{35}lɐŋ^{55}	barang
糕	糕	kui^{21}	kuih
	[例]年 kui^{21}(或说“年糕”)		
手杖	士的	tɔːŋ^{22}kɐt^{5}	tongkat
		[例] 揼住士的。⇨ 揼住 tɔːŋ^{22}kɐt^{5}。	
乡下	乡下	kɐm^{22}pɔːŋ^{55}	kampung
警察	差人	ma^{22}ta^{33}	mata

③来自普通话

普通话	广州话	马来西亚粤语
太阳	热头	太阳 tʻaːi^{33}jœŋ^{21}
星星	星	星星 ʃiŋ^{55}ʃiŋ^{55}
天气	天时	天气 tʻin^{55}hei^{55}
池塘	塘	池塘 tʃi^{21}tʻɔːŋ^{35}
风景	景致	风景 fuŋ^{55}kiŋ^{35}
明年	出年	明年 miŋ^{21}nin^{21}
端午节	五月节	包粽节 paːu^{55}tʃuŋ^{33}tʃit^{33}/ 端午节 tyn^{35}ŋ^{23}tʃit^{33}
灰尘	烟尘	灰尘 fuːi^{55}tʃɐn^{21}
蜻蜓	蝗尾	蜻蜓 tʃiŋ^{55}tʻiŋ^{21}/ tɔːŋ^{21}(蝗)li^{55}li^{55}(小孩子用的)
蜘蛛		蜘蛛 tʃoi^{55}tʃy^{55}
寡妇	寡姆婆	寡妇 kwa^{35}fu^{23}
打雷	行雷	打雷 ta^{35}løy^{21}
裁	□kaːi^{33}	裁 tʃɔːy^{21}
买布	剪布	买布 maːi^{23}pou^{33}
怀疑	思疑	怀疑 waːi^{21}ji^{21}
暗	黑	暗 ɐm^{33}
清楚	真	清楚 tʃiŋ^{55}tʃɔ^{35}

内行	在行	内行 nɔ:i^{22}hɔ:ŋ^{21}
外行	唔在行	外行 ŋɔ:i^{22}hɔ:ŋ^{21}
菜(下饭的菜)	餸	菜 tʃɔ:i^{33}
买菜	买餸	买菜 ma:i^{23}tʃɔ:i^{33}
彩虹	天虹	彩虹 tʃɔ:i^{35}huŋ^{21}
月份牌	日历	月份牌 y:t^{22}fɐn^{22}p'a:i^{21} / 缘份牌 y:n^{21}fɐn^{22}p'a:i^{21}
汽船	电船	汽船 hei^{33}ʃy:n^{21}
老鹰	麻鹰	老鹰 lou^{23}jiŋ^{55}
栏干	栏河	栏干 la:n^{21}kɔ:n^{55}
单身汉	寡佬	单身汉 ta:n^{21}ʃɐn^{2}hɔ:n^{33}

④来自闽南语

普通话	广州话	马来西亚粤语	闽南语
礼拜一	礼拜一	拜一 pa:i^{33}yɐt^{5}	拜一
礼拜二	礼拜二	拜二 pa:i^{33}ji^{22}	拜二
礼拜三	礼拜三	拜三 pa:i^{33}ʃa:m^{55}	拜三
礼拜四	礼拜四	拜四 pa:i^{33}ʃei^{33}	拜四
礼拜五	礼拜五	拜五 pa:i^{33}ŋ^{23}	拜五
礼拜六	礼拜六	拜六 pa:i^{33}luk^{2}	拜六
礼拜天	礼拜日	礼拜 lɐi^{23}pa:i^{33}	礼拜
粉条	河粉	粿条 ku:i^{22}tiɐu^{55}	粿条
香蕉	香蕉	弓蕉 kuŋ^{55}tʃiu^{55}	弓蕉
喝茶	饮茶	饮茶 jɐm^{35}tɛ^{35}(老年世代) 饮茶 jɐm^{35}tʃa^{21}(年轻世代)	lim^{55}茶(te^{24})

※"tɛ^{35}"之来源是英语的"tea"还是闽南语(厦门话)的"茶 te^{24}"? 暂时保留结论。又,一般年轻人认为"tɛ^{35}"是专指"红茶"。例如:冰镇红茶⇨□雪 tɛ^{35}ʃy:t 33

⑤其他跟广州话不同的词

普通话	广州话	马来西亚粤语
口香糖	香口胶	树胶糖 ʃy^{22}ka:u^{55}t'ɔ:ŋ^{35}
橡胶	橡胶	树胶 ʃy^{22}ka:u^{55}
橡皮	胶擦	树榕□ʃu^{22}yuŋ^{21}øt^{5}
橡皮圈儿	橡筋箍	树榕仔 ʃy^{22}yuŋ^{21}tʃɐi^{35}
猜猜猜	猜呈寻	wɐn^{22}t'u^{22}ʃa:m^{55}(one,two,三)
锤子	□tɐp^{2}	石 ʃɛ:k^{22}
剪子	剪	鸟 niu^{23}
布	包	水 ʃøy^{35}
汽车	汽车	电车 tin^{22}tʃɛ^{55}
自行车	单车	脚车 kœ:k^{33}tʃɛ^{55}

森林	森林	山芭 ʃaːn^{55}pa^{55}
		[例]佢系山芭出嚟嘅。
节日	节日	大日子 taːi^{22}jɐt^{2}tʃi^{35}
玩	玩	聊 liu^{21}
		[例]去玩⇨去聊
老板	老板/老细	老细 lou^{23}ʃɐi^{33}/亚细 a^{33}ʃɐi^{33}
结帐	埋单	计数 kɐi^{33}ʃou^{33}
在	喺度	在度 tʃɔːi^{35}tou^{22}
不在	唔喺度	唔在 m^{21}tʃɔːi^{35}/唔喺度 m^{21}hɐi^{35}tou^{22}
兜风	游车河	□街 lɔːŋ^{55}kaːi^{55}
		[例]去游车河⇨去 lɔːŋ^{55}街
扑克牌	啤牌	荷兰牌 hɔ^{21}laːn^{21}p'aːi^{35}
理发	飞发	剪(头)发 tʃiːn^{35}(t'ɐu^{21})taːt^{33}
番石榴	番石榴/鸡屎果	鸡屎果 kɐi^{55}ʃi^{35}kɔ^{35}
※果的发音是已经消失介音"－w"。又鸡屎果是跟上海话相同。		
露水	露水/雾水	雾水 mou^{22}ʃøy^{35}
兔子	兔/兔仔	兔仔 t'ou^{21}tʃɐi^{35}
老虎	老虎	老虎 lou^{23}fu^{35}/大白公 taːi^{22}paːk^{22}kuŋ^{55}
公马	马公	公嘅马 kuŋ^{55}kɛ^{33}ma^{23}
母马	马乸	乸嘅马 ma^{35}kɛ^{33}ma^{23}
黄花鱼	黄鱼	□□ʃøn^{35}hɔːk^{33}
蚌	蚌	□□la^{22}lɐt^{5}
蟋蟀	蟋蟀	草蟀 tʃ'ou^{35}tʃ'øt^{5}
稻子	禾/榖	榖 kuk^{5}
		※稻田是榖田 kuk^{5}t'in^{21}
玉米	粟米	包粟 paːu^{55}ʃuk^{5}/包粟米 paːu^{55}ʃuk^{5}mɐi^{35}
		※包粟是跟客家话相同。
向日葵	向日葵	太阳花 t'aːi^{33}jœŋ^{21}fa^{55}
马铃薯	薯仔/荷兰薯	荷兰薯 hɔ^{21}laːn^{21}ʃy^{21}
		※荷兰薯是跟客家话相同。
卷心菜	椰菜	包菜 paːu^{55}tʃ'ɔːi^{33}
		※包菜是跟客家话相同。
梅子	梅子	酸梅 ʃyːn^{55}muːi^{35}
枣儿	枣/红枣	红枣 huŋ^{21}tʃou^{35}
		※枣是在马来西亚只有干燥的。
早饭	朝早饭/早餐	早餐 tʃou^{35}tʃ'aːn^{55}
午饭	晏(昼饭)	午餐 ŋ^{23}tʃ'aːn^{55}
馅	馅	角仔 kɔːk^{33}tʃɐi^{35}

酱油	白油	酱青 tʃœːŋ^{33}tʃiŋ^{55}
开水	滚水	热水 jiːt^{22}ʃøy^{35}
衬衫	恤衫	长袖衫 tʃœːŋ^{21}tʃɐu^{22}ʃaːm^{55} /
		短袖衫 tyːn^{35}tʃɐu^{22}ʃaːm^{55}
汗衫	恤/□lɐp^{5} 衫	□衫 lɐp^{5}ʃaːm^{55}
靴子	靴	鞋 haːi^{21}
厢房	厢房	房 fɔːŋ^{35}
墙	墙	墙壁 tʃœːŋ^{21}pik^{5}
楼梯	楼梯	楼级 lau^{21}k'ɐp^{5}
椅子	椅/凳	凳 tɐŋ^{33}
被子	被	毡 tʃiːn^{55}
褥子	褥	被□p'ei^{23}tɐn^{21}
抹布	抹台布	台布 t'ɔːi^{35}pou^{33}
掸子	□□taːŋ^{22}kɔːŋ^{53}	鸡毛扫 kɐi^{55}mou^{21}ʃou^{33}
轮子	车辘	车轮 tʃɛ^{55}løn^{35}
水泥	红毛泥	红毛灰 huŋ^{21}mou^{21}fuːi^{55}
学校	学校/学堂	学堂 hɔːk^{22}t'ɔːŋ^{21}
电影	电影	戏 hei^{33}
哨子	银鸡/□□pi^{55}pi^{55}	□□pi^{55}pi^{55}
聋子	聋佬	聋嘅人 luŋ^{21}kɛ^{33}jɐn^{21}
瞎子	盲公	盲嘅人 maːŋ^{21}kɛ^{33}jɐn^{21}
哑吧	哑佬	哑嘅人 a^{35}kɛ^{33}jɐn^{21}
结巴	喽口	口食 hɐu^{35}ʃik^{2}
旁边	侧边	边皮 piːn^{55}p'ei^{21}
刮风	翻风/打风	吹风 tʃøy^{55}fuŋ^{55}
捏	捏	□ʃɐm^{35}
掐	搣	搣 miːt^{5}
埋	埋	□ɔːn^{55}
躲(躲藏)	匿埋/□pɛːŋ^{22}	□pɛːŋ^{22}
	※伏儿人/玩伏⇨搞□□kaːu^{35}pɛːŋ^{22}pɛːŋ^{22}	
挑(肩挑)	担	□t'ɔk^{33}
宰	劏	杀 ʃɐt^{5}
喊	喊/嗌	叫 kiu^{33}
下课	落堂	下堂 ha^{22}t'ɔːŋ^{21}
玩儿	玩	搞 kaːu^{35}
抓痒	咬痕	□wa^{35}
直	掂	直 tʃik^{2}
雨	雨/水	水 ʃøy^{35}

		[例]落雨⇨落水
烦恼	闭翳	烦 $fa:n^{21}$

注释：

[1](据 1980 Population and Housing Census of Malaysia, General Report of the Population Census Volume 2. Kuala Lumpur: Department of Statiscs Malaysia, 1983.)

[2](同上书 Volume 1)

[3](河部利夫编《东南アジア华侨社会变动论》,第 209 页,アジア经济研究所,1972)

広東語方言詞“冚唪呤”[hɐm^{22}pa:ŋ^{22}la:ŋ^{22}]小考

麗澤大学　千　島　英　一

1．はじめに

普通話の“總共，統統，全部，一共”などの意味を表わす広東語語彙[hɐm^{22}pa:ŋ^{22}la:ŋ^{22}]（或説［hɐm^{22}pa^{22}la:ŋ^{22}]）という語，始めて広東語を学ぶ者にとってはなかなか忘れ難い言葉であるようだ。ひとつにはその音の響がリズミカルでとても軽やかなこと。もうひとつはこれを素早く発音すると［hɐm^{22}pla:ŋ^{22}］となるように，あたかも中国語にも英語のような複声母があるのかなと思わせることである。ある年の学期末，試みに，広東語を学んで最も印象に残った言葉は何ですかと質問したところ，ほとんどの学生が［hɐm^{22}pa:ŋ^{22}la:ŋ^{22}］を挙げたことがあった。この言葉，私にも忘れ難い思い出がある。私が広東語を学び始めた頃のことである。当時，私も広東語の先生に—この方は広州育ちで嶺南大学出身のベテランの新聞記者であった—この言葉の来源について質問したことがあったからだ。忘れ難いのはその時の彼の答えだった。彼が言うには，

> 「数十年前，香港の新聞に［hɐm^{22}pa:ŋ^{22}la:ŋ^{22}］の来源について書いた記事があった。それによると，［hɐm^{22}pa:ŋ^{22}la:ŋ^{22}］の語源は英語のhome balanceであると書いてあった。home balanceとは旧時，中国に進出した外国企業（例えば上海滙豊銀行など）が決算の際，当時の大班たちがgrand totalの替わりに，しばしばhome balanceとなる語を使ったそうだ。それをそばで仕えていてこの言葉をよく耳にしていた広東人たちが，home balanceを訛って［hɐm^{22}pa:ŋ^{22}la:ŋ^{22}］と発音し，“総共，全部”の意味に用いるようになった」

というものであった。この説，なかなか“有道理”であると感じ，その後，しばらくの間は信じて疑い無かった。

その後，中国各地の方言調査が進み，その成果が続々と刊行されるに及び，広東語の専売特許かと思っていた [hɐm:^{22}pa:ŋ^{22}la:ŋ^{22}] も，どうもそうではないようで他の漢語方言にも同源と思われるが語が出現していることに気がついた。それで，[hɐm^{22}pa:ŋ^{22}la:ŋ^{22}] の来源について興味を持ち，先ずは [hɐm^{22}pa:ŋ^{22}la:ŋ^{22}] が載っていたという当時のその新聞記事を探すことから着手しようとしたが，なにぶん数十年前のことで，しかも発行年月日もわからないので，見つかるはずもない。かくしてこれをあきらめ，次に調べたのが home balance なる語について英語の辞典を調べることにした。ところが，当然載っていると思った英語辞典にこれが載っていないのである。牛津英語大辞典にも載っていない。home balance と，[hɐm^{22}pa:ŋ^{22}la:ŋ^{22}]，発音もよく似ているし， home balance が [hɐm^{22}pa:ŋ^{22}la:ŋ^{22}] の語源であったならことは簡単に済んでしまったのだが，頼りとした英語にこの語が無いのではどうしようもない。かくなる上は本格的に [hɐm^{22}pa:ŋ^{22}la:ŋ^{22}] の来源について調査してみようと思い調べてみたところ，漢語語源説あり，非漢語語源説あり，洋涇濱英語説などの諸説があり，今に至るまで定論はないようだ。そこで本稿では，諸説を紹介しながら，[hɐm^{22}pa:ŋ^{22}la:ŋ^{22}] の来源について検討してみたいと思う。

2．粵語方言区における [hɐm^{22}pa:ŋ^{22}la:ŋ^{22}] の分布状況

各説を検討する前に，[hɐm^{22}pa:ŋ^{22}la:ŋ^{22}] が，広州，香港以外の粵語方言区域内でどのように分布しているかを紹介しておく[(1)]。

地點	表“統統，一共”的粵語詞	
澳門	hɐm^{22}pa:ŋ^{22}la:ŋ^{22}	(冚巴郎)
順徳（大良）	hɐm^{21}paŋ^{21}laŋ^{21}	(冚巴郎)
三水（西南）	hɐm^{21}pa^{21}laŋ^{22}	(冚巴朗)
高明（明城）	hɐm^{21}pa^{21}laŋ^{21}	(冚巴朗)
珠海（前山）	hɐm^{33}paŋ^{33}laŋ^{33}	(冚巴郎)

斗門（上横水上話）　ham^{21}pa^{21}laŋ^{22}　（冚巴朗）
斗門（斗門鎮）　ham^{31}pa^{31}laŋ^{31}　（冚巴朗）
江門（白沙）　ham^{31}pa^{31}laŋ^{31}　（冚巴朗）
新會（會城）　ham^{31}pa^{31}laŋ^{31}　（冚巴朗）
台山（台城）　ham^{31}pa^{31}laŋ^{31}ɸaŋ^{21}　（冚巴朗哇）
開平（赤坎）　ham^{31}pa^{31}laŋ^{31}　（冚巴朗）
恩平（牛江）　ham^{31}pa^{21}laŋ^{31}　（冚巴朗）
中山（隆都）　hɐm^{31}p'aŋ^{11}laŋ^{31}　（冚巴郎）

また，何偉棠1993によれば，増城では次の３種が認められている。

増城　hɐm^{22}paŋ^{22}laŋ^{22}　（嵌湴爛）
　　　hɐm^{22}paŋ^{22}　（嵌湴）
　　　hɐm^{22}ha^{13}　（嵌下）

さらに，劉村漢1995によれば広西粵語に属す柳州方言にも存在している。

柳州　haŋ^{31}paŋ^{31}laŋ^{31}　（行⿰口邦啷）

以上，管見の限りであるが，列挙してみた。

次に，［hɐm^{22}pa:ŋ^{22}la:ŋ^{22}］の語源について研究した諸説について検討していきたい。

３．［hɐm^{22}pa:ŋ^{22}la:ŋ^{22}］漢語語源説

漢語語源説の主な論拠はその文字表記に着目したものである。広東語では一般に漢語共通の書面語を規範とした文章に広東語の字音を当てるのが正統的とされているが，一方で広東語で書かれた各種出版物には多くの口語表記が見られ，この場合，“嗰”（共通語の“那”に相当）や“嘢”（共通語の“东西”に相当）の如く新しく文字を作るか，“的士”（タクシー）や“士的”（ステッキ）のように当て字をしたりして処理している。そこで［hɐm^{22}pa:ŋ^{22}la:ŋ^{22}］のような来源のはっきりしない語にも当て字をした文字表記が存在するわけである。しかし，同じ当て字をしたものであっても“的士”や“士的”にようにすでに“約定俗成”になっているものもあれば，未だ表記にユレがあるものがある。［hɐm^{22}pa:ŋ^{22}la:ŋ^{22}］について

言えば後者に属し，広東語の各種辞書類を見ると，著者の数ほど各種の文字表記があるといっても過言ではない。試みにいくつか例を挙げてみよう。

J. DYER BALL 1908：では“喊（嗙唥）”[ham^2pa〈ng〉^{2}$lang^2$]（p. 4）とあり，蔣克秋1940では“咸嗙唥” $ham^2$$pang^2$$lang^2$（p.11）とあり，喬硯農1966で“咸包攬” $hɐm^6$$ba^6$$lang^6$（P.30）とあり，劉錫祥1977では，“撼嗙唥” $ham^6$$baang^6$$lang^6$／$ham^6$$blaang^6$（p.324）とあり，饒秉才等1981では，“冚唪唥” $hem^6$$bang^6$$lang^6$（p.92）とあり，詹伯慧等1988では“冚巴郎” $hɐm^{22}$$paŋ^{22}$$laŋ^{22}$（p.435）とあり，吳旻1994では，“冚辦爛”（p.167）と表記しているといった具合で，広東語の学習者を悩ませている。

こうした中で［$hɐm^{22}$$pa:ŋ^{22}$$la:ŋ^{22}$］の文字表記に着目して，その語源を探る研究も幾つか現われてきた。最近出版された，詹憲慈1995では，［h$ɐm^{22}$$pa:ŋ^{22}$$la:ŋ^{22}$］の本字は“合磅硠”であるとして次のように述べている；

合磅硠猶言齋全也俗讀磅若彭硠若桂林語之郎磅硠者幫字之切音也合磅硠即合幫也廣州語好用切脚語而不用本字…（p.481）

また，文若稚1993では，

「冚」的本字應是「咸」。「咸」《說文》云：「皆也，從口從戌。」（p.28）

であるとして，次のように述べている。

「冚棚硠」即「咸不剌」，「不剌」是元代大都（即今北京）一帶出現的無意義語尾。實際用義是「皆也」，即全部的意思。（p.29）

管見するところ，この二つが漢語語源説の主なもののようである。確かに「咸」には“皆，都”の意味があるが，その中古音は［《廣韻》胡讒切，平咸匣］であり，現在の広東語音では［$ha:m^{21}$］と陽平でしかも長母音で発音されていて，［$hɐm^{22}$$pa:ŋ^{22}$$la:ŋ^{22}$］の［$hɐm^{22}$］の陽去で短母音の発音とは符合していない。

次に“合磅硠”についてであるが，詹憲慈氏は合磅硠即合幫也としているが，“合”には“全部，整個”の意味があるものの，“幫”の意味するところがよくわからない。したがって暫時意見を述べることを保留しておく。

4．[hɐm^{22}pa:ŋ^{22}la:ŋ^{22}] 非漢語基層説

余藹芹1988では,

> 粤語方言有一部分俗語詞不但在其他漢語方言裡頭找不到，而且顯示着不同的語言層次，有些可能是上古音遺跡，有些可能是土著非漢語方言的跡象。(p.45)

と述べた後，[hɐm^{22}pa:ŋ^{22}la:ŋ^{22}] と [kak^{33}lak^{5}tɐi^{35}] “胳肋底”（胳肢窩）のふたつを取り上げ，これらがすばやく発音されるときに [hɐm^{22}pla:ŋ^{22}] とあたかも複声母のように発音されることに着目して [hɐm^{22}pa:ŋ^{22}la:ŋ^{22}]「土着語基層説」を展開し，次のように述べている。

> 土著底層大概属非漢語。“所有”可能和苗語的／bang lang／（很多東西放在一起或堆在一起的様子）有關，苗語這個詞兩個音節讀Ⅱ b 調。(p.45)

しかし，この説明だけだと不十分ではなかろうか。確かに pla:ŋ^{22}の来源についての説明は可能であるが，hɐm^{22}については何ら説明がないからである。

5．[hɐm^{22}pa:ŋ^{22}la:ŋ^{22}] 呉語説

前述の余藹芹1988の附注に次のような指摘があった。

> 錢乃榮指出，這個詞也出現於吳語。至於粤語及吳語這個詞有借詞關係還是同源關係，還待進一步研究。(p.49)

錢乃榮1992の記述によれば，広東語の [hɐm^{22}pa:ŋ^{22}la:ŋ^{22}] と同源と思われる語の呉方言区における出現状況は以下の通りである；

地點	表“統統，總共”的吳語詞	
宜興	xaŋ$_{55}$bəʔ$_{5}$laŋ$_{55}$taŋ$_{55}$	(享孛冷當)
童家橋	haŋ$_{55}$məʔ$_{3}$laŋ$_{3}$taŋ$_{31}$	(享墨冷打)
江陰	haŋ$_{55}$paʔ$_{3}$laŋ$_{3}$ta$_{31}$	(享八冷打)
常州	xaɲ$_{55}$paʔ$_{5}$laɲ$_{55}$taɲ$_{31}$	(享八冷打)

無錫	xã$_{55}$paʔ$_{55}$lã$_{55}$tã$_{55}$	(享八冷打)
常熟	xã$_{55}$baʔ$_{55}$lã$_{55}$tã$_{51}$	(享勃冷當)
昆山	hã$_{44}$bəʔ$_{44}$lã$_{33}$tã$_{31}$	(享勃冷當)
上海	hãɲ$_{55}$paʔ$_{3}$lãɲ$_{33}$tãɲ$_{31}$	(享八冷打)
杭州	taɲ$_{34}$paʔ$_{3}$laŋ$_{33}$haŋ$_{31}$	(享八冷打)
紹興	haŋ$_{43}$bəʔ$_{3}$laŋ$_{33}$taŋ$_{51}$	(享勃冷□)

また，銭乃榮1992では取り上げてはいないが，朱彰年等1996によれば，寧波にも上述の呉方言と同源と思われる“享棚冷”［hã$_{53}$ʔbã$_{233}$（baʔ$_{2}$）lã$_{112}$］が記載されている。さらに，江准方言の興化や南通にあってもやはり同源と思われる語が存在している。張丙劍1995によれば，興化では“哈巴郎當” xa^{213}pa^{0}laŋ^{34}taŋ^{324}（意即表“通通”）と出現し，南通では［xaŋ^{44}mɤ^{4}laŋ^{4}taŋ^{4}］，［xaŋ^{52}mɤ^{2}lan^{1}taŋ^{1}］，［xaŋ^{44}mɤ^{4}laŋ^{4}］（意即均表“一共”）の３種が認められるといった報告もある(2)。

しかし，広東語の［hɐm^{22}paːŋ^{22}laːŋ^{22}］と同源と思われる語は呉方言区以外にも存在していて，閩方言や客家方言の一部にも存在しているのである。例えば，李如龍等1994には，“含把擔”［hang^{21}ma^{21}lang^{213}］（意即：〈把不同種類的東西〉雜湊在一起）（p.130）が記載されているし，周長楫1993によれば，廈門方言にも同源と思われる“含巴攏”［ham˧˩ pa˨˩ laŋ˥］（意即：總計，總合起來）（p.177）があることがわかる。また，林立芳等1995によれば客家方言に属す南雄にも“□□□”［haŋ^{21}p'ang^{21}laŋ^{21}］として出現している。

さて，問題はこれら各地に現われている広東語の［hɐm^{22}paːŋ^{22}laːŋ^{22}］と同源と思われる語をいったいどういうふうに解釈したらよいかである。

篇幅の関係上，［hɐm^{22}paːŋ^{22}laːŋ^{22}］及びその同形の語がどこで成立し，どのように伝播したのかはひとまず置いておく。ここでは［hɐm^{22}paːŋ^{22}laːŋ^{22}］及びその同形の語がどのように成立したのかを考えてみたい。

ひとつの考え方として，まず，以下の推測が成立するのではなかろうか。広東語の［hɐm^{22}paːŋ^{22}laːŋ^{22}］も含めて，これと同源と思われる各地の語はいずれも，“一共，全部”という意味を表わす h-m／h-p（或いは詹憲慈1995でというところの“合”であるかもしれないし，また文若稚1993でいうところの“咸”であるかもしれない）という漢語の１音節語に，同じ意味を表わす“攏總，攏統”といった２音節語を附加し，より意味を強める働きを求めた，という推測である。というのも，[hɐm^{22}pa:ŋ^{22}la:ŋ^{22}] のような口語詞にあっては，１音節ではどうしても聞き取りにくいし，誤解が生じやすいので，これを避けるためにはどうしても“全都”と同じように多音節語にせざるをえなかったのではなかろうか。この考えに至るにはいくつかの根拠がある。まず，J. DYER BALL 1908における [hɐm^{22}pa:ŋ^{22}la:ŋ^{22}] の記述である。彼は，前述のとおり [hɐm^{22}pa:ŋ^{22}la:ŋ^{22}] を喊（唪唅）” [ham^{2} （pa 〈ng〉^{2} lang^{2}）] と“喊”以下を () で括っていることがそのひとつ。これは“喊”だけで“一共，全部”の意味を表わしていたことの証拠ではなかろうか。

次に，蔡俊明1991によれば，潮州話に“總共”を意味する撼攏總“[ham ˩˥ tsong ˥˧ long ˥˩]という語が記述されている。もし [hɐm^{22}pa:ŋ^{22}la:ŋ^{22}] がこの語と同源であったと仮定すれば,上述した推測にうまくあてはまるのだが，残念ながら [pa:ŋ^{22}la:ŋ^{22}] の [la:ŋ^{22}] はともかくとして，[pa:ŋ^{22}] の来源の説明がうまくつかない。

６．[hɐm^{22}pa:ŋ^{22}la:ŋ^{22}] 洋涇濱英文説：

home balance の他にも，[hɐm^{22}pa:ŋ^{22}la:ŋ^{22}] 洋涇濱英文説がある。吳昊1994は書名のとおり広東語圏の「俗文化」をわれわれ外国人に興味深く伝えてくれる本で，もちろん期待にたがわず [hɐm^{22}pa:ŋ^{22}la:ŋ^{22}] も考証している。彼は，この本の中で，[hɐm^{22}pa:ŋ^{22}la:ŋ^{22}] の来源についていくつかの説を紹介した後，

HERBERT A．GILES 1886年に出版した A GLOSSARY OF REFERENCE ON SABJECTS CONNECTED WITH THE FAR EAST の中で述べている HAMPALANG の箇所から手がかりを見つけ，次のように述べている。

> …我在中國通 HERBERT A. GILES 的著作裡找到線索，而且「冚辦爛」會變為一個古怪英文 HAMPALANG。上世紀有個洋涇濱英文

HAMPALANG，就係由「冚辦爛」演變而來，好値得研究一下也。(pp.167.168)

として，該書のHAMPALANGの箇所を意訳して紹介しているが，HERBERT A. GILESの原文は短いので以下に全文を紹介しておこう。

HAMPALANG：喊嘭呤 A common expression in the Canton and Swatou dialects meaning "all." Like much of the *patois* of China, it cannct, properly speaking, be written; the three characters above giving only the sound without conveying any meaning. Said by Mr. G. Minchin to be a corruption of the Cantonese 咸埋包來 "wrap up all and come." as used by the bum-boat men at Wampoa when directing their assistants to take away whatever old clothes etc. the sailors on the foreign ships might have given them in payment for their eatables. Being subsequently imutated by the Jacks themselves, their corruption "hampalang" passed into the Cantonese dialect as a convenient expression for "all." (pp.94.95.)

これを要約すると，「HAMPALANG（喊嘭呤）は廣東方言及び汕頭方言の常用語彙で，「全部」の意味を表わしている。厳密に言うならばこれは他の漢語方言の口語詞と同様に"有音無字"(音だけあって字のないもの)の語である。"喊嘭呤"のこの3文字はただ音だけを表わしていて，如何なる意味も表わしてはいない。G. Minchin先生の解釈に拠れば，HAMPALANGは広東語の"咸埋包來"（意味は全部包んで持ってこい）の轉化したものである。當時の黄埔の艇家（水上居民）たちが，洋船に上がって外国船員に替わって清掃などあれこれと雑務をこなしていたときに，船員たちの古着や雑貨などで彼等が必要とした物と交換したりした。この時，艇家の親玉がしばしば下っ端の者たちに"咸埋包來"（一切合財）と言った。外国の船員たちは船上で，しはしばこの会話を耳にし，やがてこれを真似して言うようになったが，口に出たのはHAMPALANGという音になってしまった。後に，広東方言がこのHAMPALANGを取り込み，「全部」を表わす意味に用いるようになった。」ということになろうか。果たして真偽のほどは如何というところであるが，"咸埋包來"からHAMPALANGに転化したというこの説，些か牽強附會が過ぎるのではなかろうか。

7．結語

以上，[hɐm^{22}pa:ŋ^{22}la:ŋ^{22}] に関する諸説を紹介・検討してきたが，資料の制限もあり，いずれもが決定的な決め手には至っていない。が，中でも有力と思えるのは，やはり漢語語源説であろう。仮に広東語の“喊，冚，含”などの本字がそれぞれ“咸”（《説文》：“皆也，悉也”）の当て字であり，上海語などの“～冷打”［lãɲ$_{33}$tãɲ$_{31}$］の本字が“攏統”（興化と上海の中間に位置する南通では通攝が-ang韻で現われているという[3]）であるとするならば，その可能性は否定できないかと思われる。しかし，では [hɐm^{22}pa:ŋ^{22}la:ŋ^{22}] の [-pa:ŋ^{22}] はいったいどこからきたのか，と問われたら，現在のところ有効に回答をする術はない。いずれもが決定的な決め手には至っていない，とした理由である。

けれどももし言葉の研究にロマンを求めることがゆるされるなら，私にとって一番魅力的な説はやはりはじめにで述べたとおり一度は捨てたはずの [hɐm^{22}pa:ŋ^{22}la:ŋ^{22}] home balance 由来説である。というのは，周知のとおり広東語の咸攝一，二等牙喉音字の韻母には ɐm／p と対応する形で om／p が認められる。例えば，“合”は [hɐp] とも [hop] とも発音される。しかし近年の広東語の研究書の多くは ɐm／p だけを認め，om／p は認めない傾向があるようだ。ところが，J. DYER BALL 1888では両音を並記しているので，今日以上にこれを-om／-p に発音していたことが認められる。とすると，[hɐm^{22}pa:ŋ^{22}la:ŋ^{22}] の [hɐm^{22}] は [hom] と発音された可能性も高く，home balance の home の発音ともうまく一致するではないか。さらに，残りの音節の [pa:ŋ^{22}la:ŋ^{22}] と balance も，“攏總，攏統”といった語の字音の変化より発音はより近いのではなかろうか。

附注

本稿を作成するにあたって香港留学中の吉川雅之氏より，多くの資料の提供とたびたび示唆に富むお考えを賜わった。記して感謝申し上げます。

注

(1) 詹伯慧等1988（p.435）に拠る。

(2) 吉川雅之氏の未発表調査資料に拠る。

(3) 吉川雅之氏の未発表調査資料に拠る。

〈参考文献〉

J. DYER BALL 1908: CANTONESE MADE EASY, Second edition, HONGKONG.（台北成文出版社1971年影印本）

J. DYER BALL 1908: THE CANTONESE MADE EASY VOCABULARY, KELLY & WALSH, LD. HONGKONG.

HERBERT A. GILES 1886: A GLOSSARY OF REFERENCE ON SABJECTS CONNECTED WITH THE FAR EAST. H. B. M. Vice Consul, SHANGHAI.

吳昊1994：《俗文化語言（Ⅱ）》，次文化有限公司，香港。

李如龍等1994：《福州方言詞典》，福建人民出版社，福建。

周長楫1993：《厦門方言詞典》，江蘇教育出版社，南京。

朱彰年等1996：《寧波方言詞典》，漢語大詞典出版社，上海。

錢乃榮1992：《當代吳語研究》，上海教育出版社，上海。

余藹芹1988：〈粵語研究〉，《語文研究》，1988年第二期（總第二七期），山西。

詹憲慈1955：《廣州語本字》，中文大學出版社，香港。

文若稚1993：《廣州方言古語選釋讀篇》，澳門日報社，澳門。

詹伯慧等1988：《珠江三角洲方言詞彙對照》，新世紀出版社，香港。

饒秉才等1981：《廣州話方言詞典》，商務印書館香港分館，香港。

劉錫祥1977：《實用粵英詞典》，政府印務局，香港。

喬硯農1966：《廣州話口語詞的研究》，華僑語文出版社，香港。

蔣克秋1940：《實用英粵辭典》，勤奮書局，新加坡。

林立芳等1995：《南雄珠璣方言誌》，暨南大學出版社，廣州。

蔡俊明1991：《普通話對照潮州方言詞彙》，中文大學中國文化研究所，香港。

何偉棠1993：《增城方言誌》，暨南大學出版社，廣州。

張丙劍1995：《興化方言誌》，上海社會科學院出版社，上海。

劉村漢1995：《柳州方言詞典》，江蘇教育出版社，南京。

意志・希望表現的日中對照

一以“想／要”和「たい／う／ようと思う」為中心一

千島英一
麗澤大學

提要

在日語和漢語中，表現意志・希望的形式十分豐富多彩，本文主要以「たい/ う・ようと思う」和“想／要”為焦點，通過分析、對照各表現形式的意義和用法，闡明四者之間的對應關係。結論如下：

1)「たい」和「う・ようと思う」在多數情況下可以互換，但後者似乎比前者表現出一種更強烈的或有計畫性的愿望。這種關係也適用於“想”和“要”。

2)「たい」一般既和“想”又和“要”相對應，但「たい」的過去式和否定式一般只與“想”對應，表示未來的計畫的「たいから」一般只與“要”對應。

3)「う・ようと思う」在任何情況下都可以與“想”對應，「う・ようと思う」的動作除了有具體時間修飾以外，也都可以與“要”對應。

關鍵詞：意志・希望，想，要，たい，う，ようと思う，對應，交叉關係，包含關係

1.　本論文的出發點和目的

以日語為母語的漢語學習者在學習漢語的過程中，會發現有很多日語的語言形式難以找到其相對應的漢語表現形式。對於以漢語為母語的日語學習者來說，也面臨著同樣的難題。意志・希望表現便是其中難題之一。

在『新日本語基礎』一書中，對於「~たい」和「う・ようと思う」所作的注解，英語版和韓語版是有所區分的，而漢語版對兩者未做區分，都翻譯成「~想」。例如：

「~たい」

(1) ビールを（が）飲みたいです。(第 13 課)
　　我想喝啤酒。

(2) 京都へ行きたいです。(第 13 課)

我想去京都。

(3) 今から買い物に行こうと思います。(第 31 課)
我現在去買東西。

(4) 今度の日曜日は友達と映画を見に行こうと思っています。(第 31 課)
我想這個星期日和朋友去看電影。

既然「~たい」和「う・ようと思う」意思完全相同，那麼兩者同時存在的必然性又何在呢？對於初級日語學習者的這個問題，往往感到難以作答便可想而知。

同時，在呂叔湘主編・牛島徳次等譯 1983《現代中国語用法辞典》一書中的“想”和“要”詞條下，分別有如下的詞句：

(5) 我想當探險家。(p. 423)
私は探検家になりたい。

(6) 你要看嗎？一定要 (p. 438)
見たいですか。－ ええ、見たいんです。

“想”和“要”都被翻譯成「~たい」，兩者有何區別并未做出說明。這對於初學漢語的人來說，無疑是一大難點。

因此本文想就日語中的「~たい」和「う・ようと思う」以及漢語中的“想”和“要”的含意及其用法做一初步探討，明確四者之間發生對應關係的状况和條件。

2. 日語的意志・希望表現形式及與其相對應的漢語表現形式

2.1 「う・よう」

在現代日語中，「う・よう」多被稱為意志形或意向形，單獨用這種形式來表現意志，只局限在極為少見的幾種用法中。比如，表示勸誘的第一人稱複數用法，表現自言自語的第一人稱用法等等。「う・よう」一般出現在主句中，不出現在偏句中。「う・よう」的這種用法在翻譯成漢語時，均不會使用情態詞“想”和“要”，而是用語氣助詞“吧”來表現。
例如：

(7) 話し合おう。(談一談吧。)
(8) 食べてこよう。(吃飯去吧。)
(9) さあ行こう。(走吧。)
(10) さあ帰ろう。(回去吧。) *

*這是在日語中經常出現的自言自語的形式，根據對中國人所作的調查[注1]，與其相對應的漢語表現形式并不存在。若這個句子翻譯成“回去吧。”的話，雖然從語法上看并沒有錯誤，但與其他三個句子的區別便被抹殺了。

「う・よう」的這種單獨用法是典型的情態表現形式，他用來表明發話者說話當時的（對於交談對方的）態度，所以第一人稱以外的主語，主句句末以外的位置，一般都不會出現（引用句例外），時態的對立也不存在。

「う・よう」意志形沒有否定形式。當表現否定的意思時，一般採用以下方法；

肯定句：(11) 話し合おう。

否定句：(12) ｛話し合うのをやめよう。
話し合わないようにしよう。

在使用「さあ」的意志表現句中所出現的動作，必須是發話者主觀意志所能控制的。因此，「さあ着こう」、「さあ合格しよう」等表現是不正確的。

另外，在日語中還有「う・ようにも」的用法。例如：

(13) 彼に連絡とろうにも、携帯の電源が切れてるんだ。
我想和他取得聯繫，但他的手機沒有開。

(14) 太郎が連絡とろうにも、花子は携帯の電源を切ってしまっていたらしい。
太郎想和花子取得聯繫，但她的手機好像關了。

(15) ＊店が開こうにも、停電で開けられない。
商店（想・要）開門，但停電開不了。

(16) ＊お金が要ろうにも、何もほしいものがない。
（日語非文，不能中譯）

(17) ＊詳しかろうのも、何も資料がない。
（日語非文，不能中譯）

從以上例句可以看出，這種表現形式不同於「う・よう」的單獨用法，它存在的必要條件是，前項所表現的意志一定是不可能實現的，而且主語沒有人稱的限制，除了含有讓步的意思外，還必須含有表達意志的意思，所以例句(15)(16)(17)都錯誤的。因為或是主語中出現了無生命名詞，它沒有表達意志的功能，或是謂語中出現了非意志表現形式（含形容詞）。

這類「う・ようにも」的用法，在翻譯成漢語時，大多用“想…但是”的形式來表達。值得注意的是，在日語中，原來是讓步的意思，在漢語中卻變化為轉折的意思，而且像例句（15）那樣的無生命主語在日語中雖為錯句，但在

[注1]此調查是對正在麗澤大學讀研究生的學生（均來自中國北方）所做的。

漢語中卻可以成立，因為這個句子可以看成是“我想讓商店開門，但停電開不了”的省略句。

另外，例句(13) (14)用“想”而例句(15)既可用“想”又可用“要”，還涉及到“想”和“要”的區別。關於這個問題，後面將作詳細論述。

2.2「う・ようと思う」

如上所述，「う・よう」很少單獨使用，多數情況下以「う・ようと思う」的形式出現來表示意志和希望。在第三人稱句中，「思う」一般用它的進行態「思っている」。「う・ようと思う」所表達的意志或希望，只是發話者的主觀愿望，能否實現或實現的概率有多大，難以預測。例如：

(18) 本場のサッカーを見ようと思ったから、ブラジルに行ってきました。
因為我（想・要）看地道的足球，所以去了趟巴西。

(19) スーツを買おうと思って、デパートに出かけた。
我（想・要）買套裝，於是去了百貨店。

(20) 試験が終わってから、彼はアメリカに旅行に行こうと思っている。
考完試後，他（想・＊要）去美國旅行。

(21) 来年、日本に留学しようと思い、一生懸命お金をためている。
我明年（想・＊要）去日本留學所以在拼命攢錢。

與「う・ようと思う」相對應的最基本的漢語形式是“想”，雖然在某些情況下（例(18)(19)），“要”也可以使用，但當表示意志的動作有具體時間修飾時（例(20)的「試験が終わってから」，例(21)的「来年」，只可用“想”而不可用“要”。從語法角度看，用“要”並非錯誤，只是意思發生了微妙的變化。即，在具體的時間修飾之下，“要”不僅表示某種愿望，更表示實現的確實性和計劃性。“考完之後，他想去美國旅行”這個句子只表示他在美國旅行的愿望，至於這個愿望能否實現，他為實現這個愿望都作了些甚麼努力，都不可而知。而“考完試後，他要去美國旅行”所表達的愿望，實現的可能性極大，也許他已預約了機票，或制訂了每天的旅遊計劃，甚至行李都已準備就緒，只等考試結束的那一天到來。所以與這個句子意思更為接近的日語應該是表現預定的：

試験が終わってから、彼はアメリカに旅行に行く { つもりです。 / ことになりました。 }

因此，我們可以得出這樣的結論，把「う・ようと思う」翻譯成漢語時，用“想”是萬無一失的。當句中沒有修飾動作的具體時間時，也可以用“要”。如下圖所示：

圖一

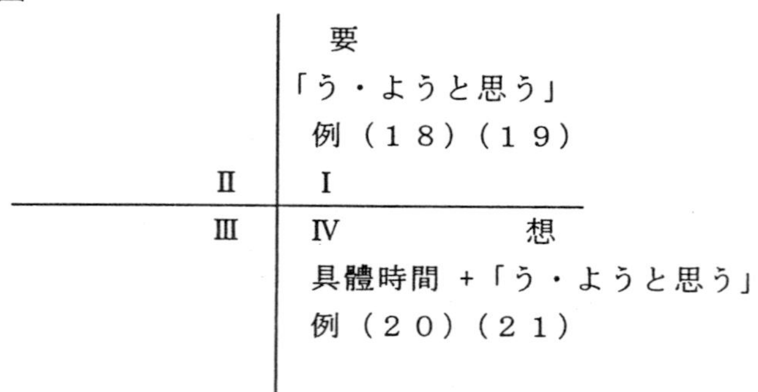

説明：

1) 象限 I 表示的是既和“想”又和“要”相對應的表現形式。
2) 象限 II 表示的是只和“要”對應，不和“想”對應的表現形式。
3) 象限 IV 表示的是只和“想”對應，不和“要”對應的表現形式。

由此圖可見，在與「う・ようと思う」的對應狀況下，“要”和“想”呈現一種包含關係。即“要”是“想”的下位概念。可以用下圖表示。

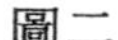
圖二

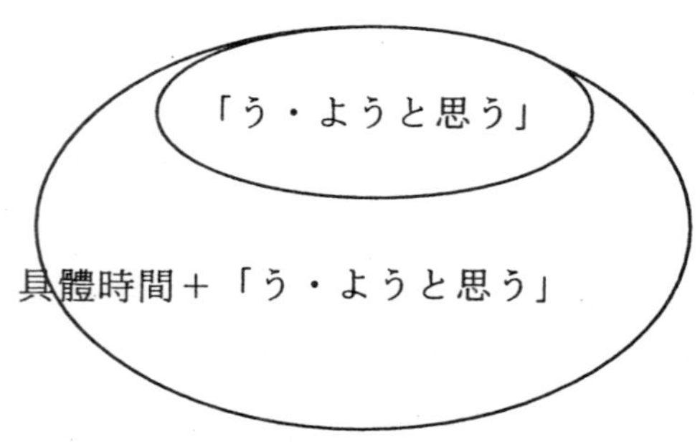

2.3「たい」

除了「う・ようと思う」，「たい」也是日語中意志・希望表現的最基本形式之一。當「たい」出現在主句中時，敘述句主語可使用第二人稱。要想表現第三人稱的意志・希望應該用「たがる」或者用「〜と言っている」「〜と思っている」等形式把「〜たい」句變成從句。例如：

(22) 私は水が飲みたい。　　　我（想・要）喝水。
(23) この本が読みたいですか。　　　你（想・要）看這本書嗎？

(24)彼は彼女と会いたがっている。　他　（想・要）見她。

從以上例句可以看出，漢語中的“想”“要”不受人稱限制，而且兩者同時和「たい」相對應，似乎沒有什麼明顯的區別。但就此下結論，還為時過早，請再看下面的例句：

(25)その時、とても会いたかった。
那時，我很（想・＊要）見你。
(26)昼、刺身を食べたかったが、金が足りなくて、しかたなくラーメンにした。
中午（想・＊要）吃生魚片，但錢不夠沒辦法只好吃麵條了。
(27)どうしてまたブラジルに行ってきたんですか。
——本場のサッカーが見たかったからです。
你為什麼又去了一趟巴西。
一因為我（想・＊要）看道地的足球。
(28)夜、読みたいから持って行かないでください。
晚上我（＊想・要）看，別拿走。
(29)６時に家を出たいから、今日は早く寝ようと思う。
六點（＊想・要）出門，所以今晚想早點睡。
(30)今日は出かけたくない。
今天我不（＊想・要）出門。

在例句（２５）（２６）（２７）中，表示過去的意志・希望的「たかった」，翻譯成漢語時，只可用“想”而不可用“要”。因此，“想”既能表示現在的愿望，又能表示過去的愿望，而“要”只能表示現在的愿望，不能表示過去的愿望。

在例句（２８）（２９）中，「たいから」所表示的不只是意志・希望，還有理由、目的、預定必須的意思。這時用“要”而不用“想”，由此可以推斷“要”所表示的愿望，必須實現或即將實現，而“想”所表示的愿望只是發話者主觀的想法，是否能實現或實現的必要性有多大，並不重要。

在例句（1-5）中，和「たい」的否定形「たくない」相對應的漢語是“不想”。“不要”則是“沒有必要”（～する必要がない）、“不需要”（要らない）的意思。例如：

今天是星期天，所以不要去學校。
（今日は日曜日だから、学校には行かなくてもいい）
要喝茶嗎？——不要。
（お茶を飲む？——要らない。）

「たい」和“想”“要”的對應關係如下圖所示：

圖三

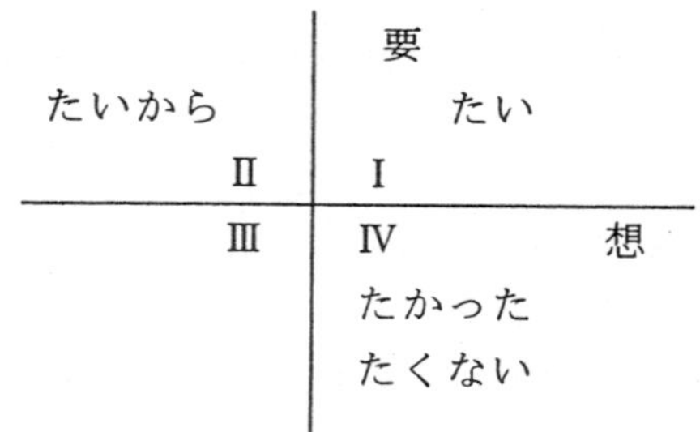

此圖所表示的意義，請參考圖一的説明。由此可見，在和「たい」對應與否的状況下，“想”和“要”構成交叉關係，可以用下圖表示。

圖四

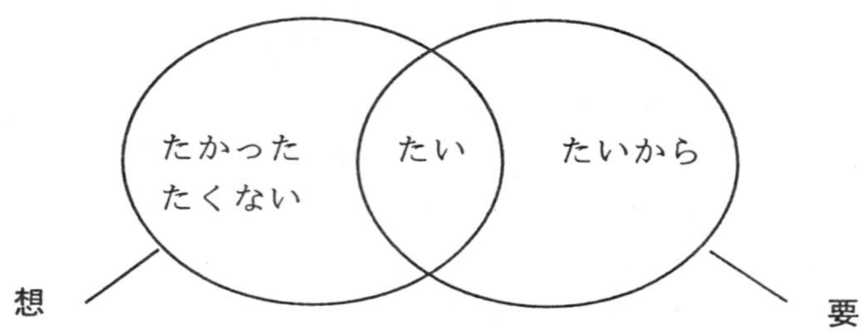

3．漢語的意志・希望表現形式及與其相對應的日語表現形式

在漢語中，表現意志・希望的語言形式有很多，比如：想、要、想要、愿意、希望等等，本文只想就意義最接近，在實際運用中最容易混淆的“想”和“要”進行研究、對照，並就與其相對應的日語表現形式作一初步探討。

3.1 “想”和“要”的共同點

當單純表示眼下的主觀愿望和計劃或生理上的慾望時，兩者意思基本相同。例如；

(31) 我也（想・要）學漢語。

私も中国語を（習いたい・習おうと思っている)。

(32) 我（想・要）吃西瓜。

西瓜（が食べたい・を食べようと思っている)。

(33) 媽媽，我（想・要）小便。

ママ、おしっこし（たい・＊ようと思っている)。

例句（31）（32）再翻譯成日語時，雖然「たい」和「う・ようと思う」都可以成立，但後者似乎比前者表現出一種更強烈的愿望和計畫性。例（33）表示生理上的慾望時日語只能用「たい」而不能用「う・ようと思う」。

3.2“想”和“要”的區別

3.2.1與“想”和“要”相呼應的副詞不同

用“想”和“要”表示強烈的愿望和決心時，可以在“想”和“要”前面加上程度副詞，但與兩者分別搭配的副詞除了個別的幾個詞外（“只”、“無論如何”)，基本上是不可以互換的。“想”一般與“非常”、“很”、“最”、“太…了”等呼應，“要”一般與“一定”、“非…不可”等呼應。例如：

（34）高中畢業後，我很想去東京。
　　→高校を卒業した後はとても東京に行きたい。
　高中畢業後，我一定要去東京。
　　→高校を卒業した後は必ず東京に行きたい。
（35）他很想看那部電影。
　　→彼はとてもあの映画を見たがっている。
　他一定要看那部電影。
　　→彼は必ずあの映画を見ようと思っている。
（36）我太想吃螃蟹了。
　　→カニを食べたくてたまらない。
　我非常想吃螃蟹不可。
　　→私はどうしてもカニを食べたい。
（37）我只（想・要）喝水。
　　→私は水だけ飲みたい。

當“想”和“要”被各類副詞所修飾時，與之相對應的日語表現形式便變得沒有規律可尋，除了「たい」、「う・ようと思う」以外，一般敘述形「～てたまらない」、「どうしても...したい」等等，各種形式都可能出現。

3.2.2“要”比“想”表現的意志和希望往往更強烈

上面已經説過，在表現主觀的愿望和意志時，“想”和“要”意思大致一樣，但在語感上，“要”比“想”似乎更加強烈，所以在表達發話者迫切要實現的愿望、計劃中的愿望時，只能用“要”。例如：

（38）－a　我想和你照張相留做紀念。

記念のために、あなたと写真をとりたい。

(38) －b　我要和你照張相留做紀念。

記念のために、(いま) あなたと写真をとりたいとおもっている。

(38) －a 和 (38) －b 意思雖然基本一樣，但 (38) －b 有種迫切感，不容商量的感覺，言外之意“不管你愿意不愿意，我都要和你照”。而 (38) －a 卻有種商量或征求意見的語感。即“想和你照相，你看怎麼樣？”。再如：

(39) －a　今天我想把作業都寫完。

今日中に宿題をやり終えたい。

(39) －b　今天我要把作業都寫完。

今日中に宿題をやり終えてしまう。

(39) －a 只是有“把作業都寫完”的想法而已，而 (39) －b 卻表達了一種“一定要把作業寫完”的決心。

3.2.3 表示否定的意志・希望時，通常用“不想”[注2]

表示意志・希望的“想”和“要”的否定型都是“不想”，“不要”則是「～しないでください」(祈使句中),「いらない」(敘述句中) 的意思。例如：

(40) 他 (想・要) 吃烤肉，你呢？→我不想吃烤肉。

彼は焼肉が食べたいと言ったが、あなたは？→私は焼肉は食べたくない。

(41) 我不想去看電影。

私は映画を見に行きたくない。

(42) 他不想和我們在一起。

彼は私たちと一緒にいたくない。

以上例句可以看出，與“不想”對應的日語是「～たくない」,「う・ようと思わない」的形式似乎不會出現。

4.　小結

意志・希望表現形式無論在漢語中還是在日語中，都十分豐富。除了本文涉及到的“想”“要”,「たい」「う・ようと思う」以外，上面已説過漢語中還有“希望”“愿意”“渴望”等，日語中還有「～てほしい」「たいと思う」等等。這些表現形式和本文所涉及的四種形式當然既有類似的地方，又有

[注2] 在某些漢語方言中，表示否定的意志・希望也可以用“不要”。

不同的地方，由於篇幅有限，本文將不再進一步展開。

下面先就四種形式的對應關係，做一簡要小結。請看表一；

表一

	たい				う・ようと思う	
	たい	たいから	たかった	たくない	無具體時間	有具體時間
想	○	×	○	○	○	○
要	○	○	×	×	○	×

這張表所顯示的是「たい」和「う・ようと思う」在各種形態和條件下與"想"和"要"的對應關係。

"想"和"要"在意義和用法上的區別，以及在各種情況下與「たい」和「う・ようと思う」的對應關係，如表二所示：

表二

	想	要	たい	う・ようと思う
目前愿望・計劃	○	○	○	○
生理欲求	○	○	○	×
否定的意志・希望	○	×	○	×
副詞呼應 無論如何，只	○	○	○	○
副詞呼應 很，非常，最，特別 etc	○	×	○	○
副詞呼應 一定，非…不可	×	○	○	○

<參考文獻>

呂叔湘等 1999《現代漢語八百詞（增定本）》，商務印書館，北京

呂叔湘主編・牛島徳次等譯 1983《現代中国語用法辞典》，現代出版，東京

劉月華等著・相原茂監譯 1988《現代中国語文法総覧（上）》，くろしお出版，東京

吉川武時 1989《日本語文法入門》，株式会社アルク，東京

高橋弥守彦等 1995《中国語虚詞類義語用例辞典》，白帝社，東京
海外技術者研修協会編 1990《新日本語の基礎Ⅰ》，スリーエーネットワーク，
東京
同　英語版
同　中国語版
同　韓国語版

香港粤語主要動詞用例集(1)

千　島　英　一

本稿は日本語と香港粤語との対照研究の基礎資料として数年前に作成した原稿が基になっている。内容は香港粤語で常用されている120余の動詞を選び,インフォーマントには香港から来日した劉穎聰女史にお願いした。また語釈に際しては饒秉才等編『廣州話方言詞典』(1981年。商務印書館香港分館)を参照した。

当時,インフォーマントとして協力してくださった劉穎聰女史に改めて心から感謝の意を表します。

注：(　)内は粤語例文

擺 bāi[2]

~檔	作街頭小賣。(喺銀行門口~~賣花生。)
~檔口	同上。(~~~賣菜。)
~街邊	同上。(~~~最怕係落雨。)
~烏籠	弄錯了。(今次佢又~~~啦。)
~款	作了不起的樣子。(後生仔唔好喺老人家面前~~。)
~架子	同上。(呢個大明星好中意~~~。)
~手	揮手。(嗰邊有個人同你~~。)
~尾	狗馬等動物搖尾巴。
~脱	逃脱。(想辦法嚟~~敵人。)
~到明	明明是、確實。(呢件事~~~係佢唔啱。)
~酒	請客。(~結婚~。~生日~。)

拜 bāi[3]

~年	新年時去親友處祝賀。(去阿叔處~~。)

~山　　掃墓。(每年清明節都返鄉下~~。)

~神　　参神。(~~求福。)

~神唔見鷄　　拜神時所有的供品、生果、燒肉、酒、鷄等。鷄見不了，莫明其妙故自言自語。引作低聲自言自語解。(有説話就大聲講，唔好喺度~~~~~咁嘅聲。)

~託　　請求委託別人。(有件事想~~你同我做。)

~師　　對某人的技術或學術佩服而拜他爲老師。(~~學藝。)

~堂　　舊中國社會婚禮時一種儀式。

~倒石榴裙下　　對某一女性愛慕。

扮 bān[6]

~蟹　　被 綑綁。(個賊佬畀差人~~。)

~嘢　　裝腔作勢。(冇料就唔好 喺度~~啦。)

~演　　在戲劇中演出。

~唔識　　假作不懂。(明明識又 喺度~~~。)

~鬼~馬　　古靈精怪。(正經 啲 啦，唔好成日~~~~。)

扮 bān[3]

~　　用長棍去打。(~佢幾 吓。)

(~隻蟾蜍落 嚟)

包 bāu[1]

~唔甩色　　保證不脱色。(呢 隻布~~~~。)

~頂頸　　總是跟別人意見不一致。

~尾　　壓尾。(你 哋走先，等我 嚟~~。)

~枱　　在酒樓飯店吃飯，全付錢的意思。(呢餐飯我 嚟~~，你 哋隨便食啦。)

~　　保險。(今日~唔會落雨。)

保證。(呢個鐘~行得准。)

准、管。(~佢唔識。)

總是。(~撞板。 ~頂頸。)
責任。完全負責。(呢件事~喺我身上。)

~辦　完全處理、負責。(一手~~。 ~~筵席。)
~伙食　搭伙。

畀 bei²

~　給。(~啲錢 佢。)
被。(~人睇見。)
受。(~人哋鬧。)
讓。(~佢試吓啦。) (~佢話事。)
用。(~番梘洗手。)

~錢　付錢。
~心機　下功夫、用心。(~ ~ ~讀書。)
~面　賞光、説情面。(~ ~我唔好再嘈好嗎?)

避 bei⁶

~忌　忌諱、有所顧忌。(喺我屋企處講嘢，唔使~ ~。)
~免　避開免除。(~ ~人家誤會。)
~世　不向世事。(居于山中~ ~。)
~孕　節育。(~ ~丸。 ~ ~藥。)
~風頭　作短暫躲避。(佢因爲得罪咗個惡人，而家返咗鄉下~ ~ ~。)
~風塘　換船用來避風的岸口。
~暑　歇暑。
~咗佢　怕了他。(一見 佢嚟，個個人都~ ~ ~。)

擯 ban³

~馬尾　梳馬尾辮子。
~辮　梳辮子。
~逐　被驅逐。

泵 bam[1]

~水	抽水
~氣	車呔氣球類之打氣。(將橡皮艇~~。)

憑 bang[6]

~住	倚靠着。(唔好~住 埲墻。)
~嚟~去	左摇右擺。(大風吹到個燈籠~~~~。)

憑(pang[4])	需要。(~票入場。)
	作憑據。(~單取貨。)

柄 bang[3]

~埋	收藏。(你將 嗰啲嘢~~喺邊度呀?)

迫 bik[1]

~人	擠擁。(球場人便好~~。)
~入去	擠進去。(車上便已經 咁多人嘞,你就唔好再~~~啦!)
~服	使用壓力使別人屈服。(~到~服。)
~近	時間有限。(考試期間~~。)
~虎跳墻	喻無法可想時之唯一辦法。

鞭 bin[1]

~打	用鞭來打。
~	同上。(~佢幾吓。)

標 biu[1]

~汗	出汗。(嚇到 佢~~。)
~油	出油。(熱到~~。)
~高	長高。(今年比舊年~~咗好多。)
~青	出衆。(佢嘅成績好~~。)

樣貎出衆。(佢生得好～～。)

～参　　綁票。(被壞人～～。)

～本　　將昆蟲類制成樣本。(蝴蝶～～。)

～記　　記認。

～榜　　贊揚。(佢嘅奮勇行爲值得～～。)

～准　　到一定之限制。

～　　噴、射出。(支水槍你撳吓個制，啲水就會～出嚟。)

長出植物類發芽。(梅花～新芽。)

竄一直走。(一支箭咁～咗出去。)

𢲷 bok[1]

～　　用棍由上便向下打。

～合桃　　敲胡桃。

～～齋　　從前之私塾。

～濕　　原來之意思是打出血。引作痛揍或賭博時慘敗。(佢再唔收聲，就～～佢。)

駁 bok[3]

～長　　連接，加長。(～～條綫。)

～艇　　又稱水上的士。

～火　　交火。(同敵軍～～。)

～脚　　拿櫈、枱、梯子等爬上去。以便取到高處的東西。(唔够高就攞張櫈～～啦。)走一段路后，轉乘交通工具到目的地。(坐的士～。)

～咀　　頂嘴。(細佬仔唔准～～駁舌。)

搏 bok[3]

～命　　拼命。(～～咁喺度嘈。)

～彩　　碰運氣。

～亂　　渾水摸魚。(小心個衰人乘機～～。)

~懵　　趁人家不留神，從中取利。(你咪旨意喺我身上~~。)

~　　賭。(~佢唔知佢。)

盼望。(~聽日唔落雨。)

幫 bong[1]

~忙　　幫助。(唔該你~~吓啦！)

~手　　同上。(要搵人嚟~~。)

~襯　　惠顧，人客來買東西。(有乜嘢~~呀！)

~眼　　替別人暫作看管。(嗰度啲嘢，唔該你~~睇一陣。)

陪人家挑選東西、發表意見。(我想買架新車，搵你去同我~吓~。)

~工　　暫時替工。(每個禮拜都去做~~。)

~凶　　共犯。

~辦　　警察部長。

~　　替。(~佢想個辦法。)

~口　　替人家説好話。(勸極佢都唔肯，唔該你~吓~啦。)

綁 bong[2]

~行李　　捆行李。

~票　　綁架。

~緊　　繫緊。(將包嘢~~。)

~住　　捆着。(~~隻狗。)

磅 bong[6]

~　　秤。(~吓有幾多？)

~水　　付錢。黑社會語。(唔~~就打脚骨。)

煲 bou[1]

~飯　　燒飯。

~湯　　弄湯。

~茶　　沸水。

~藥　　煎藥。
~仔飯　　沙鍋飯。
~飯仔　　煮給嬰孩吃較稀的軟飯。
~淋　　賭錢術語。喻將對方弄到錢全輸光。
~電話粥　　喻在電話中談話太久。（有嘢就留番見面至講，唔好成日喺度~~~~。）
~冇米粥　　空說，白談不可能有結果的事。

補 bou[2]
~瘀　　打補釘。（條褲穿咗窿，要~~。）
~　　作修理解。（~衣服。~鞋。~路。）
~漏　　修理漏水（指房屋）的地方。）
~身　　食補品以使身體强壯。（燉田七最~~。）
~數　　陪數。（上次做少咗，今次做多啲~~。）
~假　　補給假期。（如果遇啱禮拜日係公衆假期就星期一~~。）
~血　　食物中某種類吃了能增血，或使血液循環。（養命酒~~。）
~藥　　服用后能使身體强壯之藥物。
~救　　挽救。（無法~~。）
~助　　津貼。（呢間教會嘅經費，大部份係由政府~~。）

哺 bou[6]
~鷄仔　　孵鷄仔
~竇　　抱窩。（~~鷄乸。~~猪乸。）
~乳　　授乳。（~~動物。）

伏 buk[6]
~低　　俯伏。（~~個頭喺枱上便。）
~埋　　同上。（~~個面喺墻度喊。）
~匿匿　　捉迷藏。
~兒人　　同上。

~兵　　埋伏的軍隊。(四面~~。)

焙 bui[6]

~衫　把衣服用火烘乾。(喺火爐邊~~。)

~乾　烘乾。

扠 cha[1]

~腰　將手放在腰的位置。(女仔之家唔好~住~講嘢。)

~住　用叉來拿着。(~~塊肉嚟燒。)

跁 cha[1]

~錯脚　　踏錯了脚。(唔小心~~~跌倒。)

~脚落氹　　喻遇到麻煩之事。(弊啦，今次~~~~添!)

扠 cha[5]

~　　用筆類來塗。(將本書亂~。)

~堝　　擅亂。(呢件事畀佢~~晒。)

插 chāp[3]

~咀　　加嘴。(大人講嘢，細佬哥唔准~~。)

~手　　參加份兒。(我一個人做就得啦，唔使你~~做。)

　　扒手，小手。(畀~~個銀包。)

~入　　穿進去。(將支針~~針包嗰度。)

~花　　研究花藝。(學~~。)

~班生　　中途加入的學生。(下學期嚟咗兩個~~~。)

~蘇　　電氣類插銷。(萬能~~。)

~贓　　把贓物放在別人處嫁禍別人是賊。(畀人~~嫁害。)

~針不入　　形容非常擠迫之場面。(間百貨公司今日大減價，裡面擠擁到~~~~。)

擦 chāt³

~ 用擦子來擦。(~牙。~鞋。~衫。)

~嘢 吃東西的粗俗說法。(好肚餓想~~。)

~親 給粗燥東西刮破了皮膚。(~~流血。)

猜 chāi¹

~枚 滑拳。在喜慶宴會時常作的一種助慶節目。

~呈尋 用包(錘子)、剪(剪子)、揞(布)來猜拳以定勝負。

搓 chāi¹

~面粉 揉面粉。

~波 將球兒左轉右踢。

踩 chāi²

~單車 騎自行車。

~低 壓低。(畀人~。)

巉 chām⁴

~眼 光綫刺眼。(夏天太陽最~~。)

劖 chām⁵

~ 刺、剮。(~手。~親隻脚。)

~耳 難聽的話說。(個衰人講埋晒啲下流嘢,真~~。)

剷 chān²

~除 除掉。(~~惡霸。)

~起 用鏟子來拿起。(~~啲泥。)

~光頭 推光頭。

~刀磨鉸剪 把刀剪類磨利銳。從前做這行業的人一面說~~~~~一面行來行去來兜客。

撐 chāng[1]

~艇　　劃艇。（~~出去河口。）

~腰　　給與資助。（有大老 闆就唔使怕啦。）

蹚 chāng[2]

~ 用脚去踢。（~佢一吓。）

瞠 chāng[3]

~ 睜、瞪。（~大雙眼。）

炒 chāu[2]

~　　將食物炒製。（~飯。 ~粉。 ~麵。）

~魷魚　　被解雇。（畀老細~~~。）

~飛　　將票子高價出售。（喺戲院門口~~。）

~蝦拆蟹　　説下流話。（佢一發脾氣就 喺度　~~~~。）

~金　　將黃金買入賣出來賺市價。

~樓　　將樓宇買入賣出來賺市價。

抄 chāu[1]

~　　搬寫。（~書。）

~一份　　照樣寫一份。

抄 chāu[3]

~　　亂翻。（唔好~我 啲嘢。）

~屋　　搜查房子。（畀警察~~。）

車 che[1]

~　　縫紉。（靠~衫 搵食。）

給車或機械能軋到而受傷。（畀架衣車~親。架車差 啲~親個細佬。）

駛車。（~佢番屋企。~架車去接 佢。）
用力扔。（~張 櫈過去。）
吹牛。（唔好聽 佢喺度亂~。）

~大炮　吹噓。吹牛。（我從來中意　~~~。）
~三~四　同上。
~天~地　同上。

扯 che[2]

~　走。回去。（個人客~咗嘞。）
~蝦　哮喘。
~氣　人將死時緊促呼吸。
~綫　作介紹。（等我同 佢兩個~~啦。）
~開　用力拉開。（~~度門。）
~平　弄到平均。（呢場成績雙方~~。）
~白旗　投降。（敵人已經~~~嘞。）
~鼻鼾　打鼻鼾。（做 嘢瘡到 瞓覺~~~。）
~猫尾　二人一呼一應去騙別人。（佢兩個人 喺度~~~，不過呃唔到我 嘅。）
~大纜　拔河。（十個人分開兩邊 嚟~~~。）

出 chöt[1]

~便　外面。（~~好似有人叫門。）
~街　上街。（~~買 餸。）
~氣　洩氣。（畀阿媽鬧完，就 揾個細妹 嚟~~。）
~糧　發工資。（每個月~~兩次。）
~花紅　多指年尾時所發之獎金。（老 闆話聽日~~~。）
~力　使勁地去做某事。（呢件事多得 佢~~幫忙。）
使勁。（~~拍門。）
~貓(仔)　作弊。（考試~~~會畀學校開除。）
~門　作遠行或女兒家出嫁。

~年　明年。（~~我想去中國旅行。）
~山　出殯。
~術　打鬼主意。（個嘢又想~~。）
~聲　開聲、發表意見。（淨係聽人講自己唔~~。）
~水　把食物類焯。（竹荀要~過~至炒。）
~水紙　用來提貨之單據。
~恭　出大便。詼諧之説法。
~閣　出嫁。（~~之喜。）
~口　門口。（間屋有幾個~~。）
　輸入。（做~~生意。）
~入　出入。（~~平安。）
　差別。（兩條教？也~~。）
~入口　門口。
　輸出輸入。（~~~公司。）
~世　誕生。（個啤啤仔前幾日~咗~。）
~頭　出面。（佢肯~~就乜嘢都掂晒咯！）
~手　出手。（~~打人。）
~手高　闊綽。（睇佢近來~~咁~一定係賺倒好多錢啦。）
~手低　孤寒。（咁有錢都~~咁~！）
~題（目）　考試時所出之問題。
~名　有名。（個明星喺外埠都好~~。）
~去　出去。（~~街行吓。）
~汗　發汗。（做完運動，成身都~~。）
~色　優秀。（佢嘅表演好~~。）
~奇　奇怪。（信佢至~~。）
~身　指家庭背景等。（~~貧窮。）
~品　製品。（~~上乘。）
~租　出賃。（有樓~~。）
~妻　舊中國社會，對妻子不滿而離婚。
~産　生産。（中國杭州~~絲綢最有名。）

~醜　　掉面子。（當場~~。）
~軌　　火車類脱軌。
~路　　謀生道路。（搵嚟搵去，都 搵唔到~~。）
~版　　印刷出版。（一年~~兩次。）
~走　　偷偷地逃脱。（離家~~。）
~售　　賣。（有平價手表~~。）
~賣　　作不道德或不忠實之行爲。（將朋友~~。）
~家　　歸於佛法作僧侶。（~~人不向塵世。）
~没　　出現。（呢度時時有小偷~~。）
~游　　出門作旅游。（~~歐洲各地。）
~麻　　出麻疹。
~痘　　出水痘。

侵 chan[1]
~水　　加水。（~~落煲湯度。）
~入　　潛進。未得他人許可而擅自進人。（畀敵人~~我國。）
~犯　　冒犯。（邊個人都唔准~~佢。）
~害　　加害。（畀人~~。）
~注　　賭錢時加注碼。
~　　讓別人參加。（~埋 佢玩。）
~份　　讓別人加一份兒。

趁 chan[3]
~　　把握，掌管時間。（湯~熱飲。飯~熱食。）
~　　乘着。（~時間重早。）
~便　　乘着方便。（唔使唔該，我只不過係~~至同你做之嗎！）
~手　　順便。（個 啲嘢~~幫你搞掂 咗。）乘着機會（買就~~唔係聽日就起價。）
~墟　　趕墟場。凑熱鬧。（趕住去~~。）
~火打劫　　乘人之危。（個 嘢又 喺度~~~~出埋 啲無理要求。）

~佢病攞佢命　常用廣東俗語，意是乘他危急時取正他要害。(於~~~~~~啦。)

請 cheng[2]（或説 ching[2]）

~	邀請。懇求。(~你幫吓忙啦。)
	敬詞。(~坐。~食烟。~入嚟啦。)
~客	招待客人。(今晚我屋企~~。)
~飲	請喝喜酒。(有朋友~~生日酒。)
~安	向安。(同你府上各人~~。)
~帖	請柬。中國請柬都爲紅色。
~便	請隨便，不要客氣。有時亦用作討厭人客時，下逐客令時用(我好唔得閒你~~啦。)
~假	告假。(因爲傷風，~咗兩日~。)
~槍	請人代替考試。
~	雇傭。(~律師，~幾個工人幫手。)

搶 chöng[2]

~	强奪。(有人~嘢呀！)
~劫	强搶打劫。
~先	爭先。(先生出嘅問題，佢~~回答。)
~眼	顏色鮮艷奪目。(黄色同紅色配起上嚟好~~。)
~手	貨物暢銷。(呢隻貨好~~。)
~手貨	熱門貨。(呢隻係~~~。)
~食世界	喻謀生困難。(香港地正一係~~~~。)

暢 chöng[3]

~銷	指貨物物如輪轉，銷量好。(~~全世界。)
~快	身心舒暢愉快。(呢場波，打得真係~~。)
~錢	將錢換作零啐。(去銀行~~。)
~散紙	同上。

抽 chau[1]

~油　　醬油之另稱。
~水　　打水。(去井處~~。)
~抨　　對人家作挑剔。(咁小嘅事就唔好~~人哋啦。)
~身　　安排時間。(無法~~。)
~時間　　同上。
~後脚　　説人家以往不善之處。(畀佢~~~添。)

吹 chōū[1]

~牛　　説謊。(唔好喺度~~呃人哋。)
~嘘　　作假聲聲以求騙人。(佢又喺度~~啦。)
~爆　　氣極。氣死。(差啲畀佢~~。)
~脹　　同上。
　　在無可奈何時用。(佢唔肯聽你講，你~~佢呀！)
~鬚睩眼　　氣得瞪眼吹鬍子。(激到佢~~~~。)
~水　　肉類等酒過水，使能重秤。(~~牛肉。)
~口哨　　吹哨子。
~口琴　　吹口琴。
~簫　　弄簫。

坐 cho[5]

~　　乘。搭。(~車。~船。)
　　坐下。(請人嚟~吓啦。坐喺床上便。)
~監　　坐牢。(因爲偷嘢畀警察拉咗去~~。)
~花廳　　同上。
~月　　孕婦産後之頭一個月，要吃補品補身。
~電椅　　被判死刑。
~穩釣魚船　　喻對某事情有信心，有把握。(而家佢正所謂~~~~~都唔知幾輕鬆。)

冲 chung[1]

~茶　　泡茶。(唔該你~~嚟畀客人飲。)

~凉　　洗澡。(早晚都~~。)

~　　用水灌進去。流。(~滚水入茶壺。~水入坑溝。個銀包跌咗落河，畀水~咗去。)

充 chung[1]

~梗　　不懂的事，梗説自己懂。(唔識就唔好~~晒。)

~公　　没收後充作公家。(走私貨畀海關~~。)

~實　　有實力，有份量。(呢本書内容~~。)

~電　　上電。(將個火牛~~。)

~大頭鬼　　充闊佬。(冇錢重喺度~~~~。)

打 da[2]

~靶　　被槍决。(殺咗人就要拉去~~。)

~靶鬼　　該死的人。罵人語。(正一係~~~。)

~乞嗤　　打噴嚏。(一味~~~梗係冷親嘞。)

~喊露　　打呵欠。(眼瞓到喺度猛~~~。)

~鼻鼾　　扯鼻鼾。

~邊爐　　吃火鍋。(冬天最好~~~。)

~赤脚　　光着脚。(~~~行路。)

~赤肋　　光着膊。(熱到要~~~。)

~關斗　　翻跟頭。(一連~幾個~~。)

~交　　打架。(唔准同細妹~~。)

~單　　勒索錢財。(~人~。)

~脚骨　　敲詐。(收買路綫~~~。)

~低　　打垮。打倒。(兩三下手勢就將佢~~。)

~底　　鏇菜類墊在碟底的配菜。(用生菜~~。)

~地氣　　東西因放在地上而吸到濕氣。(唔好放張被喺地度~~~。)

~地鋪　　在地上睡覺。(唔够床瞓可以~~~。)

~佔　　排隊時不守規矩爭先恐后。加塞兒。
~斧頭　　代買東西時從中取利。(叫親佢買嘢都梗~~~。)
~估　　猜謎。
~工　　做工。(喺洋行~。)
~工仔　　受薪階級。(~日捱夜捱爲兩餐。)
~功夫　　練武術。(~~用嚟傍身。)
~獻　　炒餸菜時放澱粉。(~~食起嚟就滑啲。)
~荷包　　小手掏腰包。(喺巴士上便畀人~~~。)
~冷震　　發抖。(冷到~~~。)
~理　　管理。(呢件事係由佢~~。)
~孖　　成雙。雙倍。(真貪心，攞親都~~嚟。)
~麻雀　　搓牌。
~牙鉸　　閒聊。
~賞　　小量金錢賞賜。(~~十蚊過佢。)
~頭鑼　　領先帶頭做事。(冇人肯做先就等我嚟~~~啦。)
~頭陣　　同上。
~横　　横着來放。
~啹　　直着來放。
~横嚟　　野蠻。(明明唔啱，重~~~講。)
~（思）噎　　打嗝兒。(~~~就去飲啲水啦。)
~齋　　做法事。(盂蘭節~~。)
~種　　動物配種。
~瀉茶　　喻女性再婚。
~風　　臺風。
~波　　踢足球。
~官司　　到法庭申請裁判。(~錢債~~。)
~坐　　盤坐，正坐。(個和尚喺度~~。)
~折頭　　打折口。(同你買兩件，~~~畀我得唔得？)
~魚　　取魚，捕魚。(出海~~。)
~門　　拍門，叫門。(有人~~。大力~~。)

~霧　將植物放在露天過後吸霧水。(隔日就擰啲花出去~~。)
~賭　輸賭。(你敢唔敢同我~~。)
~攪　喻令人家受到麻煩。(喺呢度住咗兩日，真係~~晒你啦。
~合同　簽合約。(做生意要~~~。)
~電話　撥電話。(~~~畀朋友。)
~針　注射。(~~食藥。)
~手　當保鏢。
~鐵趁熱　抓緊時間。(想做就要~~~~。)
~死狗講價　既成事實才開出要求。
~蛇隨棍上　趁機提出要求。
~醒十二個精神　要特別留神。
~爛砂盤問到篤　事事都查根究底。
~完齋唔要和尚　利用完畢後就不再理會。
~　用於使用物件之動作上。(~算盤。~鼓。~鞦韆。~鑼。)
~氣　加以鼓勵。(一班朋友一齊嚟同佢~~。)
~水　抽水。(去井處~~。)

搭 dāp³
~綫　電話接綫。
給介紹。(單生意係由佢~~。)
~錯綫　電話弄錯號碼。
誤解了人家的意思。(原來佢都唔係想搵我幫手，~~~添。)
~　乘搭。(~車。~船。~飛機。)
~順風車　乘搭不用付錢的順路車。(~陳先生嘅~~~翻屋企。)
~單　順便，不是專意的。(唔該~~同我擰去。)
~路　給介紹。(搵人~~買架二手車。)
~手　參加一份兒。(~~同埋佢一齊做。)
~食　搭伙。(喺包租婆處~~。)

擔 dām[1]

~ 挑。放在肩膊上。（~水。~鋤頭。）

抬起。（~高個頭望上面。）

~ 搬。（~張 櫈仔 嚟呢度。）

~遮 打傘。（~住把~行路。）

~當 負責。（~~唔起。）

~心 心中憂慮。（考試~~唔及格。）

~大旗 全力負責。（有你肯~~~就乜都掂晒）

~住 咬着。（~~支烟。隻狗~~嚿骨。）

趯 dek[3]

~ 走回去之較俗語。（够鐘~啦。）

~佬 同上。

逃亡，作躲避。（打傷人要~~。）

~更 開小差。（個 嘢帶埋個細佬去~~。）

遞 dai[6] 舉起。（~高雙手。）

抬起。（~起個頭睇上便。）

拿起。（~起 隻杯掟過 佢嗰度。）

呈上。（~辭職信畀上司。）

交給、拿給。（唔該你~杯茶畀我。）

兜 dau[1]

~生意 招生意。（四處奔跑去~~~。）

~客 招顧客。（的士司機揸住架車，四圍去~~。）

~風 駕車去食風。（揸架車去山頂~~。）

~架 挽回面子。（今次全靠 佢講幾句好説話同我~~。）

~ 捧、掬。（用 隻手 嚟~水。）

~巴 一巴掌。（~~打過去。）

鬥 dau[3]

~	碰、移動。(唔好~我 枱上便 啲嘢。)
	比賽。(~做得快。~食得多。~波。)
	木器拼合。(~木，用木 嚟~張 櫈仔。)
~氣	賭氣。(~~夫妻。)
~負氣	互不相讓互相賭氣。(佢唔睬我就同 佢~~~。)
~鷄眼	内斜眼。

跌 dit[3]

~	掉下。(本書~咗落地。)
	丟失。(我~咗個銀包。)
~親	摔跤。(~~流血。)
~價	降價。(近來 啲金~~得好犀利。)
~眼鏡	看差了。算錯了。估計錯誤。(今次真~~~。)

點 dim[2]

~	教。説話去教人。(~極都唔明。)
~	怎麼，怎麼樣子。(咁做你究竟算~？)
	(你話~都得。~到 佢話唔肯！)
~解	向别人問原因究竟時用。(~~你 咁唔得 閒 呀！ ~~你唔中意呀？)
	爲甚麼。(我都唔知~~。)
~樣	怎麼樣，怎麼狀況。(最近你 嘅生意~~呀？)
	(佢嘅病而家~~呢？)
~火	打火、弄火。(將盞火水燈~~。)
~心	小食的包點。(請食 啲~~啦。)
~名	叫名。(先生~~。)
~數	查看數目。(~~之后至發覺少 咗兩個。)
~鐘	鐘點。(三~~。兩~半~。六~~放工。)
	鐘頭。(坐 咗兩三~~。休息半~~。)

~三~四　　講東說西，亂話。(唔好聽佢~~~~。)
~吓　　教一教。(等我嚟~~佢。)

頂 ding[2]

~　　支撐、做力。(攞嚿石嚟~住隻門。)
　　抵擋。(唔薄嘅衫唔~得冷。飲水~肚餓。食烟~眼瞓。)
~檔　　代替、頂替。(搵個人嚟~~。)
~頭　　碰到了頭。(小心~~。)
　　上級、職位比自己高的人。(~~上司。)
　　兄弟姐妹之排行。(佢~~重有一個大佬。)
~頸　　與人家拌嘴。(兩兄弟時時~~。)
~趾　　鞋子比脚細，穿起擦着脚趾不舒服。
~趾鞋　　不賢之妻子。
~手　　轉讓。(間公司想搵人~~。~~費。)
~肚　　充饑。(食面包~~。)
~證　　做證。(公堂~~。)
~籠　　極限，限度。(呢度~~可以坐十個人。)(呢件嘢~~唔係值一百蚊！)
~唔住　　受不了，吃不消。(再行我就~~~啦。)
~唔順　　同上。
~硬上　　硬着頭皮有并無他法，奈何之意。(鬼叫你窮就要~~~。~~~都唔好求佢。)
~心~肺　　被挖苦，給人家頂撞得不舒服。(個衰仔成日喺度~~~~。)

丟 diu[1]

~面　　失面子。(做埋啲咁嘅嘢，都唔怕~~嘅。)
~架　　同上。
~眼角　　用眼傳情送秋波。(嗰便有女人向你~~~。)
~生　　學業，技術等學校后因不常用而荒疏。
~疏　　同上。(十幾年前學過嘅嘢，而家~~晒咯。)

~埋　　放,收藏。(~埋一便。)

吊 diu³

~味　　調味。(落啲生抽~~。)

~癮　　癖好物類，因不能滿足而有難受的感覺。(冇酒飲真~~。)

~尾　　盯尾。(畀警察~~。)

~命　　延長生命。(啲藥用嚟~~。)

~頸　　上吊。(　~~自殺。)

~砂煲　　停炊，失業的意思。(幾個月都搵唔倒嘢做，就嚟要~~~啦！)

~起嚟賣　　乘人所求而提高聲價。(你去求佢，佢實~~~~。)

度 dok⁶

~　　量長度、高度。(~吓有幾長。~吓有幾多尺高。~吓件衫。)
比較。(~吓邊個高啲。)
想思量。(~極都唔掂。)

~蹺　　想辦法。(佢最會~~。)

~街　　在街上遊蕩。(冇事做去~~。)

~水　　想辦法找錢。(同我~~就冇商量。)

~掂　　想通。(點呀，~~未呀？)

~嚟~去　　想來想去盡辦法。(~~~~後來卒之搞點啦。)

倒 dou²

~　　注，扔掉，多用於液體類。(~杯水畀我。啲湯好似酸酸哋，唔好飲啦，~咗佢啦。)

~米　　對利益有所損害。(個嘢專同我~~。)

~灶　　料不到的失敗事情。

~瓤　　瓜類因過熟而爛瓤。(~~冬瓜。)

翻 fān[1]

~	回去。返。(~鄉下。~咗學。~工。)
~抄	將舊東西再製。(~~時代曲。~~藥。)
~風	刮風。(突然間~~落雨。)
~去	同翻。表示回去。(畀佢擰~~。~~屋企。)
~學	上學。(今日放假唔使~~。)
	重學。以前學過的東西因忘記了而再學。(先幾年學過㗎啦，而家再~~。)
~嚟	回來。(佢幾點鐘~~？去接佢~~。)
~案	將案子推翻，申請從新審判。(佢係冤枉㗎，一於同佢~~。)
~譯	通譯。(~~員。做中文~~。)
~生	復活。(死人又點會~~？)
	再生。(~~父母。~~孔明。)
	妻死後，丈夫再婚，原來女方的親戚就稱這繼室爲：~~××，如：(~~女。~~侄女。~~大姐。~~表姐。~~甥女。)
~渣	將已煲過的湯料、藥材、茶葉等加水再煎。(~~茶。~~藥。)
~舊帳	説以往之恩怨，(已經係幾十年前嘅事咯，重何必~~~呢？)
~頭嫁	婦人再婚。(丈夫對我唔住就~~~。)
~頭婆	歧視再婚婦人的稱呼。

反 fān[2]

~斗	頑皮。淘氣。(男仔比女仔~~。個細路好~~。)
~面	反目。(~~冇情。再話我就~~㗎啦！)
~骨	忘恩負義。(個衰人真~~。)
~口	不認帳。(~~唔認。唔到佢~~。)
~光	陽光反射作用。(白色~~。)
~抗	抵抗。(壓迫力越大，~~力越强。)
~胃	看到或聽到肉麻的事情，因而覺得難受。(睇見佢就~~。聽佢講埋晒啲咁嘅嘢，真~~。)

~省　　自我檢討。（~~一吓自己啱定唔啱。）
~對　　不贊成。（~~佢咁嘅做法。）
~應　　對某事情發生后所表現之行動。（市民之~~良好。）
　　藥物服用后所發生之作用。（引起不良~~。）
~轉豬肚　　~~~~一係屎，歇後語。喻人之性情善變，一時不合心意就大發脾氣，反面無情。

放 fong[3]

~膽　　拿出勇氣做某事。（~~做啦，唔使怕！）
~心　　安心。（你肯幫我，我就~~啦。）
~手　　放棄某物件或做某事情。（嗰件嘢佢點都唔肯~~。）
　　放開手。（成日擰住做乜嘢~~啦！）
~低　　放下。（~~啲行李。）
~屁　　混賬，罵人話。（睬佢就~~。）
~水　　私下給人方便。（唔該你~~啦。求極佢都唔肯~~。）
~馬　　施展威力。（有本事就~~過嚟）
~聲氣　　放風聲。（想話搵你同我~~賣咗間屋。）
~葫蘆　　吹牛。（唔好聽佢喺度~~~。）
~大　　倍大。（~~張相。~~鏡。）
~白鴿　　二人串通行騙。（兩個嘢又喺度~~~呃人。）
~　　存放。（啲嘢~喺你度先。）
~　　鬆，放掉。（~開啲行李。將個波~氣。）
~　　下，完畢。（~工。~學。）
~假　　假期。
~過　　饒恕。（唔~~佢。求你~~我一次啦！）

加 ga[1]

~　　添。（~注碼。~糖。~水。）
　　加上。（三~三等於六。~埋佢就三個人。~減。）
~菜　　加餐，同加料，加餸。（有人客嚟食飯要~~。）

~油　　努力，在勉勵時常用。（畀心機~~啦。）
~工　　作家庭內職。（同工廠~~做紙盒。）
~意　　專意，盛意。（呢餐飯係~~請你㗎。）
~手　　參加份兒做。（我一個人就得，唔使你~~。）
~鹽加醋　　落井下石。（阿媽罵個妹，佢重喺度~~~~。）

夾 gāp³（或說 gap³）
~計　　共計起來。（~~共有二十個。）
~埋　　連同。（~~一共有幾多？）
　　閉合。（~~雙眼。~~個口。）

揀 gān²
~　　挑選。（兩蚊個任~。~老婆。左~右~。）
~擇　　挑剔，有苛求之意。（佢着衫好~~。）
~飲擇食　　挑吃。（~~~~就唔能夠吸收各樣營養。）
~剩蔗　　喻女孩子過了結婚年齡。（女仔到咗三十歲都重唔結婚，就會畀人話~~~㗎啦。）

交 gāu¹
　　交付。（~畀佢。~翻畀佢。~畀你保管。）
　　繳費用。（~學費。~屋租。~會費。）
~　　呈交。（~功課。~貨。~畀先生。）
~關　　利害。表示程度。（熱鬧得真係~~。）
~帶　　吩咐。（阿媽~~我睇住細佬。）
~通　　道路上車輛往來情況。（~~擠塞。）
~易　　生意往來。（兩間公司~~咗十幾年。）
　　談判，商量。（你點講都冇得~~。）
~差　　回報。（求其做好就~~。）
~代　　作回報。（你叫我點樣問佢~~呢？）
~界　　邊界。

~情	交往之友情。(同佢一向都冇乜~~。)
~涉	作談判。(相方~~咗。)
~尾	動物類作合歡之好。
~游廣闊	喻人朋友多，見識廣。

搞（攪）gāu²

~手	發起人。(等我嚟做~~。)
~	發起，舉辦。(~旅行。~個舞會。)
~	攪動。(~吓啲咖啡。~匀啲粥。~珠抽賞。)
	碰擅動。(唔好~啲花。)
~	故意碰對方使對方生氣。(唔准~細佬。唔好~隻狗。)
	麻煩。(唔好~我。今次~到晒你啦。)
~掂	弄妥。(嗰件嘢~~未呀？)
~唔掂	無能爲力。(叫我一日做咁多，怕~~~。)
	不得了。(畀先生知道就~~~。)
	金錢上困難。(近來好~~~。)
~屎棍	專出壞主意，搬弄是非的小人。
~~震	胡天胡帝，瞎鬧。(再喺度~~~就打你。)
~風~雨	搬弄是非。(個嘢又喺度~~~~。)
~腸痧	急性腸炎。

計 gai³

~	計算。(~吓要幾多錢。~吓够唔够。)
	依照。按照。(~我睇係佢唔啱。~醫生話，要再休息多幾日。)
~正	按理來説。(~~你唔使咁嬲。)
~仔	計謀。辦法。(諗到一個好~~。)
~劃	准備做的事情。(今年有乜嘢~~？)
~較	介意。(自己人唔使~~咁多。)

香港粵語主要動詞用例集(2)

千　島　英　一

記 gei^3

~　　牢記，記憶。(~住唔好再錯。~唔記得先生講過嘅嘢？~得帶錢交學費。)

~挂　　惦念。(時時~~住父母。)

~性　　記憶力。(人老咗就冇咁好~~。)

~者　　記事報道員。(新聞~~。)

~恨　　懷恨。(~~於心。)

~帳　　掛帳。(同我~~，下個月至找錢。)

~認　　記號。(支筆雕咗我名做~~。)

見 gin^3

~　　看見。(有冇~到陳先生？)

　　覺得。(~唔舒服。~冷。~眼瞓。)

~面　　會面。(冇~~唔耐。)

~飯　　新米因受水而煮起來出飯多。

~使　　物價便宜故錢耐花。(鄉下嘢平，錢好~~。)

~鬼　　倒霉。(跌咗一交又打爛咗隻錶，真~~。)

~怪　　責怪。(千祈唔好~~。)

~齒　　見笑，取笑。

~外　　拘束，客氣。(一場老朋友，何必咁~~？)

~諒　　原諒。(請你~~。)

~識　　知識。(讀書多，~~廣。)

叫 giu^3

~　　(唔好~。有人~門。~救命。)

告訴。(～佢翻嚟。～佢聽電話。～伙記埋單。)

～價	賣得好價錢。(呢種貨近來好～～。)
～化	行乞。(沿門～～。)
～鷄	喚娼婦。(咁賤格去學人～～。)
～座	賣座。(套戲十分～～。)
～嘢食	通常是指在茶樓酒家向伙計叫菜。

改 goi²

～	改過。(你咁嘅品行，真係要～！)
	轉變。多指嗜好方面。(近來 佢～咗好多。)
	修改。(件衫長過頭要～。)
～名	起名。(同個啤啤仔～～。)
～行	轉行。(唔教書～～做生意。)
～口	轉口，反口。(～～唔認帳。女仔結 咗婚就會畀人～～叫太太㗎嘞。)
～嫁	再婚。(寧死都唔～～。)
～良	將物件加以研究，再製造使之比從前更優良。(～～品種。)
～期	延期。(如果落雨就要～～。)

講 gong²

～	説話。(唔好～咁大聲。)
	商量。(今次 冇得～㗎啦。)
	説壞話。(唔好～人。唔怕人～。)
～粗口	説下流話。(個衰人成日 喺度～～～。)
～大話	説謊。(～～～都講得唔似。)
～人事	講人面。(香港地，下下都要～～～。)
～數口	討價還價。(叫親 佢做 嘢都要～～～。)
～實	説定。(～～要幾多錢？)
～笑	説笑。(同你～～之嗎，使乜咁認真 喎！)
～手	打交。(一言不合就～～。)

~水　　又作講銀，講錢，以金錢爲目的。(做乜嘢都要~~先。)
~和　　説和。(握手~~。)
~究　　非常着重。(衣着~~。)
~話　　説的是。(佢~~唔嚟。先生~~要考試。)
~得口響　　唱高調。(佢一味~~~~又唔見佢去做。)
~三~四　　説長論短。(唔好再~~~~啦。)

掛 gwa³

~　　盼望。(細路仔成日住扮靚。)
　　掛望。(咁大個仔，唔使~。)
　　只顧做某事。(成日~住扮靚。)
~心　　擔心，掛望。(出門去得遠令父母~~。)
~帳　　記帳。
~齒　　對某事常記於心説於口。(小事何足~~！)
~名　　有名無實。(~~經理。)
~號　　在醫院輪診。
~號信　　擔保信。
~臘鴨　　上吊。

滾 gwan²

~水　　熱開水。(用~~食藥。)
　　在叫人讓路時常説。
~人　　騙人。(到處去~~。)
　　逃之夭夭。(贏咗錢重唔快啲~~！)
~友　　騙子。(正牌~~。)
~蛋　　叫人家滾出去。
~攪　　打攪。(喺度~~咗佢幾日。)
~熱辣　　滾燙。(啲湯~~~等陣至飲啦。)
　　新鮮。(~~~新聞。)
~三~四　　到處騙人。(唔好再~~~~啦，搵正經嘢做啦。)

~紅~緑　胡説八道。(明明唔識，重喺度~~~~。)

~　沸騰。(啲水~未呀？)

作略煮。(~肉片湯。)

熱，燙手的。(發燒個額頭好~。)

説謊騙人。(唔好聽~。周圍去~。)

揚起。(沙塵~~。)

捐 gün[1]

~　竄進。(~個頭入去。)

~錢　拿錢出來做善事。(~~救人。)

~山窿　鑽山洞。

捲 gün[3]

~　捲成筒狀。(~烟。~頭發。)

過 gwo[3]

~　給予。用於動詞與賓語之間。(畀~佢。話~佢聽。借過佢。)

用於形容詞之后，作比較時用。(我大~佢。車快~單車。西瓜貴~橙。)

用於動詞之后，表示曾經。(打~電話畀佢。見~好多次。出~去一次。)

亦作重新，另外等意。(唔啱就要做~。整壞咗，買~新嘅畀你。再寫~。)

~骨　過關。(估唔到咁容易就~~。)

~氣　過時的。(~~明星。迷你裙早就~~啦！)

~氣藥　過了時的藥，失去功效的藥。

~龍　太多，超出限制。(做~~。食~~。)

~頭　没頂。(水深~~。)　太多超出程度。(快~~。件衫淘~~。)

~門　出嫁。(重有個細女未~~。)

~鐘　過了點。(做到~~都唔知。)

過身　去世。(佢阿爺啱啱～～。)
～衫　衣服用洗粉洗清后再用清水泡。(去河邊～～。)
～底　複寫。(～～紙。)
～目　看閱。(請你～～。)
～夜　留宿。(喺旅店～～。)
～海　渡海。(坐船～～。)
～量　超出了份量，預算等。(飲酒飲～～。)
～期　過了限定之日期。(～～船票。)
～繼　承養。(～～仔。～～女。)
～雲雨　驟雨。(落咗一陣～～～又出翻太陽。)
～冷河　粉麵類灼後用冷水冲洗。(麵～～～就食起嚟爽啲。)
～口癮　吃零食。(買啲花生嚟～～～。)

合 **hap**[6]
～意　滿意。(咁做佢就實～～。)
～眼　看過后覺得好看，滿意。(個花樽幾～～。)
～心水　滿意。(～晒～～。)
～心意　同上。(冇一樣～～～。)
～力　合作。(兩個人～～。)
～同　契約。(買樓要簽～～。)
～時　時間剛恰到好處。(～～補品。説話講得～～。)
～群　人類，動物類之合群性。(蟻係～～動物。)
～格　及格。(考試唔～～。)
～得嚟　指人與人之間關係良好。(佢兩個好～～～。)

行 **hāng**[4]
～　走。(咪～咁快。～嚟～去。～路。)
　喻來往。(同佢～得好埋。)
　喻戀愛，來往異性朋友。(個仔最近～～。)
～開　離開。(我～～一陣先。)

	走開。(~~啲咪阻住我。)
~街	逛街。(食完飯去~~。)
	營業員，經紀。(做咗幾十年~~。)
~運	走運。(今次~~咯！)
~血	吃補品或藥材使血液循環。(飲藥酒會~~。)
~使	運用，使用。(~~僞鈔係犯法嘅。)
~爲	爲人之平日態度。(~~良好。)
~醫	當醫生。(佢~~幾十年有豐富經驗。)
~乞	當乞丐。(靠~~爲生。)
~年	現年。(~~二十。) -
~船	當海船。(佢嘅先生係做~~嘅。)
~雷	打雷。(~~閃電。)
~經	來月經。
~得埋	意見合得來。(佢哋兩個幾~~~。)
~得開	有時間能抽身出來。(我而家唔~~~。)
~房	夫婦作合歡之好。

起 hei²

~	用於動詞之后，表示完成之意。(做~。書~。寫~。織~。燙~。)
~膊	上肩。(將啲行李~~。)
~價	漲價。(米年年都~~。)
~屋	蓋房子。(~~要用好多錢。)
~心	動了不良念頭。(見到靚女就~~。)
~痰	同上。
~首	同起頭，起初，開始時的意思。(~~有十個。)
~火	着火。(弊啦！間屋~~添。)
	生氣。(小小事都~~。)
~先	同“起首”。
~風	翻風。

~程	出發。(聽日就~~。)
~貨	交貨。(再做埋下晝就可以~~。)
~泡	肥皂，洗粉類之發泡。
~家	因做某一行業後而發展開來。(佢係買魚~~嘅。)
~租	加租。(兩年~~一次。)
~癮	對某事越做越有興趣。(做到~~。)
~鑊	用薑蒜燒紅鑊子，才放菜或肉進去炒。
~稿	草擬。(~個~畀我睇吓先。)
~身	起床。(七點鐘~~。)
	起來。(企~~行過嚟。)
~嚟	用於動詞之后，表示動作做起來時，後面帶有什么後果。(喊~~就唔停。佢惡~~就好犀利。)
	起來。表示發生或開始。(佢笑~~。今日冷~~。天慢慢黑~~。)
~飛脚	喻人對事或藝學會後就不念師情，只顧自己發展。(真冇良心，一學完就~~~。)
~尾注	作不義之行爲，吃現成。(真激氣，畀人~~~添。)
~勢咁	不停地。(~~~鬧佢。~~~喊。~~~笑。)

開 hoi¹

~	舉辦。(~舞會。~酒會。)
	擺。(~枱食飯。叫伙記~位。)
	調配。(~咖啡。~牛奶。)
	打開。(~門。~罐頭。~皮喼。)
	開關。(~電視。~收音機。~燈。)
	用於動詞之后，表示動作正在進行與‘緊’通用。(支筆我用~。本書我睇~。)
	亦表示動作曾經進行，與“過”共通。(我着~嘅衫，你知唔知擺咗喺邊度呀？)
~便	靠外面的。(同我攞~~本書嚟。)

~底　　同上。

~波　　發球。

　　也作球賽開始之意。(幾點鐘~~？)

~檔　　開張。(下個月一號~~。)

　　每天開始營業的時間。(朝早九點~~。)

~市　　同“開鋪”與“開檔”通用。

~刀　　動手術。(盲腸炎要~~。)

　　乘人有所求時乘機勒索。(搵機會向 佢~~。)

~身　　啓航。(船就快要~~。)

~心　　高興。(見到個仔 咁乖就~~。)

~氣　　人性情開朗。(有 咗女朋友之後，佢~~咗好多。)

~胃　　胃口好。(運動后，特别~~。)

　　增進食欲。(話梅好~~。)

　　妄想。(你想我畀晒你呀，你就~~啦。)

~首　　同開手，開頭。起先，開始的意思。

　　(~~冇咁多人。~~佢話唔知道。)

~嚟　　從裏面出來。(走~~。喺房度行~~。)

~估　　揭迷底。(冇人知道答案，我就~~啦。)

~年　　舊正月初二吃的早飯。

~片　　打群架。(成班飛仔 喺公園度~~。)

~盤　　黑語。説出價錢待對方討價還價。

~盤口　　同上。

~聲　　説出理由，意見。(~~同 佢講。)

~餐　　燒火煮飯。(呢幾日 冇~~。)

~除　　撤除，解雇。(畀~~學籍。畀公司~~咗。)

~通　　開明，不守舊。(思想~~。)

~喪　　辦喪事。(唔好成日似~~咁嘅面口。)

~會　　會議。(四點鐘~~。)

~化　　文明。

~方　　藥物類處方。(搵中醫~~。)

~口　　出聲説話。（~~同佢講。）
~眉　　高興的樣子。（~~笑面。）
~罪　　得罪，惹別人生氣。（亂講嘢，小心~~人。）
~解　　慰向。（講幾句説話嚟~~吓佢。）
~眼界　　增加見識。（去外國游覽，志在~~~。）
~枝散葉　　傳宗接代。（望個仔早日~~~~。）
~　　作開始的意思。（~學。~場。~工。）

騎 ke[4]

~　　超越。（成績比細妹~~過佢。）
　　乘。（~馬。~單車。）
~琉璜馬　　將公款收入自己口袋。（佢因爲~~~~畀公司炒咗魷魚。）
~膊馬　　在肩上叠人兒。
~樓　　陽臺。
~樓底　　指上面有樓房的人行道。
~墻派　　比喻看風駛利之人。（~~~小人。）

拉 lāi[1]

~　　捉抓。（~佢出嚟問吓佢。~埋佢去。）
　　擒，捕。（個賊畀警察~咗。）
　　押。（~佢去審。~個賊去坐監。）
　　拖拉。（~車。手~手。唔好~得我咁快。~佢落嚟。）
~柴　　死的詼諧語。（冇飯食就會~~。）
~扯　　平均。（兩個人~~要兩百蚊使用一個月。）
~頭纜　　打開話題。（冇人肯先講，不如等我嚟~~~啦。）
~匀　　同"拉扯"。
　　拉平。（呢場波嘅成績，相方~~。）
~尾　　後來。（起初唔知道，~~佢講我至知。）
　　最後。（嚟得遲要走~~。）

~綫　　給介紹，拉關係。(呢件事全靠 佢肯 ~ ~ 。)

甩 lat[1]

~　　掉落。(~ 咗出 嚟。 ~ 咗眼釘。)
　　脱落。(~ 咗隻牙。 ~ 色。 ~ 頭髮。)
　　逃脱。(走唔 ~ 。畀個賊走 ~ 咗。)

~身　　脱身。(無法 ~ ~ 。)

~青　　搪瓷器皿掉了瓷。

~鬚　　丟臉，出丑。(時時認叻，今次 ~ ~ 啦 啩。)

~手　　脱手，將貨物轉賣。(架車想 搵地方 ~ ~ 。)

~底　　又作甩頭，應承過的事情不照做。(佢 個人信唔過，叫親 佢做事多數都 ~ ~ 。)

~拖　　喻已分手之戀人。(阿王同陳小姐已經 ~ 咗 ~ 。)

攞 lo[2]

~　　要。(想同你 ~ 啲錢。)
　　提取。(去銀行 ~ 錢。)
　　拿。(~ 嚟畀我。 ~ 杯茶畀 佢。)
　　取。(~ 咗幾個。 ~ 幾日假期。)
　　討。(~ 便宜。 ~ 人情。)
　　用。(~ 番梘洗手。 ~ 油煮菜。)
　　以。(~ 個 嚟做榜樣。)

~膽　　要命，中了要害。(到最緊要關頭 佢至話唔肯做，真 ~ ~ 。)

~命　　同上。

~景　　找鏡頭。(去公園 ~ ~ 。)
　　氣弄人，趁人家失意之時乘機諷刺。(人 哋失意時你就唔好喺度 ~ ~ 啦！)

~嚟講　　胡説。(你話有鬼， ~ ~ ~ 啦！)
　　不可能。(搵個細路同個大人比 ~ ~ ~ 啦！)
　　隨便説，對後果不負責任。(我絶對唔係 ~ ~ ~ 㗎！)

～嚟衰　　自討没趣，自找麻煩。(咁惡嘅人你都敢得罪，唔係～～～！唔衰～～～。)

～嚟賤　　同上。

～架嚟丟　　自己丟自己的臉子。(唔識又死充，今次正一係～～～～。)

撈 lou[1]　　混合。(男女老幼～埋一齊玩。)

拌。(豉油～麵。白飯～餸汁。)

混日子，謀生。(喺外國～咗幾十年。)

～起　　經一番努力後成了有錢人。(呢幾年佢～～咗。)

～嘢　　佔到便宜的粗俗話。(呢回畀佢～～添。)

～女　　妓女。專在男人身上要錢的女人。

～家　　指做飄賭，飲，蕩，吹等不正當生意的人。

～世界　　在社會謀生的俗語。(～～～要醒目。)

聯 lün[4]

～衫　　縫衣服。(攞針綫嚟～～。)

～埋　　一起。(～～個細佬嚟蝦人哋。)

買 māi[5]

～水　　迷信風俗。父母出殯之日，長子要到河邊取水來洒在父母面上，但現代只用水代替，叫做擔幡～～。

～餸　　到市場去買菜。(同阿媽一齊去～～。)

～名　　用錢換來的名譽。(～～紳士。)

～笑　　男性找藝妓尋歡。(一有錢就去～～作樂。)

～辦　　在公司作購買貨物之職的人。

～手　　同上。

賣 māi[6]

～　　登載。(～廣告。報紙～間茶樓今日開張。)

～笑　　女性作藝妓。(～～爲生。)

~大飽　　廉價出售，大減價。(~~~買一送一。)
~剩尾　　給揀完揀剩後，留下來之貨品。(~~~平啲賣埋佢。)
~剩蔗　　喻過了適婚年齡之女性~（女仔過咗三十歲都重唔結婚，就會畀人話係~~~。)
~面光　　用虛僞之言行去討好別人。(佢不過係喺度~~~之嗎，你估我唔知咩！)
~生藕　　女人向男人賣弄風情。
~頭~尾　　出售剩余貨品。(~~~~唔賺得幾多。)

孭 me[1]
~仔　　背小孩子。(~~去街。)
~帶　　背小孩子之背帶。
~鑊　　背黑鍋，碰釘子。(大件事嘞，呢次~~添。)
~上身　　一力承擔，全力負責。(呢件事佢~晒~~。)

摸 mo[2]
~　　用手去碰。(唔好~啲嘢。)
　　眼睛看不見時，伸手去摸索。(伸手入去個袋度~吓有乜嘢。)
~黑　　乘夜，晚上作外出。(~~趕路。)
~門釘　　去訪別人時找不着人。(打個電話畀佢，叫佢等我哋一陣，噉就唔怕等陣~~~。)
~蝦　　喻人動作慢。(~~咁嘅手。)
~身~勢　　毛手毛脚。(咪啦，衰衰咁，喺度~~~~。)

剝 mok[1]
~牙　　脱牙。(搵牙醫~~。)
~皮　　削皮，生果，菜蔬類等。
~花生　　陪人家談情説愛。(個嘢專中意~~~真係唔通氣。)
~光豬　　將衣服脱光，多對小孩用。(要涼洗啦，重唔快啲~~~！)
　　下象棋時，棋子只剩下“將”或“帥”。(畀人~~~。今次一定要~佢~~。)

撚 nan^{2}

~　耍。(~把戲。~盆栽。)
　打扮。(日日要~一排至出門口。)
　捉弄。(諗個辦法~吓佢 。)
~化　捉弄。(今次畀佢~~咗都唔知添。)
~手　巧手，拿手。(~~小菜。)
~幾味　弄幾個小菜。(~~~嚟送酒。)

扭 nau^{2}

~　作無理要求。(又喺度~乜嘢呀？)
　故意哭鬧，任性。多指小孩。(唔准再~。)
~計　小孩鬧彆扭。(再~~我就打過你。)
　出鬼點子。(個衰人又試喺度~~。)
~計師爺　罵出鬼點子之人之語。(正一係~~~~。)
~計祖宗　同上。
　指愛鬧彆扭的小孩。
~六壬　想盡辦法以求達到某不良目的。(今勻點~~都扭唔掂。)
~紋　淘氣。(呢個細路好~~。)
~紋柴　淘氣小孩。
~擰　羞澀不大方。(睇到人就要打招呼，唔好咁~~。)
~親　扭傷。(~~隻手。)

擰（拎）ning^{1}（或説 ling^{1}）

~　拿取。(~翻屋企。~出嚟。佢~住支筆。)
　提着。(~~個噫包。)
　將，把。(~呢個嚟做樣。唔好~佢嚟比我。)

擰 ning⁶

~頭	搖頭，表示不答應。(求親 佢都梗~~。)
	在表示惋惜或討厭時。(睇見 佢就~~。)
耍手兼~頭	慣用語，擺手加上搖頭，堅决不答應。
~轉	轉過來。(~~面 嚟睇 吓。)
~~身	轉身過來。(~~~就走。)
~	旋動。(~螺絲。~開個樽蓋。)

扒 pa⁴

~	偷。(喺巴士上面畀人~咗個銀包。)
	不問自取。(邊個~咗我支筆？)
	劃。(~船。~艇好。~龍船。)
~錢	貪污。(個貪官 淨係識得~~。)
~頭	駕駛時作超越。(呢條路一綫車唔准~~。)
~飯	將飯碗放在口邊，用筷子將飯拿進口時之動作。引作吃飯。(~~時唔好講 嘢。)

拍 pāk³

~	拼合在一塊兒。(~埋張 枱。放埋一~。)
~檔	合伙人。(佢係我 嘅~~。)
	互相合作。(搵佢做 嘢好~~。)
~梗檔	緊密合作。(兩公婆~~~搵兩餐。)
~拖	男女手拖手走路。指談戀愛。(佢哋兩個~~幾年都唔結婚。)
~門	打門。(出面有人~~。)
~賣	公開叫價出售。(件古董擰咗去~~。)
~心口	拍胸膛。意是保證負責完成某任務。(一於~~~同你搞掂。)
	拍胸膛後表示對某時後不害怕。(房裏頭點會有鬼，~~~入去睇 吓。)
~得住	比得上。(佢唱歌~~~職業歌星。)

~手掌　鼓掌，叫好。（~~歡迎。觀衆大~~~。）

~膞頭　表示誠意地要求別人相助。（~吓佢~~，佢實肯幫你。）

~烏龍　形容生意冷淡。（重 冇人嚟幫襯，真係要~~~。）

使 sai[2]

~　使喚。（~個人去通知 佢。）
用錢，花錢。（去旅行~佢好多錢。）
使用。（借把刀畀我~吓。）
需要。（~唔~用刀斬？）

~得　指人有能力，辦法。（呢個後生仔好~~。）

~頸　發脾皮。（一唔中意就~~。）

~乜　何必。（~~咁麻煩。）
用不着。（~~你出聲。~~你咁多事！）

~乜講　還用説。表示非常肯定，不可辯駁時的常用語。（~~~有錢就乜都得。~~~唔中意就唔去。~~~梗係你唔 啱。）

~用　開支。（一個月要好大~~。）

收 sau[1]

~　收藏。（~埋唔畀 佢。~喺櫃桶度。）
收拾（人）。（咁惡死，等我 嚟~吓佢。）

~得　賣座，叫座。（呢套戲幾~~。個音樂會好~~。）

~手　結束。多指不是正業。（佢~~之後，而家做正當商人。）
停手。（唔准打架，快啲~~。）

~檔　停止營業。（五點鐘~~。）

~科　收場，結局。（呢件 嘢冇法~~。）

~尾　最後。（我今日走~~。）
後來。（~~點様，我唔知道 噃。）

~山　停止做某種職業。（個女明星話因爲要結婚想~~。~~唔做。）

~口　停止發表意見。(我見講都冇用就~~。)
與人吵架時先停口。(邊個都唔肯~~。)
~留　讓別人在家中食宿。(冇人肯~~佢。)
~效　湊效。(呢隻藥~~神速。)
~成　收獲。(大有~~。)
~爛帳　收回不好數口支帳，難收之張目。(搵個惡人去~~~。)

送 sung[3]
~　迎送。(~佢入門口。~佢翻屋企。)
贈送。(~支花畀你。)
隨同某些食物一塊兒吃。(咸菜~飯生花~酒。滚水~藥。)
~禮　贈送禮物。(過年過節要~~畀老闆。)
~行　送別。(去機場同朋友~~。)
~殯　出席葬禮。(聽日要去~~。)
~終　罵人語。見人死的意思。(趕住去~~呀！同你~~。)
在病床旁邊，眼看着親人臨終。(中國人有一句俗語，最怕冇仔~~。)

探 tām[3]
~病　探訪病人。(去醫院~~。)
~　探訪。(我得閒就嚟~你。)
~熱　量體温。(早晚都~~一次。~~針)
~親　探訪親類。(回鄉~~。)
~盤　試探求查出對方之實力。(使人去~~。)
~聲氣　試探對方之意見想法。
~風聲　同上。(我~過佢~~啦，佢好似唔想做咁。)

踢 tek[3]
~　打（球）。(~足球。~波。)

~竇	妻子到丈夫與別的女人同居處捉奸，搗亂。（帶埋一班人去~~。）
~脚	很忙，没有空。（近來多嘢做到~~。）
	難辦的事情。（呢件事都幾~~。）
~枱~櫈	比喻大發脾氣。（一唔中意就喺度~~~~。）
~入會	被强迫加進黑社會。（畀人~~~。）

睇 tai²

~	看。（~電視。~報紙。）
	看管。（唔該你~住個細路一陣。）
	留意。（同我~住啲嘢唔好畀人鬥。）
	留守。（~屋。請個人同我~門口。）
~白	斷定。多用事情發生後。（~~今日會落雨。~~佢唔會去。）
~相	看運勢。（喺街邊擺檔同人~~搵食。）
~化	比喻人處世經驗多了，對世事看透，再也不斤斤計較，萬事都採取無所謂的態度。（人老啦，乜嘢都~~啦。）
~法	看法。（照你嘅~~又點呢？）
~病	看醫生。（帶個細路去~~。）
~症	診治。（搵醫生~~。）
~脈	找中醫診治。（去診所~~。）
~死	看透。（邊個都~~佢。）
	斷定。（我~~佢唔敢出聲。）
~小	小看，輕視。（唔應該~~窮人。）
~嚟凑	在看情形而定時常用。（而家話唔定~~~啦。）
~老婆	男子去相親。（佢點都唔肯去~~~。）
~門口	引作家中常備之平安藥。 （家家房房都應該有個十字箱嚟~~~。）
~醫生	找醫生診治。（阿媽去咗~~~。）
~衰	同“睇小”。
~水	把風。（你喺門口~~，先生一嚟就立刻通知我。）

~數　多指在餐館内飲食後叫伙記算帳目。(搵伙記嚟~~。伙記! 唔該~~。)

~天　看天氣而定。(呢場球打唔打得成，就要~~啦!)

聽天由命。(~~做人。)

拖 to[1]

~　拖拉，手拉手。(~住個細妹行街。)

阻延日子，時間。(嗰筆數佢~咗好耐。~完一日又一日。)

~艔　由機動船拖引的客船。

~纍　連纍。(畀朋友~~。)

~缺　缺人錢而久不還。(俗語話有~冇缺。)

~泥帶水　弄得不清楚。(做事要認真啲，唔好~~~~。)

~男帶女　形容帶着又男又女的小孩出門的狼狽樣子。(每年年尾都~~~~翻鄉下。)

托 tok[3]

~　用手掌承着。(~住個砵。)

拜托。(我想~你話畀佢知。)

扛在肩膊上。(~行李。)

"托大脚"(拍馬屁)的簡稱。(冇耳籐喼一靠~。)[歇后語。]

~大脚　拍馬屁。(成日~老闆~~。)

~手踭　拒絶别人之要求。(求親佢都梗~~~。)

~水龍　代人收款后，全款吞没。(叫佢收數靠唔靠得住㗎，怕唔怕佢會~~~㗎!)

~腮　用手托住下顎，作思量解。(睇佢~住個~唔知喺度諗緊乜嘢。)

~賴　托福。(我嘅生意都算~~。)

話 wa[6]

~	說。（個個都~唔肯做。你~乜嘢？）
	勸導，責備。（畀先生~咗幾句。呢個仔~極都唔聽。）
	告訴。（係佢~畀我知嘅。）
	看。（我~睇情形，佢唔會嚟。計我~咁重好。）
~事	出主意。（畀你~~。）
	領頭人，作主的人。（呢度係由佢~~。）
~落	交帶吩咐。（佢~~今晚唔翻嚟食飯。）
~名	名義上。（~~嚟幫手，其實乜都做唔倒。）
~實	肯定地說。（你~~去唔去呀？）
	不停地勸說。（~~個細路唔好畀佢走出街。）
~唔定	說不定。（~~~聽日會落雪。）
~唔埋	同上。
~得埋	可以預料。（呢樣嘢點~~~。）
~話未完	說話還未說完，而別些動作已正在進行。 （叫咗佢小心啲㗎嘞，~~~~就打爛咗。）

搵wan[2]

~	找。（~朋友傾吓偈。~笪地方休息。）
	用。（~支筆寫。~布抹。~水洗。）
~笨	騙，討便宜。（差啲畀人~~。）
~丁	同上。
~老襯	同上。
~食	謀生。（香港地~~艱難。）
~錢	同上。
	賺錢。（呢兩年~到好多~。四圍去~~。）
~嘢做	找尋工作。（到處去~~~。）
~米路	找生活出路。
	亦作女孩子結婚的比喻。（~到條好~~就一世冇憂。）
~嚟講	白說，不切實際。（你都~~~嘅。）
~嚟做	白做，徒勞無功。（今次~~~咯。）

食 sik6

~	吃。(~飯。~藥。~面包。)
	喝。(~粥。)
~烟	吸烟。
~得	可以吃的。(~樣菜要煮過至~~。)
	能吃。(呢個仔好~~。我唔~~多。)
~力	指物件能受外來之壓力。(呢個門較幾~~。)
~用	伙食費用。(一個月要五百蚊~~。)
~言	不守信用。(我決不~~。)
~油	指炒或煮"餸"菜時,"餸"料要陪上很多油才能美味。(菠菜好~~。)
~指	第二隻手指。
~殼種	吃老本。(重搵唔倒嘢做,就快要~~~啦。)
~塞米	罵人做事糊塗,白吃飯。(咁大個仔,重唔會寫字,真係~~咯。)
~枉米	同上。
~貓面	給人責罵。(又遲到,今次實~~~咯!)
~死猫	受冤枉,替人家背黑鍋。(你咁笨嘅~~~都制嘅!幾大都唔~~~。)
~軟飯	靠女人賣笑來過活的男人。
~拖鞋飯	同上。(個嘢,淨係識~~~~真係賤格。)
~皇家飯	坐牢。詼諧之説法。(個嘢又偷嘢一於捉佢去~~~~。)
~蓮子羹	被槍決。詼諧之説法。(個殺人犯畀警察捉咗去~~~~。)
~碗面反碗底	指人忘恩負義。(做人絶對唔應該~~~~~~。)

入 yap6

~	進。(~嚟。放~個盒裡便。)
	存放。(去銀行~錢。將啲糖~落個樽度。)
~便	裡便。(房~~有人。袋~~有乜嘢?)

~伙　　遷進新居。(決定咗下個月~~。)

~味　　煮或醃製東西時，配料之味道進入食物使食物變得可口。(啲豬肉好~~。)

~數　　登帳。(將啲來貨~~。)
負責付錢結帳。(呢餐飯~我~。打爛咗嘅嘢~邊個~。)

~手　　埋手，開始做。(呢單嘢真係唔知喺邊度~~好。)

~圍　　達到被要求之某標准。(預選佢唔~~。)

~圍獎　　多指抽簽或獎券類，意是進入中獎範圍。(佢抽到~~~。)

~息　　收息。(佢做經理，每個月~~唔錯。)

~門　　女孩子嫁進男家，男方的親友便説如:（新抱幾時~~呀? 自從新抱~咗門之后，打理得屋企井井有條。)

~行　　開始做某行業。(做揸車，~咗~三年。)

~夜　　剛開始夜。(一~~就覺得冷啲。)

~迷　　看迷，全神貫注。(睇書睇到~~。)

~眼　　看上眼。(冇件衫睇得~~。)

~選　　被選中了。(佢畫嘅畫有兩幅~~。)

~籍　　轉移户籍。(女子結婚後，就要~丈夫~。)
轉換國籍。(向日本政府申請~~。)

~會　　参加後成爲會員。(~足球~。辦~~手續。)

~學　　小孩開學。(細路仔要到咗六歲至可以~~。佢個女今年~~。)

~邪途　　行爲不正當做壞事。(佢自從識咗班壞朋友之後，走~~~真係可惜。)

揸 zha[1]

~　　拿。(~棍打人。~住本書。)
把握。(~緊機會。~住佢嘅弱點，向佢勒索。)
掌管。(家庭開支係由佢~住晒。呢間公司嘅數，係由佢~嘅。)
駕駛。(~的士。~巴士。~船。~飛機。)

~數　賬房，管賬之職。(佢係做~~嘅。)

~頸　受氣，忍氣吞聲。
(同 佢拍檔好~~嘅。打工仔真係好~~㗎。)

~頸就命　因要順從眼前壞景而要忍氣。

~拿　把握。(冇~就唔好出聲。)

~手　拿物件或錢財來保證。(要我借錢畀你，你有乜嘢畀我~~？要我個女嫁畀你，要有樓~~。)

~主意　作主，出主意。(我 冇所謂，由你~~~啦。)

斬 zhām[2]

~　砍。(~柴。~樹。)
在買燒烤鹵味時常用。(~兩蚊叉燒。~隻燒鵝加 餸。)

~料　買燒烤鹵味。(今晚阿爸話~~翻 嚟。畀十蚊你去~~。)

~纜　相愛的男女一刀兩斷。(佢哋兩個幾時~~㗎？)

~手指　賭徒戒賭。(呢排輸到 佢話要~~~。)

執 zhap[1]

~　撿，拾。(~到個銀包。~到一蚊。)
收拾。(~行李。~好間房。)

~藥　配藥。(去藥房~~。)

~茶　配中藥。(去藥材舖~~。)

~筆　拿筆，轉作寫信之義。(我好懶~~。等我得 閒~~寫幾個字翻鄉下。)

~籌　抓簽。(~~分糖食。)

~笠　生意倒閉。(再 冇人幫襯，就快要~~啦。~~大平賣。)

~拾　收拾。(呢個細路好會~~。)

~尸　收拾死屍。(同你~~。[罵人語])

~輸　佔下風，吃虧。(做人最怕係~~。人哋食晒你至嚟，真係~~咯。)

~漏　　修理瓦漏。(間屋要揾人嚟~~。)

~手尾　　處理善後工作。

(我真係冇咁得閒同你~~~。我要~埋啲~~至走得。)

~死鷄　　用比原價較低的價錢買退票，包括車船，戲票等。(去碼頭~~~。)

~人口水尾　　自己没有主張，人云亦云。(咁大個人，動吓腦筋，唔好淨係~~~~~。)

斟 zham[1]

~　　將液體倒進容器。(~茶。~酒。~油。)

商量。(冇得~。揾佢~吓睇佢肯唔肯。)

~盤　　買賣交易，商談。(間樓有人嚟~~。批貨想揾人~~。)

~生意　　傾生意。

走 zhau[2]

~　　跑。(唔好~咁快。隻狗~得好快。)

離去，回去。(佢啱啱~咗。唔好~住，坐多陣先啦。)

~甩　　跑掉，逃脱。(畀個賊~~咗。)

~人　　溜走。(一聽見要佢做嘢就~~。)

~私　　運私貨。(~~係犯法嘅。)

~趯　　奔波。(爲兩餐~~。)

~鷄　　失去良機。(呢隻貨平夾靚，買就趁早，唔好~~呀！)

~鬼　　無牌小販見警察來時即逃跑。(~~啦！嗰便有個警察行緊過嚟，重唔快啲~~！)

~盞　　地方鬆動。(搬咗張枱入房，外面，就多啲地方~~。)

時間鬆動。(呢件事我知得遲，時間乜得~~。)

~樣　　物件因受外來壓力而變了樣。(個公仔畀個細路坐到~晒~。)

~白地　　無目的自顧跑。(聽見有人喊打就~~~。)

~夾唔唞　　没命地跑。引作看不起或對某事不滿意時常用。(人哋都唔睬你咯，你重唔快啲~~~~！睇見佢個樣，就~~~~。)

~佬　　因欠債而要逃亡。(間鋪執咗笠，老 闆~咗~。欠人咁多錢，今次~~都唔掂。)
私笨。多指女方。(佢個老婆同人~~。)

整 zhing[2]

~　　處理。(等一陣，我~好 啲文件就 嚟。)
弄。(~爛 隻杯。~喊個細路。)
做。(~幾個 餸。~點心。)
修理。(~翻好。~屋。~路。)

~定　　天意注定。(窮人~~要捱。)

~埋　　收拾。(~~屋企。)

~齊　　很規律。(呢班學生敬禮做得好~~。)

~潔　　齊整清潔。(衣服唔怕舊，但一定要~~。)

~色水　　裝模作樣，假聲聲。(喺度詐喊~~~。)

~古　　捉弄別人。(個 嘢專中意~~人。)

~古~怪　　做小動作。(~~~~嚟引人笑。)

~鬼~馬　　同上。
對事情因達不到目的時所發的怨言。(冇錢，重~~~~咩! 落雨重~~~~咩!)

接 zhip[3]

~　　迎接客人。(去碼頭~朋友。揸車去~佢。)
接續。(~任。~住講。~住做。)

~手　　生意或事情接下來經營或繼續做。(件 嘢我~~做 咗幾日。間鋪想 搵人~~。)

~客　　迎接客人。
指妓女接到尋歡客人。

~洽　　生意商洽。(同人客~~。)

~吻　　親嘴。(咁大個人都重未試過~~。)

~風　　歡迎從外國回來之親友而開之宴會。(今晚訂咗兩圍准備同老王~~。)
~濟　　救援。(~~窮人。)
~應　　作呼應，通消息。(有我喺度~~唔使怕。)
~生　　接產。(搵醫生~~。)
~頭　　作談判。(同對方~~幾次都冇結果。)
~住　　伸手去接着人家拋過來或掉下來的東西。(好彩我一手~~，如果唔係就實打爛。我喺樓上擲落嚟，你喺樓下~~。)

撞 zhong[6]

~　　碰　(個細路~親個頭。畀佢~咗一下。)
　　碰見。(喺街度~到個朋友。)
　　亂猜，瞎猜。(個答案畀佢~中咗。唔識就唔好亂~。)
~板　　碰釘子。(去求佢就實~~。)
　　糟糕，倒霉。
　　(畀先生知道就~~。今次~~啦，咁緊要嘅嘢都唔記得。)
~彩　　碰運氣。(人去賭場~吓~。)
~火　　生氣。(見到佢就~~。)
~棍　　騙子。(呢個人口甜舌滑，正牌~~。)
~門　　闖門。(大力~~。)
~車　　交通意外。(揸車小心啲就唔會~~。)
~期　　碰巧某事與另外事情同時舉行。(兩個會議~~。)
~頭　　同上。
　　碰見，見面。(我冇乜機會同佢~~。)
~親人　　汽車碰傷了人。(揸車揸咁快，~~~就論盡啦。)
~死馬　　比喻動作輕率，行動橫衝直撞的人。
　　(呢個仔正一係~~~冇啲斯文。)
~手神　　碰運氣，多用於手之動作如賭博，抓簽等。(打麻雀，~~~贏咗多少。)
~口卦　　小孩碰巧說中了某事。

做 zhou[6]

~	干某事。(~工。~功課。我~埋至嚟得。叫佢幫你~啦。)
~人	作人類。常在勸告人的説話開頭時用。(~~要有同情心。~要知足。)
~戲	演戲。(今晚禮堂~~。)
	耍花樣來騙人。(佢好會~~。佢兩個又試喺度~~。)
~把戲	耍把戲，弄花招。(睇你又喺度~乜嘢~~。)
~乜	爲什么？。(你~~咁嬲？佢~~唔嚟？)
~低	干掉，打垮。(一於~~佢。)
~鷄	當娼婦。(咁賤格去~~。)
~手脚	暗中搞鬼。(畀人~咗~~。)
~磨心	比喻在左右爲難，各方關係難以處理。(兩兄弟嗌交揾個老母嚟~~~。)
~世界	作賊，作偷盗，劫掠等。(畀人~~~。一齊去~~~。)

捉 zhuk[1]

~	擒拿。(~賊。個兵畀敵人~咗。)
	捕。(~雀仔。~魚。)
~	下（棋)。(~象~。~波子。)
~蟲	自找麻煩。(咁惡嘅人你都敢得罪，今次真係~~咯。)
~姦	捉拿男女同姦。(俗語話：~~在床。)
~字虱	挑字眼兒。
~用神	揣度别人的用意。(佢個人好難~到佢~~。)
~錯用神	錯誤地揣度别人之用意。同表錯情。(人哋都唔係咁嘅意思，你~~~~啦。)
~黄脚鷄	設陷阱去捉拿好色之徒後乘機勒索錢財。(畀人~~~~。)
~兒人	捉迷藏。(細路仔中意~~~。)

轉 zhün[2]

~　　改。（~行做生意。）

改變。（~咗間公司。~性唔再賭錢。~吹東風。）

轉換方向。（~左。~右。~彎。~身。）

~眼　　又作“轉吓眼”。不多久，瞬眼的意思。（~~又一年咯。~~就唔見咗佢咯。）

~頭　　回頭，等一會兒。（~~同你做。）

~世　　已不在人世，死之婉辞。（佢阿爺~咗~咯！）

~述　　轉達他人之説話。（佢叫我~~畀你聽。）

~口　　改口。（一見佢嚟就~~講第二啲嘢。）

貨物之外地買賣。（~~生意。）

~手　　將貨物或店鋪轉讓給別人。（架車想搵人~~。價錢咁貴怕搵唔倒人~~。）

廣州話的“哋”與普通話的“們”之對比研究

千 島 英 一

1. 前 言

“哋”[tei22] 字是廣州話人稱代詞的詞尾，表示複數。一般說來，“哋”和普通話的詞尾“們”的用法既有相似之處[1]，然而相比之下，彼此之間又存在種種差異。本文首先談它們的來源，然後分析語法功能上的特點。

關於普通話的“們”的來源及其語法化過程的研究，正如大河内康憲1994所指出的那樣，已有呂叔湘先生（呂：1955，1985）的詳細的研究，另有羅杰瑞（Norman, Jery：1988. p.121），張惠英1995的研究，因此，這里不做贅述。以下只就廣州話的“哋”的來源進行一下分析。

2. 廣州話“哋”的來源

關於“哋”的來源的爭論有三種情況:

A. 非漢語來源說。

B. 由“等”而來的音變說。

C. 表領屬的“的（底）”的衍變說。

以下分別進行說明。

關於A. 非漢語來源說是以徐松石1963為代表的研究。徐氏認為廣州話的“哋”有可能是瑶語中表示“群眾、部隊”之意思的／to:i／[2]的遺留。他在該書里的「粵語與苗傜僮語」一節中指出:

> 又儂隊你隊渠儂隊人等語，源出於傜，前文經已述及。明錢塘田汝成著炎徼紀聞，謂當時湖南尚用儂字。現在我隊你隊渠隊等辭，四會仍沿用着。人郁或人儂一語，自新春以至藤容岑各地仍然流通。『儂地』即『我們』，現在還流行於廣西岑溪全境。至於我地你地佢地的地字，乃由傜語的隊字變來，則閲者更可一望而知。（徐松石 1963. p.228）

關於Ｂ、Ｃ．也即漢語來源説，以本人管見主要的有以下兩種説法。Ｂ．由古漢語中表複數的接尾詞“等”變化而來。Ｃ．由表示領屬的詞“的（底）”變化而來。關於前者江藍生 1995 曾指出:

廣州話“我哋、你哋”的“哋”[tei] ……應是“等”的音變。(p.188)

關於後者張惠英 1990 裡有詳細的考證，她説:

> 一種假説就是來自“地”，用處所詞來複數人稱代詞詞尾，這和用“家”、“里（字常寫作俚）”、“門（今寫作們）”作複數人稱代詞的詞尾屬同類現象。但這個假説還不能令人愜意，因為和珠江三角洲地區用“啲”作複數人稱代詞詞尾、或有－k 尾的複數人稱代詞“偔我們、偌你們、㑊他們”的方言對應不起來。
>
> 另一種假説就是來自“啲”，就是上文討論的“底”的衍變。“啲（底）”用作複數人稱代詞詞尾，是由其作領屬助詞“我底我的，你底你的，他底他的”的用法演變而來。而由領屬助詞“的、個”作複數人稱代詞詞尾，在北方和南方的方言中都能見到。(張惠英 1990. p.303)

後來，她對自己第二種假説作了肯定。張惠英 1996 認為:

> 廣州話複數人稱詞尾“哋”[tei22] 和從化城內、中山（石岐、南朗合水)、珠海（前山）等地的複數人稱詞尾“啲”[ti] 相對應，可推知來自表示領屬的“的（底)”(張惠英 1996. p.294)。

以上就“哋”的來源，著重於語言演變方面，作了簡要的分析。另外，關於“哋”語義，本人還想作一補充説明。
實際上，不管是廣州話的“哋”，還是普通話的“們”，並不象英語的－s，日語的“～ら”、“～たち”那樣只是一種單純地表示複數的語言形式，在語義方面，它們還有更豐富的內涵。但有關這方面的研究尚不多見。張斌等 1989 曾指出;

"們"經常附著在指人的名詞後邊，表示"群"的意義。(p.135)

而根據"哋"的非漢語來源説，"哋"被認為是從瑶語中表示"群眾、部隊"的意思的／to:i／變化而來的，也含有"群"的意思。也就是説廣州話的"哋"是瑶語表"群眾、部隊"之意／to:i／的遺留。但文字表記上正如"門（們）"一樣，借用了發音相似的"地"字。而廣州話詞匯具有非漢語來源的詞均採用加一個口字旁兒予以區分的特點，從而"地"也就表記為"哋"了。所以關於"哋"的來源，本人比較推崇非漢語來源説，因為無論從發音上，還是從語義上，它的解釋都堪稱完美，而且可以與普通話的"們"相對應。不過要證實這個假説仍須進一步研究。

3．語法功能上的異同

普通話的人稱代詞複數形可以用"們"來表示[3]。但是卻不能説"誰們"。并且如"五個孩子"等表示具體人數時也不能説"五個孩子們"。這點廣州話和普通話是相同的。卻和日語的"～たち"、"～ら"、"～ども"等接於名詞、代詞後表複數的接尾詞不同。但在語法功能上，"們"和"哋"有許多差别之處。"們"可以接在人稱名詞後，而廣州話的"哋"原則上只能接在人稱代詞之後[4]。其次，普通話的"們"可以接在人稱名詞後表示招呼語，如演講等時常用的"朋友們"、"來賓們"、"同學們"……。而廣東話的"哋"卻不能説"朋友哋"、"來賓哋"、"同學哋"……。這時只能採取"各位＋人稱名詞"的形式，如"各位朋友"、"各位來賓"、"各位同學"等等。第三，普通話表示人的複數稱呼時，如上所説，一般是稱呼之後加一個"們"字，如學生們、老師們、工人們、醫生們、孩子們、親友們、姐妹們等。但廣州話没有這種表示法，只能在某一個稱呼的前面加上一個"啲"[ti^{55}]（意思是等於普通話的"些"）字或是加一個"幾"字來表示複數。如"啲學生"、"啲工人"、"啲仔"、"啲姐妹"、"幾仔爺"（爺兒們）、"幾仔乸"（娘兒們）等等。

除了上述三點，"哋"與"們"在用法上還有許多細微差别。下面以廣州話的"哋"和呂叔湘先生所著的《現代漢語八百詞》里的關於"們"的用法的説明來做以對照。（普通話的例詞·例文及「」號内的説明的部分引自《現代漢語八百詞》）

〈廣州方言和普通話人稱代詞詞尾的比較〉

普通話	廣州話
我們	我哋
你們	你哋
他們	佢哋
咱們	我哋（廣州方言没有包括式與排除式的分別）
人們	啲［ti⁵⁵］人
同志們	啲同志
工人們	啲工人
醫生們	啲醫生
孩子們	啲仔
學生們	啲學生
老師們	啲老師
親友們	啲親友
姐妹們	啲姐妹

ａ）普通話「指物名詞後邊加‘們’，是擬人的用法，多見於文學作品」，而廣州話是這些場合往往採用〈“啲”＋指物名詞〉的形式，或是不加表複數的詞。

（普）月亮剛出來，滿天的星星～眨着眼睛。
（廣）月光啱啱出嚟，滿天嘅繁星喺度睞睞吓眼。

（普）春天一到，鳥獸魚虫～都活躍了起來。
（廣）一到春天，啲鳥獸魚蟲就活躍起嚟嘞。

（普）奶奶管我們叫小燕子～。
（廣）亞嫲叫我哋做燕子仔。

ｂ）普通話是「人名加‘們’表示‘等人’」，但廣州話卻没有人名之後加“哋”的説法，這些場合採用〈人名＋佢哋（他們)〉的形式。

（普）雷鐵柱～打了一天夯，到晚上才回家。
（廣）雷鐵柱佢哋打咗成日樁，到夜晚至返屋企。

（普）王大爺愛説話，一路上逗得小強～笑個不止。
（廣）王大爺中意講笑，喺半路整到小強佢哋笑到唔停得。

ｃ）普通話的“們”是「可加在并列的幾個成分後面」，但廣州話卻説〈并列的幾個成分＋“佢哋”〉或〈“啲”＋并列的几個成分〉。

（普）弟兄～。
（廣）兄弟佢哋｜啲兄弟

（普）老爺爺、老奶奶～的心里樂開了花。
（廣）亞爺同亞嫲佢哋開心到心花怒放。

（普）大哥哥、大姐姐～熱情地招待我們。
（廣）哥哥同姐姐佢哋好熱情噉招待我哋。

ｄ）普通話是「名詞加‘們’後不再受一般數量的修飾，但有時可以受數量形容詞‘許多、好些’等的修飾」。而廣州話受數量形容詞“好多”等的修飾時，省略複數人稱代詞詞尾。

（普）好些孩子～在空地上你追我趕地跑着玩。
（廣）有好多細路仔喺空地度追嚟追去噉玩。

４．結語

由此可知，廣州方言的人稱代詞複數詞尾“哋”的適用範圍比普通話的人稱代詞複數詞尾“們”小，它的適用範圍只限於人稱代詞，而不能用於人稱名詞的後面表示複數。另外，普通話的“們”也可以附著在擬人化的動物名稱後面，如“馬們、狗們、蜜蜂們、貓們”等[5]，而廣州話裡則沒有這種説法。據記載元代已有指物名詞後加“們（每）”的説法。孫錫信 1990 指出:

《元朝祕史》中有大量這類“們”的用例，如“鴨每”“雁每”“枯樹每”“乾樹每”……“星每”等。（p.302）

此外，《老乞大》和《朴通事》[6]裡也有“馬們”“頭口們”[7]之類的説法。

還有呂叔湘 1955 指出:

“名詞前頭有了確定的數目，後頭就不再加們”（p.155）

但張斌等 1989 指出:

“漢語中的確有名詞加“們”前邊再用數詞和量詞的説法”（p.135）

還有，高更生等 1996 指出:

……表數詞和名詞語搭配後用“們”，在一定語境中有特殊的表達作用，這是至今人們仍然在用的重要原因。第二，説“們”現在不與‘諸位’‘各位’‘全體’并用已成顯見事實，還值得斟酌。（p.578）

由此看來，普通話“們”的用法好象逐漸擴大並日趨靈活的趨勢。這也許是受到外族語言的影響。那麼，為甚麼普通話的“們”有這些擴大的用法，反之廣州話的“哋”没有這些用法呢？原因可能是普通話是以北方官話為基礎的語言，而北方官話歷史上一直受到外族語言——特別是蒙古語，滿語等的阿爾泰語族的語言——的影響的緣故[8]。而廣州地處中國南部，因此，很少受這些北方外族語言的影響。所以廣州話的“哋”不象普通話的“們”那樣具備阿爾泰語族的接尾詞的靈活性。

參考：粵方言區人稱代詞複數形式比較[9]

詞目 地點	我們	你們	他們
廣州（市區）	我哋 ŋɔ^{13}tei^{22}	你哋 nei^{13}tei^{22}	佢哋 k´œy^{13}tei^{22}
香港（市區）	我哋 ŋɔ^{13}tei^{22}	你哋 nei^{13}tei^{22}	佢哋 k´œy^{13}tei^{22}
香港（新界錦田）	我哋 ŋɔ^{23}tei^{22}	你哋 nei^{23}tei^{22}	佢哋 k´y^{23}tei^{22}
澳門（市區）	我哋 ŋɔ^{13}tei^{22}	你哋 lei^{13}tei^{22}	倮哋 k´œy^{13}tei^{22}
番禺（市橋）	我哋 ɔi^{13}tei^{22}	你哋 lei^{13}tei^{22}	佢哋 k´œy^{13}tei^{22}
花縣（花山）	我（𠊎）ŋai^{33}tɛ^{21}	你哋 nei^{33}tɛ^{21}	佢哋 k´ui^{33}tɛ^{21}
從化（城內）	我啲 ŋɔi^{23}ti^{55}	爾啲 ji^{23}ti^{55}	佢啲 k´œy^{13}ti^{55}
增城（縣城）	我班人 ŋɔi^{13}paŋ^{55}(j)iɐŋ^{11}	你班人 nei^{13}paŋ^{55}(j)iɐŋ^{11}	佢班人 k´œ^{13}paŋ^{55}(j)iɐŋ^{11}
佛山（市區）	我哋 ŋɔ^{13}tei^{22}	你哋 nei^{13}tei^{22}	佢哋 k´œy^{13}tei^{22}
南海（沙頭）	我哋 ŋɔ^{13}tɐi^{22}	你哋 nɐi^{13}tɐi^{22}	佢哋 ky^{44}tɐi^{22}
順德（大良）	我哋 ɔi^{13}tei^{21}	你哋 lei^{13}tei^{21}	倮哋 ky^{42}tei^{21}
三水（西南）	我哋 ŋɔi^{13}tei^{22}	你哋 nei^{13}tei^{22}	佢哋 k´œy^{13}tei^{22}
高明（明城）	我哋 ŋɔ^{33}tei^{21}	你哋 ni^{33}tei^{21}	佢哋 ky^{33}tei^{21}
中山（石岐）	我哋 ŋɔ^{213}ti^{33}	你哋 ni^{213}tei^{33}	倮哋 k´y^{51}ti^{33}
珠海（前山）	我哋 ŋɔ^{13}ti^{33}	你哋 ni^{13}tei^{33}	倮哋 k´y^{13}ti^{33}
斗門（上橫水上話）	我哋 ŋɔ^{13}tei^{21}	你哋 lei^{13}tei^{21}	佢哋 k´ui^{33}tei^{21}
斗門（斗門鎮）	偔 ^{ŋ}gɔk^{21}	若 ^{n}diak^{21}	佢卩 k´iak^{21}
江門（白沙）	偔 ŋok^{21}	若 liok^{21}	佢卩 k´ok^{21}
新會（會城）	偔 ^{ŋ}gɔk^{21}	若 ^{n}diak^{21}	佢卩 k´iak^{21}
台山（台城）	□ ^{ŋ}g^{4}ɔi^{21}	若 ^{n}diak^{21}	佢卩 k´iak^{21}
開平（赤坎）	□ ^{ŋ}g^{4}ɔi^{21}	若 ^{n}diak^{21}	佢卩 k´iak^{21}
恩平（牛江）	我喊齊 ^{ŋ}g^{4}a^{31}ham^{33}ts´ai^{22}	若 ^{n}diok^{21}	佢卩 k´iok^{21}
鶴山（雅瑤）	我 ŋɔ^{21}	你 nai^{21}	佢 kui^{21}
東莞（莞城）	我哋 ŋɔ^{13}tɐi^{32}	你哋 nɐi^{13}tɐi^{32}	佢哋 k´ui^{13}tɐi^{32}
寶安（沙井）	我哋 (w)uɔ^{11}tei^{32}	你哋 nei^{11}tei^{32}	佢哋 k´ui^{11}tei^{32}

惠州（市區）	我大家 ŋɔi^{213}t´ai^{31}ka^{33}	你大家 ni^{213}t´ai^{31}ka^{33}	佢大家k´y^{213} t´ai^{31}ka^{33}
	我茶家 ŋɔi^{213}ts´a^{11}ka^{33}		
東莞（清溪）	倕兜 ŋa^{21}tiau^{33}	惹兜 gia^{33}tiau^{33}	佢兜 k´ia^{12}tiau^{33}
深圳（沙頭角）	倕兜 ŋai^{11}tiau^{33}	惹兜 gia^{33}tiau^{33}	佢兜 k´ia^{12}tiau^{33}
從化（呂田）	倕兜 ŋai^{35}təu^{44}	你兜 ni^{44}təu^{44}	他兜 t´a^{44}təu^{44}
中山（南朗合水）	伢哋 ŋa^{33}ti^{33}	□哋 ŋa^{33}ti^{33}	□哋 kia^{33}ti^{33}
中山（隆都）	我呀人 uɐi^{11}a^{55}nɛŋ^{33}	你呀人 ŋi^{24}a^{55}nɛŋ^{33}	伊呀人 i^{55}a^{55}nɛŋ^{33}
清遠	我哋 ŋɔ^{33}tei^{22}	你哋 nei^{33}tei^{22}	佢哋 k´y^{33}tei^{22}
佛岡	我哋 ŋɔ^{35}ti^{33}	你哋 nei^{35}ti^{33}	佢哋 k´øy^{35}ti^{33}
英德（含洸）	我哋 ŋ^{u}ɔ^{24}tei^{22}	你哋 nei^{24}tei^{31}	佢哋 k´øi^{24}tei^{31}
陽山	我箸 ŋɔ^{24}tɔy^{22}	你呢 ŋɐi^{24}le^{35}	佢呢 k´øi^{24}le^{35}
連山（布田）	儂笠 noŋ^{53}lɔt^{55}	你笠 ni^{13}lɔt^{55}	佢笠 ky^{21}lɔt^{55}
連縣（清水）	我類 ŋɔ^{22}lœy^{22}	你類 lei^{13}lœy^{22}	佢類 kœy^{22}lœy^{22}
韶關	我哋 ŋɔ^{13}tei^{22}	你哋 lei^{13}tei^{22}	佢哋 kœy^{13}tei^{22}
曲江（馬壩）	我哋 ŋɔ^{13}tei^{22}	你哋 lei^{13}tei^{22}	佢哋 kœy^{13}tei^{22}
仁化	我哋 ŋɔ^{13}tei^{22}	你哋 lei^{13}tei^{22}	佢哋 kœy^{13}tei^{22}
樂昌	我哋 ŋɔ^{13}tei^{22}	你哋 lei^{13}tei^{22}	佢哋 kœy^{13}tei^{22}

---

[1] 高華年1980指出：廣州方言人稱代詞的詞尾‘哋’和普通話的詞尾‘們’的用法差不多……。(p.114)

[2] 引自毛宗武 1992，p.54。

[3] 呂叔湘 1980《現代漢語八百詞》;
們：〔後綴〕用在代詞和指人名詞的後邊，表示多數。

[4] 歐陽覺亞 1985《廣州話普通話雙音對照漢語字典》;
哋：表示人稱代詞複數：‘哋’相當於普通話的‘們’，但它不能加在名詞後面。

[5] 呂 1955 指出，“們”是「只有指人的名詞可以加們，指物的名詞後頭不能加；們字原來只寫作門，後來加“人”旁，可見是指人為主。……不説狗兒們、花兒們。在現代的作品裡間或有模做西文把生物或無生物人格化的，應該算是例外。」(呂 1955. p.154 ～ 155)

[6] 這兩本書是在朝鮮舊時學習漢語用的。根據遠藤光曉1990的研究，目前發現的《老·朴》最早的版本是十六世紀初。(見該書，p.i)

[7] “頭口們”的“頭口”即“牲口”之意。

[8] 陳治文1988指出:「表示複數的“們”現在河北藁成話裡廣泛使用的現象，似乎可以認為元代漢語遺留的一種反映」(p.72)。另外，孫錫信1990也指出:「……現代漢語蘭州話中“樹們”“衣裳們”“房子們”“豬們”及藁城話“小雞們”“樹們”“衣服們”等說法可能是歷史上受蒙漢對譯影響在語言中留下的痕跡;」(p.303)

[9] 引自詹伯慧等1988《珠江三角洲方言詞匯對照》以及1994《粵北十縣市粵方言調查報告》。

〈參考文獻〉

大河内康憲：1994，〈中国の人称名詞と“們”〉，《中國語研究論集》，大東文化大學語學教育研究所，東京。

松本一男：1958，〈南方方言の人称代名詞について。〉《中國語學》,1958年第76號，日本。

遠藤光曉：1990，《翻譯老乞大·朴通事》，漢字注音索引，好文出版，東京。

高華年：1980，《廣州方言研究》，商務印書館，香港。

呂叔湘：1955，〈説“們”〉《漢語語法論文集》，科學出版社，北京。

〃 ：1980，《現代漢語八百詞》，商務印書館，北京。

呂叔湘著·江藍生補：1985，《近代漢語指代詞》，學林出版社，上海。

張斌·胡裕樹：1989，《漢語語法研究》，商務印書館，北京。

張惠英：1990，〈廣州方言詞考釋（二)〉，《方言》1990年第四期，北京。

〃 ：1995，〈複數人稱代詞詞尾“家”“們”“俚”〉，《中國語言學報》1995第五期，北京。

〃 ：1996，〈粵、客、閩代詞比較研究〉，《雙語雙方言》，深港語言研究所編，漢學出版社。

Norman, Jerry（羅杰瑞）：1988，*Chinese.* Cambridge University Press.

羅杰瑞著·張惠英譯：《漢語概說》，語文出版社，北京。

歐陽覺亞：1985，《廣州話·普通話雙音對照漢語字典》，三聯書店香港分店，香港。

〃　：1993，《普通話廣州話的比較與學習》，中國社會科學出版社，北京。

徐松石：1963，《粵江流域人民史》（修訂版），世界書局，香港。

毛宗武：1992，《漢瑶詞典》，四川民族出版社，四川。

詹伯慧等：1988，《珠江三角洲方言詞匯對照》，新世紀出版社，香港。

〃　：1994，《粵北十縣市粵方言調查報告》，暨南大學出版社，廣州。

孫錫信：1990，〈元代指物名詞後加“們”（每）”的由來〉，《中國語文》1990，第四期，北京。

陳治文：1988，〈元代有指物名詞加“毎”的説法〉，《中國語文》1988，第一期，北京。

高更生・王紅旗等：1996，《漢語教學語法研究》，語文出版社，北京。

江藍生：1995.〈説“麼”與“們”同源〉.《中國語文》.1995年第3期，pp.180～190.

（注）本稿は1997年7月，中国山東省青島市で行われた「首届官話方言国際学術討論会」で口頭発表したものに加筆訂正を加えたものである。なお，本研究には当該年度における麗澤大学特別研究費が支給された。記して感謝を申し上げる。

廣州話"冚嘭唥"[hɐm˧ pa:ŋ˧ la:ŋ˧]的來源再考*

千島英一

(日本·麗澤大學)

1. 前言

在廣州話中,表示"全部、所有"等意的詞彙是"冚嘭唥"[hɐm˧ pa:ŋ˧ la:ŋ˧](或說[hɐm˧ pa˧ la:ŋ˧]),這個詞對於初學廣州話的人來說,或許會終生難忘的。原因之一是它的發音節奏和諧、暢快;快速發音時,便變成[hɐm˧ pla:ŋ˧]不禁使人聯想到漢語中莫非也有像英語那樣的複聲母,此原因之二也。有一年學期結束時,曾試問學生,學廣州話印象最深的詞是哪一個,答案幾乎都是[hɐm˧ pa:ŋ˧ la:ŋ˧]。關於這個詞,我也有一段難以忘懷的記憶。那是我初學廣州話時的事情。當時,我就這個詞的來源問我的廣州話老師,一位長在廣州嶺南大學畢業的資深新聞記者,他的回答令我難忘,他說:

> 幾十年前,香港的報紙就[hɐm˧ pa:ŋ˧ la:ŋ˧]的來源曾有過報道,據說[hɐm˧ pa:ŋ˧ la:ŋ˧]的語源是英語的 home balance。而關於 home balance 一詞,又有這樣的說法:過去在中國開辦的外國企業(比如上海匯豐銀行等),進行結算時,當時的大班們有時使用 home balance 一詞來代替 grand total。於是這個詞便經常飄進旁邊廣東人的耳朵裡,他們將 home balance 的發音訛化成[hɐm˧ pa:ŋ˧ la:ŋ˧]"總共,全部"的意思。

這個說法"頗有道理",很長一段時間我對此深信不疑。

後來,中國各地展開了方言調查,隨著調查成果逐漸發表,我突然感覺到:似乎是廣州話專利的[hɐm˧ pa:ŋ˧ la:ŋ˧],在漢語的其他方言中也有同源的詞彙。於是,對[hɐm˧ pa:ŋ˧ la:ŋ˧]的來源又產生了極大的興趣,便著手查找載有[hɐm˧ pa:ŋ˧ la:ŋ˧]報道的舊報紙。由於是幾十年前的事,而且發行年月日不明,結果便可想而知了。只好放棄這個方法,下一步又開始翻英語詞典,查找 home balance 一詞。出乎意料的是,詞典上並沒有 home balance 這個詞。牛津英語大詞典上也沒有。home balance 和[hɐm˧ pa:ŋ˧ la:ŋ˧]發音極其相似,若說 home balance 是[hɐm˧ pa:ŋ˧ la:ŋ˧]的語源,那一切都變得很簡單,然而關鍵的 home balance 居然在英語詞彙中找不到它的蹤影。

---

* 本文原擬在第六屆國際粵方言研討會(1997,廣州)發表,因故未能出席。之後由於增添了新的內容,故曰"再考"。

鑒於上述狀況，本人就[hɐm˨ pa:ŋ˨ la:ŋ˨] 的來源，進行了調查，結果發現有漢語語源說、土著非漢語底層說、洋涇濱英語說、阿拉伯語源說①等等，可謂衆說紛紜，至今尚無定論。所以本人欲將諸說作一介紹，與大家探討[hɐm˨ pa:ŋ˨ la:ŋ˨]之來源。

2. 粵語方言區内[hɐm˨ pa:ŋ˨ la:ŋ˨]的分布狀況

在對諸說進行探討之前，這里先將除廣州、香港以外的粵語方言區域内，[hɐm˨ pa:ŋ˨ la:ŋ˨]的分布狀況作一簡便介紹②。

地點	表"全部、所有"的粵語詞
澳門	hɐm˨ paŋ˨ laŋ˨ (冚巴朗)
順德(大良)	hɐm˨ paŋ˨ laŋ˨ (冚巴朗)
三水(西南)	hɐm˨ pa˨ laŋ˨ (冚巴朗)
高明(明城)	hɐm˨ pa˨ laŋ˨ (冚巴朗)
珠海(前山)	hɐm˧ paŋ˧ laŋ˧ (冚巴朗)
斗門(上橫水上話)	ham˨ pa˨ laŋ˨ (冚巴朗)
斗門(斗門鎮)	ham˨˩ pa˨ laŋ˨ (冚巴朗)
江門(白沙)	ham˨˩ pa˨˩ laŋ˨˩ (冚巴朗)
新會(會城)	ham˨˩ pa˨˩ laŋ˨˩ (冚巴朗)
臺山(臺城)	ham˨˩ pa˨˩ laŋ˨˩ ɬaŋ˨ (冚巴朗咗)
開平(赤坎)	ham˨˩ pa˨˩ laŋ˨˩ (冚巴朗)
恩平(牛江)	ham˨ pa˨ laŋ˨ (冚巴朗)
中山(隆都)	hɐm˨˩ p'aŋ˨ laŋ˨˩ (冚巴朗)

根據何偉棠 1993(p. 167)，增城有以下三種說法(p. 167)：

hɐm˨ paŋ˨ laŋ˨ (嵌滂爛)

hɐm˨ paŋ˨ (嵌滂)

hɐm˨ ha˩ (嵌下)

又據劉村漢 1995(p. 325)，屬廣西粵語的柳州話裡也有這個詞(p. 325)。

haŋ˨˩ paŋ˨˩ laŋ˨˩ (行啲啷)

以上，已全部列舉了本人所知的例子。下面就[hɐm˨ pa:ŋ˨ la:ŋ˨]語源之諸說，進行探討。

3. [hɐm˨ pa:ŋ˨ la:ŋ˨]漢語語源說

漢語語源說的主要論據著眼於其文字表記。廣州話中，一般來說正統的作法是，以與漢語相同的書面語爲規範，配以廣州話的字音，另外，用廣州話寫成的各種出版物中，可見許多口語表記，比如"嗰"、"嘢"等屬新造字，"的士"、"士的"等則屬於借字。其中，類似[hɐm˨ pa:ŋ˨ la:ŋ˨]這樣來歷不明的詞彙，多採用借字的形式存在於廣州方言中。但是，同樣使用借字的詞彙中，既有"的士"、"士的"等約定俗成的詞，也有尚無定論的詞。[hɐm˨ pa:ŋ˨ la:

① 參見吳旻 1994(p. 167)

② 根據詹伯慧 1988(p. 435)

ŋ˨˩]屬於後者,查閱各種廣州話詞典可知,毫不誇張地説,幾乎是一本詞典一種説法。試舉幾例如下:

J.DYER BALL 1908:“喊(唪呤)”[ham²(pa<ng>²lang²)](p.4)

蔣克秋 1940:“咸唪呤” ham² pang² lang²(p.11)

喬硯農 1966:“咸包攬” hɐm⁶ ba⁶ lang⁶(p.30)

劉錫祥 1977:撼唪呤” ham⁶ baang⁶ lang⁶/ham⁶ blaang⁶(p.324)

饒秉才等 1981:“冚唪呤” hem⁶ bang⁶ lang⁶(p.92)

詹伯慧等 1988:“冚巴郎” hɐm˨˩ paŋ˨˩ laŋ˨˩(p.435)

吳旻 1994:“冚辦爛”(p.167)

這種狀況,令廣州話學習者頗傷腦筋。

著眼於[hɐm˨˩ pa:ŋ˨˩ la:ŋ˨˩]的文字表記的同時,探究其語源的研究也開始出現。幾年前出版的詹憲慈 1995 認爲[hɐm˨˩ pa:ŋ˨˩ la:ŋ˨˩]的本字應是“合磅硠”:

> 合磅硠,猶言齊全也。俗讀磅若彭,硠若桂林語之郎。磅硠者,幫字之切音也。合磅硠,即合幫也。廣州語好用切脚語而不用本字…。(p.481)

而文若雅 1993 則認爲:

> “冚”的本字應是“咸”。“咸”《説文》云:“皆也,從口從戌。”(p.28)

原文如下:

> “冚棚硠”即“咸不剌”,“不剌”是元代大都(即今北京)一帶出現的無意義語尾。實際用義是“皆也”,即全部的意思。(p.29)

陳伯煇等 1998 也有類似的見解:

> “冚辦爛”應作是“咸不剌”。粵語講 ham˨˩ baŋ˨˩ laŋ˨˩ 或 hɐm˨˩ baŋ˨˩ laŋ˨˩,是“全部”的意思,疑是“咸不剌”或“合不辣”的音轉。……
>
> “不辣”是記音寫下的口語詞,詞形自然多變。宋明俗語“方頭不劣”的“不劣”、“方頭不律”中的“不律”,元曲裡“哽咽不喇”中的“不喇”,都即是這個詞。今日的北京土語中,“費勁巴拉”的“巴拉”、“側不棱”的“不棱”,以至三個音的尾綴:“不棱登”、“不溜丢”,也該是這個詞。(p.25.26)

依本人管見,此三種説法乃漢語語源説的主要論點。的確“咸”具有“皆,都”的意思,其中古音爲“《廣韵》故讒切,咸韵平聲匣母字”,按現在廣州話的發音法[ha:m˨˩]爲陽平長元音,與[hɐm˨˩ pa:ŋ˨˩ la:ŋ˨˩]中的[hɐm˨˩]陽去短元音不符。再看“合磅硠”,詹憲慈先生認爲“合磅硠”即“合幫也”,“合”是“全部、整個”的意思,而“幫”則意思不明,所以只好暫時保留意見。

4. [hɐm˨˩ pa:ŋ˨˩ la:ŋ˨˩]土著非漢語底層説

余藹芹 1988 論述道:

> 粵語方言有一部分俗語詞不但在其他漢語方言裡頭找不到,而且顯示着不同的語言層次,有些可能是上古音遺跡,有些可能是土著非漢語方言的跡象。(p.45)

她舉了兩個例子,[hɐm˨˩ pa:ŋ˨˩ la:ŋ˨˩]和[kak˧ lak˥ tɐi˥]“胳肋底”(胳肢窩),把這些詞快速發音時變爲[hɐm˨˩ pla:ŋ˨˩]、[kala:k˥ tɐi˥],著眼於其中的複聲母,提出了[hɐm˨˩ pa:

ŋ˧ la:ŋ˧]"土著語底層説",論述如下：

土著底層大概屬非漢語。"所有"可能和苗語的/banglang/(很多東西放在一起或堆在一起的樣子)有關,苗語這個詞兩個音節都讀ɪɪb調。(p.45)

但是這個解釋並不十分令人滿意,她雖然説明了 pla:ŋ˧ 的來源,而關於 hɐm˧ 卻未作出説明。

5. [hɐm˧ pa:ŋ˧ la:ŋ˧]洋涇濱英文説：

除了 home balance 以外,還有[hɐm˧ pa:ŋ˧ la:ŋ˧]洋涇濱英文説。吳昊 1994《俗文化語言》一書,使我們外國人對粵語圈的"俗文化"產生濃厚的興趣,而且不負衆望,對[hɐm˧ pa:ŋ˧ la:ŋ˧]也有所考證。他在本書中,先介紹[hɐm˧ pa:ŋ˧ la:ŋ˧]來源的幾種説法,然後又以 Herbert A. Giles 1886 年出版的 *A Glossary OF Reference on Subjects Connected With the Far East* 中所述 Hampalang 爲線索,作了如下論述：

…我在中國通 Herbert A. Giles 的著作裡找到線索,而且"冚辦爛"會變爲一個古怪英文 Hampalang。

上世紀有個洋涇濱英文 Hampalang,就係由"冚辦爛"演變而來,好值得研究一下也。(pp.167.168)

他將該書中出現 Hampalang 的幾處意譯過來,做了介紹。Herbert A. Giles 的文章不長,不妨將全文錄下,作一介紹。

Hampalang:喊嘭呤. A common expression in the Canton and Swatou dialects meaning"all."Like much of the *patois* of China, it cannot, properly speaking, be written; the three characters above giving only the sound without conveying any meaning. Said by Mr. G. Minchin to be a corruption of the Cantonese 咸埋包來"wrap up all and come,"as used by the bum-boat men at Whampoa when directing their assistants to take away whatever old clothes etc. the sailors on the foreign ships might have given them in payment for their eatables. Being subsequently imitated by the Jacks themselves, their corruption "hampalang" passed into the Cantonese dialect as a convenient expression for "all."(pp.94.95.)

上文提到,Hampalang(喊嘭呤)是廣東方言及汕頭方言的常用詞彙,意思是"通通,全部"。嚴密地説,它是跟許多其他漢語方言的口語詞一樣本來"有音有字"的詞。"喊嘭呤"這三個文字,只是象聲文字,而没有任何含義。

根據 G. Minchin 先生的解釋,Hampalang 出自於廣東話"咸埋包來"(意即"通通包起交來")轉化。當時黄埔艇家登上洋船服務,替外國船員清理舊衣服雜物等來換取所需物品。此時,艇家常常告訴伙記們「咸埋包來」。外國船員在船上常常聽到這句話,便也學著這句話,但他們卻誤讀爲 Hampalang。後來,廣東方言吸收這個 Hampalang 一詞,用表"總共"之意。

6. [hɐm˧ pa:ŋ˧ la:ŋ˧]吳語借詞説：

前述余藹芹 1988 的附注中有如下幾句話：

錢乃榮指出,這個詞也出現於吳語。至於粵語及吳語這個詞有借詞關係還是同源

關係,還待進一步研究。(p.49)

據錢乃榮1992的記述,被認爲與廣州話[hɐm˨ pa:ŋ˨ la:ŋ˨]同源的吳方言區的詞彙狀況如下:

地點	表“統統,總共”的吳語詞
宜興	xɑŋ˥ bəʔ˥ lɑŋ˥ tɑŋ˥ (享孛冷當)
童家橋	haŋ˥ məʔ˧ laŋ˧ taŋ˨ (享墨冷打)
江陰	hɑŋ˥ poʔ˧ lɑŋ˧ ta˨ (享八冷打)
常州	xɑɲ˥ paʔ˥ lɑɲ˥ tɑɲ˨ (享八冷打)
無錫	xã˥ paʔ˥ lã˥ tã˥ (享八冷打)
常熟	xÃ˥ bɑʔ˥ lÃ˥ tÃ˨ (享勃冷當)
昆山	hã˧ bəʔ˧ lã˧ tã˨ (享勃冷當)
上海	hÃɲ˥ paʔ˧ lÃɲ˧ tÃɲ˨ (享八冷打)
杭州	hɑŋ˧ pɐʔ˥ lɑŋ˧ hɑŋ˨ (享八冷打)
紹興	haŋ˧ bəʔ˧ laŋ˧ taŋ˨ (享勃冷□)

錢乃榮1992中尚未提及的還有朱彰年等1996的調查,即:寧波也有與上述吳方言同源的詞“享棚冷”[hã^{53} bã^{233}(baʔ˨) lã^{112}](p.171)。

但是,被認爲與廣州話[hɐm˨ pa:ŋ˨ la:ŋ˨]同源的詞,除了吳方言區以外,在閩方言、客家方言、甚至官話方言中也有它的蹤蹟。例如:李如龍等1994(福州方言)中有“含把擔”[hang˨ ma˨ lang˨](意爲:“把不同種類的東西”雜湊在一起)的記載(p.130),據周長楫1993可知,廈門方言中也有同源詞“含巴攏”[ham˧˩ pa˥˩ laŋ˥](意爲:總計,總合起來)(p.177)。據張振興、蔡葉青1998也可知,雷州方言也有 ham˨ pa˧ laŋ˨“含巴蘭”(意爲:總共,全部)(p.219)。

另外,根據林立芳等1995的研究,屬客家方言的南雄話,也有“□□□”[haŋ˨ p'ang˨ laŋ˨]的出現。

江淮官話的興化、南通等地也有同源詞的存在。根據張丙劍1995的研究,興化有“哈巴郎當” xa˨ pa^{0} laŋ˧ taŋ^{324}(意爲“通通”)一詞,南通則有三種表現:[xaŋ˧ mɤ˧ laŋ˧ taŋ˧],[xaŋ˨ mɤ˧ laŋ˨ taŋ˧],[xaŋ˧ mɤ˧ laŋ˧](均表“一共”之意)。①

此外,最近與老北京聊天,偶爾談起[hɐm˨ pa:ŋ˨ la:ŋ˨]的話題,驚訝地發現北京方言中也有此詞,並得到如下例句:

① 他不分青紅皂白,把大家 háng bu lāng[xaŋ˧ ·pu laŋ˥] 批評了一頓。

② 把桌子上的東西 háng bu lāng[xaŋ˧ ·pu laŋ˥] 裝進書包裡。

③ 這些衣服,不管好壞, háng bu lāng[xaŋ˧ ·pu laŋ˥] 扔了算了,免得佔地方,反正都瘦了。②

---

① 根據吉川雅之氏未發表的調查資料。

② 提供此資料者爲四十三歲女性,上推三代均爲北京出身。據説在上歲數的北京人之間,此詞仍在使用,而年輕人則大多不知。她來日已近十年,現在大學兼任中國語教師。

那麼,對於各地方言中出現的,被認爲與廣州話[hɐm˩ pa:ŋ˧ la:ŋ˧]同源的詞,應作如何解釋呢?

由於篇幅有限,關於[hɐm˩ pa:ŋ˧ la:ŋ˧]及其同形語在哪兒形成、怎樣傳播,本文不作贅述,只想就其怎樣形成加以探討。

先看以下推測是否能成立。包括廣州話[hɐm˩ pa:ŋ˧ la:ŋ˧]在內,與其同源的各地方言詞,均由表"一共、全部"之意的漢語單音節詞 h－m/h－p(或者詹憲慈 1995 所説的"合",或者文若稚 1993 所説的"咸")加上相同意思的雙音節詞"攏總,攏統"組成,從而達到强調的作用吧。類似[hɐm˩ pa:ŋ˧ la:ŋ˧]這樣的口語詞,若是單音節詞,不僅聽起來費勁,也易產生誤解,爲了避免這兩種情況的發生,正如"全都"一樣,不得不採用多音節詞。這個推測的根據是,首先,根據 J.DYER BALL 1908 關於[hɐm˩ pa:ŋ˧ la:ŋ˧]的記述,前面曾提到,他將[hɐm˩ pa:ŋ˧ la:ŋ˧]記成"喊(嗙唥)"[ham² (pa<ng>² lang²)],"喊"以後都用( )括起來了。這不正好是"喊"一字即可表"一共、全部"之意的證據嗎? 其次,根據蔡俊明 1991,潮州話中表"總共"之意的"撼攏總"[ham˦˨ long˧˦ tsong˧˨]的記載。如果[hɐm˩ pa:ŋ˧ la:ŋ˧]與這個詞同源,那麼和上述推測正好相吻合,但遺憾的是,[pa:ŋ˧ la:ŋ˧]的[la:ŋ˧]暫且不論,[pa:ŋ˧]的來源也尚未有圓滿的説明。

7. 結語

以上介紹,探討了有關[hɐm˩ pa:ŋ˧ la:ŋ˧]來源諸説,由於資料有限,尚不能做出是此否彼的結論。但其中較有説服力的還屬漢語語源説吧。假設廣州的"咸、冚、喊、含"等的本字是"咸"(《説文》:"皆也。悉也")的借字,上海等吳方言的[～lã̃ɲ˧ tã̃ɲ˨]的本字是"籠統"(據説位於上海與興化中間的南通,通攝以－ang 韵出現),那麼漢語語源説的可能性就不可否定了。但是,若要被問起[hɐm˩ pa:ŋ˧ la:ŋ˧]的[－pa:ŋ˧－]從何而來,目前還沒有完美的答案。所以,這也是不可妄下結論的理由。

然而,對我來説,最有魅力的是在前言部分已被否決的[hɐm˩ pa:ŋ˧ la:ŋ˧]home balance 來源説。衆所周知,廣州話咸攝一、二等牙喉音字的韵母中,ɐm/p 作爲與 om/p 的對應形式而被承認,例如:"合"既可發[hɐp]又可發[hop]。但近年來,廣州話的研究著作大多表現出只承認 ɐm/p,不承認 om/p 的傾向。而若要追溯到 J. Dyer Ball1888,可發現兩音都有記錄,om/p 的發音曾經是被承認的。因此,[hɐm˩ pa:ŋ˧ la:ŋ˧]的[hɐm˩]發成[hom]的可能性便增加了,與 home balance 的 home 的發音正好一致,而且,剩下的音節[pa:ŋ˧ la:ŋ˧]與 balance 之間的關係,似乎是比[pa:ŋ˧ la:ŋ˧]與"攏總、攏統"之字音變化之間的關係要近得多。當然,這個假想尚待進一步研究。

参考文獻

J.Dyer Ball 1908: *Cantonese made easy*, Second edition, Hongkong. (臺北成文出版社 1971 年影印本)

J.Dyer Ball 1908: *The Cantonese Made Easy Vocabulary*, Kelly & Walsh, Ltd. Hongkong.

Herbert A. Giles 1886: *A Glossary of Reference on Subjects Connected with the Far East*. H.B.M. Vice Consul, Shanghai.

千島英一　1997　<廣東語方言詞“冚棒冷”[hɐm˨ pa:ŋ˨ la:ŋ˨]小考>,《中國研究》第 6 號,麗澤大學中國研究會,日本。
吳　昊　1994　《俗文化語言(Ⅱ)》,次文化有限公司,香港。
張振興　蔡葉青　1998　《雷州方言詞典》,江蘇教育出版社,南京。
李如龍等　1994　《福州方言詞典》,福建人民出版社,福建。
周長楫　1993　《廈門方言詞典》,江蘇教育出版社,南京。
朱彰年等　1996　《寧波方言詞典》,漢語大詞典出版社,上海。
錢乃榮　1992　《當代吳語研究》,上海教育出版社,上海。
余藹芹　1988　<粵語研究>,《語文研究》,1988 年第二期(總第二七期),山西。
文若稚　1993　《廣州方言古語選釋續篇》,澳門日報社, 澳門。
詹伯慧等　1988　《珠江三角洲方言詞彙對照》,新世紀出版社,香港。
詹憲慈　1995　《廣州語本字》,中文大學出版社,香港。
饒秉才等　1981　《廣州話方言詞典》,商務印書館香港分館,香港。
劉錫祥　1977　《實用粵英詞典》,政府印務局,香港。
喬硯農　1966　《廣州話口語詞的研究》,華僑語文出版社,香港。
蔣克秋　1940　《實用英粵辭典》,勤奮書局,新加坡。
林立芳等　1995　《南雄珠璣方言志》,暨南大學出版社,廣州。
蔡俊明　1991　《普通話對照潮州方言詞彙》,中文大學中國文化研究所,香港。
何偉棠　1993　《增城方言志》,暨南大學出版社,廣州。
張丙劍　1995　《興化方言志》,上海社會科學院出版社,南京。
劉村漢　1995　《柳州方言詞典》,江蘇教育出版社,南京。
陳伯煇,吳偉雄　1998　《生活粵語本字趣談》,中華書局,香港。

中国語・広東語
雑俎

◇広東語あれこれ

広東語と共通語

千島　英一

広東語と共通語のもっとも大きな違いは音声の面ですが，語彙の面での差異も少なくなく，広東語の語彙上の特色をよく表しています。例えば，同じ漢字を使用していても，“揸士的、坐的士；去士多、食多士。”となると，広東語圏以外の人ですと理解しがたいものでしょう。“揸 zha^{1}”は共通語の“拿”に相当，“士的 si^{6}tik^{1}”は「ステッキ」，“的士 tik^{1}si^{2}”は「タクシー」，“士多 si^{6}do^{1}”は「ストア」，“多士 do^{1}si^{2}”は「トースト」の当て字で，「ステッキを持ち，タクシーに乗る；ストアに行き，トーストを食べる」という意味です。方言語彙は，それぞれの地域の歴史的・地理的条件，生活条件や風俗習慣などが色濃く反映されたものですが，広東語の語彙も，北方方言を基礎とする共通語の語彙とはかなりの隔たりがあると言えましょう。以下に，いくつか例をあげますのでその違いを比べてみましょう。

① 広東語は古漢語の語彙を多く保存している。

（日本語）	（広東語）	（共通語）
飲む	飲［yam^{2}］	喝［hē］
食べる	食［sik^{6}］	吃［chī］
歩く	行［hāng^{4}］	走［zǒu］

② 広東語は共通語に比べて単音節の語が多い。

あじ	味［mei^{6}］	味道［wèidào］
雲	雲［wan^{4}］	云彩［yúncai］
まど	窗［chöng^{1}］	窗户［chuānghu］

③ 広東語には独特な方言語彙がある。

きれい	靚［leng^{3}］	漂亮［piàoliang］
もの	嘢［ye^{5}］	东西［dōngxi］
正しい	啱［ngām^{1}］	对［duì］

④ 広東語は外来借用語（特に英語からの）が多い。

ボール	波［bo^{1}］	球［qiú］
バス	巴士［ba^{1}si^{2}］	公共汽车［gōnggòngqìchē］
フィルム	菲林［fei^{1}lam^{2}］	胶卷［jiāojuǎn］

広東語と禁忌

千島　英一

香港の新聞の広告欄にしばしば“吉屋出租（gat^{1}uk^{1}chöt^{1}zhou^{1})”の文字が見られます。“出租”は共通語でも「賃貸し（をする)，リース」の意味でよく使われますから広東語を知らなくてもわかりますが，“吉屋”はちょっと見当がつきませんね。“吉屋”は共通語の“kòngfáng［空房]”（空き家）を意味します。したがって，“吉屋出租”とは「空き家有り，賃貸しします」ということになります。と言いますのは，広東語では“空(hung^{1})”は忌み字の“凶（hung^{1})”と同音のため縁起の良い“吉”に改められたわけです。

また，広東語では「乾杯」は“yam^{2}sing^{3}［飲勝]”と言いかえられます。なぜなら“乾”が，“冇水”（水がない）に通じるからです。広東語の俗語で“水”は「お金」を意味しますから，“乾”は，“乾”→“冇水”つまり「金がない」ことを容易に連想させる縁起の悪い言葉になるからです。

このように，字や音の持つイメージで表現を変えるのはなにも広東語ばかりではありません。北京でもレストランでは「たまご料理」に決して“蛋”は使いませんね。「いりたまご」は“炒黄花”とあり，「たまごスープ」は“蛋湯”ではなく“木犀汤”と言ったりします。これは“蛋”が，北京の人が人をののしるときに使う“王八蛋”や“混蛋”といった言葉をすぐに連想させるから，“蛋”をタブーとしたわけですね。

香港は国際的な商業都市という土地柄もあって，まだまだたくさんの禁忌語があります。以下に，いくつかを紹介しておきましょう。

gat^{1}san^{1}［吉身]　　「手ぶら」（“空”が“凶”と同音のため）
lei^{6}［脷]　　「舌」（“舌”が“蝕”〈損をする〉と同音のため）
tung^{1}sing^{3}［通勝]　　「暦書」（“書”が“輸”〈負ける〉と同音のため）
sing^{3}gwa^{1}［勝瓜]　　「へちま」（「へちま」は本来，“絲瓜”と言いますが，“絲”が“輸”と音が近いため反義の“勝”を用いたもの）
zhü^{1}yön^{2}［豬膶]　　「豚のレバー」（“肝”が“乾”と同音のため）
zhü^{1}hung^{4}［豬紅]　　「豚の血」（“血”を嫌って“紅”に変えたもの）
löng^{4}gwa^{1}［涼瓜]　　「にがうり」（“苦”を嫌って“涼”に変えたもの）

◇広東語あれこれ

広東語声調類推法

千島　英一

私の恩師は，つじつまが合わないときによく，「平仄が合わない」と言いましたが,「平仄」とはいまやめったに聞かれない言葉となりましたね。「平仄」の,「平」とは平声のことで,「仄」とは平声以外の声調（すなわち，上声、去声、入声の３声調）のことです。漢文の時間に聞いたことがある，という人も多いかと思いますが，もともとは漢詩作法上の韻律で,転じて「つじつま，条理」の意味にも使われるようになったわけです。今回のお話はその本来の意味からです。

さて，中国語辞典を眺めていると，声調にある一定の原則があることに気づきます。例えば，子音がl-，m-，n- の場合，第１声の字はたいていが外来語の音訳語か擬音・擬態語に限られ，数も少なく，そのほとんどが第２声から始まっています。このことは，中国語の声調が子音の清音・濁音を条件に声調が分化したことを意味しています。すなわち，古漢語では同じ平声字であっても，現代漢語になると清音の字は陰平調に，濁音字は陽平調に分化したからです。l-，m-，n- は鼻濁音ですから，平声調の字でしたら，当然，陽平調になります。陽平調は普通話では第２声にあたり，広東語では第４声にあたります。平声以外のそのほかの声調でも同様に分化が行われ，広東語のように分化したまま残っている方言は，声調の数も多くなっているわけです。普通話ではさらに再統合され，入声は消滅し，その結果，陰平（第１声），陽平（第２声），上声（第３声），去声（第４声）の４声調になったわけです。これをもう一度，普通話から広東語の声調を類推するという観点からまとめてみますと，入声来源の字（これについては，１月号の「はじめに」を参照のこと）を除き，原則として,普通話の第１声は広東語でも第１声，普通話の第２声は広東語では第４声,普通話の第３声は広東語では第２声か第５声に，普通話の第４声は広東語では第３声か第６声になります。この場合，広東語の第４，５，６声調の字音が古漢語の濁音字にあたり，日本漢字音でも依然として，濁音で読まれるものが多いことに気づくでしょう。

河を炒める

千島　英一

広州のとあるレストランに入った時のことです。メニューに"乾炒牛河"とか"炸醬河"などというのがありました。「河を炒(いた)める」とはまさしく大胆不敵，さすがに"食在廣州"（食い倒れの広州）だけあるわいと感心し，いったいどんな料理が出て来るのか，興味津々注文してみました。ところが，出て来たのは米の粉で作った名古屋のキシメンによく似た麵(めん)と牛肉との炒めものでした。「飛んでる物は飛行機以外何でも食べる」広東人と広く喧伝(けんでん)された地のこと，いささか拍子抜けしましたが，同行してくれた香港人の友人のTommy仔（トミー君）にこの料理の名の由来を聞いてみました。それによりますと，広州の沙河地区がこの麵の名産地で，その名をとった"沙河粉"から来ていると言い，さらに詳しく説明を続けてくれました。以下はその受け売りです。

広東語の"粉" fan^2 は，粉末ではなく，そばやうどん状の物を指します。つまり共通語の"面"ですね。炒めた"沙河粉"を"炒粉" $ch\bar{a}u^2fan^2$ と言い，ラーメンのようにスープの中に入っているのが"湯粉" $tong^1fan^2$ です。ところが，豚肉の入った"炒粉"は"炒肉河" $ch\bar{a}u^2yuk^6ho^2$ と略称し，牛肉入りは"炒牛河" $ch\bar{a}u^2ngau^4ho^2$ と略称し，この二つを"炒河" $ch\bar{a}u^2 ho^2$ と総称しているので，「河を炒める」ということになるわけです。

大河を飲み干したような気分になって香港に戻ってみると，そこにはもっと豪勢な炒めものがありました。なんと「黄金を炒めている」（"炒黄金"）ではありませんか。と言いましても「金」を鋳造しているのではありません。"炒黄金" $ch\bar{a}u^2wong^4gam^1$（黄金をいためる）とは，毎日相場の変わる金の売買のことです。野菜炒めをするときのように，物をあっちにやったりこっちにやったりすることから，物の売買を広東語では"炒" $ch\bar{a}u^2$ と言うのです。ちなみに"炒股" $ch\bar{a}u^2gwu^2$ とは「株式の売買」のこと，"炒樓" $ch\bar{a}u^2lau^2$ は「建物の売買」のこと，"炒期貨" $ch\bar{a}u^2kei^4fo^3$ とは「商品先物」のことです。

同じ漢字を使っていても，字面だけで判断することはなかなか難しいですね。今度，香港や広州に行く機会がありましたら，「炒めた河」を試食してみてはいかがでしょうか。

“拍拖”（デート）

千島　英一

「デート」という言葉がとても新鮮でわくわくした響きに聞こえた時代がありました，私にも。もはや懐かしい思い出の一こまですが…。ところで，「異性と街をぶらつく」といったことの表現だけでも方言の違いが出てくるところが，漢字語である中国語の面白いところです。なぜなら漢字を数文字結合させれば，たちまちのうちにそれなりの言葉をたやすく造語できるからです。それゆえ，「デート」の意味を表す言葉も各地の気風や自然条件にかなった言葉を生み出しています。例えば，北京あたりでは，「男女のデート」のことを“压马路” yàmǎlù と言っています。文字どおり「恋人と二人で道路を圧し歩く」ことから来ているそうです。上海では“荡马路” dàngmǎlù と言っています。上海のような大都会で，夢の四馬路か虹橋の街をぶらつくことを想像するならぴったりの言葉ですね。でも，箱根の山のような「羊腸の小径」しかなく，“马路”（大通り）のない山奥の人にはなんだかぴんとこない言葉のようです。台湾では男女のデートも“约会” yuēhuì が一般的で，“压马路”はただの「散歩」の意味でしか使われていません。大陸から“國語”が入って来たままの姿を保っているかのようです。また，同じ広東省でも潮州・汕頭あたりでは，まるで落語に出て来る「お見合い」のように，「純情な男女が寄り添いながら，うれし恥ずかしといった風情で，頭を低くたれ，草花をむしっている」様子から，「デート」のことを“捻草花” niǎncǎohuā（草花をむしる）と言うそうです。

さて，広東語ですが，「デート」のことを“拍拖” pāk^{3}to^1 と言います。その由来ですが，珠江デルタを航行する船乗り用語から来ているという説があります。一隻の動力船がもう一隻の非動力船を引っ張りながら，時に並走する様を“拍拖”と言うのだそうです。熱愛中のカップルが手をつなぎ，肩を寄せ合いながら歩いている様子が，ちょうど船が“拍拖”しているのと同じことから，「デート」の意味でも用いられるようになった，というものです。中国の人々にとっては“家乡话” jiāxiānghuà（お国言葉）こそ，生き生きとした具体的な日常語であるようです。方言を学んで彼らの素顔に迫ってみるのも，また楽しからずやではありませんか。

香港の“春節”（旧正月）風景

千島　英一

◆“團年飯”tün⁴nin⁴fān⁶ ——大晦日(おおみそか)の夜，家族そろって晩御飯を食べることを“團年飯”と言います。料理はどこの家でもだいたい決まったようなものが出ます。例えば；

“燒豬”siu¹zhü¹ ——「焼き豚」のこと。“燒豬”の皮は真っ赤に焼き上がっていますので，体がこの“燒豬”の色のように元気でありますようにとの願いが込められています。

“蓮藕”lin⁴ngau⁵ ——「れんこん」のことです。“蓮藕”は，音が“年有”nin⁴yau⁵（一年中，金や物に困らない）に似ているのと，子種がたくさんあること。さらに，切ると糸を引くことから，夫婦のお互いに引き合う気持を表しているからです。

“鯉魚”lei⁵yü² ——「コイ」です。“鯉魚”の音は“利願”lei⁶yün⁶（願いがかなう）や“吉利”gat¹lei⁶（運に恵まれる）の“利”に通じるからです。また“有魚”は“有餘”yau⁵yü⁴（生活に余裕がある）に音が通じている縁起のよい言葉です。

◆“花市”fa¹si⁵ ——“年卅晚”nin⁴sa¹mān⁵（大晦日の夜），家族そろって晩御飯を食べ終わったら，花の市へ出かけます（“行花市”）。昔の香港は今ほど人口が密でなく，空き地もあちこちにありましたから，それらの空き地を利用して花市が開かれたわけです。春節用の花の種類は多く豊かで，人出をあてこんだ屋台も出て，花の香りに食べ物のにおい，客と商人の駆け引きの喧噪(けんそう)で，とてもにぎやか。まるでお祭り気分。近年，香港政庁は大晦日前日の２日間を“花市”のために特別に場所を提供しているようです。だいたいが各地区の公園か運動場がその場所に充てられています。出店希望者はあらかじめ申し込みが必要で，最近は“花市”というより“年宵市場”（年越し市）に変ぼうしたかのようで，売り物は花ばかりでなく，洋服などの身の回り品に，“年貨”nin⁴fo³（暮れに用意しておく春節用の食べ物、お菓子、果物等）なども売っています。

◆“利是(市)”lei⁶si⁶ ——「お年玉」のこと。お年玉袋は真っ赤な色をしています。日本と違い，未婚者はいくつになっても既婚者（自分より年上の）からもらえます。ちょっとうらやましい習慣ですね。

広東語参考書案内

千島　英一

広東語に関する出版物は近年ますます充実してきており，学習環境は以前に比べて格段によくなってきたと言えましょう。とはいえ，中国語（共通語）のそれに比べると，まだまだ数はそう多くはないのが現状です。また，広東語のような方言の習得はなかなか一筋縄にはいきません。例えば発音表記の問題です。これから学習が進むにつれ，いろいろな発音表記に親しむ（？）ようになることは避けて通れません。なにせ，著者それぞれが違う発音表記法を掲げていることが多いからです。そこでひるまずに，各種参考書を活学活用し，ゴールを目指して駆け抜けてほしいと願っております。入門から初級，中級，上級へと，これから勉強を進めていくために，大まかではありますが，基本となる参考図書を紹介しておきましょう。

1　発音字典類

周無忌他『廣州話標準音字彙』（香港，商務印書館香港分館：1988）
千島英一『標準広東語同音字表』（東京，東方書店：1991）

2　辞書類

中嶋幹起『広東語常用6000語』（東京，大学書林：1982）
中嶋幹起『広東語分類語彙』（東京，大学書林：1986）
香港萬里書店・東方書店編『広東語基本単語3000』（東京，東方書店：1986）
饒秉才他『廣州話方言詞典』（香港，商務印書館香港分館：1981）
曾子凡『廣州話・普通話口語詞對譯手册』（増訂本）（香港，三聯書店：1989）
頼玉華『日広辞典』（香港，オイスカ文化中心：1992）

3　テキスト，学習書類

金丸邦三『広東語会話練習帳』（東京，大学書林：1968）
中嶋幹起『広東語四週間』（東京，大学書林：1981）
中嶋幹起『実用広東語会話』（東京，大学書林：1987）
千島英一『香港広東語会話』（東京，東方書店：1989）
陳翠儀『ＳＳ式すぐに話せる！ 広東語』（東京，UNICOM：1990）
辻伸久『教養のための広東語』（東京，大修館書店：1992）
千島英一『初めて学ぶ広東語』（東京，語研：1993）

広東語の窓
広東語の声調

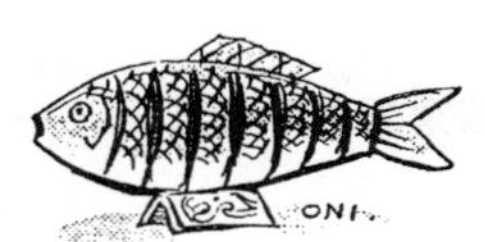

千島英一

はじめに

今月から「広東語の窓」と題して，広東語の世界を皆さんと一緒に旅することになりました。はてさてどんな旅になりますか，今のところ，私自身にも皆目見当がつきませんが，ぜひとも楽しい旅にしていきたいと思っております。幸いかな，旅立ち（すなわちこの原稿を書いている日）は“春節”（農暦新年）の朝です。快晴です。この小さな書斎にも，“春節”を祝う香港や広州そして世界各地のチャイナタウンのにぎわいが伝わって来るかのようです。そんなわけで，第1回の今回は，にぎにぎしく寿（ことほ）ぎの言葉から始めたいと思います。

● **“恭喜發財”** gung^{1}hei^{2}fāt^{3}choi^4（コン ヘイ ファーッㇳ チョーイ）

広東語圏の“年初一” nin^{4}cho^{1}yat^1（ニン チョー ヤッㇳ；「元日」）は，まずはこのあいさつから始まります。“恭喜”は「おめでとう」，“發財”は文字どおり「お金をもうける，お金持ちになる」の意味ですが，“恭喜發財”でなぜか「新年おめでとうございます」と，もっぱら新年のあいさつに使われます。そして，“恭喜發財”の後に，“生意興隆”（商売繁盛）とか“身體健康”（健康でありますように）などの縁起のよい言葉を付け加えるのを忘れません。もちろん学生には“學業進歩”（成績が上がるように）です。

さて，広東語の発音です。 gung^{1}hei^2 fāt^{3}choi^4，nin^{4}cho^{1}yat^1 と“普通話”（中国語の共通語）のピンイン（漢語拼音字母）に似たローマ字で発音を示しましたが，もちろん“普通話”とは発音が異なります。読者の中には，すでに広東語の発音を習得している方もいらっしゃるかと思いますが，初めての方のために，少しずつ広東語の発音方法もあわせて紹介していきましょう。旅をする上で，その国の言葉を少しでも話すことができたら何倍も楽しさが増しますからね。広東語の発音は“國家” gwok^{3}ga^1（クォッ カー）のように日本の単語と似た発音も多いので，わたしたち日本人にとって学びやすい言語かと思います。

● 広東語の声調

“普通話”では，ma（マー）という音が mā“妈”，má“麻”，mǎ“马”，mà“骂”の4声と，それに ma“吗”の軽声に分かれるだけですが，広東語では6声（数え方によっては9声）が区別されます。例えば，同じ si（シー）という音であっても，音の高さ変化の違いによって“詩 si^1，史 si^2，試 si^3，時 si^4，市 si^5，事 si^6”というふうに全部意味が異なります。音節末尾の数字は声調を示しています。

では，実際に簡単な広東語の母音 a（ア）を利用して，広東語の声調を練習してみましょう。「ア」は日本語の「ア」より口を大きく開けてよりはっきりと出してください。

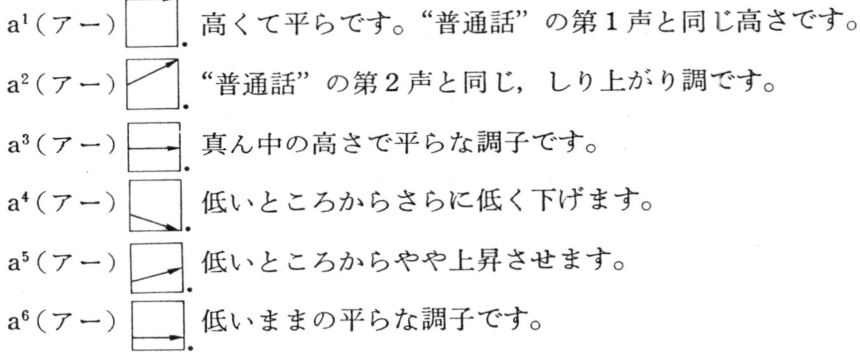

a^1（アー） 高くて平らです。“普通話”の第1声と同じ高さです。
a^2（アー） “普通話”の第2声と同じ，しり上がり調です。
a^3（アー） 真ん中の高さで平らな調子です。
a^4（アー） 低いところからさらに低く下げます。
a^5（アー） 低いところからやや上昇させます。
a^6（アー） 低いままの平らな調子です。

（市販の広東語テキスト付属のテープか，1993年12月の「ラジオ中国語講座カセットテープ」を利用して聞いてみてください。）

そのほか，音節末が -p，-t，-k の閉鎖音で終わる「入声(にっしょう)」という音節があり，第1声，第3声，第6声に含まれます。これを別に数えますと9声ということになるわけです。ちなみにこの「入声」は，古い時代の中国語音の特徴を現代まで伝えているものであり，北京あたりの語音ではとっくに失われているものです。しかし，やはり古い時代の中国語音を輸入した日本の漢字音にもその姿が反映されていて，広東語とよく対応していることがわかります。例えば；

	広東語		日本語	
國		gwok^3		kok(u)
八		bāt^3		hat(i)
筆		bat^1		hit(u)

このように，日本語の最後の母音を除いてみると，よりはっきりします。

（1992年，93年・応用編広東語講座担当／麗澤大学教授）

広東語の窓

声調をマスターする

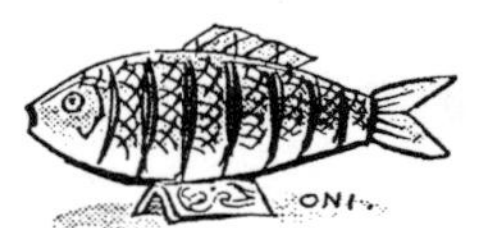

千島英一

とある私鉄の改札口での出来事。前を歩いていた初老の人がしきりにコートのポケットをまさぐっていたところ，ひらひらと切符が路上に落ちていくのが見えました。「おじさん，切符が落ちましたよ」と声をかけたところ，「あ，どうも」とお礼を言って切符を拾いあげ，改札口を通って行きました。ところがこの人，向き合って見ますと，「おじさん」と声をかけた私より若々しい感じ。あれれ，と思いながらふと駅舎のガラス窓を見ると見事な？バーコード頭が写っている。だれかと思いきや写っていたのはほかならぬこの私。帰宅してこの話を家人にしたところ「自分が考えているほどいつまでも若くはないのよ」とキツイ一発。そこで，かくてはならじと失われし青春を取り戻すべく，急ぎ，ひとり香港に旅立ちました。そんなわけで，いま，この原稿を油麻地 Yau^{4}ma^{4}dei^{2}（香港の地名）のなじみの安宿で書いています。

●「おじさん，切符が落ちましたよ」

さて，「おじさん，切符が落ちましたよ」を広東語ではどう言うか。まず，呼びかけの言葉ですが，日本語では男性の場合「坊や，おにいさん，だんなさん，おじさん，おじいさん…」と年齢に応じて使い分けておりますが，広東語では，成人男性（だいたい18歳～60歳ぐらい）ならば，“先生” sin^{1}sāng^{1} ひとつでOKです。それ以下の年齢ですと“細路” sai^{3}lou^{6}（子供の総称）を用いるのが一般的です。

女性は，成人ならば“小姐” siu^{2}zhe^{2} です。中学生や高校生ぐらいの女子は，なぜか“大姐” dāi^{6}zhe^{2} または“大姐仔” dāi^{6}zhe^{2}zhai^{2}（いずれも，お姉ちゃん）と呼びかけます。それ以下の女の子なら男の子同様，“細路”と呼びかけるのが一般的なようです。

「落とした」は“跌咗” dit^{3}zho^{2} です。“咗”は，動詞・形容詞の後に置かれ，完了を表す助詞です。「電車の切符」は“車飛” che^{1}fei^{1} です。“飛”は英語の fare の音訳語で「切符」を意味します。ちなみに“戲飛” hei^{3} fei^{1} とは「映画の切符」のことです。そこで，「おじさん，切符が落ちましたよ」は，

Sin^{1}sāng^1, (nei^5) dit^{3}zho^2 zhöng^1 che^{1}fei^1 lāk^3!
先生，（你） 趺咗 張 車飛 嘞！

となります。“張”は普通話同様，紙など平べったいものの量詞。文末の“嘞”は，普通話の“了$_2$”の用法と同じで，主として新しい状況の出現を表す語気詞です。

● **声調をものにする秘けつ**

ところで，ここ香港でも出会った人の多くから，どうしたら広東語の声調をマスターできるのか，その秘けつを教えてくれと質問されました。自学している多くの学習者が同様の悩みを抱えているかと思いますので，参考のために，いつも授業でやっていることを記したいと思います。

はじめは，普通話の学習と同様，単母音から始めます。

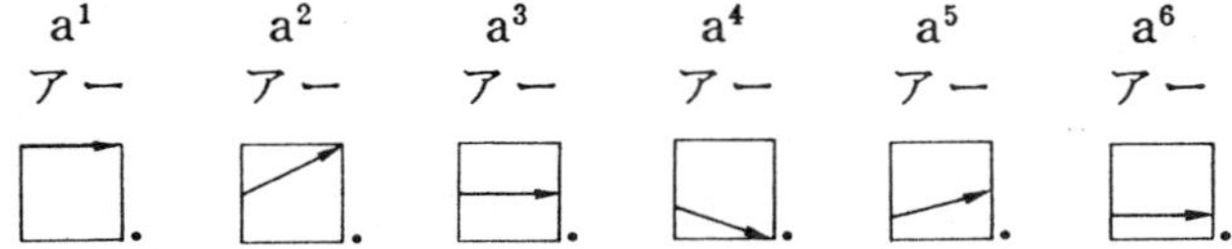

第1声はできるだけ高くとるようにするのがコツです。音階で言うならばソ～ソの高さです。第2声はミ～ソ，第3声はミ～ミ，第4声はレ～ドに下がります。第5声はレ～ミ，第6声はレ～レのレベルです。これを，音楽の発声練習のように徹底してやります。単母音がすべてできるようになったら，次に，声母をつけた単音節での練習となります。

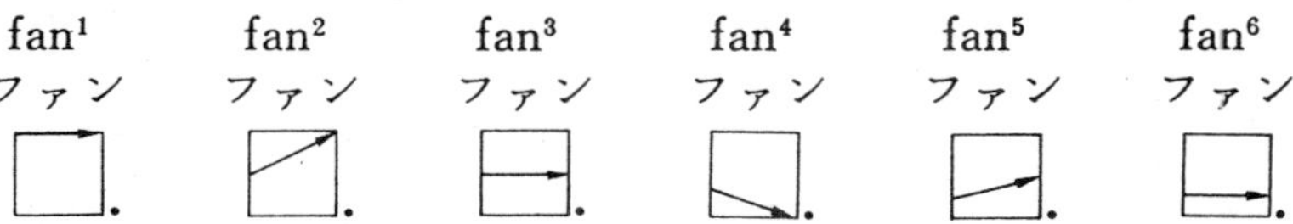

単音節での練習が終わったら，続いて2音節での練習に入ります。

sin^{1}sāng^1（先生），ching^{1}cho^2（清楚），tin^{1}hei^3（天氣）……

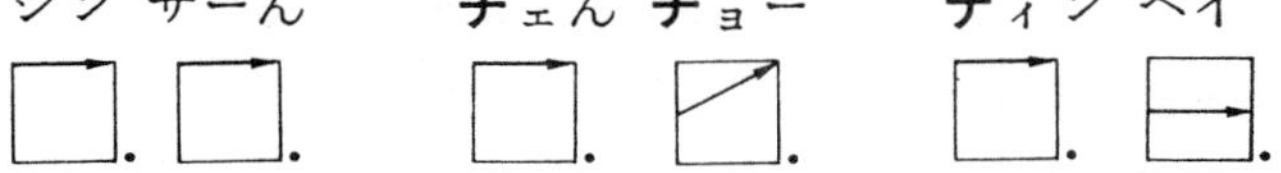

のようにです。2音節になると各声調との組み合わせになりますので，それぞれの声調の高さがよりはっきりとしてくるでしょう。こうして，3音節，さらにはフレーズでの練習へと移行していきます。やがて，複雑だと思われた広東語の声調も，自家薬ろう中のものとなりましょう。

（麗澤大学教授）

広東語の窓

発音表記の話

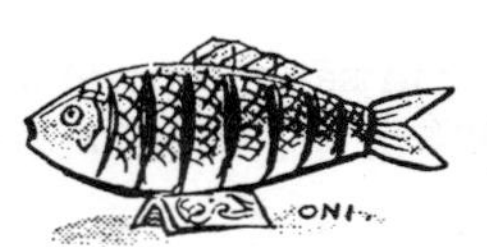

千島英一

二月末の広州はまだまだ春節気分が横いつしていました。文徳北路の文化街には十数軒の画廊や花屋，文物店などが立ち並び，いずれも鮮やかなイルミネーションに彩られ ボリュームいっぱいに上げられたスピーカーからは軽快な音楽が流れて人々の購買意欲を誘っていました。店内は春節らしく“花開富貴，前程萬里”などと題されたおめでたい書画が多く売られていて，300元～700元くらいの値段がついていましたが，毎日十数幅は売れているとは，まだ若いニコニコ顔の“老闆娘”（おかみさん）の話でした。こんなところにも，好調中国経済をリードする広東ならではの景気のよさがうかがえるようで，なんだかこっちまで浮き浮きとした気分になります。あっちの店こっちの店と冷かし歩いているうちに，いつしか日もとっぷりと暮れ，人出はさらに増え，まさしく“人頭湧湧”。春宵に，“盛世文化興”という言葉が思い浮かんだひとときでした。

● 広東語の発音表記法

ことのついでで，この連載では広東語の声調から説明してきましたが，順序からすれば広東語の発音表記法を説明しなければなりません。

広東語には，まだ普通話のピンイン（漢語拼音字母）のような公定の発音表記法はありません。でも，漢字をいくら眺めていても広東語の発音は浮かんできませんから，広東語の世界でも，前世紀以来，ローマ字によるさまざまな発音表記法が考案されてきました。それは広東語テキストや辞書の，著者の数ほど独自の発音表記法があると言っても過言ではないくらいです。いくつか例をあげてみましょう。広東語の声調を示すのに，本稿のように音節末尾の右上角に数字でもって示すものもあれば，主母音の上に「－ノヽ」といった符号で示すものもあります。声調の数も６声，７声，９声といろいろです。有名なものに，アメリカのエール大学で広東語教科書用に作られたロー字方式（Yale System）や，広東省教育庁の“広州話拼音方案”によるローマ字方式などがあります。ちなみに“広州話拼音方案”では，声調は本稿と同じ１～６までの数字によって表していますが，エール大学方式では声調は以下のように示されています。

	上昇	平板	下降
高	á	ā	（à）
中		a	
低	áh	ah	àh

この方式は，高平調（ā）と高下降調（à）を混在させ，中平調は表記なしで表し，低声調には母音の上の符号のほかに，-h を後続させて表しているのが特色です。

このように，広東語のローマ字表記法には何種類もあるということをまず覚えておいてください。いずれ皆さんの広東語学習が進めば，各種のテキストや辞書を参照する必要上，何種類ものローマ字表記法に取り組むことになるはずですから。

● 広東語とコンピューター

ところで，これまで考案されてきた広東語のローマ字表記法の多くは，あくまでも外国人が広東語を学習するために工夫されたものでした。それゆえ，学習者に正しい発音をさせるべく，表記もいきおい煩雑なものになりがちです。ところが，今や広東語のローマ字表記法はただ単に外国人の広東語学習のための問題にとどまらなくなりました。それは近年，急速に浮上した中国語情報処理上の問題です。中国語の入力方法には，五筆型といった発音に関係なく漢字を図形としてとらえて筆画に分解して入力するやり方と，ピンインで入力して漢字変換する方法などがあります。発音に関係なく漢字を筆画に分解して入力する方法は，どんな方言話者であっても漢字を知ってさえいれば入力できますが，ピンインの場合には中国人であってもピンインという普通話のローマ字発音表記法に習熟していなければ入力できません。ましてや普通話の苦手な人の多い広東人にあっては，キーボードを操作する前に普通話の学習から始めなければなりません。そこで，広東語話者のために入力しやすい簡便で合理的な広東語ローマ字発音表記システムが求められているわけです。もしこれが定着すれば，従来規則性がなく各自勝手にしていた香港の広東語地名や人名のローマ字表記も，一定の規則性が生まれてくるようになるかもしれません。

（麗澤大学教授）

広東語の窓

広東語の声母

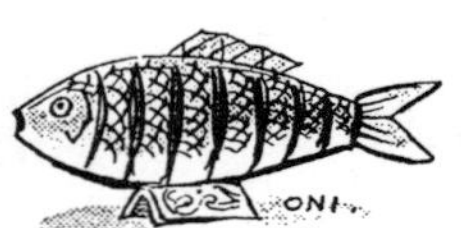

千島英一

● **普通話による広東語の発音表記**

前回，これまで考案されてきた広東語のローマ字表記法の多くは，あくまでも外国人が広東語を学習するために工夫されたものだった，と記しました。今回はまず，広東人以外の中国人が広東語を学ぶ場合はいったいどういう風に学んでいるのか，ということからお話したいと思います。

さて，次の会話は何を言っているのでしょうか？

A　哪里有公用电话？　／　冰斗摇公用顶瓦？

B　前面旅社里有。　／　情命旅定摇。

会話の前半の部分はおわかりと思いますが，後半の部分はいかがですか。この文章は普通話の発音ですと，

A　Bīngdǒu　yáo　gōngyòng　dǐng wǎ ?

B　Qíngmìng　lǚdìng　yáo.

となりますが，全く意味不明の文ですね。

ところがこれが広東語の音訳語文だとしますと，

A　邊度有公用電話？　(Bin^1 dou^6 yau^5 $gung^1$ $yung^6$ din^6 wa^2 ?)

（どこに公衆電話がありますか）

B　前面旅店有。($Chin^4$ min^6 $lö\ddot{u}^5$ dim^3 yau^5.)（前の旅館にあります）

という広東語の会話文の発音に近くなります。(　) 内の広東語の発音表記と対照してみてください。当たらずとも遠からず，といった音でしょう。実はこれ，中国は広西省の広西民族出版社というところから出版された『广州话学习手册』という冊子から採ったものです。まるでカタカナ英語の中国語版のようですが，漢字以外の表音文字を持たない中国語では，伝統的に，原音の目安をつけるのに漢字を用いのが一般的なのです。すなわち，“直音”という注音法です。

“直音”法は，文字どおり漢字の字音を表すのにほかの同音字を用いる方法ですが，さしずめこれはその現代版というべきものでしょうか。この直音法，中国語以外の他の外国語を学ぶ場合にも応用されています。例え

ば，香港庶民の百科全書ともいうべき『通勝』（暦書）の中の「華英通語」という項目では，英語の1，2，3，4，5，6……も

1	One	温	wan^{1}
2	Two	拖	to^{1}
3	Three	夫里	fu^{1} lei^{5}
4	Four	科	fo^{1}
5	Five	快夫	$fāi^{3}$ fu^{1}
6	Six	昔士	sik^{1} si^{6}

と，原音に近い広東語音の漢字をあてて注音してあります。

● 広東語の声母

闲话休题，言归正传（余談はさておき，話を本筋に戻すとしましょう）。いきなり声母ということばを使いましたが，中国語学では通常，その音単位を，**声母**（音節はじめの子音），**韻母**（音節中核部と音節末尾音の組み合わせ），そして**声調**（音節にかかる高さ変化）に分けて説明していますので，すでにおなじみの用語かと思います。広東語の音単位もこれにしたがって分析を進めます。

広東語の声母は次に示す19種類です。

b-，　p-，　m-，　f-
d-，　t-，　n-，　l-
g-，　k-，　ng-，h-
gw-，kw-
zh-，　ch-，　s-
　　　　　　w-，　y-

● 無気音と有気音

広東語も普通話同様，無気音と有気音の対立があり，b-，d-，g-，gw-，zh- は無気音，p-，t-，k-，kw-，ch- が有気音となります。発音方法は普通話のそれと全く同じです。一般に，普通話の無気音は広東語でも無気音，普通話の有気音は広東語でも有気音になります。もちろん例外はあるのですが，その数はそれほど多くありません。と，ここまで書いてきましたが，残念ながら，紙数が尽きました。以下は次号に。

（麗澤大学教授）

広東語の窓

広東語の声母（続）

千島英一

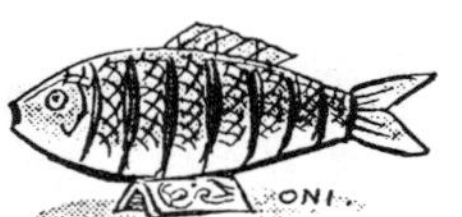

２年後の，1997年７月１日に，英国領香港は中国に返還されます。物見高い人はどこにもいるとみえて，歴史的なその日に備えてすでに香港の主なホテルは予約でいっぱいとか。実は，かく言う筆者もそのひとりで，行きつけの安宿にもう何年も前から「なにはともあれ絶対に来るから，部屋とっといてね」と頼み込んでいます。返還後のさまざまな問題についてはいずれ稿を改めてお話したいと思っております。

さて今回も広東語の声母についてです。普通話と対照しながら説明しますので，前号に載せた広東語の声母表を参考にしてお読みください。

● 普通話との対照

広東語の f- 声母の発音は普通話と同じであり，b-，p-，m-，d-，t-，n-，l-，g-，k- の発音も普通話のそれとだいたい同じです。ただし，n-，l- 声母の発音については，広東語の話者によっては n- が l- に発音されますから注意を要します。例えば，

你 nei^5 を lei^5（＝李，里）　／　男 $n\bar{a}m^4$ を $l\bar{a}m^4$（＝藍，嵐）

に発音するようにです。したがって，英語のナンバー（number）や NO.1（number one）といった外来語の音訳に際しても“冧巴 lam^1ba^2”（ナンバー）とか“冧巴溫 lam^1ba^1 wan^1”（NO. 1）と n- 音に l- 字音をあてがいがちです。

h- 声母の発音は普通話の h- とはやや異なり，普通話の h- が舌根摩擦音であるのに対し，広話語の h- は声門無声摩擦音で，日本語の「は，へ，ほ」の声母に近い発音です。そして，広東語の h- 声母の字は，普通話音ではおおむね h- と x- の発音に分かれます。

例字	広東語音	普通話音	例字	広東語音	普通話音
黒	hak^1	hēi	陥	$h\bar{a}m^6$	xiàn
恨	han^6	hèn	限	$h\bar{a}n^6$	xiàn

ng- 声母は舌根濁鼻音という普通話には無い音で，g- 声母と同じ発音

部位から鼻にかけて発音するもので，日本語のガ行鼻濁音を発音する要領と同じです。ところがこの ng- 声母，ひとつやっかいな問題があります。それはこの声母が話者によっては発音されずゼロ声母に合流してしまい，また，ゼロ声母も時に ng- 声母に合流してしまい，それぞれ対立を消失してしまうことがままあるからです。例えば，

啱 ngām¹ → ām¹　（ピッタリ合っている）

屋 uk¹　→ nguk¹（家）

のようにです。したがって，ng- 声母の発音がなかなか習得出来ないとお悩みの方は，無理に ng- 声母を発音する必要はなく，直接，母音から発音すればよいのです。そうすれば，声母の発音を練習する数もひとつ少なくてすみますね。

w- と y- は日本語の「わ」行と「や」行に相当する声母で半母音的有声摩擦音ですが，摩擦の程度は軽微です。

gw-，kw- の発音はそれぞれ g-，k- 声母の円唇化，すなわち g-，k- とwが結合した円唇子音です。ちょうど，英語の Quick や Queen の Qu を発音する時のように，g-，k- 声母を唇を丸めながら発音します。しかし，この発音も韻母が -ong，-ok の場合では，-w- が抜け落ちて gong，gok に発音される傾向が強いのです。例えば，

光 gwong¹>gong¹（＝江，岡）／ 國 gwok³>gok³（＝各，角）

のようにです。ところで gw-，kw-，w-，y- の四つの声母は，広東語が介音（韻母中の主要な母音の前にある母音。普通話には i，u，ü の３種がある）を持たないという特色と関係があります。すなわち，広東語の介音は -u- に限定されているので，gw-，kw- をそれぞれ一つの音素と解釈することによって，音節構造を簡略化できるからです。

最後に残ったのが，zh-，ch-，s- の発音ですね。zh-，ch- とあっても普通話のようなそり舌音ではありません。広東語のこれらの声母の発音方法は普通話の j-，q-，x- と z-，c-，s- の中間くらいであり，発音部位は普通話の z-，c-，s- のやや後ろで，j-，q-，x- に接近しています。ということで，とりわけ zh-，ch- の発音は幅が広く，“茶 cha⁴” の発音も日本語の「ちゃ」に近い [tʃ′a] で発音しても，また，「ツァ」に近い [ts′a] で発音しても意義弁別上なんら影響しません。

（麗澤大学教授）

広東語の窓

広東語の韻母(その一)

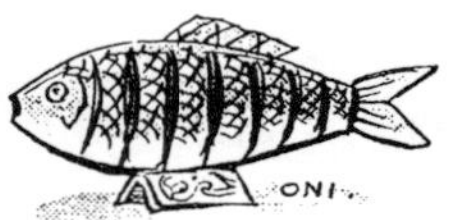

千島英一

毎年のことですが，夏休みが近づくとなんだか心浮き浮きし，机の周りにそれまであった有象無象の中国語の書籍は全部片隅に押しやられ，各国の地図，ガイドブックやパンフ類が占領して，次はどこ行こう？　と気分だけはもう海外に飛んでしまうのが常です。なにせ，広東語圏は思いのほか広いのです。ベトナム，マレーシア，シンガポール……と，香港や広東だけで通用するといったローカルな言語ではありません。なかなかの大言語なのです。そんなわけで，それぞれの地の風土や文化に根ざした広東語をたどる旅もまた楽しからずや，です。とはいえ，遊ぶことを考える前に，学生でしたら夏休みともなると，期末試験やレポート書きもありますね。“獲文 wok[1]man[2]”（walkman：ヘッドホンステレオ）を聞きながら，香港の“U記話”(「学生言葉」の意：Uは University の略，“記”は「屋号」のこと）で尋ねるとすれば，

你嘅 report O 唔 OK 呀？　　Nei[5] ge[3] report O m[4] OK a[3]？

あるいは，

你嘅 report 攪成點呀？　　Nei[5] ge[3] report gāu[2]sing[4] dim[2] a[3]？

とでもなりますか。いずれも「あなたのリポートはうまくいっていますか？」の意味です。“嘅”は構造助詞で普通話の“的”と同じ。“唔”は否定詞で“不”と同じ。“攪”は“搞”と同じで「する，やる，なす」の意。“成”は「(動詞の後に置かれ）仕上げる，完成する」の意味を表します。“點”は疑問詞で「どんな，どうして」の意味です。どうです？　このような英語まじりの広東語，“e 唔 easy 呀？”（やさしいですか）

●　広東語の母音と韻母

さて，今回から広東語の母音及び韻母（声母以外の部分）の説明となります。他の漢語方言には見られない広東語の韻母の大きな特徴は，母音に長／短の体系的区別があることです。まずは次ページの韻母表をじっくりとご覧ください。その中で音韻的にもっとも明らかな対立を示しているのがａ／ā（āの上の横バーは長音を示す）のペアです。それ以外はそれぞ

れ補い合って分布していますね。そこで，a以外は長音の記号を付けないですむことになります。しかし，実際上の音色は同じeやoの記号を用いていても長短それぞれ異なっていますので注意を要します。

今回はまず，7つの基本母音についてそれぞれ普通話との対照を交えながら説明することにいたします。なお，［　］内はIPA（国際音標文字）表記で，ːは長音を示します。

［**韻母表**］

長短／韻母	長	短	長	短	長	短	長	短	長	短	長	短	長
単韻母	a		e		ö		o		i		u		ü
複韻母	āi	ai		ei			oi				ui		
	āu	au				öü		ou	iu				
鼻韻母	ām	am							im				
	ān	an				ön	on		in		un		ün
	āng	ang	eng		öng		ong			ing		ung	
塞韻母	āp	ap							ip				
	āt	at				öt	ot		it		ut		üt
	āk	ak	ek		ök		ok			ik		uk	
鼻　韻	m　ng												

a ［aː］ 日本語のアよりはっきりとしたアで，普通話のそれよりも開口度は大きい。

e ［ɛː］ 日本語のエより，やや下あごを押し下げるようにしたエで，普通話の ye のeによく似た音。

ö ［œ］ o(オ)の口の形をしてe(エ)の発音するあいまいな円唇母音で，普通話にはない音。

o ［ɔː］ 日本語のオよりはっきりとしたオで，普通話のoよりも開口度は大きい。

i ［iː］ 日本語のイに似た発音で，普通話のiと同じ。

u ［uː］ 日本語のウよりもはっきりとしたウで，普通話のuと同じ。

ü ［yː］ iとuが融合した日本語にはない円唇母音で，普通話のüと同じ発音。

何語であれ，母語にない発音の習得は難しいものですが，広東語の場合ですと，üとöの二つの円唇母音の発音の習得がキーポイントとなるようです。

（麗澤大学教授）

広東語の窓

広東語の韻母(その二)

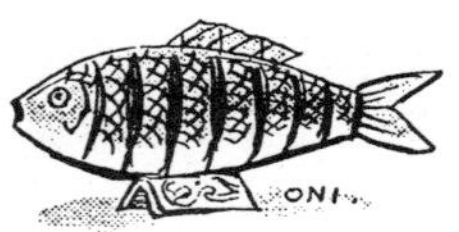

千島英一

香港赴任を控えた二人の企業戦士が，広東語を学びに通ってきています。一人は50歳を目前にした購買担当，もう一人は33歳工場勤務のエンジニアです。お二人とも辞令発令までは中国語の「中」の字も全く縁がなかったそうですが，赴任が決まった以上はしっかり頑張るとのこと。その決意やよし。筆者も意気に感じてというか思わず気圧されて授業することを引き受けてしまいました。授業時間は，全部で50時間。サバイバルのための広東語学習です。だからといって，いきなり簡単な会話から入るといったむちゃは避けなければなりません。第1ステップは当然のことながら発音練習からです。ここでは広東語音と発音表記の関係をしっかり掌握させることがポイントとなります。なぜなら広東語に限らず，いったいに，外国語学習が成功するか否かは，学習者の発音の善しあしと相関関係があるからです。そのためには当該言語の発音表記と語音の関係をしっかり頭の中に入れておかなければなりません。せっかく覚えた言葉も，声調がでたらめだったり，有気音・無気音の区別も明瞭でなかったら，全く意味が通じませんからね。第2のステップは，漢字という目で見てわかるものに頼らず，音と意味が一致するよう集中させることがポイントとなります。とりわけ広東語のような「話しことば」の場合，いかに素早く「音と意味を結合」させるかが重要だからです。耳と口の徹底訓練から始める所以です。第3は……もう紙数が尽きてしまいますので，この辺にしておきますが，漢字は書けなくても会話はできるということを今一度想起してみてください。

● 広東語の複韻母

というわけで，いましばらく広東語の発音についておつきあいください。今回も前回に続き広東語の韻母についてです。前号（9月号）の韻母表にありますように，広東語の複韻母（二重母音）は，āi, ai, āu, au, ei, öü, oi, ou, iu, ui の全部で10種類です。このうち，āi, ei, āu, ou の発音は普通話の ai, ei, ao, ou の発音とだいたい同じですが，広東語の

ei, ou の e と o は短母音ですので，広東語の単韻母（単韻母の場合，すべて長母音に発音されます）のそれよりは開口度は小さく，短く発音します。iu, ui の発音は，普通話の qiu の iu, hui の ui の発音に似ています。ai, au, oi, öü の発音は普通話にはない音です。ai, au の a の発音は短母音ですので ā より開口度は小さく，短く発音します。oi の o は長母音ですので，オーと伸ばした後に軽く i を添えるように発音します。最後に残った öü の発音ですが，前音の ö の実際上の発音は短く発するオで，尾音の ü（口をすぼめてイと発する）と組み合わさって発音されます。

● **広東語の鼻音韻母**

鼻音韻母は全部で19種類ありますが，この中には自ら音節を構成する二つの声化韻 m, ng も含まれています。

-m 鼻音韻母は普通話にはない音で，m 音は両唇を閉じて比較的軽目にムと発音されます。ām, im の発音は，それぞれ単韻母の ā, i の後に m を添えます。am の a は短母音ですので注意を要します。

-n 鼻音韻母の ān, in, ün は普通話の an, in, ün の発音とだいたい同じです。un の発音は，普通話の kun などの un の発音より日本語の「うん」に似ています。on の発音は単韻母の o の発音から n を添えます。an, ön の発音は，いずれも短母音で発音される a と ö の後に n を添えます。

-ng 鼻音韻尾を持つ韻母は全部で7つあります。āng は普通話の ang の発音とだいたい同じです。ung の発音は，普通話の ong の発音とだいたい同じですが，広東語の方が開口度がやや大きく，発音時間が短いのが特徴です。ang, ing は，普通話の ang, ing とは異なり，いずれも短母音の a, i の後に ng が続きます。ong も同じく普通話の ong とは異なり，広東語の ong の方が普通話のそれより開口度は大きいのです。eng, öng の発音は，普通話には無い音です。いずれも長母音で，eng の場合，下顎を押し下げるようにして e を発した後，ng を添えます。öng の場合は，あいまいな母音の ö の発音をした後に ng が続きます。

最後に残ったのが，単独で音節を構成する m と ng の発音です。m は広東語の否定詞“唔 m^4”の発音に用いられます。ng は数字の“五 ng^5”とか“吳 ng^4”の字の発音に用いられますが，発音の要領は普通話の「肯定・承諾などを表す」感嘆詞の“嗯 ng”とだいたい同じです。

（麗澤大学教授）

広東語の窓

広東語の韻母（その三）

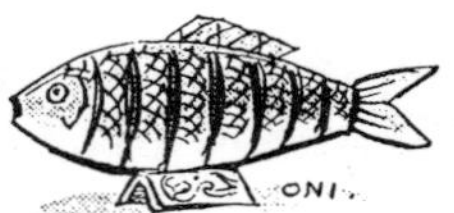

千島英一

過ぐる夏，いつもは素通りしていた上海を旅してきました。久しぶりの上海でしたが，今回は初めて上海観光のメインである“黃浦江游覧”も楽しんできました。川面に流れるそよ風に身をまかせながら左舷を見やると，暮れなずむ“外灘”（バンド）はライトアップされ，和平飯店，上海大厦，上海税関などの歴史的建物群が不思議な光彩を帯びてきて，何とも幻想的雰囲気を漂わせています。一方，市内では地下鉄ができるなど，再開発が急ピッチで進められていて，炎暑の中，あちこちで建設中のつち音が高らかに響いていました。

ある日の夕刻，日中の日ざしを避けてぶらぶら歩いていましたら，上海の街路では珍しい“騎樓底” ke^{4}lau^{2}dai^2（アーケード）のある通りに出ました。広東語でいう“騎樓”とは歩道の上に突き出た「バルコニー，ベランダ」のことで，それが連なる“騎樓底”は，道行く人を南国の強烈な太陽と雨から守る，華南ではごく普通の建築様式です。聞けば，“外灘”にもほど近い金陵路というその通り，果たして以前は広東商人が旅居していた地区であったとか。そういえば，上海語の中にも，広東語の「全部，すべて」を意味する“冚唪唥” ham^{6}bāng^{6}lāng^6（“喊唪唥”とも書く，また，ham^{6}ba^{6}lāng^6 あるいは ham^{6}blāng^6 とも発音する）ということばと，意味も同じで発音もよく似た“享棚冷”［haŋ^{53} baŋ^{13} laŋ^{13}］ということばがあったことを思い出します。上海語の“享棚冷”は広東語の“冚唪唥”からの借用語ではなかったか？とかねがね考えていたのですが，どうでありましょうか。一瞬，上海で古き広東の面影をかいま見たような一齣でした。

● 広東語の入声韻母

さて，今回はいよいよ広東語の入声韻母の説明です。“入声韻母”は，音節末尾が -p，-t，-k で終わる発音で，広東語には全部で17個あり，古代中国語にも存在していたのですが，普通話ではすでに失われている発音です。その音色は日本語の「葉っぱ，ちょっと，かっか」といった促音に似たものですが，広東語の入声はちょうどそれぞれの「っ」で止まったままのものです。すなわち，「ぱ」の前の「っ」で止めれば “-p” になるし，「と」の前の「っ」で止めれば “-t”，「か」の前の「っ」で止めれば “-k” の発音になります。ただし，広東語入声韻尾 -p，-t，-k の発音部位は声母の b-，d-，g- と同じ部位であり，無破裂音であることに注意してください。声調としての入声は，伝統的な音韻学の用語で言うと，陰入（上陰入），中入（下陰入），陽入の３類に分かれていて，その調値は４月号で説明したように，陰入は陰平（第１声）と，中入は陰去（第３声）と，陽入は陽去（第６声）と同じです。なお，陰入と中入は母音の長短を条件に声調が分化したものなので，中入には原則として長母音しかないことを知っておくと発音する上でなにかと便利です。さあ，論より実践です。実際に広東語の入声を声に出して発音し，それぞれの発音の違いを学んでみましょう。

①ap／at／ak	zhap^1—zhat^1—zhak^1	sap^1—sat^1—sak^1
	汁　質　則	濕　失　塞
②āp／āt／āk	chāp^3—chāt^3—chāk^3	āp^3—āt^3—āk^3
	插　擦　策	鴨　壓　鈪
③ip／it／ik	zhip^3—zhit^3—zhik^6	yip^6—yit^6—yik^6
	接　節　籍	業　熱　亦
④ek／ik	sek^6—sik^6	zhek^3—zhik^1
	石　食	隻　職
⑤öt／ök	chöt^1—chök^3	löt^6—lök^6
	出　卓	律　略
⑥ot／ok	got^3—gok^3	hot^3—hok^6
	割　各	褐　學
⑦ut／uk	mut^6—muk^6	fut^3—fuk^1
	末　木	闊　福

うまく発音できましたでしょうか。いずれも似通った発音ですが，音節末尾音の違いによってまったく意味が異なってしまいますので，注意を要するところです。こつをつかむまで繰り返し練習してみてください。

たいへん長くなってしまいましたが，今回で広東語の発音の項の説明は終わりです。次回からはいよいよ広東語の語彙の特色について述べていく予定なのです。

（麗澤大学教授）

広東語の窓

北と南の言語戦争

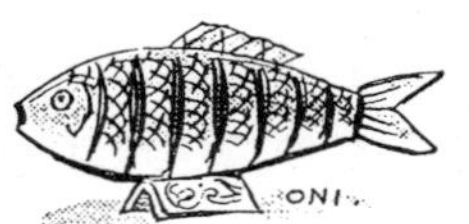

千島英一

「歌は世につれ，世は歌につれ…」と言いますが，ことばも時代の移り変わりとともに変化しています。一世紀前の中国の経済・文化の発信基地は上海でした。そこで，その時代の新たな音訳語は上海発(呉方言に属す)のものが多かったようです。例えば，当時の新語で今日は“普通話”の語彙（ごい）として定着しているものに“沙发”（英 sofa＝ソファー）があります。普通話音では shāfā で，音訳語としてはちょっと無理がある感じがしますが，これを上海方言で発音しますと so^{55}fa^{22}? となり，より原音に近いですね（ちなみに広東語でソファーは“梳化”と漢字表記し，so^{1}fa^{2} と発音しています)。ところが戦後の上海は経済も文化も長期の停滞を余儀なくされました。そして，この間隙（かんげき）を縫って台頭してきたのが，いち早く経済の改革・開放の波に乗り，ことばの経済価値が飛躍的に高まってきた広東語でした。

● 広東語の北上

“镭射” léishè（レーザー，広東語音では löü^{4}se^{6} と発音する)，“T恤” T xù（Tシャツ，広東語音では T^{1}söt^{1} と発音する)，“菲林” fēilín（フィルム，広東語音では fei^{1}lam^{2} と発音する)，“的士” díshì（タクシー，広東語では dik^{1}si^{2} と発音する)，“派对” pàiduì（パーティー，広東語音では pāi^{3}döü^{3} と発音する）といった香港の新聞・雑誌・広告などのメディアでおなじみの広東語の音訳語が，大陸でこれまで使われ，すでに規範化されていた“激光”（レーザー)，“胶卷”（フィルム）といった訳名にとって変わろうという事態となりました。さらには，“冰箱” bīngxiāng（冷蔵庫)，“付帐” fùzhàng（お勘定)，“客满” kèmǎn（満席，満員）ということばも，それぞれ，もともとは広東語の方言語彙であった“雪柜” xuěguì（広東語では süt^{3}gwai^{6} と発音する)，“买单” mǎidān（広東語では“埋單”と書き，māi^{4}dān^{1} と発音する)，“爆棚” bàopéng（広東語では bāu^{3}pāng^{4} と発音する）と言うのがモダンであるとされるようになってきたとか。すなわち，当代の新流行語発信基地が広東語となったわけです。

こうした現象は，あげくは，全国規模での8の字の流行にもつながってきました。もともと広東人は，“8” bāt³ の字音が “發” fāt³（金持ちになる）に通じるので，“8”は縁起のよい数字として珍重し，好んで電話番号やナンバープレートに使用したがるのですが，豊かになった広東の成功にあやかろうとしてか，あっという間に中国各地で “8” の字が大ブームとなり，商店の値札にまで“8元8角8分”と付けるのがはやるといったフィーバー振り。これは広東語で言ってこそはじめておめでたいことばになるのですが。

● 『北京青年報』の批判

さて，こうした広東語色にあふれたことばの流行に激しくかみつき，広東批判を展開した新聞記事が出現しました。本年，8月1日付けの『北京青年報』は「広東語の“北伐”に普通話の“南巡”は耐えられるか」という刺激的な題名の記事で，「広東人は広東語に優越感を持ち，共通語である普通話を軽視している」と批判。さらに「恐るべき方言優越感」と見出しの入った記事では：

「広東人のただただ広東語に固執している様はたいへんはっきりしていて，普通話を使うことを潔しとしないことから，マスメディアでは大量の広東語が使われている。その普通話排斥の程度は他の地域ではあまり例を見ないほどひどいものである。この種の方言優越感及び地域優越感は，中国の主流をなしている文化を排斥しようとする偏狭な心理からで，それは明らかに香港メディアの地元密着型サービスのやり方の影響をもろに受けているものであり，狭小な地域が主流をなしている文化を導くことができるとした誤った考えである。われわれは広東文化と香港文化は極めて類似していると容易に指摘できる。繁栄し豊かな香港を“文化の砂漠”とまでは言えないまでも，しかし尊敬できる思想，文化，学術，芸術がはなはだ貧弱なこともまた事実である。香港のイミテーションを気取った広東は大衆の通俗文化が主流で，経済こそ発展したが，結局のところ自己の属する中国の特色を持った嶺南文化を築けていないのである」と，手厳しい指摘をしています。この報道がされるやすぐさま広東のメディアも反応し，地元テレビ局が夜のゴールデンタイムにこの記事に対する視聴者討論番組をぶつけたところ，一致して北京側のこの見方には反対したと言います（香港『星島日報』1995. 8. 17)。北と南の言語戦争，しばらくは続きそうです。

（麗澤大学教授）

広東語の窓

恭　喜　發　財　！

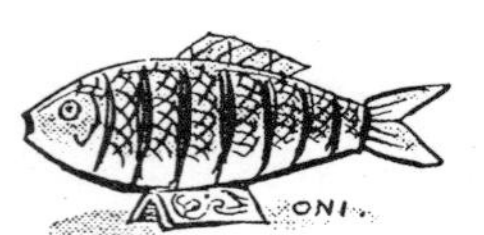

千島英一

"恭喜發財！"Gung^{1}hei^{2} fēt^{3}choi^{4}！（新年おめでとうございます！）

謹んで年頭のごあいさつを申し上げます。とは申したものの，広東語圏のお正月は旧暦で祝うので，新暦の1月はまだ師走という感じなのです。しかし今回は，年も改まったことですし気分一新，新年を迎えるにふさわしい？　話題から始めたいと思います。

●　干支（えと）

今年は"十二生肖"sap^{6}yi^{6} sang^{1}chiu^{3}（人の生まれ年の干支）でいうならネズミ年にあたりますね。まずはあなたの干支を広東語で言ってみましょう。「あなたはなに年生まれですか」は広東語では"你屬乜嘢年㗎？"Nei^{5} suk^{6} mat^{1}ye^{5} nin^{4} ga^{3}？と言います。すると相手はたいてい"我屬馬年，你呢？"Ngo^{5} suk^{6} ma^{5}nin^{4}，nei^{5} ne^{1}？（私は午（うま）年生まれよ、あなたは？）と答えてくるでしょう。十二支を広東語音で発音すると次のようになります。

鼠 sü^{2}（子），牛 ngau^{4}（丑），虎 fu^{2}（寅），兎 tou^{3}（卯），龍 lung^{4}（辰），蛇 se^{4}（巳），馬 ma^{5}（午），羊 yöng^{4}（未），猴 hau^{4}（申），鷄 gai^{1}（酉），狗 gau^{2}（戌），豬 zhü^{1}（亥）

広東語では一般に干支とその動物の呼び名は一致しているのですが，サルだけは普通"馬騮"ma^{5}lau^{1}と言っているので、"我屬猴年"と言う人もいれば"我屬馬騮"と言う人もいます。

●　花市（はないち）

"花市"fa^{1}si^{5}とは「大みそかの夜に立つ花市」のことを言います。実際には大みそかの数日前から年が明けるまで市が立ち，花以外にも生活雑貨やおもちゃなども売っています。香港ならビクトリアパークといった公園やちょっとした空き地に立つのですが、縁起物の花を物色する市民でとてもにぎわいます。この"花市"で最も目立ってよく売れるのがたわわに実った"金桔"gam^{1}gat^{1}（キンカン）です。"金桔"は色も発音も黄金に通じるので「もっとお金がもうかるように」と縁起を担ぐからです。そのほか，年ごろの娘さんがいる家庭では良縁に恵まれますようにと桃の花を買い，家内安全には水仙を求めたり，出世できるようにと願いをこめてボタンの花を買ったりします。

● **お年玉**

大掃除を済ませた部屋に“花市”で求めたキンカンを飾り、夜が明ければもう“年初一” nin^{4}cho^{1}yat^1（元日）です。暮れの内に用意をしておいた“紅包” hung^{4}bāu^1（赤い祝い袋）に新札が入った“利是” lei^{6}si^6（お年玉）の出番です。この“利是”，香港では日本と違って独身であれば大人でももらえるからうれしいではありませんか。会社では上司が部下に配ったり，また自宅マンションの警備員や行きつけの店のボーイなどにも配ったりします。気になる中身はというと，最低10HKドル（香港ドル）から，つきあいの程度により数百HKドルまでと幅があります。

● **ネズミと広東語**

子年にちなんでネズミがかかわっている広東語をいくつか紹介しましょう。ネズミは広東語でもどうもあまり好まれていない動物のようで，“鼠”の字はたいていは動詞として用いられ「盗む．泥棒をする．こっそり取る」の意味で使われています。例えば：

鼠嘢　sü^2 ye^5　物を盗む
鼠摸　sü^2 mo^1　こそどろ（鼠竊狗偷　sü^2 sit^3 gau^2 tau^1 とも）
鼠入嚟　sü^2 yap^{6}lai^4　こっそりと入り込む
沙灘老鼠　sa^{1}tān^1 lou^{5}sü^2　ビーチ泥棒（海岸の泥棒）

畀　人　鼠咗　入嚟　都　唔　知。
Bei^2 yan^4 sü^{2}zho^2 yap^{6}lai^4 dou^1 m^4 zhi^1.

だれかに忍び込まれたことも知らない。

また，“蛇頭鼠眼” se^4 tau^4 sü^2 ngān^5 とは「人相の悪い人」の例えに用いる言葉です。

最後に“鼠”の入った広東語の“歇後語”（しゃれ言葉）をひとつ：

老鼠尾生瘡…大極有限　lou^{5}sü^{2}mei^5 sāng^{1}chong^1…dāi^6 gik^6 yau^{5}hān^6
ネズミのしっぽのできもの…たいして大きな物はできない

ということで，ネズミにとってはまことに迷惑このうえない言葉が実に多いのです。ともあれ、今年こそ平和で安心できる１年でありますようにと願うばかりです。

（麗澤大学教授）

広東語の窓

動物と広東語

千島英一

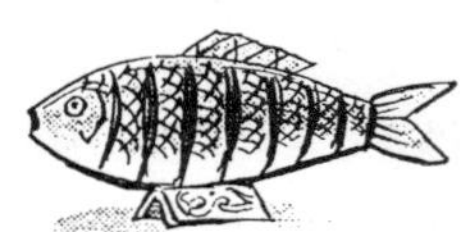

前回，今年が子年（ねどし）ということからネズミにまつわる広東語のいくつかを紹介いたしました。このように広東語でもよく動物の名前を利用してことばを産み出し，いろいろな感情，概念，連想，隠喩（いんゆ）などを表現することがままあります。

● 牛 Ngau^{4}

広東語を学び始めたころのことです。ある時友人から“你幾時牛一呀？” Nei^{5} gei^{2}si^{4} ngau^{4}yat^{1} a^{3}？と尋ねられました。とっさのことで思わず“發吽哣” fāt^{3} ngau^{6}dau^{6} の状態（“吽哣”は「ぼんやりした．とろんとした」の意味）でいたところ，“牛一”は“生日”（誕生日）のことだと教えてくれました。つまり，「いつが誕生日なの？」と聞いてきた訳なのです。これは中国語ではよくある，字を分解した言い方だったのですね。「牛」に「一」を加えれば「生」になり，さらに“一”の字音 yat^{1} と“日”の字音 yat^{6} が同音であることから作られたものなのです。

さて，日本語では牛は比較的のんびりしたイメージがあるのですが，広東語ではどうもそうではないようです。例えば，“牛精” ngau^{4}zhing^{1} とは「短気で怒りっぽい」という意味。“牛王” ngau^{4}wong^{4} は「わんぱくな．横暴な」という意味を表す形容詞で，“牛王頭” ngau^{4}wong^{4}tau^{4} は「わんぱく小僧．がき大将」という意味です。“牛頸” ngau^{4}geng^{2}，“牛氣” ngau^{4} hei^{3}，“牛性” ngau^{4}sing^{3} は，いずれも「頑固な．強情な」という意味を表す語ですが，いくら引っぱってもてこでも言うことを聞かないぞという頑固な牛に困っている様子が浮かんでくるようですね。そんな訳で「自分の考えに固執して人の言うことを聞かない」というのも“死牛一便頸” sei^{2} ngau^{4}yat^{1} bin^{6} geng^{2} と言っています。

“牛仔” ngau^{4}zhai^{2} は「カウボーイ」のことで，彼等がはいていたズボンだから“牛仔褲” ngau^{4}zhai^{2}fu^{3}「ジーンズ」となります。ちなみに“牛仔片” ngau^{4}zhai^{2}pin^{2} は「（映画の）西部劇」のことです。なぜか下着にも牛がかかわっていて，“牛記” ngau4gei3 とは「(中国風の）アンダーシャツ」で，“牛頭褲” ngau4tau4fu3 は「(中国風の）短パン．ショーツ．パンツ」を指します。そこからまた“牛記笠記” Ngau4gei3 lap1gei3「(シャツとパンツ姿ということから転じて）みすぼらしい格好．みすぼらしいみなり」ということばも産まれています。“牛高馬大” ngau4 gou1 ma5dāi6 は「(体が）大きい」という意味で，“牛頭唔對馬嘴” ngau4tau4 m4 döü3 ma5zhöü2 は「とんちんかんなこと．そぐわないこと」という意味で，「匕首(あいくち)に鍔(つば)」といった例えによく用いられます。

ポピュラーなことばも紹介しておきましょう。“牛油” ngau4yau4 は「バター」のこと。“牛奶” ngau4nāi5 は「ミルク」です。“牛乸” ngau4na2 とは「雌牛」のことです。“乸” は「(動物の名称の後に置き）雌」を表すことばで，普通話の “母” mǔ に相当する語です。普通話では “母牛” mǔniú（雌牛），“公牛” gōngniú（雄牛）と，雌雄を表すことばが動物名称の前に来ますが，広東語では逆に後に置く語順に注意してください。

このように広東語では牛にまつわることばがとても多いのですが，長い間農業社会である中国のこと，それだけに牛の観察にも年期が入っているということではないでしょうか。“牛扒” ngau4pa2「ビーフステーキ」を食べようと誘った時，広東の農家出身の友人がぽつりと漏らしたひと言が忘れられません。それは「牛は友達だから絶対に食べられない」というものでした。

● 虎(とら) Fu2

虎は一般には普通話同様に “老虎 ”lou5fu2 と呼ばれています。さて虎にまつわる語でもっとも有名なのは，なんと言っても “虎頭蛇尾” fu2 tau4 se4 mei5「竜頭蛇尾のこと」ではないでしょうか。また「勇将のもとに弱卒なし」を “虎父無犬子” fu2 fu6 mou4 hün2 zhi2「虎の父には犬の子はない」と言っています。“虎口餘生” fu2hau2 yü4sāng1 とは「九死に一生を得ること」です。さらには，“虎落平陽被犬欺” fu2 lok6 ping4yöng4 bei6 hün2 hei1 ということわざは，「(虎も平地に出れば犬にも馬鹿にされる，ということから転じて）権勢あるいは能力ある人がひとたびその地位を失うと，もう非常に弱いものになってしまう」という意味で，過酷な中国の政治風土から生まれたなかなか含蓄のあることわざではないでしょうか。

(麗澤大学教授)

広東語の窓
バウヒニアの花

千島英一

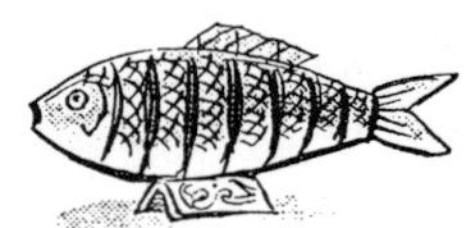

● **香港から広州へ**

旧臘（きゅうろう），「この暮れの忙しい時に，まったくなに考えているの」との家人の声に送られて？　香港経由で広州へと旅してきました。旅の目的は第5回国際粤方言学会に参加すること。“啓徳機場” Kai^{2}dak^{1} gei^{1}chöng^{4}（香港啓徳空港）に降り立つと，クリスマスを間近に控えた香港はいつもに増しての華やいだ雰囲気。早速，中国国内のビザを申請し（約2時間で受け取れる），すでに手配しておいた“九廣鐵路”（KCR）の“直通車” Zhik^{6}-tung^{1}che^{1}（九龍と広州を結ぶ直通列車）の切符を受け取り，これで準備は万全。翌朝，いそいそと“的士” Tik^{1}si^{2}（タクシー）で“紅磡火車總站” Hung^{4}ham^{3} Fo^{2}che^{1} Zhung^{2}zhām^{6}（Hunghom Railway Station）へ。型どおりの“出境” Chöt^{1}ging^{2}（出国），“海關” hoi^{2}gwān^{1}（税関）の手続きを済ませて地下の“月台” yüt^{6}toi^{4}（プラットホーム）に降りて行くと，緑色をした武骨な車体の“直通車”が待っていました。全席指定の座席に就いて改めて切符の点検をしていたらあれれ思わぬ発見。なんと行きの切符の値段（200ＨＫ＄—香港ドル）と帰りの切符の値段（220ＨＫ＄）が違うではありませんか。同一路線同一運賃の筈なのに…，この20ＨＫドルの差額は何だ？　しか列車は定刻1分前には何のアナウンスもなくスタート。そして，3時間後には無事広州駅に到着，ただちに今度は“入境” yap^{6}-ging^{2}（入国）の審査を受ける。駅には当番校の広州・暨南大学のＫさんが出迎えに来てくれていて，そのまま大学構内の宿舎に直行。さすがに亜熱帯の地，師走も半ばを過ぎているのに日中は気温20度を超し，冬支度の旅人はちょっと汗ばむくらい。うららかな陽光に誘われてキャンパス内のあちこちを歩くと，ちょうど深紅のクリスマス・フラワーやバウヒニアの花が真っ盛りでした。バウヒニアの和名は「ハナズオウ」，広東語では“洋紫荊” yöng^{4}zhi^{2}ging^{1}。上品な薄紫色をした花で，今や，女王陛下に取って代わって香港のコインのデザインにもなっているので，おなじみの方も多いかと思いますが。

学会は3日間の日程でしたが，広州市内1日観光があった翌日の午後，列車の切符の都合で早めに学会を切り上げ再び香港へ。広州駅で待っていた“直通車”はピカピカの新車。食堂車のテーブルクロスもまばゆいばかりの白。そしてまたも定刻より1分半早く動き出した列車は快適なスピードを保ち，行きよりも1時間も早く香港に着いてしまいました。事ここに至って何となく差額の20HKドルに納得した次第です。

● 香港のクリスマスイブ

翌日はクリスマスイブ，しかも日曜日。朝から街中がなんとなくそわそわしている様子。“報紙攤” bou^{3}zhi^{2}tān^{1}（新聞スタンド）で新聞を買い，ついでに“通勝” tung^{1}sing^{3}（暦）も買い，なじみの“茶樓” cha^{4}lau^{4}（中国式レストラン）に行きます。“點心” dim^{2}sam^{1}をつまみ茶をすする，新聞を読む。いつものことながら，こうして至福のひとときを過ごし，香港での一日が始まるのです。

“海運大厦” Hoi^{2}wan^{6} dāi^{6}ha^{6}（オーシャンターミナル）の大桟橋にはアメリカの軍艦が寄港していました。甲板ではセーラー服の水兵がきびきびとした動作で作業を進めています。返還後にもこうした光景を見ることができるのだろうかと素朴な疑問が浮かびました。その前の晩，ある上海料理屋で“醉蟹” zhöü^{3}hāi^{5}（かにの老酒漬け）を食べながら語ってくれた“老友記” lou^{5}yau^{5}gei^{3}（仲よし）の話が頭をよぎります。それは「今，香港では，香港の返還時には人民解放軍が25万人くらい駐在するというのがもっぱらの噂（うわさ）だが，問題はこの25万人をどうやって一挙に輸送してくるのかということだ。陸からか，それとも海からか？　いずれにしても問題が多い」というもの。

暮れなずむ街はクリスマスイルミネーションに彩られ，通りは人，人，人であふれかえっていました。どの“細路仔” sai^{3}lou^{6}zhai^{2}（こども）も赤いサンタの帽子を被（かぶ）り，はぐれまいとしっかり親の手を握っています。香港の人たちは“節日” zhit^{3}yat^{6}（祝祭日）には，“出街食飯” chöt^{1}gāi^{1} sik^{6}fān^{6}（家族で外出して飯を食う）の習慣があるようで，どのレストランも超満員。かくして大喧騒（けんそう）の一夜が過ぎていきました。

（麗澤大学教授）

香港返還その後

千島英一

● 香港回帰第1年

98年3月，閉鎖間近となった香港啓徳空港に降り立った。すぐに鼻孔をくすぐるのは，エンジンオイルと海水が南国の湿った空気に溶け合ったこの空港独特のにおい。「何も変わってないな」とひとりごちながらイミグレに向かう。長い通路を歩きながら，返還の前日（97. 6. 30）もこうしてイミグレに向かっていたことを思い出す。あれからもう8か月が過ぎた。

あの日，雨の中どっと繰り出した香港市民の中に紛れ込みながら訳もなく街中を彷徨したっけ。そして，雨はますます激しくなり，結局，楽しみにしていた花火もなんとも盛り上がりに欠けたまま途中でおしまい。肩すかしを食らった身体にぐっしょりぬれたシャツがまとわりつく。人波を掻き分けつつホテルに戻り，まずは熱いシャワーを浴び，ビール片手にＴＶをつけた。いつしか時刻は午前零時をまわり，画面は主権移行セレモニーのハイライトを映し出し，江沢民中国国家主席が，五星紅旗と香港特区旗が翻る前で「中華人民共和国香港特別行政区は今，正式に成立した」と宣言していた。演説はなおも「…一國兩制、港人治港、高度自治的基本方針、保持香港原有的社會、經濟制度和生活方式不變、法律基本不變……」などと続いていたが，どっと旅の疲れが出てそのまま爆睡。

窓をたたく雨音で目が覚めた。香港が中国に帰った初日の朝は，相変わらずぐずつき気味の空模様。低く垂れ込めた暗雲から，時折スコールに似た大粒の雨がザーっと降ってくる。まずは新聞を買わなくちゃ。『明報』，『快報』，『東方日報』，『蘋果日報』……と香港の馴染みの新聞が脳裏をかすめる。はたして香港の歴史的瞬間を香港の記者はどう伝えたのか，気になる。小降りになったところを見計らって“報紙攤”（街角で新聞や雑誌などを売る所）を探す。ややっ，あっちもこっちもどこの“報紙攤”でも香港の新聞はすべて“賣晒”（売り切れ）で，売っているのは雑誌ばかりであった，早朝7時だというのに。

後日，香港在住のジャーナリストの友人から聞いた話では，この日，祝賀広告で大幅増ページになった香港の地元各紙は絶好の稼ぎ時であったようで，たった1日で，1年分の売り上げを稼ぎ出した社もあったそうな。道理でどの“報紙佬”（新聞売り）も手持ちぶさたの様子ではあったが，どことなく一仕事終わった安堵感（あんどかん）のようなものが漂っていた。かくして，ひそかに小生の香港返還ツアーのお土産にともくろんでいた記念の新聞各紙は幻となったが，香港在住の友人がホテルまで届けてくれた，香港で買える深圳の新聞を唯一の返還記念グッズ？　として持ち帰ったことでよしとした。

明報

特 區 誕 生

歷史新頁

「明報」(1997.7.1)

ターンテーブルが回り出すと間もなくタイミングよく荷物が出てきた。ひょいと取り上げひとり税関に向かおうとしたら，「先生」と呼ぶ声。振り向くと「私たちの荷物がまだ出てこないのです」と一斉のブーイング。そうだった，今回はわがゼミの香港企業研修で来たのだっけ。

● 物極必反

香港でひとしきり日系企業を見学した後，深圳に移動。今回はそこの日系企業での3週間にわたる研修がメイン。まずは中国人幹部による会社ならびに研修概要の説明が行われた。強い広東語訛（なま）りの普通話にゼミ生一同ぼう然自失の体。現実とは厳しいもの。わからない中国語もわかるようにしなければ実際には役立たない。不安な面持ちの学生たちに，甘さを見せずにひとり香港に戻った。

翌朝，“老友記”（なかよし）の“阿趙”（趙君）がさっそく飲茶に誘ってくれた。“鳳爪”（鶏の爪（つめ）の先をオイスターソースなどで味付けして蒸したもの）をつまみながら，四方山（よもやま）話に花を咲かせた。以下は趙君の話から。

「中国に回帰後の香港はまったく不運の連続さ。今，こうして“鳳爪”を食べているけど，新型インフルエンザA型H5N1ウイルスの感染源が鶏だということで，97年の年末に政庁は香港全土の鶏の処分を決定し，140万羽の鶏を処分した。ついで鶏の禁輸措置が取られ，折角の春節も新鮮な鶏肉にはありつけずじまいさ。そのあおりで，日本や台湾からのツアー客のキャンセルが相次ぎ観光客も激減で，不景気の追い打ちをかけてきた。“物極必反”（すべて物事は極点に達すれば必ず逆の方向に向かう）とはよく言ったもので，香港ドリームを支えていた株価も返還ブームの最高値のときから半値に下がり，不動産価格も３割～４割下落した。で，証券会社や不動産会社はバタバタ倒産。街に吹くのはリストラの風ばかり…。」と，ここまで一気に喋って深いため息をついた。茶楼の点心は相変わらず美味しかったが，両者とも意気上がらずそのまま再会を約して別れた。

●『九十年代』誌の廃刊

４月，桜散り，新入生のオリエンテーションも一段落。研究室の書架を整理すべく溜まっていた郵便物の封を開けていて愕然とした。なんと，1970年に『七十年代』として創刊した香港の雑誌『九十年代』が５月号をもって休刊するとあるではないか。編集長の李怡氏は中国問題の専門家として夙に著名。確度の高い中国情勢の分析と評論で長年読者の信頼にこたえてきた同誌の，「休刊」という事実上の廃刊は，何か一時代の終わりを告げているかのようで，一抹の寂しさを禁じ得ない。

● 母語教育

98年５月，再び香港を訪れる機会を得た。日ざしは強烈になっていて，通りをちょっと歩いただけで汗が吹き出てくる。返還から10か月が過ぎたわけだが，街を歩く限りでは表向きにはあまり違いは感じられない。趙君，少しは元気が出たかなと思って飲茶に誘う。菊普茶をすすりながら近況を尋ねると，大兄，心なしかそわそわしているようでなんだか落ち着きがない。聞けば，小６の愛娘の“會考”（中学受験の統一試験）が近づいているので心配しているとのこと。

心配の種は，香港政庁が「母語教育」の名のもとに98年９月新入生から，ほとんどの中学（５年～７年制）で母語（香港の日常語である広東語）による授業をするようお達ししたからだ。これまで香港の全中学（407校）の約半数が英文中学であったが，継続して英語による授業が許された中学は100校にとどまり，残りは中文中学に転換を余儀なくされた。“母語教學事半功倍”（母語で教え学べば手間は半分で効果は倍だ）とは香港政庁教育署のキャッチコピー。ところが父母の大多数がこれに猛反発。理由は，英語ができなければ進学・就職に不利で，香港では出世はおぼつかないという，根強い英語信仰があるからだ。御多分に漏れずわが友趙君も愛娘にはぜひ英文中学に合格してもらいたいとの由。親も子も合格発表のある7月初旬まではさぞかし落ち着かない日々になることだろうが，香港の子供たちもたいへんだ。言語からして“両語三言”（2つの書きことば＝中文と英文と3つの話し言葉＝英語，広東語，普通話）の習得が不可欠の条件となるのだから。

● 飲茶請進

98年10月，香港から1通のEメールが届いた。文字化け（もじばけ）していたのでフォントを変えてみたら読めるようになった。趙君からだった。手紙だと流麗すぎる筆致で書かれるので読むのに苦労するが，画面に浮かんでいるのは活字に似たフォントなのでかえってよくわかる。

さてさて，娘が英文中学に無事合格して元気に通学しているってか，ふむふむ。次いで，「大富豪」とあだ名された誘拐犯グループが中国国内で逮捕されたことが記してあった。このグループのリーダーは張子強と言い，香港史上最高の被害額を出した現金輸送車強奪事件をはじめ，強盗，殺人，営利誘拐等数々の凶悪犯罪を引き起こし，香港の新聞紙上をにぎわしたことは知っていた。中でも有名なのは香港の大立て者李嘉誠(長江実業会長)の長男を誘拐し，巨額の身代金をせしめたことだ。ただしこの事件，李嘉誠本人は否定していて警察にも通報しなかったとして，それでなくてもうわさ好きな香港市民の飲茶の格好な話題となっていた。ちなみにこのグループの裁判は，98年11月に中国本土で行われ主犯の張らに死刑の判決があり，まもなく死刑が執行されたと日本の新聞も伝えていた。

趙君をして「不運の連続」と言わしめた返還後のこの1年，98年版『通勝』（暦書）によれば，干支（えと）の「虎」は「苦」に通じる（広東語音では“虎”，“苦”はともに fu^2 で同音である）から，“虎年”転じて“苦年”になるとあった。返還2年目を迎える新年の干支は“兎”（うさぎ）。なんとかあらゆる困難をウサギのようにぴょんぴょんと乗り越え，あの香港の夜景のような輝きを香港人自身の手で再び取り戻してほしいものだ。

（麗澤大学教授）

ガイダンス 広東語

千島　英一

1．広東語とは

われわれが一般に「中国語」と言う場合は，中国で“普通话”と呼ばれている漢民族の共通語を指すように，「広東語」という呼称も，一般には広東省の省都広州市及び香港などで話されている粤語広州方言を意味します。粤語とは，漢語（漢民族の話す言葉）の7大方言（官話〔北方方言ともいう〕，呉語，湘語，客家語，贛語，閩語，粤語）のひとつで，南中国を代表する一大方言群です。「粤」とは両広（広東・広西の両省）の古名であり，広東省を中心に分布する言語であることから粤語とよばれ，その一方言でありしかも標準口語として定着しているのが粤語広州方言なのです。当地の人々はこれを「廣州話」とか「廣府話」あるいは単に「白話」と呼んでいますが，われわれは習慣上「広東語」と呼んでいるのです。

2．使用地域

広東語は珠江デルタを中心にして広東省の広い地域と広西壮族自治区の東南部及び香港，マカオで話されています。また，東南アジア各国やアメリカ，カナダ，オーストラリアなどの広東系華僑社会の間に広く通用し，これらを含めて，その使用人口はおよそ5千万人にのぼると言われています。方言とはいえヨーロッパならゆうに一国の国語に相当する規模と言えましょう。

3．形成と歴史

今日の広東語がどのように形成されてきたかは，広東語を研究する上で，はっきりさせておかなければならないことでありましょう。が，現段階においては歴史の厚いベールと材料不足に阻まれ，まだ不分明なことも多く，ここではその輪郭を述べることに止まらざるを得ません。と言いますのも，粤方言は単純に中原の漢語がそのまま移植されたものではないからです。それは粤方言の中に遺留されている幾つかの言語特色がタイ系諸語と構造的類似をみせているからです。

広東の古名である「粤」はまた「越」とも書かれ，古代，両広一帯は“百越”と総称された非漢語系の，今で言う少数民族の居住地でした。これらの民族は西周期には“蛮夷”と称され，春秋戦国期には“越”と称されるようになりました。“越族”の種類は多く，そのためか，戦国から秦漢にかけてからは“百越”とも称されるようになったわけです。その後，秦始皇帝の時からは集団移民での漢族の広東移住が始まり，徐々に中原及びその他の地域の漢族もこの地域に侵入して来るようになりました。大勢の漢人の移住は，同時に大量の漢語を広東にもたらしたことでしょう。そして，当地に居住していた非漢語系原住民である“越族”との不断の言語接触を経て，粤方言の基礎を形成してきたものと想像されます。ところで，広東の古代越族が現代のどの民族にあたるかは諸説ありますが，一般に，現代のチワン族やリー族――いずれもタイ系の民族――の祖先であったらしいと言われています。

さて，今日の広東語を特徴づけているもののひとつに，中古漢語の字音体系をよく保存・反映していることがあげられます。このことは広東語が隋唐期の中原漢語の読書音を広く受け入れたことの証左でもありましょう。その後は，地理的要因もあって，中原の漢語とは大きく隔たってきましたが，宋・元の時代には現代の粤語とはそう大きく変わらないものになっていたのではなかろうかと指摘されています。

4．広東語の漢字表記

広東語の文字表記にはもちろん漢字が用いられますが，書かれる文章は中国語共通の書面語を規範とし，字音だけを広東語読みするやり方が一般的です。したがって，話し言葉との差異が著しいわけですが，一方，民間文芸などを通じて，広東語の話し言葉で書く試みも古くから行われていました。「言文一致」ではむしろ他の漢語方言より先行していると言ってよいでしょう。このために，独特の方言文字を創出したり，漢字本来の意味を無視し，字音だけを借りた当て字をしたりして，口語表現を忠実に記録することが行われてきました。以下に，常用されている広東語の方言文字のいくつかを紹介しますので，対応する共通語と比較してみてください。

広東語	共通語
佢	他
嘢	东西
冇	没有
瞓	睡
嗰	那
乸	母的（雌性動物）
啲	些
嚟	来
脷	舌

これらの広東語方言文字は，広東語圏では比較的人口に膾炙されたものです。元来，広東語は「話し言葉」という性質上，「有音冇字」（音だけあって字がない）といって，漢字で書き表せない語が多くあり，そのため，広東語を漢字で表記しようとすると，このように新たに造字をしたり，当て字を多用せざるをえないわけです。

次に，字体についてですが，現在，香港，マカオ等では依然として繁体字（旧字体）を使用していますが，中国で出版される広東語の学習書などでは簡体字を使用しています。方言文字についても，偏や旁に簡体字があるものはそのまま簡体字を使用し，簡略化をしています。

5．発音表記

広東語には共通語の発音表記に用いられる〈拼音字母〉のような公定のローマ字発音表記法こそないものの，従来より外国人学習者の広東語学習に便利なように，様々なローマ字表記法が考案され，広東語の各種テキストや辞典類などに使用されてきました。しかしいずれも〈拼音字母〉のように広く普及しているわけではないので，広東語の学習が進み，いろいろなテキストや辞典類を参考にする場合，必然的に何種類ものローマ字発音表記に接することになります。本稿でも，以下に用いられる広東語のローマ字発音表記は，共通語の〈拼音字母〉の体系をそのベースに置き，広東語の音韻の体系をわかりやすく習得できるよう，筆者の分析に従って修訂したローマ字発音表記法を用います。

発音方式 ＼ 発音部位	清塞音 無気	清塞音 有気	清塞擦音 無気	清塞擦音 有気	鼻音	側面音	清擦音	半母音
双唇音	b	p			m			
唇歯音							f	
舌尖音	d	t			n	l		
舌尖面混合音			zh	ch			s	
舌面前音								y
舌根音	g	k			ng			
円唇舌根音	gw	kw						w
喉音							h	

〈声母表〉

6．音　　韻

広東語も他の漢語方言同様に，音節と音節の区切りが明瞭で，しかも原則としてひとつの音節がひとつの意味の単位となっています。漢字表記の場合にはその1音節が漢字1字に相当するのです。そして，どの音節も最低限，主母音と声調を欠くことはありません。広東語の音節構造を，中国語学でいう「声母」すなわち頭子音をC_1,「韻母」のうち母音をV，末尾子音をC_2，そして「声調」をTとすれば，次のように整理できるでしょう。

（C_1）＋V＋（C_2）＋T

このような広東語の音節タイプは約640（共通語は約400）あり，これに6種類の声調がついて音節総数は約1,840種類（共通語は約1,300）となります。

1）声母

声母表からわかりますように，広東語の声母は全部で19種類（y，wのふたつの半母音を含むので実際上は17種類）あります。さて，広東語にも有気音，無気音の区別がありますが，発音方法は共通語と全く同じです。また，共通語との比較対照という観点からみますと，まず，共通語にあるzh−，ch−，sh−，z−，c−，s−，j−，q−，x−の3系列の発音が，広東語ではzh−，ch−，s−の1系列の発音しかないことが挙げられましょう。そして，広東語のzh−，ch−，s−の発音は共通語のそれとは異なり，むしろ共通語のj−，q−，x−の発音に近く，IPA表記ではzh−は［ʧ−］，ch−は［ʧʻ−］，s−は［ʃ−］となることです。次に，広東語ではn−がl−に発音される傾向が強いことでしょう。すなわち，你〈nei^{5}〉（※音節末尾の数字は声調を示す〉を李〈lei^{5}〉に，南〈nām^{4}〉を籃〈lām^{4}〉にと，n−とl−を区別せずに発音されることです。もうひとつ，広東語のng−声母は話者によっては発音されず，母音からはじまることがあります。また，かなりの人がゼロ声母の字の一部をng−声母に発音します。例えば，

外ngoi^{6}→oi^{6}

安on^{1}　→ngon^{1}

のようにです。したがって，ng−声母とゼロ声母は，一般的状況下では意味弁別の機能をもたないことになります。

更に，gw−，kw−のふたつの声母の存在は，広東語に介音（わたり音）の存在を認めない音韻処理上の都合からきています。というのは，gw−，kw−には介音の−u−が後続するのですが，−u−だけに限定されているので，音節構造を簡略化するために，gw−，kw−をそれぞれ単一の音素として処理してい

韻母＼長短	長	短	長	短	長	短	長	短	長	短	長	短	長
単韻母	a		e		ö		o		i		u		ü
複韻母	āi āu	ai au		ei		öü	oi	ou	iu		ui		
鼻韻母	ām ān āng	am an ang	eng		öng	ön	on ong		im in	ing	un	ung	ün
塞韻母	āp āt āk	ap at ak	ek		ök	öt	ot ok		ip it	ik	ut	uk	üt
鼻　韻					m					ng			

〈韻母表〉

るのです。

なお，zh−，ch−，s−を除いた広東語のその他の声母の発音は，ほぼ共通語の発音と同様にして構いません。

2）韻母（母音＋音節末尾子音）

広東語の韻母は全部で53（子音のうちでも鼻音のmとngはそれぞれ単独でひとつの音節を構成するので，母音扱いとします）あります。広東語の韻母の音声特色として，まず，母音に長短の区別があることが上げられます。韻母表からもわかりますように，ā（aの上の－は長音を示す）とaが対立しているほかは，それぞれ補いあって分布しています。これは共通語にはみられない音声特色ですが，特に，ā とaの発音は次のように，意味の違いに直接かかわるので注意を要します。例えば，

街 gāi^{1}　鶏 gai^{1}

三 sām^{1}　心 sam^{1}

山 sān^{1}　新 san^{1}

のようにです。なお，この現象については，母音の長短の対立というよりも，tense（緊張）と lax（弛緩）による音韻的対立とする見方もあります。

次に，音節末尾子音ですが，広東語には鼻音韻尾の −m，−n，−ng と，それと対応する形で入声（促音）韻尾の −p，−t，−k がそろっています。例えば，

店 dim^{3}　／ 蝶 dip^{6}

班 bān^{1}　／ 八 bāt^{3}

江 gong^{1}　／ 各 gok^{3}

のようにです。これらの特色はまた，広東語が中古漢語の特徴をよく保持していることの例証のひとつとされています。

広東語の母音の発音要領ですが，単母音のａ，ｉ，ｅはそれぞれ日本語のア，イ，エのように発音して構いません。uは日本語のウに似ていますが，もっと唇を円めて突き出して発音します。oは日本語のオより唇をすこし丸めて発音します。ü と ö の二つの母音はいずれも円唇化母音です。ü の発音は共通語の ü と同じですが，ö は共通語にはない発音で，前舌円唇の半広母音です。この母音は日本語のエを発しつつ，唇をすぼめ丸めさせて発音します。

3）声調

広東語には６つの基本声調があります。よく広東語には９つの声調があると言われていますが，これは６種類の滑音調に３種類の促音調（入声）をプラスさせた数え方からきています。しかし，促音調は音節（−p，−t，−k で収音する）が異なっているだけで，ピッチは相応の滑音調と同じですから，それぞれの異音と解釈でき，実際には６声調でよいことになります。また，広東語「７声」説は，陰平調に「高平調[55]」と「高降調[53]」の二つの異音が認められることからきています。しかし，日常のコミュニケーションでは，陰平

調を「高平調」で発音するか,「高降調」で発音するかは話者の任意であって,どちらにしろ意味伝達には影響を及ぼしません。最近では,若い世代の傾向として,陰平調は「高平調」で発音されるのをしばしば耳にします。

声調	滑音調	促音調(入声)	調　値	字　例
1 声	高平調(高降り) 【55/53】	高平促音調 【5】	高中低 → / ⇢	施 si^1/識 sik^1
2 声	高昇り調 【35】	(高昇り促音調) 【35】	高中低 ↗	史 si^2
3 声	中平調 【33】	中平促音調 【33】	高中低 →	試 si^3/法 $fāt^3$
4 声	低降り調 【21】		高中低 ↘	時 si^4
5 声	低昇り調 【23】		高中低 ↗	市 si^5
6 声	低平調 【22】	低平促音調 【2】	高中低 →	是 si^6/食 sik^6

〈広東語の声調〉

通時的にみた,広東語の声調と共通語の声調の対応関係は,8頁の図の通りです。ただし,入声調については,共通語から対応を類推するのは困難で,むしろ,日本漢字音からの類推が便利です。すなわち,日本漢字音で「フ,ツ,ク,チ,キ」で収音するものは,広東語では原則として,フは-pに,ツとチは-tに,クとキは-kに対応するからです。

4）声調交替

広東語にはまた,声調の調値がある一定の条件のもとで,別の調値に交替する現象があります。交替の結果生じる調値には,陰平調[55]に似た,それよりやや高いとされる[55※]調と,陰上調[35]に似た,やはりそれよりやや高いピッチ・カーブを描くとされる[35※]調の2種類がありますが,実際上は,陰平調,陰上調の調値で発音しても構いません。問題なのは,交替した結果,語義的・文法的変化を引き起こすものがあるということです。例えば,“糖”の字音は $tong^4$ と第4声ですが,これに「キャラメル」の意味が付加されますと,$tong^2$ と第2声に発音しなければなりません。声調交替させたことにより,「砂糖」から「キャラメル」に語義的変化を生じたわけです。このほか,声調交替を利用して,形容詞を強調したり,動詞の完了アスペクトを表すものなどがあります。

7．語　　彙

広東語と共通語の最も大きな違いは何かと言いますと,それは発音となりますが,次に違うのは語彙です。広東語の語彙の4大特徴として,次のものがあげられましょう。

第1に,常用されている単音節語が比較的多いことです。

広東語	共通語
眉	眉毛
味	味道
雲	云彩
尾	尾巴

第2に,古義を多く保存していることです。

卒之	终于

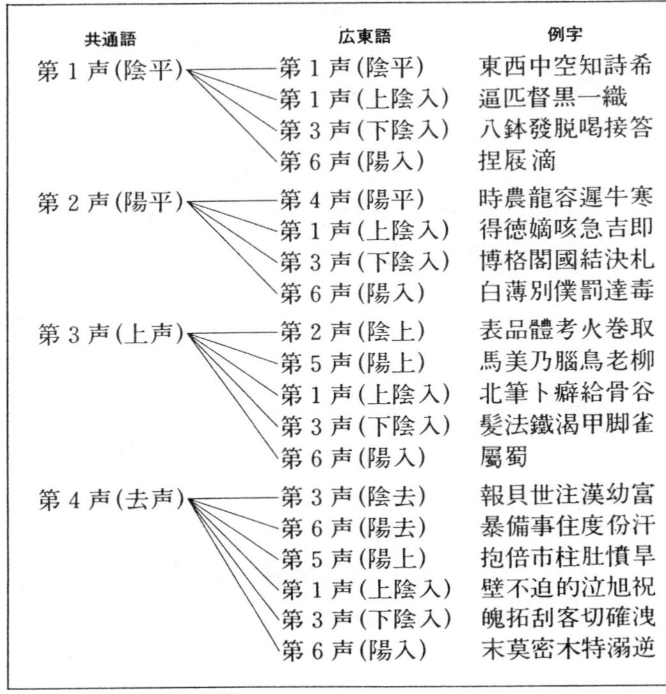

翼	翅膀
頸	脖子
睇	看

第3に，外来借用語が多いことがあげられましょう。広州や香港を抱えた粤方言区は対外開放が比較的古くから行われ（18世紀後半から），外国人との接触も多かったことから，広東語の中に多くの外来語（主として英語）を取り入れたわけです。

英　語	広東語	共通語
ball	波	球
taxi	的士	出租汽车
film	菲林	胶卷
store	士多	商店
stick	士的	手杖
cookie	曲奇	饼

第4に，気候や風土から育まれた広東語独特の方言語彙や，禁忌語が比較的多いことなどが挙げられます。例えば，広東語方言区の気候は亜熱帯に属することから，氷も張らず雪も降りません。そこで雪と氷の混同が起きてしまい，広東語では雪と氷という異なった二つの概念をすべて“雪”でもって表しています。また交易が盛んな土地柄から，縁起をかつぐことも多く，縁起の悪い言葉は禁忌とし，縁起のよい言葉に置き換えるのです。

広東語	共通語
雪櫃	冰箱
雪條	冰棍
吉屋	空屋
遮	伞
飲勝	干杯

8．文　法

音韻や語彙に比べて文法の差異は比較的小さいとされていますが，やはり広東語特有の規則が存在し，共通語とは顕著な違いをみせているものがあります。次に，主なものをいくつか選んで紹介いたしましょう。

第1に，語の構成法で，広東語と共通語では修飾語と被修飾語の関係が異なるものがあります。即ち，広東語では「被修飾語＋修飾語」のものが存在するのです。

広東語	共通語
宵夜	夜宵
人客	客人
狗公	公狗
牛乸	母牛

“乸na^2”は「動植物の雌」を表す語ですが，広東語ではこのような動物のオス・メスを表

す語は，共通語とは異なって，後に置かれます。

第２に，状語（連用修飾語）の位置が共通語とは異なるものがあります。即ち，一部の広東語の状語は被修飾語の後に置かれます。

広東語	共通語
我行先。	我先走。
我睇先。	我先看。
買多啲。	多实一点。

第３は，二重目的語の順序についてです。共通語では「動詞＋間接目的語（人）＋直接目的語（物）」の語順となりますが，広東語では「動詞＋直接目的語＋間接目的語」の語順となります。

（広東語）媽媽毎日畀十蚊我。

（共通語）妈妈每天给我十块钱。

第４に，共通語の“把”を用いる動詞述語文（処置式文）に対して，広東語では目的語を動詞の後に置くだけか，時に，目的語の前に“將”を置く言い方をします。

広東語	共通語
跌断手。	把胳膊摔折了。
食哂佢。	把它吃光。
將佢分開。	把它分开。

第５は，指示代詞“呢”（これ），“嗰”（あれ）の省略についてです。広東語ではとりわけ強調する必要がないときは，量詞の前の指示代詞“呢”あるいは“嗰”を省略できます。

（広東語）（呢／嗰）部書幾錢？

（共通語）这［那］本书多少钱？

第６は，比較文の作り方です。共通語では“比”を用いて，「Ａ＋比＋Ｂ＋形容詞」の形をとりますが，広東語では「Ａ＋形容詞＋過＋Ｂ」の形をとるのが一般的です。

（広東語）佢高過你。

（共通語）他比你高。

（広東語）佢唱得好過你。

（共通語）他唱得比你好。

第７は，助動詞の重ね形式です。共通語では助動詞は重ねることはできませんが，広東語の一部の助動詞は重ねることができ（同時に“哋”が付加される），その結果，動作の程度を弱化させます。

広東語	共通語
會會哋	有点儿会／会一点儿
敢敢哋	有点儿敢
識識哋	知道点儿／会点儿

第８は，数の数え方です。基本的には共通語と一致していますが，“一”や“零”の使い方だけは異なっていますので注意を要します。例えば，量詞を伴う場合，共通語では省略した言い方はできませんが，広東語では可能です。

	広東語	共通語
180斤	百八斤	一百八十斤
17,000人	萬七人	一万七千人

９．学習方法

既に共通語を学んだ人にとっては，広東語は入門しやすい言語であると思います。音声面で，声調の数が多いことから，習得は難しく感じられますが，実際は，広東語の第１声は共通語の第１声と同じですし，広東語の第２声も共通語の第２声とほぼ同じピッチ・カーブを描きますので，なじみやすいと思います。第４声は共通語の半三声の要領ですので，残りの３つの声調を学ぶだけでよいのです。また，前述のごとく，広東語の声母には，共通語のそり舌音のような難しい発音はなく，有気音と無気音の発音方法も共通語と同じです。韻母に-p，-t，-kで収音する共通語にない発音がありますが，日本語の促音に慣れているわたしたちにとっては，さほど困

今年発行の香港の切手

難な発音ではないはずです。とはいえ，母国語にない音は何語であれ難しいものです。何回も何回も繰り返して練習しないと，楽に発音できるようにはなりません。後述する広東語の学習書には，たいてい付属の録音テープがついていますので，大いに耳と口を鍛えてください。

さて次に，独学では不安だという人に，広東語の教育機関を紹介いたしましょう。現在では，国内でも中国語学科のある大学では，選択科目として広東語の講座を置くところが増えています。また，中国語関係の専門学校でも，夜間講座などで広東語が学べるようになってきました。国外では，広東語の教育機関を求めて香港に出かける人が多いようです。香港には，香港中文大学や香港大学などに，短・長期にわたって広東語を学習できるコースがあります。広東語の世界にそのまま身を置くわけですから，効果的に学べることは言うまでもありません。

10. 参 考 書

最後に，これから広東語を学習しようという人のために，参考書を紹介することにいたしましょう。なお，紹介にあたっては原則として，国内で入手しやすいものとしました。

1）発音字典類

張勵妍・張賽洋（1987）『國音粤音索引字彙』（中華書局香港分局）

周無忌・饒秉才（1988）『廣州話標準音字彙』（商務印書館香港分館）

千島英一（1991）『標準広東語同音字表』（東方書店，東京）

2）辞書類

中嶋幹起（1982）『広東語常用六〇〇〇語』（大学書林，東京）

中嶋幹起（1986）『広東語分類語彙』（大学書林，東京）

饒秉才他（1981）『廣州話方言詞典』（商務印書館香港分館）

曾子凡（1982）『廣州話――普通話口語詞對譯手冊』（三聯書店香港分店）

呉開斌（1991）『簡明香港方言詞典』（花城出版社，広州）

3）学習書

金丸邦三（1968）『広東語会話練習帳』（大学書林，東京）

中嶋幹起（1981）『広東語四週間』（大学書林，東京）

中嶋幹起（1987）『実用広東語会話』（大学書林，東京）

千島英一（1989）『香港広東語会話』（東方書店，東京）

辻伸久（1992）『教養のための広東語』（大修館書店，東京）

このように広東語に関する出版物は近年ますます充実してきており，学習環境は以前に比べて格段によくなってきたと言えましょう。このほか，広東語に関する参考書は，香港が英国の植民地であったという歴史的背景もあって，英語で書かれたものも多いのですが，紙数の都合上，今回は割愛しました。

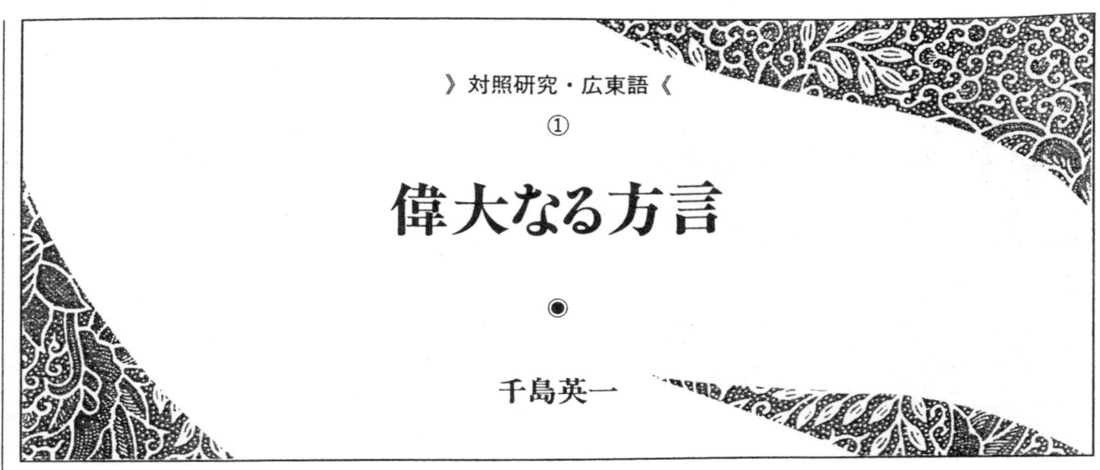

》対照研究・広東語《

①

偉大なる方言

◉

千島英一

商売あるところ広東語あり！
広東語は、広東省のみならず香港、マカオ、アジア各国
そして世界中のチャイナタウンで使われる。
中国でも最も商売上手な広東人が広めた広東語の世界を
3回にわたって紹介します。

言葉の海に突然ほうり出され

横浜港からロシア船に乗って…

はじめて香港に旅したのは、大学3年の夏休みの時でした。中国語を専攻する学生として、何が何でもまずこの目で中国を見なくては話にならないと思い立ったのです。ところが、当時、中国は文化大革命の真っ最中、竹のカーテンで厚く閉ざされていました。日中間の国交もいまだ回復されておらず、やむなく、できるだけ中国に近い場所として選んだのが香港であったわけです。そこで、右手にパスポート、左手に日中辞典を携え、勇躍、横浜港の大桟橋から、ロシア船バイカル号に乗り込みました。えっ、船で？　って，そんなに驚かないでください。25年前のことです。ＵＳ１ドル360円の固定レートの時代です。飛行機は飛んではいたものの、料金は高く、貧乏書生の身としては、当然のことながら、往復５万円の船旅以外考えられませんでした。

４泊５日の船旅で、気分はすっかり高揚、「何でも見てやろう[注]」と、興奮しながら読んだ同名の小説さながらで、香港ビクトリア港はオーシャンターミナルに上陸しました。ところが、到着した最初の段階で、コミュニケーション上のつまずきを大いに感じてしまいました。それまで教室で習っていた中国語は、中国で“普通话”（プートンホア）と呼ばれているごく標準的な中国語です。いまでは周知のことですが、香港は広東語の世界です。何が何だかわからない言葉の海に突然ほうり出されたわけで、しばし呆然としました。まばたきしないネオンサイン（香港では空･海の交通上の要請からネオンサインの明滅を禁止している）が輝きを増し、100万ドルの夜景としてビクトリア港に映える頃まで、じっと海を見つめていました。

こうして私と広東語の出会いが始まったわけですが、これから私が親しんだ、そしていまも親しみ続けている広東語の世界へとみなさんをご招待したいと思います。

廣東話世界

ひとくちに中国語といっても、北京語（官話方言）、上海語（呉方言）、閩南語（閩方言）、湖南語（湘方言）、客家語（客家方言）…と、大きく分けて7つまたは8つの大方言群が存在し、かなり多様な世界が広がっていることはよく知られていることですね。広東語もこうした大方言群のひとつで、華南を代表する言葉です。

さて、ここで言っている広東語とは、正確には粤(エツ)語広州方言と言い、広東省の省都広州市及び香港を中心にして話されている粤語の標準口語を指します。“粤”とは今日の広東・広西両地方の古称です。広東人自身は、“廣東話”とか“廣州話”あるいは単に“白話”などと言っています。“…話”とは中国語では「話し言葉」を意味します。

使用人口は、広東省の珠江デルタを中心に、香港、マカオ、アジア各国及び欧米の華人・華僑社会を含めて約5,000万人と言われています。ヨーロッパなら優に一国の国語に相当する規模をもち、方言とはいえかなりの勢力をもっている言語であるといえましょう。しかし、多民族国家中国では1民族1言語の原則により、同じ漢民族の話す言語は〝漢語〟と総称され、いかに言語学的レベルを異にしていても、広東語のような地域言語は方言とみなされているのです。

広東語の表記と方言文字

広東語の文字表記は他の中国語方言同様に、中国語共通の書面語を規範とし、字音だけ広東語音で「あて読み」するやり方が一般的です。したがって、口語表現とはかなりの隔たりがあることになります。すなわち、「言文不一致」となるわけですが、例えば次のような「言文一致」の試みも古くから行われてきました。

〝你哋之中、有一個肯門埋門、等你哋唔徒然透火在我嘅壇上、……〟

「あなたがたがわが祭壇の上にいたずらに、火をたくことのないように戸を閉じる者があなたがたのうちに、ひとりあったらいいのだが。……」

これは広東語版旧約聖書マラキ書の中の一節です（訳は日本聖書協会口語訳『聖書』による）。この中に出て来た〝哋、有、嘅、……〟は、広東語の方言文字です。このように広東語では、いきいきとした広東語の口語表現を記録するために、独特な方言文字を作りだし、口語を直接記録する試みをしてきたのです。むしろ、「言文一致」の試みでは他の中国語方言に先行しているといってもよいでしょう。そして、これらの方言文字は現在でも香港の新聞・雑誌・通俗読み物などで常用されていますが、その性質上、広東語圏の人々でしたら理解できますが、他の地方の人々には理解しがたいものでもあります。

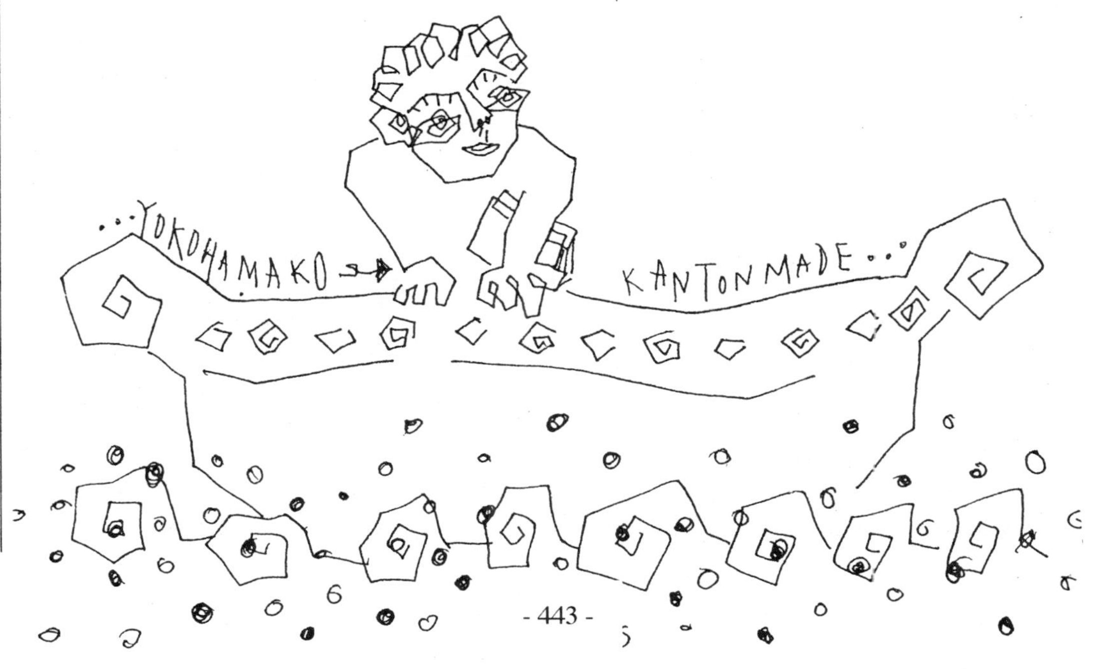

挿し絵＝山田千登世

ところで、同様のことはわが国でもありますね。例えば、“峠、辻、榊、働、畑、畠…”といったこれらの文字は、わが国では国字ないしは和字とされています。漢語にはない、日本固有の概念を表すために、わが国の先人たちが知恵を絞って造字したものですが、見方を変えればこれらも一種の方言文字といえなくもないですね。“地大物博”（土地が広く、物産が豊富）の中国のこと、北と南の懸隔はけっして小さくはありません。漢字を広東語の表記に適した体系にととのえるために、必要な文字を作ることは当然の成り行きであったことでしょう。

以下に、常用されている広東語方言文字のいくつかを紹介しておきます。

［広東語］	［共通語］	［日本語］
哋	们	（人称複数）…たち
冇	没有	ない
嘅	的	…の
喺	在	ある、いる
咗	了	完了を表す
嗰	那	あれ、それ
脷	舌头	舌

これらの広東語方言文字は300字くらいあるとされています。

このほかに、中国語共通の漢字を使用していても意味が異なってしまう、同形異義語もかなり存在します。いわゆる「あて字」です。例えば、

［広東語］	［共通語］	［日本語］
蚊	元	ドル
點	怎么样	どんな
重	还	なお
响	在	ある、いる

……などです。このように「あて字」でもって広東語の方言語彙として定着しているものもかなりあります。なかでも目立つのが外来借用語です。わが国でも「ギョウテとは俺のことかとゲーテいい」という有名な川柳がありますが、漢字表記以外の文字表記をもたない中国語のこと、外来語もすべて漢字で表記してしまいます。とりわけ広東語圏は早くから対外開放が進んでいたところです。さらに、英領香港の存在もあり、外国の情報はいち早く取り入れてきました。そして、それら外国の新しい文物を漢字でもって表記し、あて読みしてきたわけです。いくつか例をあげてみましょう。

［広東語］	［共通語］	［英語］
波	球	ball
仙	铜钱	cent
咭	卡片	card
冷	毛线	laine（仏語）
咪	英里	mile
骨	一刻钟	quarter

広東語の中の外来語についてはまた項を改めて紹介することにして、次に、字体についてもお話ししておきましょう。

よく知られているように中国国内では“漢字簡化方案”の公布以来、“简体字”と呼ばれている簡略化された文字を使用していますが、香港、マカオ等では依然として“繁体字と呼ばれている旧字体を使用しています。したがって、本稿でも、広東語には“繁体字”を、共通語には“简体字”をあてています。

また、現在、日本で発行されている広東語のテキストも、いずれも香港をメインに据えていることもあってか、たいていが“繁体字”でもって書かれています。

さて、順序からいって次に、広東語の形成や成立についてもお話ししなければならないところですが、枚数の都合上、来月以降にすることにして、ここでは、広東語の発音から見た日本語の発音について、ちょっとしたエピソードをお話しすることにいたしましょう。

ほん、ぼん、ぽん？

広州市から日本へ留学にきたL君、ふだんはまことに快活な好青年、ところがある日、浮かない顔をしてキャンパスを歩いていました。理由を聞くと、「同じ漢字を使っているからと安心していたら、日本語では１つの漢字にいくつも

ギョウテとは俺のことかとゲーテいい

波平はいっぽん、Q太郎はさんぼん

の読み方があるので、複雑すぎて嫌になった」というものでした。例えば？　と、さらに問うと、広東語では「本」は「プーン（上昇調）」と発音する音しかないが、日本語では「本」という字が助数詞で用いられたときだけでも、「いっぽん、にほん、さんぼん…」のように、数詞によって発音が変わってしまう、どうしてか？と頭を抱えていました。そこで、以下のような話をしたことがあります。

……遣隋使、遣唐使の時代の中国語には、m、n、ngのような鼻音韻尾やp、t、kで終わるいわゆる入声（にっしょう）韻尾（促音）がありました。これは漢字の正式な読み方としてわが国にも伝わってきました。その後、わが国では時代が下るにつれてmとnの区別もなくなり「ン」音に帰して（例えば、「三」「点」などの韻尾mが「新」「天」の韻尾nと同じn音に合流して）しまいました。

「東」や「清」は、ともにngの韻尾をもつものでしたが、「トウ」「セイ」と読むように、ngは「ウ」または「イ」の音になりました。

入声韻尾は、pは「フ」（「十（ジフ）」「葉（ヨフ）」）、tは「チ」または「ツ」に（「一（イチ）」「別（ベツ）」）、kは「ク」または「キ」（「六（ロク）」、「壁（ヘキ）」）になりました。

そこで、漢語において、「一（イチ）本」「六（ロク）本」「八（ハチ）本」「十（ジフ）本」のように、上の語の終わりが入声であった場合には、ハ行音の前では促音となり、同時にハ行音はパ行音に連音変化し、「いっぽん」「ろっぽん」「はっぽん」になるわけです。ただし、「七」の場合は同じ入声であっても、「イチ」と「シチ」の音が近いために、「ななほん」と和語をもってきているから、「ほん」のままで、連音変化させないのです。

「ぼん」と読むのは「三本」の場合だけですが、これは前述のように「三」がm韻尾をもっていたときの名残で、mとハ行音の連音変化の結果です。残りの「二」「四」「五」については、入声でもないしmで終わってもいないので、そのまま「ほん」でいいわけです。

ところで、「君の母語の広東語では、古い時代の中国語の字音の特徴をよく保っていますから、今でも韻尾にm、n、ng、p、t、kがありますね。それから類推すればこれらのことは簡単に判断できますよ」と話しましたところ、何とかわかってもらえたようで、いつもの快活さを取り戻してくれました。……

さて、今回は、広東語の発音まで紹介するつもりでしたが、思わぬ展開となり、アウトラインを紹介するだけにとどまりました。次回は、間違いなく広東語の発音を中心にしてお話ししたいと思っています。

（注）小田実著、60年代若者の間でベストセラー

●

〔ちしま　えいいち〕
国立台湾師範大学大学院修士課程修了（中国語方言学専攻）。1992年、NHKラジオ中国語講座で広東語を担当。現在、麗澤大学教授。著書に『初めて学ぶ広東語』（語研）他。

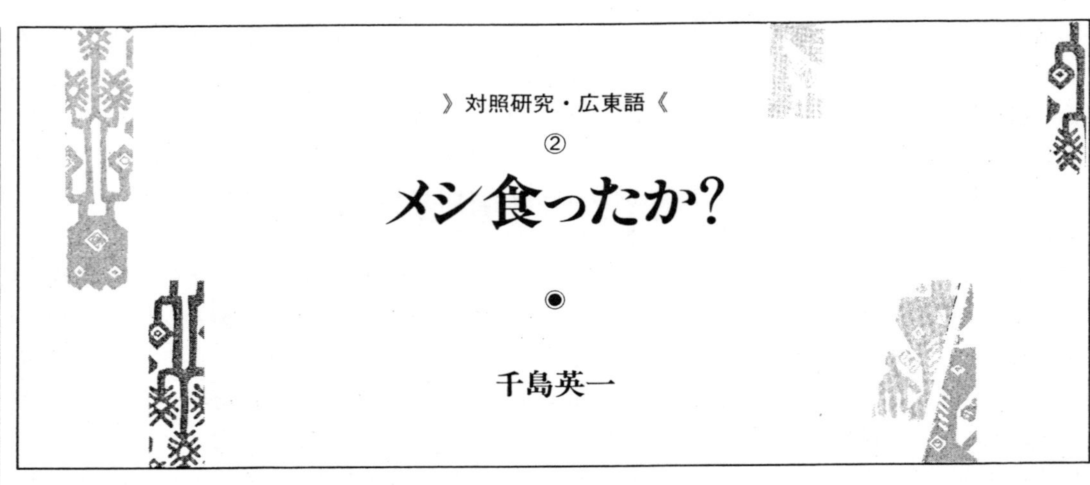

》対照研究・広東語《

②

メシ食ったか?

◉

千島英一

世界で広く使われる広東語。
ぜひとも少しはかじっておきたいものですね。
さて、今回は発音についてです。
広東語と“普通話”、広東語と日本語といった
比較を通してその特色を探ってみましょう。

「1997年」を目前にして

この3月末に香港に行った時のことです。いつものように両替屋で香港ドルに両替したら、真新しい2ドルコインが何枚か混じっていました。よく見ると、それまでのコインにあったエリザベス女王の肖像が消え、香港の花「ボーヒニア（洋紫荊）」に変わっていました。聞けば今年の1月から新コインのデザインに変わったそうです。これも4年後の香港返還を睨んだ措置なのでしょうか。

1997年7月1日、香港は150年以上に及んだ植民地体制に区切りをつけて中国に復帰することになります。主権返還を控えた今、「97年以降」を睨んだ活動があらゆる面で活発になってきています。言語問題もその一つで、昨年6月香港教育署は、94年度から中学校で中英語分離教育制度が導入されることが決まったと発表しました。これは小学6年生に統一英語試験を行い、その結果をもとに英語教育、中国語教育、中国語教育主体で一部英語教育も、という3種類に振り分けるというものです。すなわち、中学校入学に際し、授業そのものを中国語でするか英語でするかの、いずれかの学校を選択させるということです。ところが問題はここでいう中国語とは何か、ということです。

現在、香港の公用語は英語と中国語で、その中国語も広東語を指していますが、97年以降は、これまでの中国の政策からみて“普通話（プートンホア）”（中国語の共通語）がそれにとって代わることが確実ですから、話がややこしくなります。広東語を主要な言語とする香港ならではのことですが、香港が中国に返還された後、“普通話”が不得手な香港人とメインランドの中国人との意思疎通を心配する人は多いです。そんなことからここ数年、香港では“普通話”を教える“補習班”と呼ばれている民間語学校が急速に増加し、88年からは“普通話”の公開検定試験も行われるようになりました。しかし、英語の権威は依然として高く、現在のところ“普通話”はまだまだ日本語同様、人気の外国語の一つといったところでしょうか。

さて、今回のテーマは前回お約束しましたように広東語の発音についてです。

声調

「席に戻って咳をした」とか、「建物の上部は丈夫にできている」といったアンダーラインをつけた部分の発音の違いは、音節と音節との間のピッチの相対的な高低の差であるアクセントの違いによりますね。広東語にも同様な高低変化がありますが、一つ一つの音節（すなわち、一つ一つの漢字）自体にピッチ、あるいはピッチ・カーブをもっていること——これを声調(tone)という——が、日本語とは異なります。広東語では単音節語であってもその音節がどの声調に属するかという問題があります。例えば、同じ「イー」[jiː]（ローマ字発音表記はIPA表記による，以下同じ）という発音でも、高く平らに「イー」[jiː^{55}]（音節末尾の数字は声調の調値を示す。以下同じ）という場合と、日本語で驚いたときに発する「エーッ」と同じように、尻上がりの調子で「イー」[jiː^{35}] というのとでは声調が違うので、意味もまったく異なってしまいます。[jiː^{55}] は“衣”を表し、[jiː^{35}] は“椅”を表します。広東語にはこのような声調が図１に示したように全部で６種類あります。声調の数が多いので（“普通話”は４声調)、難しく感じられますが、コツさえのみこんでしまえばさほど困難はないでしょう。

図１〈広東語声調のまとめ〉

声調	滑音調	促音調(入声)	調値
1声	高平調(高降り)【５５／５３】	高平促音調【５】	高中低 →↘
2声	高昇り調【３５】		高中低 ↗
3声	中平調【３３】	中平促音調【３３】	高中低 →
4声	低降り調【２１】		高中低 ↘
5声	低昇り調【２３】		高中低 ↗
6声	低平調【２２】	低平促音調【２】	高中低 →

※声調を表す一つの方法として５度表示法があります。５度表示法とは、中国の人が普通に話す声の高さを３とし、これを１つの目安として分類するものです。

声母

「声母」という言葉はあまり聞き馴れない言葉かもしれませんね。中国語学ではよく用いられる用語で、音節の最初にくる子音および半母音のことです。図２の表はこれらの声母を発音方式により分類したものです。

この中で広東語にあって日本語にない音素は /p、t、tʃ、k、kw、p'、t'、tʃ'、k'、k'w、f、l、ŋ / となります。ただし、/l/は日本語のラ行の子音に近く、/ŋ/ の発音については日本語では/g/の異音として語中に現れるので、除外してもかまいません。以下に、日本人学習者が発音しにくいものに焦点をあてて考察してみましょう。

①無気音と有気音

日本語に無声音（清音）と有声音（濁音）の対立があるように、広東語の破裂・破擦音には無気音と有気音の対立があります。

無気音：p、t、tʃ、k、kw

有気音：p'、t'、tʃ'、k'、k'w

有気音とは、声母を発音する際、息をため、急速に破裂させて発音します。これに対し、無気音は、息を徐々に出す発音方法です。中国語を

図２〈声母表〉

発音方式／発音部位	破裂音		破擦音		鼻音	側面音	摩擦音	半母音
	無気音	有気音	無気音	有気音				
唇音	[p]	[p']			[m]			
唇歯音							[f]	
舌尖音	[t]	[t']			[n]	[l]		
舌尖面混合音			[tʃ]	[tʃ']			[ʃ]	
舌面前音								[j]
舌根音	[k]	[k']			[ŋ]			
円唇舌根音	[kw]	[k'w]						[w]
喉音							[h]	

学んだ経験のある人でしたら、誰しも経験することですが、最初は中国語の無気音に日本語の有声音を、有気音に日本語の無声音の発音方法をあててしまいがちです。しかし、日本語の有声・無声の区別は声帯を振動させるかさせないかの区別ですが、広東語の有気・無気の区別は“普通話”同様、声帯の振動をともなわず、呼気を破裂させるかさせないかをその弁別的特徴としていますので、注意を要します。

② [n] と [l] の混読

「ここは九州水俣、かろのうろん屋」。以前、永六輔さんが出演された浅田飴のテレビ・コマーシャルのコピーです。これは語中におけるダ行とラ行の混読を面白がってコピーにしたものだと思いますが、広東語では声母の[n]と[l]の混読がよくみられます。例えば、第2人称の“你”[nei²³]（あなた、きみ）を[lei²³]と発音するようにです。これは、広東語の[n]が[l]と自由変異の関係にあることからくるもので、広東人が日本語を学習する上でも日本語の[n]が広東語の[l]にそのまま混読される誤用が多くみられます。バナナをバララと発音してしまうのもそのためです。

韻母

広東語を含む中国語の音節は声母・韻母二分法をなし、これに声調が加わって音節の3要素と言っています。すなわち、声母・韻母は音節の構造について言うもので、子音・母音はその音声素材ということになります。韻母イコール母音ではなく、韻母の中には母音もあれば子音もあるということです。

図3の韻母表から、広東語の音節末尾子音は／m、n、ŋ、p、t、k／の6種類に限定されることがわかりますね。したがって、この6種の子音がつかない音節は、母音終わりの開音節になります。また、英語のstampの[-mp]ような子音連続も許されていません。

では次に、広東語の韻母の音声特色についていくつか取り上げてみましょう。

①母音に長短の区別があること

韻母表から見てわかるように、広東語の基本母音は

[a:]、[ɛ:]、[i:]，[œ:]、[ɔ:]、[u:]、[y:]

の七つで、いずれも長音です。さらに、これらの異音として、短音の

[ɐ]、[e]、[ɪ]、[ø]、[o]、[u]

図3 〈韻母表〉

長短／韻母	長	短	長	短	長	短	長	短	長	短	長	短	長
単韻母	a:		ɛ:		œ:		ɔ:		i:		u:		y:
複韻母	a:i a:u	ɐi ɐu		ei		øy	ɔ:i	ou	i:u		u:i		
鼻韻母	a:m a:n a:ŋ	ɐm ɐn ɐŋ	ɛ:ŋ		œ:ŋ	øn	ɔ:n ɔ:ŋ		i:m i:n	ɪŋ	u:n	ʊŋ	y:n
塞韻母	a:p a:t a:k	ɐp ɐt ɐk	ɛ:k		œ:k	øt	ɔ:t ɔ:k		i:p i:t	ɪk	u:t	ʊk	y:t
声化韻母	m̩ ŋ̩												

の6種があります。

このように母音に長短の別があることは、中国語諸方言の中では広東語だけで、広東語の際立った音声特色となっています。日本語にも音素レベルで長音／R／が設定されていますね。したがって、日本人学習者にとって、広東語の長短母音の聞き分けはそれほど困難ということはないでしょう。実際に長短の違いをみてみましょう。

[gaːi^{55}](カーイ)（街）／［gɐi^{55}](カイ)（鶏）
[saːm^{55}](サーム)（三）／［sɐm^{55}](サム)（心）

②入声韻尾を保存していること

次に、広東語には日本語の促音によく似た、-p、-t、-kで収音する入声韻尾をもっていることが上げられましょう。前回ご紹介しましたように隋、唐の時代の中国語には-p、-t、-kで終わる入声韻尾がありました。現在では、“普通話”に代表されるようにすでに多くの中国語方言で入声韻尾は消失されていますが、広東語はこれをそのまま現代まで保留していることになります。広東語の入声韻尾と日本漢字音との対応関係は次のとおりです。

[広東語]	[日本語]	[例	字]	
-p	-フ	十(ジフ) sɐp^{2}	入(ニフ) sjɐp^{2}	蝶(テフ) tiːp^{22}
-t	-ツ、-チ	八(ハチ) paːt^{33}	吉(キチ) kɐt^{5}	骨(コツ) kwɐt^{5}
-k	-ク、-キ	國(コク) kwɔːk^{33}	力(リキ) lɪk^{2}	極(キョク) kɪk^{6}

以上、ざっと広東語の音声特色について述べてきましたが、いかがでしたでしょうか。まだまだ言うべきことはたくさんあるのでしょうが、このへんで止めておいて、次に広東語の挨拶表現の話に移りましょう。

応用編―挨拶言葉

香港に通い始めた頃――当然のことながら広東語も習い始め頃――のことです。定宿にしていたホテルのエレベーター・ボーイ（といってもお爺さんでしたが）ともすっかり顔なじみになりました。ただ、このエレベーター・ボーイ、いつ会っても“食飯未呀？”［sɪk^{2} faːn^{22} mei^{22} aː^{33}?］と声をかけてきます。直訳すれば「飯を食ったか？」ということになりますが、何とも奇異な感じを受けました。「飯を食おうが、食うまいがそんなことは大きなお世話だ！」と思っていたのです。

ところが、それは「こんにちは！」の意味だったのですね。もちろん、わが国でもすっかり有名になりました中国語の挨拶“你好(ニーハオ)！”と同形の“你好(ネイホウ)！”［nei^{23} hou^{35}！］もよく使いますが、“你好！”はヨーロッパ語の影響を受けて作られた言葉なのです。むしろ、「食事をしましたか」と尋ねる方が中国の伝統的な挨拶習慣なのでした。とはいえ、“你好！”は朝、昼、晩と、いつでも使える便利な言葉なのでぜひ覚えておいてください。最後に、その他の挨拶表現を記しておきますので、声調や有気音・無気音に注意しながら練習してみてください。

早晨(チョウサン)！［tʃou^{35} ʃɐn^{21}！］
「おはよう！」

你好嗎(ネイホウマ)？［nei^{23} hou^{35} maː^{33}?］
「お元気ですか？」

幾好(ケイホウ)。［kei^{35} hou^{35}.］
「元気よ。」

多謝你(トーチェーネイ)。［tɔː^{55} tʃɛː^{22} nei^{23}.］
「ありがとう。」

唔使多謝(ムサイトーチェー)。［m^{21} ʃɐi^{35} tɔː^{55} tʃɛː^{22}］
「どういたしまして。」

請飲茶啦(チェンヤムチャーラー)。［tʃ'ɪŋ^{35} jɐm^{35} tʃ'aː^{21} laː^{55}.］
「お茶をどうぞ。」

●

〔ちしま　えいいち〕―国立台湾師範大学大学院修士課程修了（中国語方言学専攻）。1992年、NHKラジオ中国語講座で広東語を担当。現在、麗澤大学教授。著書に『初めて学ぶ広東語』（語研）他。

飯を食おうが、食うまいが大きなお世話だ！

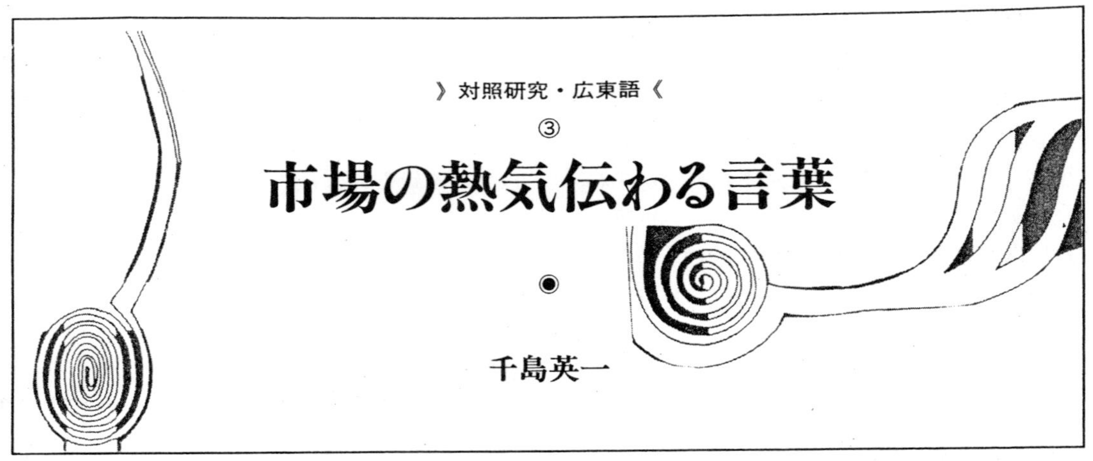

》対照研究・広東語《

③

市場の熱気伝わる言葉

◉

千島英一

広東語もいよいよ最終回。
今回は、広東語のいろいろユニークな面をクローズアップ。
ヴァイタリティあふれ、何でも吸収してしまう元気印
広東語にふれるうち、何だか食欲もわいてきます。

広東人の言語環境

広東語か“普通話（プートンホア）”（中国の共通語）か？　前回、1997年の中国返還を控え、揺れる香港の言語問題に触れましたが、メインランドの広東人の言語環境には触れませんでした。香港の将来を予測する上でも、ぜひ知っておきたいところですね。そこで、今回はまずそのことからお話ししたいと思います。

筆者のインタビューに応じてくれたのは、広州で生まれ育ったAさん。1959年生まれの34歳です。Aさんが笈（おい）を背負って来日したのは5年前。それまでの言語環境について振り返ってもらいました。

まずはAさんのプロフィール。Aさんは、生粋の広州人である両親のもと、高校卒業までずっと広州で教育を受ける。その後、軍隊に入り、湖南省で3年間過ごし、退役後、再び広州に戻り大学に入学、4年間学ぶ。専攻は新聞学。大学卒業後も来日するまではずっと広州で記者生活をしていた。以下は、Aさんの独白です。

——小学校1～2年は、漢字の読み書きを覚えさせるために、国語の先生は“普通話”で授業することが多かったが、言葉の意味の解釈や教科書以外のことを話すときは広東語であった。生徒の方も、教科書を音読するときは“普通話”を要求されたが、それ以外はやはり広東語。国語以外の他の教科でも状況は変わらなかった。小学校3年から高校卒業までの間は、わずかに国語の時間で文章を読まされる以外、ほとんどが広東語による教育であった。さらに、高校では国語の文章を読むときすらも、広東語で読まされる場合があった。

音楽で歌を教える場合は、適当な広東語の歌がなかったためか、ほとんどが“普通話”の歌であった。

大学では、学生が全国各地から集まることと、教師も広東人以外の先生が多いことから、授業はすべて“普通話”であった。しかし、中には単語の意味を解釈するとき、学生によりわかりやすく理解させるために、広東語で説明する先生もいた。学生同士や学生と教師の間のコミュニケーションは、互いに広東人の場合は広東語で、そうでない場合は“普通話”になった。

軍隊では、全国各地の人がいるので、軍の方針として、一律に“普通話”であった。しかし、同郷の人が集まると、そばに他郷の人がいても方言を使った。広東人の場合はとりわけその傾向が強かった。

広東は、中国国内では経済的に進んでいたため、全国に先立ってラジオ・テレビが普及したところ。当初、番組の多くは“普通話”によるものであったので、しばらくの間、“普通話”の普及も順調であったようだ。20年前、広東語だけのテレビ局が開設され、それ以後、広東人は“普通話”の番組より、広東語の番組をより好むようになった。経済の改革・開放政策が加速されてからは、香港の放送も自由に受信できるようになり、“普通話”への関心はより低くなった。

また、広東の経済発展につれ、国内で広東語が注目を集めるようになり、一般の間では、片言でも広東語が喋れることが一種の社会的ステータスを表すと感じる人さえ出て来た。タクシーに乗ることを“打的（ターティ）”（広東語で“打”は乗る、“的”はタクシーの音訳語“的士（テックシー）”から）というなど、カッコイイとされる広東語は全国で流行し始めている。——

どうやら、香港の言語問題がそのまま広東の言語問題でもあるようですね。そして、広東に限っていうならば、方言は着々と復権しているようです。

広東語の語彙特色
——縁起をかつぐ広東人

さて、なめらかで、耳に快く響く北京あたりの言葉に比べ、広東語は荒っぽく聞こえ、まるで喧嘩しているようだ、と感じている人が多いようです。しかし、ごった返す“街市（カーイシー）”（マーケット）で、買う物を値切る、そうはさせじと頑張る店の人、こうしたやりとりでの広東語の響きはまた格別です。働く人の熱気がさらに人を呼ぶ、そんな雰囲気です。

熱気といえば、香港など広東語方言区は亜熱帯気候に属します。ゆるやかな四季はありますが、冬でもさほど寒くはならず、雪は降りません。このことは造語法にも色濃く反映されます。

［広東語］	［普通話］	［日本語］
雪櫃	冰箱	冷蔵庫
雪糕	冰淇淋	アイスクリーム

のようにです。雪を見る機会がないことから、字面からみると、広東語では雪と氷の区別をしてないようですね。

また、ひときわ縁起をかつぐのも広東人のようです。超高層ビルのひしめく香港。そのビルのひとつひとつに“風水（フォンソイ）”（地相判断の占い）の考えが取り入れられています。新聞広告などでは空き家のことを“吉屋（カットオック）”と書きます。広東語で、“空”と“凶”（huŋ^{55}）が同音だからです。時計は人にプレゼントしません。時計の“鐘”と、ものの終わりの“終”は同音（tʃuŋ^{55}）。“送鐘”（時計を贈る）は、“送終”（臨終をみとる）に通じるからです。「舌」も“蝕”（損をする）と同音なので縁起のよい「利」の音をとって当て字にした“脷”（lei^{22}）に言い換えます。“傘”は「離散、散財」に通じるので、これまた「遮る」といった動詞から転じた“遮”（tʃɛː^{55}）に言い換えます。

したがって、会社の名前などは“興、利、發、寶、勝”といった縁起のよい名のオンパレードです。このように同音の忌み字を嫌った禁忌語が多いことも広東語の特色のひとつでしょう。

ごった返す街市で、値切る、そうはさせじと頑張る同音といえば、日本人の名前が広東人に奇異な感じを抱かせることもあるようです。同名の人には失礼ですが、例えば、石野太郎さんです。広東以外の中国人にはおかしくもなんともないことですが、広東人にとっては滑稽な名前となります。何故か？　広東語の発音では、「石野太郎」と“食嘢太狼（セーックイェーターイローン）”が同音になるからです。日本語に訳せば「大飯食らい」となります。吉川代子さんも、広東語で発音すると“刮穿袋子（カットチュイントーイチー）”で、ずいぶんと滑稽になります。広東語で“刮”は「つきさす」、“穿”は、「穴をあける」、“袋子”は「袋」の意。直訳すれば「袋をつきさす」ということになりましょうか。

ついでに、同音ということではないですが、「鬼塚」という姓も広東人にとっては、墓場にキョンシーが立っている姿を連想するそうです。どおりで強いわけだ!?

可哀想なのは「ヨシキ」君でした。日本語で読めばよい名前なのですが、あいにく、中国人は漢字で表す日本語はそのまま中国音で読む習慣です。「ヨシキ」君は「好貴」と書きます。“好貴（ホウクワイ）”は「値段が高い」という意味。それゆえであったか、値段にはとりわけ敏感な女性陣には全然うけませんでした。男女を問わずうけたのが三好さんでした。“好”は「よい」という意味。三好さん、「頭脳よし、器量よし、スタイルよし」の“三好（サームホウ）”だといって、喜ばれていました。

漢字を作った国と、輸入した国の相違でしょうか、どうも日本人のほうが文字のもつ「重み」を軽視しているようです。その典型といってはなんですが、国際化が叫ばれて久しいのに、新聞などでは相も変わらずドイツに孤独の「独」を当てたり、フランスには「仏」、アメリカには「米」を当てていて、中国の“徳國（タッククォック）”（ドイツ）、“法國（ファーットクォック）”（フランス）、“美國（メイクォック）”（アメリカ）とは、ずいぶんと感覚の違いをみせています。漢字を作った国の人からみれば、「失礼な文字をつけて、相手が見たらどう思うか。国際化にはまずこれから改めよ」と言うかもしれません。「言霊」の国と「字霊」の国の違いでしょうか？

英語の中の広東語

早くから外国との接触が多かった広東語圏は、また大量の外来語を吸収していることもよく知られています。①音訳語に、“巴士（バーシー）”（bus）、“啫喱（チェーレイ）”（jelly）、“波（ボー）”（ball）、“菲林（フェイラム）”（film）などが、②音訳＋意訳語には、“咭片（カーットピーン）”（card）、“曲奇餅（コックケイペーン）”（cookie）、“小巴（シウバー）”（mini bus）、“卡通片（カートンピーン）”（cartoon）等々、その多くは英語からのものです。雪崩のような西洋文化の流入を一所懸命に消化・吸収した様が、よくわかりますね。でも言語接触は一方通行だけでは決してありません。広東語から英語に「輸出」した言葉もあるのです。広東名産の果物“荔子（ライチー）”も、英語では lychee と広東語音で定着しているし、武術の“功夫”もkongfuで、ブルース・リー以来、すっかり有名ですね。“飲茶（ヤムチャ）”の“点心（ティームサム）”（軽食）も、各地のチャイナタウンを経由して、広東語音 timsum のままですっかり定着。ややこしいのは Typhcon（台風）です。Typhoon は、広東語の“大風”（$ta:i^{22}fuŋ^{55}$）からの借用語である、という説があります。というのは、もともと、華南沿海の広東漁民は、「台風」を指して“大風”と言っていた。それが英語に転じてTyphoonになり、いつしかまた中国に逆輸入され“台風”に訳された、というものです。

大出血、寫眞集、親子関係

広東語と日本語

さて、日本語に入った広東語についても触れないわけにはいきませんね。中華総菜の代表である“焼賣(シウマーイ)”（シューマイ）や“叉焼(チャーシウ)”（チャーシュー）は広東語音のままです。グルメブームで“飲茶”に“普洱茶(ポウレイチャー)”（ポーレイ茶）もすっかり有名になりました。ケチャップも広東語の“茄(ケー)汁(チャップ)”から英語Ketchup 経由で入ってきたものであるらしい。広東語に入った日本語はさらに多く、食べ物では、“鐵板燒、回轉壽司、大福、草餅、刺身”など。食べ物以外でも、“本田”に“鈴木”と自動車メーカー、中には“大出血、寫眞集、事務所、電子手帳、親子関係”なんていうものまであります。もともと広東語に存在しない言葉を、日本語の語彙のまま使用しているのですが、発音はもちろん広東語の漢字音の発音によります。これも漢字を共有しているからこそできる技ですね。と同時に、こうした日本語を無理に広東語に訳すよりも、ずっとモダンさを感じさせる、と指摘する人もいます。

「カラオケ」など、漢字表記をもたない日本語については英語のとき同様に、当て字を使います。例えば、「カラオケ」は“卡啦ＯＫ(カーラーオーケー)”と英中混交、「うどん」は“烏冬麵(ウートンミーン)”ですっかり定着しています。

広東語の文法特色

最後は文法の話ということになるわけですが、一般に、中国語の方言では音韻の差が一番大きく、次に語彙、文法の差という順になります。しかし、仔細にみていくと文法にもかなりの隔たりがあることがわかります。例えば、“来”（来る）と“去”（行く）の二つの動詞を述語とする文は、“普通話”では一般に［主語＋“上”/“到”＋目的語＋“去”/“来”］という構造をとります。しかし、広東語では、［主語＋“去”/“嚟”（“来”と同じ）＋目的語］という方式をとるのが一般的です。この他、動詞のアスペクトや、指示代名詞の用法、受動文、比較文などにも広東語の文法特色がみられますが、残念ながら紙数が尽きました。ここ数年、わが国でも広東語のテキストが続々と出版されております。興味のある方は、ぜひそれらを参照してください。

●

〔ちしま　えいいち〕―国立台湾師範大学大学院修士課程修了（中国語方言学専攻）。1992 年、ＮＨＫラジオ中国語講座で広東語を担当。現在、麗澤大学教授。著書に『初めて学ぶ広東語』（語研）他。

広東語

千島英一 ● 麗澤大学教授

香港ドリーム

わが国から毎月十数万人の人が訪れる香港(ホンコン)は、アジアの金融・貿易の一大拠点でもある。1997年7月の中国返還という一大ドラマを目前にしてはいるが、日米欧からの資金の流入は止まらず、株価は史上最高を更新し続ける。背景には二ケタ成長を遂げている中国経済がある。「知恵と運とほんの少しの勇気があれば、だれでも億万長者になれる」——そんな気にさせる、強靱(きょうじん)なエネルギーが渦巻く香港。「香港は、いるだけで血がたぎる」という日本の青年もいる。ふと「香港ドリーム」というフレーズが耳に響く。今、低迷の続く日本経済を後にし、働きがいを求めて香港に渡る日本人女性が増えている。自らの香港ドリームを実現させようとするかのように。香港は人種も年齢も関係なく、男女の差別もない。能力とやる気とチャンスさえあればだれでも上にいけるという予感。そう、「職は香港に在り」だ。

広東語とは

香港に居住する大部分の中国人は広東語(カントン)を母語とする。したがって、香港で活躍しようとするならば、広東語のマスターは必須(ひっす)条件となる。

ここでいう広東語とは、正確には広東省の省都広州市及び香港などを中心に話されている粤(えつ)語広州方言を指す。粤語とは、漢語（漢民族の話す言葉）の7大方言（官話、呉語、湘(しょう)語、客家(ハッカ)語、贛(かん)語、閩(びん)語、粤語）の一つで、南中国を代表する一大方言群だ。われわれは習慣上これを広東語と呼んでいるが、広東人自身による呼称には「廣州話」とか「廣府話」あるいは単に「白話」などがある。

使用地域

広東語は珠江デルタを中心にして広東州の広い地域と広西壮族自治区の東南部及び香港、マカオで話されている。また、東南アジア各国やアメリカ、カナダ、オーストラリアなどの広東系華僑(かきょう)社会の間に広く通用し、これらを含めて、その使用人口はおよそ5,000万人にのぼると言われている。ヨーロッパならゆうに1国の国語に相当する規模と言える。

広東語は「話しことば」

広東語の文字表記にはもちろん漢字が用いられ

るが、書かれる文章は中国語共通の書面語を規範とし、字音だけを広東語読みするやり方が一般的だ。したがって、広東語の本質は「話しことば」にある。とは言え、民間文芸などを通じて、広東語の話し言葉で書く試みも古くから行われてきた。「言文一致」ではむしろ他の漢語方言より先行していると言える。このために、独特の方言文字を創出し、口語表現を忠実に記録することが行われてきた。代表的な方言文字のいくつかを紹介しておこう。

佢：彼、彼女、嘢：もの、冇：ない、瞓：眠る、嗰：あれ、乸：めす、脷：舌

さて、漢字をいくら眺めていても、発音は浮かんで来ない。漢字をどう読むか？　が広東語学習のポイントとなる。そこで、現在は漢字の読み方をローマ字によって表す。広東語には中国語共通語の発音表記に用いられる〈拼音字母（ピンイン）〉のような公定のローマ字発音表記法こそないものの、従来より外国人学習者の広東語学習に便利なように、さまざまなローマ字表記法が考案され、広東語の各種テキストや辞典類などに使用されてきた。しかしいずれも〈拼音字母〉のように広く普及しているわけではないので、広東語の学習が進み、いろいろなテキストや辞典類を参考にする場合、必然的に何種類もローマ字発音表記に接することになるであろう。

広東語の特色

広東語も原則として一つの漢字が一つの音節を表している。広東語の音節構造を、「声母」(頭子音)をC_1、「韻母」のうち、母音をV、末尾子音をC_2、そして「声調」をTとすれば、次のように整理できる。

$$[(C_1)+V+(C_2)+T]$$

既に共通語を学んだ人にとっては、広東語は入門しやすい言語であると思う。音声面で、声調の数が多い（6種類ある）ことから、習得は難しく感じられるが、広東語の頭子音には、共通語のそり舌音のような難しい発音は無く、有気音と無気音の発音方法も共通語と同じだ。

韻母に-p、-t、-kで収音する共通語にない発音があるが、日本語の促音に慣れている私たちにとっては、さほど困難な発音ではないはず。広東語の学習書には、たいてい付属の録音テープがついているので、大いに耳と口を鍛えてください。

文法の面では、中国語一般とかなり一致しているが、広東語特有の規則も存在する。例えば、修飾関係の語順が中国語一般からみて逆転しているものが存在したり、量詞の使い方にも共通語には見られない規則がある。　(ちしま・えいいち)

●学習書・辞書・学習機関

これから広東語を学習しようという人のために、ごく大まかだが、参考書を紹介することにしよう。

『広東語四週間』中嶋幹起著、大学書林
『教養のための広東語』辻伸久著、語研
『初めて学ぶ広東語』千島英一著、語研
『広東語常用6000語』中嶋幹起著、大学書林
『標準広東語同音字表』千島英一著、東方書店

などがあげられよう。近年、国内でも中国語学科のある大学では、選択科目として広東語の講座を置くところが増えてきている。また、語学学校でも夜間講座などで広東語が学べるし、香港に行かなくても広東語が学べるようになってきた。

広東語

千島英一　麗澤大学教授

ここでいう広東語(カントン)とは、中国語の粤(えつ)方言群を代表する標準口語を指し、中国広東省広州市および香港(ホンコン)を中心に話されている言語です。

近年、わが国でも、香港カルチャーを代表する映画や音楽のファンが増え、それにつれて広東語の学習人口も多くなっているようです。本稿では紙数の関係上、主として広東語の音韻面を中心に概説します。

広東語と発音表記

普通話には、ピンイン（拼音）というローマ字で中国語の発音を表記する公定の発音表記法が定着していて、コンピューターへの入力方法の有力な手段のひとつにもなっていますが、広東語では、「広東語テキストの著者の数ほど発音表記法がある」といった具合で、残念ながらいまだ公定の発音表記法はありません。広東省教育行政部門が1960年に「広州話拼音方案」を策定しましたが、いまだ議論が続けられており、公定のものとはなっていないのが現状です。

とはいえ情報化時代のこと、コンピューターへの入力方法ひとつを考えてみても、広東語のローマ字表記システムは不可欠です。現在、香港や中国の研究者も鋭意検討中のようですので、早晩、合理的な広東語発音表記システムが生まれてくることでしょう。

さて、そういうわけですので、本稿では誤解を避けるため、以下の広東語の発音をIPA表記で示します。

音韻

広東語も普通話と同様に、原則としてひとつの漢字がひとつの音節を表しています。普通話では400余（声調を除く）の音節がありますが、広東語の音節は約640種類となります。以下に、中国語学の伝統に基づき、声母（initials)、韻母（finals)、声調（tone）に分けて記します。

声母

音節の初めの子音部分を声母といいます。広東語の声母は以下に示す19種類です。普通話にあるような巻き舌音もないし、発音にさほど困難は伴わないでしょう。

・広東語の声母表

p-、p‘-、m-、f-、
t-、t‘-、n-、l-、
tʃ-、tʃ‘-、ʃ-、
k-、k‘-、ŋ-、h-、
kw-、k‘w-、w-、j-、

韻母

当然ながら、声母を除いた部分が韻母となります。広東語の韻母には他の中国語には見られない特色として、“三” ʃa:m^{55}と “心” ʃɐm^{55}のように、長母音と短母音の区別があります。ちょうど、日本語の「おじさん」と「おじいさん」では意味が違うように、母音に長／短の体系的区別があるのです。

次の表からわかるように、広東語の韻母は全部で53種類あり、これが19種類の声母と組み合わさって、前述したとおり約640の音節が構成されるのです。

・広東語の母音と韻母表

a:	a:i	a:u	a:m	a:n	a:ŋ	a:p	a:t	a:k
	ɐi	ɐu	ɐm	ɐn	ɐŋ	ɐp	ɐt	ɐk
ɛ:					ɛ:ŋ			ɛ:k
	ei							
i:		i:u	i:m	i:n		i:p	i:t	
					iŋ			ik
œ:					œ:ŋ			œ:k
	øy			øn			øt	
ɔ:	ɔ:i			ɔ:n	ɔ:ŋ		ɔ:t	ɔ:k
		ou						
u:	u:i			u:n			u:t	
					uŋ			uk
y:				y:n			y:t	
			m̩		ŋ̍			

声調

よく知られているように普通話には4種類の声調と軽声とがありますが、広東語には6種類（数え方によっては9種類）の声調があります。例えば、同じ ʃi:（シィー）という発音でも声調が違えば、

第1声（高平ら）$ʃi:^{55}$：詩
第2声（高昇り）$ʃi:^{35}$：史
第3声（中平ら）$ʃi:^{33}$：試
第4声（低降り）$ʃi:^{21}$：時
第5声（低昇り）$ʃi:^{23}$：市
第6声（低平ら）$ʃi:^{22}$：事

と、このように違ってきます。

さらに、音節末尾が -p、-t、-k の閉鎖音で終わる入声（clipped sound）と呼ばれている音節があり、第1、第3、第6声調に含まれていますが、これを別に数えると9声調ということになるわけです。

香港広東語の音韻特色

ところで、香港の広東語は種々の要因から、現在、大きな変化を迎えているようです。例えば、多くの香港人が、声母の[0 -] と [ŋ-] を区別せず、[n-] と [l] も区別せず、また、韻尾の [-n] と [-ŋ] も区別せず、声調においても、高昇り（第2声）と低昇り（第5声）の区別をしないなどの現象が見られます。さらには、[kw-] を [k-] に、[k'w] を [k'-] に発音するなど、顕著な音韻変化が観察されます。

阿Sir，我一眼就
認得係佢搶我
嘅荷包！

香港「東周刊」から

若者言葉と広東語

どこの国でも言葉を変化させていくのは若者言葉のようです。前述の香港広東語の音韻変化も、若者言葉により顕著な傾向がうかがえます。このほか、広東語の語彙（ごい）や語法の面にも多くの変化を見ることができます。とりわけ香港の若者言葉には、口語の中にかなりの量の英単語が混在し、書面語においても「要 phone 得 phone」（電話がほしいときに電話をかけてくれる）、「愛情I don't know」のように、広東語の中に英語の構成要素を直接取り込んだりするのは、もはや日常茶飯のこととなり、ますます言文一致の傾向が強まってきています。　（ちしま・えいいち）

■入門書・辞書

「初めて学ぶ広東語」（千島英一著、語研）
「教養のための広東語」（辻伸久著、大修館）
「現代廣東語辭典」（中嶋幹起編、大学書林）

中国語さまざま①

広東語

千島英一　麗澤大学教授

返還という歴史的節目を迎える香港の言葉、広東語。使用人口6,000万人ともいわれるこの言語の特色を見てみよう。

広東語とは

中国南端の小島に、高層ビルが林立し、東洋と西洋が不思議に融合した、まぼろしのような都市があります。その昔、香木の積み出し港であったところから、香港と名付けられたそうな。ここに今、世界中から熱い目が注がれています。返還という歴史的節目を迎えたからです。そんな香港の街角で、デパートで、コーヒーショップで……と、至るところで耳にすることができる言葉が広東語。ただし「広東語」というこの名称は、われわれが習慣上呼んでいるもので、正確には粤語広州方言といいます。粤とは広東の古称。広州方言は粤語方言群の中の標準的口語体系で、現地では“広州話”とか“広府話”あるいは単に“白話”とも呼ばれています。広東語は中国語の方言の一支とはいえ、ヨーロッパならば優に１国の国語に相当する規模を持っています。

使用範囲は、中国国内にあっては広東省から広西チワン族自治区にかけて、国外にあっては香港、マカオに東南アジア各国、アメリカ、カナダ、オーストラリアなどといった各地の華僑社会でと、広く分布しています。これらも含めた使用人口は、一般に約6,000万人と言われてます。

広東語の特色

以下に普通話との比較をしながら広東語の特色を述べていきましょう。

[文字]

広東語を書き表すにはもちろん漢字が使われていて、書体も香港では依然としてトラディショナルな繁体字を使用しています。ただし、広東語には方言文学の伝統があり、広東語独自の口語語彙を表記するために多くの方言字を作り出しています。以下にいくつか例をあげておきましょう。

方言字	普通話訳
冚	盖
啲	些
噉	那么
嘢	东西
喺	在
嗰	那

[音韻]

広東語と普通話の一般的音韻の差異は次表のとおりです。

項目	広東語	普通話
基本音節数	627個	403個
声母	19個	23個
韻母	53個	36個
声調	6個	4個
軽声	無	有
儿化	無	有

まず、広東語の音節数が多いのは、音節末尾音に、-p、-t、-kで終わる日本語の促音に似た入声と呼ばれている閉鎖音韻尾があり、それと調音点を

出典：「東周刊」第84期、香港、1994年6月1日

ともにした鼻音韻尾も-m、-n、-ngの３種がそろっているからです。したがって、韻母の数も当然多くなるわけです。

声母(頭子音)の数が普通話より少ない主な理由は、普通話にはzh-、ch-、sh-(そり舌)、z-、c-、s-(歯茎)、j-、q-、x-(歯茎口蓋)の３系列があるのに対し、広東語では１系列の歯茎音しかないためです。

声調の数は、普通話の４個(陰平、陽平、上声、去声)に対して、広東語の基本声調は６個(陰平/上陰入、陽平、陰上、陽上、陰去/下陰入、陽去/陽入)あります。よく広東語には９声調あるといわれているのは、上陰入、下陰入、陽入の３種の入声を基本声調(非入声)にプラスして数えているからです。音のピッチからみれば、広東語の入声はそれぞれ基本声調のひとつと同じなので、６種に帰納できるわけです。

[語彙]

広東語は中国語諸方言の中で最も「洋化」している言語であるといえましょう。というのは会話の中で、“畀face”(面子をください)、“O唔OK呀”(オーケーですか)、“hap唔happy呀”(ハッピーですか)、“開O.T”(残業する。O.Tはover timeの略)のように、英語を混ぜて話したり、また広東語本来の語彙も英語っぽく発音したりすることが多いからです。

こうした外来語の多くは主として英語からの借用(例えば：“巴士”bus〈バス〉、“泵”pump〈ポンプ〉、“多士”toast〈トースト〉、“嘜”mark〈マーク〉、“菲林”film〈フィルム〉、“波”ball〈ボール〉etc)がもっぱらなのですが、近年では“卡拉OK”(カラオケ)や“寫眞集”、“鐵板燒”、“事務所”、“壽司”といった日本語からの借用も目立ってきました。

また、広東語の語彙の特色として、普通話に比べて単音節語が多く、古義もまた多く保存していることもあげられましょう。例えば、

広東語	普通話
食	吃
飲	喝
面	脸
行	走
雲	云彩
尾	尾巴
頸	脖子
翼	翅膀

といったようにです。

[文法]

広東語のおよそ中国語的でない文法特徴としてよくあげられるのに、修飾語の「後置」があります。例えば造語法レベルにおいては“雞公”(雄鶏。“公”はオスを示す)、“雞乸”(雌鶏。“乸”はメスを示す)のように修飾成分を後置します。また統辞法レベルにおいても、“你走先”(お先にどうぞ)、“短得滯”(短すぎる)のように、一部の副詞は動詞・形容詞に後置されます。

このほか、広東語の量詞は“隻隻”や“張張”のように重畳形式(重ね型)をとり「どれもこれも」の意味を表すことができたり、また特別に強調する必要のない場合は量詞の前の指示代名詞を省略することができ、普通話の“这本书多少钱？”(この本はいくらですか？)も広東語では“部書幾錢？”のように対訳できます。

助動詞は普通話では重畳形式をとれないのですが、広東語の単音節助動詞は後ろに“哋”を付加させて“識識哋英文”(少し英語ができる)のように重畳させることができます。

広東語の不等式の比較文は“牛大過狗”(牛は犬より大きい)のように“A－形容詞＋過＋B”の形をとるのが一般的で、普通話の“牛比狗大”の形式とは異なっています。

留学でモノにする“中国語学習の鉄則”

千島 英一●麗澤大学

留学で中国語を確実にモノにするには？　ここにはそのエッセンスが詰め込まれている。留学前には最低限何を身につけておけばよいのか、現地ならではの効果的学習法は……。
読者の大先輩である千島先生が楽しくハッパをかけてくれる。

はじめに

若かりしころ、わたしが最初に留学した地は香港でした。なぜ香港であったかというと、当時中国は文化大革命の真っ最中で、とうてい中国に留学できる状態ではなかったからです。その香港の地で、はじめてカナダやインドの外交官、あるいは遠くスウェーデンからの留学生といった、非漢字圏からやってきた留学生たちと一緒に中国語を学んだわけですが、そのときの新鮮な感動と驚きは、今でもつい昨日の出来事のように思い出されます。

招かれて口髭（ひげ）も立派なカナダ人外交官のお宅に伺ったときのことです。われわれ日本人が子どものときから慣れ親しんだ漢字も、非漢字圏からやってきた人たちにはまるで悪魔の記号と化していたようで、まさに漢字と格闘中。壁はもちろんのこと、ベットの上の天井からトイレの中まで部屋中いたるところ半紙大に書かれた漢字のオンパレード。そして溜め息まじりに一言。「こうまでやってもなかなか書き取りは覚えられないんだよ」と。ところが会話の授業となると態度は一変。猛烈にまくしたててくるではないですか。いわば耳人種（?）の彼らは漢字の書き取りは苦手でも、音から入ったことばは正確に把握し、ものおじせずに堂々と自己の意見を披瀝するのです。つまり、語るに十分な知識を持っていたのですね。わたしはそのときすでに大学で４年間の中国語学習経験があったのですが、漢字を書いたり読んだりすることはできても、語るに足る自分のことば＝知識をもっていなかったので、半ば呆然として彼らの議論を聞いていたものでした。

そして、文字を知らなくても立派に中国語で生活している、多くの中国の人々の存在にも気付きました。そう、ことばははじめに音ありきなんですね。ともすると漢字に目を奪われ、それを一生懸命に追うことでよしとする従来の学習法だけでは、コミュニケーション能力の向上を図るといったことは、とうていできないのだということを痛感したものでした。

いささかまくらが長くなりすぎました。このへんで本題に入っていかなくては紙数が尽きてしまいます。そこでまず中国へ行く前に最低限やっておくべきことからお話しましょう。

事前学習のポイント

限られた留学期間で最大の効果を得ようとするならば、国内でできることは、ぜひ済ませてから留学に行くに如かずです。学習面でいうならば、まずは、

1. ピンインはマスターしておこう

ピンインとは中国語の共通語（普通話）のローマ字発音表記法のことのです。ピンインの学習はいわば中国語学習の初歩の初歩。このために中国留学の最初の１カ月余を費やしてしまうのはなんとももったいないことではないでしょうか。

前述したように、ことばは音と意味が一致すればコミュニケーションが図れます。その音と意味

を一致させる架け橋となるのがピンインです。ピンインでどのように中国語が表記されているのかがわかれば、たとえ漢字を知らなくてもいくらでも中国語でコミュニケーションできるようになるのです。ただしこのピンイン、馴染みのあるローマ字で綴られていても日本語のローマ字綴りとは異なり、またそのまま英語式に発音しても正確な中国語の発音とはなりません。ピンインにはその綴り方や発音方法に独自の規則があるのです。これさえしっかりマスターしておけば、後はもう怖いものなしでしょう。

2．簡単な会話力は身につけておこう

次に、コミュニケーションに最低限必要な基本的な会話や用語も、できれば事前にマスターしておきたい。具体的に言うならば、「出会いの挨拶」「お礼のことば」「自己紹介」「助けを求める」「到着の届けをする」「頼むときのことば」「買い物」などなどです。こうした会話はピンインをマスターする過程で覚えてしまうことができます。もし、そこまではやっていられないよ、とあれば中国語で書いたこれらの文や用語のカードを準備しておくことです。また中国語バージョンの名刺を用意しておくこともなにかと便利です。それらもままならない向きには、中国の高等教育機関では英語で用が足りる人も大勢いるので、英語で用を足すほかありません。したがって、英語のブラッシュアップを図っておくことです。

3．中国の国情を理解しておこう

さらに、中国の国情をよく理解しておくことがあげられます。このための手っ取り早い方法は、中国の国情を反映している映画やテレビなどをたくさん見ておくことです。とりわけテレビのニュースは注意深く観察しておくことが肝要です。

留学に行くということは、自国にいるときの多くの義務や束縛から解放されるという一面を持ちますが、こんどは留学先の法律や規則を遵守し、文化を尊重しなければならなくなります。わが国の常識が、そのまま国情の異なる中国にあてはまるものでないことは容易に想像できましょう。そこで、無用な摩擦やトラブルを避ける上でも、関連する中国の法律や規則についてもできるだけ理解を深めておくことは、大切なことです。

その一つに中国入国後の居留証の手続きや、いわゆるLビザ（旅行ビザ）やFビザ（訪問ビザ）

から6カ月以上のXビザ（留学ビザ）への書き換えや、ビザの更新手続きなどがあります。ズボラをしてビザの期限切れをそのまま放置しておけば1日あたり500人民元（1人民元は1998年10月現在約15円）の罰金を覚悟しなければなりません。

4．生活上の常識も知っておこう

もう一つは、中国での生活上の常識といったものです。具体的には、①どのようにしたら中国銀行で旅行小切手を現金に両替したり外貨を人民元に両替できるのか。あるいは、どのようにしたら銀行口座を開けるのか。②どのようにしたら警察に通報できるのか。③どのようにしたら手紙を出したり、小包を受け取ることができるのか。④どのようにしたら騙されずにすむか（こうしたトラブルはタクシーや自由市場、露店などでの発生が多い。レシートや領収書をしっかり受け取っておくことが大切）。⑤エッチな誘惑にはことさら御用心です。旅の恥はかきすて、といったことでは思わぬ落とし穴に入ってしまうでしょう。⑥当然のことながら、くれぐれも麻薬等に手を出さないこと。

近年中国でも、“毒品”（麻薬・覚醒剤等のこと）は大きな社会問題になっていて、たとえ興味本位で手を出した外国人であっても厳罰に処せられます。また、売人の多くは“黒社会”（マフィア）の連中で、さりげなく近づいて来るのが手口です。というわけで、むやみに見知らぬ人からの煙草や飲料の勧めを受け取らぬことも防止策の一つでしょう。

以上こまごまと列記しましたが、こうしたことについてあらかじめ心構えができていれば、諸事順調に進めることができるでしょう。

中国ならではの効果的学習法

以下のことは、中国で長年日本人を含むいろいろな国からの留学生を相手に中国語を教えてきた友人のS先生から伺ったことです。

学習面での日本人留学生の通弊は「理解に重きをおき、表現を軽視する」「メンツを考え、言い間違いを恐れる」「発音が不正確で、抑揚がなく、どこか冷淡に聞こえる」といったものでした。また「多くの日本人留学生が課外になるや自分の宿舎に閉じこもり、めったに中国人教師や学生と接触しない」とも指摘しておりました。

さて、S先生の指摘は「外国語下手の日本人の通弊」とかねがね言われていることとも重なります。留学は日本で日本人ばかりの教室で学ぶのとは異なり、各国から来ている留学生と共に学ぶので、慎み深く、シャイな日本人留学生は余計に過度の緊張を強いられ、こうした批判を受けてしまったのかもしれません。せっかくの留学です。度をこえた慎みやシャイさからはとっととおさらばし、リラックスして、積極的で能動的に生まれ変わった自分を造り出すくらいの気構えで取り組んでみたらいかがでしょうか。そのためにはまず、

1. 明確な目的意識を持つこと

中国留学は基本的に留学生宿舎に寄宿します。ただ宿舎でボーっとしているだけではいかにももったいない。自ら積極的に外に飛び出していかないと、授業以外では中国語を耳にすることさえありません。都市部にはスーパーマーケットもありますから、買い物ですら中国語を話す必要がないので「行けばなんとかなる。しゃべれるようになる」ということにはならないのが現実です。自分の留学の目的は何であったのかを常に自分に問いかけ、確認する作業が大切です。

2. まずは徹底的に聞け

授業が始まったら、まずはテキスト付属のテープを利用し、徹底的に聞く力をつけることから始めよう。正しい発音をマスターするには正しい発音を聞くことから始まるのだし、正しい発音ができなければ聞き取りもできないのですから。そして何度も言うように、ことばははじめに音ありき、です。文字に頼らず、異なったことばの語感がわかるようになったら、今度は先生の指導のもとで、感情をこめて朗読の訓練をする。ついでに発音の矯正も徹底していただく。こうして耳と口をきたえ、日本語の神経回路から中国語の神経回路を作りだしていきます。

3. 留学でしかできない学び方もあるはずだ

語学留学を目指している多くの人は、ネイティブスピーカーのようにとはいわないまでも、まずは中国語でコミュニケーションができるようになりたい、と思って中国留学に行くはずです。そのためには耳と口を徹底的に鍛えることが必要です。なるほど、漢字の利点は字形から意味がわかることですが、字面だけ眺めているだけで満足するならば、留学の必要はありません。日本にいてもできることです。留学すれば日本ではできない効果的な学び方があるはずです。例えば、時には無理やりでも中国語のことばの海に自ら進んで身を投じ、日本語を一切用いず中国語だけを話すような環境に入り込み、さらに耳と口を鍛えるといったようなことは、留学でしかできない学び方です。

4. 相互学習

中国人学生と日本語・中国語の相互学習もお勧めします。ある人は「外国語を学ぶということは最大の母国語の学習である」とも言ってます。日

本語と中国語の性格の相違を正確に認識することによって、外国語学習の妨げとなる母語の干渉を最小限に食い止めることができるでしょう。幸い中国には日本語を学ぼうとしている学生が大勢おります。そのためには日本語学習教材（文法書など）を持参していくと便利です。

5．家庭教師

課外に中国人の家庭教師を雇う方法もあります。親しくなれば家庭訪問もできて、中国人の普段の暮らしぶりもわかります。また、中国各地方の方言や少数民族の言語なども、日本では考えられないほど安い値段で学習できます。ちなみに、天津に留学したY君が南開大学の学生に広東語を教えてもらったときの謝礼は、15元／1時間だったそうです。

6．旅に出よう

旅行に行くこともお勧めします。なにせ名勝古跡には事欠かない中国です。黄河に長江に、泰山に黄山に、大河があれば秀麗な山がある。北京に上海に、蘇州に杭州に、近代的な大都市があれば情緒漂わせる古都もある。地図を広げ机上プランを練るだけでも、地理や歴史の勉強にもつながります。さらに、出かければそこには豊富で多彩な各地の郷土料理が待っています。これらの食文化を格安で楽しむことができるのも留学ならではです。

7．教師になるな、謙虚に留学生たれ

中国は経済の改革・開放以来、巨大な進歩を遂げつつあることはだれしもが認めているところです。ところが一部の日本人留学生の目にはまだまだたいへん立ち遅れていると映るようで、いちいち事をあげつらって心理的優越感に浸ったり、中国の進歩に対して蔑視する態度を見せたりして、中国の人と感情的な摩擦を引き起こしたりひんしゅくを買う者がいるようです。あまつさえ、舌足らずで狭量のいわゆる日本的常識なるものを振りかざし、「だから中国は……」などと教師気分で教訓を垂れたり指斥したりする者もいるなどと聞くと、何をかいわんやで「おまえには言われたくない」という中国の人の気持ちはよくわかります。また、こうした気分でいると徐々に不平不満も高まり、何を学んでもつまらないと感じ、学習にも身が入らなくなり、結局は留学当初思い描いた結果とは雲泥の差となってしまう恐れが生じます。ここは留学生としての自分を忘れずに、これまでの中国の歴史と現実を謙虚に見据え、学んでもらえたら、かえってより効果的な学習にもつながると思います。

8．不自由を楽しみ、
中国の社会システムに慣れろ

行政機構の効率の悪さ、官僚主義は何処も同じはず（日本だって相当ひどいもの）ですが、中国の社会システムに不慣れで、ことばもまだままならないうちの留学生にとって、中国のそれは余計にこたえてしまい、不平もぐっと増幅されてしまうことでしょう。留学生の不満の多くもここに集約され、不自由さを訴えるケースが多いようです。留学生の不満の多くは、また中国人自身の不満の種であることも多く、したがって中国政府もこの問題には頭を痛めていて、マスコミの批判もあるし、関係各部門に官僚主義を克服し、事務の能率を高めるよう懸命に督促しているところです。そこで、もしこの種の状況に遭遇した場合は、けっしてせっかちにならずに、なにごとも時間的余裕をもって対処するようにしたらよいと思います。不自由さ・不便さも相対的なもので、実際、改革・開放前に比べて、現在の外国人留学生の環境は随分と自由で便利になっています。ただし、中国には中国の法律も規則もあるわけですから、あくまでも中国の法規で許される範囲内で自己の自由を実現させなければならないことは言うまでもありません。自由が少ないと嘆く前に、むしろ不自由を楽しむくらいの精神的ゆとりを持つことが、成功する留学の秘訣だと思います。

「絶対オススメ　中国語は、難しくない?!」

はじめに

編集者から与えられたテーマが「中国語はやさしい」というもの。これには困った。ほとほと困りました。いったいいかなる基準を設けて「やさしい」となるのでしょうか？　わからない。まったくその意図をはかりかねているうちに、いつしかオリンピックも終わり秋はますます深まる、締め切りはどんどんと迫ってくる、ついでに大好きな野球は日本シリーズでますますヒートアップ。楽しいことはいっぱい続くし、おまけに書斎とは名ばかりの小部屋は足の踏み場もないときていますから、ちょいと動いただけでも本が転がり落ち、パソコンのスイッチを入れる気力さえ萎えさせます。

ええい、ままよ、ここは度胸一番、無謀とはいえ常日頃思っていること、感じていること、口走っていることをそのまま草してしまえ……。読者諸賢におかれては何をたわけたことをとお思いでしょうが、しばしのお付き合いを願えれば幸いです。

日本人は外国語が苦手か？

さて、よく「日本人は外国語が苦手だ」といわれていますが、果たしてそうでしょうか？さしたる目的もなく、あまり日常の暮らしにも必要のない言語をただ受験のためだけに学ぶともなれば、それはただ苦痛ばかりであることは十分うなずけます。当然ながら、苦手にもなるでしょう。しかし、だからといってそれが直ちに「日本人は外国語が苦手だ」という通念に与することにはなりません。流行りのことばに「はまる」というのがありますが、ここでは仮の名をＡさんという文字どおり中国語にはまってしまった男性の言に耳を傾けてみましょう。

突然の中国赴任！

Ａさんは現在、中国で活躍しているビジネスマンです。もう中国での暮らしもすっかり板についたようで、今や流暢に中国語を操り、堂々とした体躯とも相まって大人の風格さえ漂わせてます。

Ａさんが中国語にはまったきっかけは、もとい、中国語を学び始めたきっかけは、会社の中国進出が決まったことでした。ある日突然、Ａさんに中国赴任の辞令が出されたのです。配属先では営業のみならず現場の生産管理も担当することになっており、どうしても中国語によるコミュニケーション能力が必要とのこと。そこで下りたのが中国語習得の業務命令です。小なりといえどもさすが日本の会社です。上司は自分のことは棚に上げて、命令さえ下せば部下は何でもできると思っております。ところがこのＡさん、それまで中国語とはまったく無縁の生活をしていました。それどころか、外国語はまったくの苦手と自認していたほどだったのです。知っている中国語といえば餃子にチャーハン、シューマイにラーメン……と食べ物関係ばっかりという有り様です。そこで、かくてはならじと一念発起、真剣に中国語の学習に取り組むことにしました。

ひょっとしたらモノにできる？

Aさんは会社とかけあい、中国赴任までに50時間の中国語学習のための時間をもらいました。Aさん自身、50時間では何もできないのではないかと不安を抱えたままでしたが、時間は容赦なく過ぎていきます。待ったなしでそのままサバイバルのための中国語集中講座へと突入しました。

テキストを受け取り開いてみると、そこには見慣れない漢字が並んでいます。「何だこの漢字は？」が、最初の印象でした。偏(へん)や旁(つくり)が大幅に簡略化されているからです。でもよく眺めているうちになんとなく見当がついてくるから不思議です。そこでAさんは思いました。英語だと知らない単語はまったく見当がつかないのに、中国語は形はちょっと違っているけど同じ漢字を使っているからなんとなく予想がつき理解しやすい、と。ふと中学のときに習ったmathematicsのスペルをなかなか覚えられなかったことを思い出したりします。中国語では“数学”shùxué、なんだ簡単に覚えられるではないか。発音さえしっかり学べばこれはひょっとしたらモノにできるかもしれないと、心の底から希望と勇気がわいてくるのでした。

そうこうしているうちに、心のない“爱”ài（愛）なんてloveじゃない！　なんて思いながらも簡体字もすぐに見慣れてきました。

お定まりのピンインで発音の規則を学び、次いで声調のマスターへと学習は続きます。ピンインは綴りと発音がなかなか一致せず、おまけに綴りの規則がやっかいで、声調も音の高低をつかむのに四苦八苦でした。で、どうやら発音のメドがついてきたなと思ったときにはもう20時間が過ぎていました。

最初はなかなか音と意味が一致しなかったのですが、そのつながりも少しだけ分かるようになり、徐々に簡単な文法の規則も習い始めていきました。残された時間は10時間ちょっと。先生はテキストの会話文を使ってくり返し練習してくれました。最初はテキストを見ながらの音読。次はこれをできるだけ速く読めるようにと、何度も何度も反復練習です。喉(のど)は乾き、口は酸っぱくなります。先生いわく「読めないことばは話せません。話せないことばは聞いても分からないのだから」と。

いったいに知らないことばは速く聞こえるものです。何度も舌をもつれさせましたが、この練習はかなり効果があったようです。というのは、速く読むためには課文をゆっくり目で追っているようではとうていダメで、ほとんど暗唱に近い状態にならなければできないからです。

中国語がスラスラと！

ほぼ正確に素早くピンインが発音できるようになったころ、ちょうど50時間の集中講座も終わりを迎えました。中国語に関して何の知識もなかったわけですから、砂地に水がしみ込むようにとまではいかないまでも、短期間であるにもかかわらずかなりの量の知識がインプットされたように思われました。

最後の授業が終わった晩に、先生が中国料理に招待してくれました。勧められるままにしこたま“老酒”をいただきました。するとどうでしょう、飲むほどに酔うほどにといいましょうか、なんとスラスラと中国語が出てくるじゃないですか。一瞬、オレって中国語の天才?! かと思いました。だってそうじゃありませんか。中学・高校・大学と英語の授業を何年も受けてきましたが、英語がスラスラと口をついて出てくるなんていう経験はついぞなかったのですから。先生も褒めてくれました。短期間だけどよく頑張りましたね、と。その晩、いい気分で家に帰ったのはもちろんのことでした。

あれは思い違い?

中国語研修が修了してすぐに中国に赴任しました。着任後早々、ひどい思い違いをしていたことに気がつきました。最初の自己紹介のときです。スラスラと口をついて出てくるはずの中国語がさっぱり出てきません。絵に描いたようなしどろもどろさかげんで、声調もまるでなっていません。焦れば焦るほど頭の中は真っ白になりました。なんてこった、あの晩はいったいなんだったのか? あれやこれやと考え、心は千々に乱れます。やっとの思いで自己紹介が終わると背中はもう冷や汗でぐっしょりになっていました。

その晩、仲間がとあるバーで歓迎会を開いてくれました。するとどうでしょう。昼間のていたらくはどこへやら、隣りに座った現地スタッフ相手にどんどん中国語が口をついて出てくるでありませんか。お酒が心を解放してくれ、間違ったら恥ずかしいといった見栄や気取りがすっかり消えているからでした。そこではっきりと悟りました。たった50時間しか学んでいないことばじゃないか。上手に話そうとか、きれいに話そうといった気取りは捨て去ろう、ただ正確に話すことだけを心がければそれでいいじゃないか、と。そう思ったとたんになんだか心も重しが取れたように軽くなり、これからの中国での生活に一条の光明が差し込んできたような気がしました。

現地で漢字の面白さにはまる!

翌日からは業務のかたわら少しずつではありますが、現地スタッフについて中国語の勉強を続けました。勉強といっても、分からない単語や聞き取れないことばが出てくるとすぐに尋ねるといったやり方です。当初は単身赴任で、宿舎は事務所のすぐ隣り、従って通勤にかかる時間もないから、必然的に夜が長い。時間があるので、毎晩、日記がわりに昼間尋ねたことばを整理し、改めて辞書を引き、こまめにノートに写しました。最初は単語だけだったのが、いつしか気の利いた慣用表現や俗諺(ぞくげん)が加わり、巧みな比喩表現にさすが中国5000年の知恵、と思わず感嘆するようになったころにはもう１年が過ぎていました。

勉強を継続できたのにはもう一つ理由があります。それは中国文字、すなわち漢字がとても面白い構造をもっている文字であることに改めて気付いたからです。例えばって？　そう、では一つ例を挙げてみましょう。“又”という字があります。中国語の発音はyòuですね。あるとき、手持ちの漢和辞典を眺めていたとき偶然、この字の本来の意味が「右手」であることを知りました。いつの時代からか知りませんがこの字が「また」の意味に使われるようになり、そこで本来「助ける」という意味の“右”の字を「みぎ」の意味に用いるようになったのですね。さらに「助ける」という字義であった“右”の字を「みぎ」に用いるようになったので今度は“佑”の字を造って「助ける」という意味を持たせたわけです。でも発音は依然としていずれもyòuで、日本漢字音も「ユウ」と同じです。“又”の省略形の“ナ”が音符になっているからです。道理で「右手」と「右手」でできている“友”の字音がyǒuのわけです。

手持ちの知識を有効に

漢字の数は確かに膨大ですが、発音の種類は存外少なく、四つの声調を考慮しなければたった400余の音節しかありません。それにこのように偏や旁から音を類推することもできるし、日本漢字音からも音を類推することができるようになりました。これも例を挙げてみましょう。日本漢字音で「-ウ」または「-イ」で終わる漢字の中国語の音節末尾音はたいてい-ngになります。“东（東）”dōngや“京”jīngのようにです。「-ン」で終わるものは-nになります。“新”xīnや“闻（聞）”wénのようにです。さらに日本漢字音で「時」（ジ）や「同」（ドウ）のような語頭子音が濁音のものは第１声にはならず、shíやtóngとたいてい第２声あるいは第３、第４の声調になることが多いといったことなども面白い発見でした。漢字は中国から輸入した文字ですから、なんらかの規則性を見い出すことができるのは当然といえば当然ですが。

Ａさんはひそかに思いました。英語ではこうはいかない。一つの単語を覚えると同時に一つの発音も覚えなきゃならないのだから……。それにひきかえ中国語は習いはじめの発音練習は確かにきつかったけど、あとは手持ちの漢字の知識が思いのほか役に立つし、中国語は日本人にとって学びやすい言語である、と。それに……、そうそう、文法も英語のような複雑な操作をしなくてもいいのだから。例えば、「これなあに？」と尋ねる場合も“这是什么？”Zhè shì shénme? と語順は日本語とまったく同じなのも嬉しい。英語のようになにがなんでも疑問詞を文頭にもってくるといった操作をしなくてすむし、頭の中で考えたことをそのまま中国語に置きかえればよいのだから。

侮れない日本語情報

それとねー、とＡさんが何かを思い出したようにつぶやきました。

先生から出発前に「ことばだけでなく文化情報もたくさん仕入れておきなさい。まずは日本語で得られる知識はどんどん日本語で吸収すればよいのだから」と檄を飛ばされました。でも中国文化に関する書籍は文字どおり汗牛充棟、どの本を読んだらよいのやらまるで見当がつきません。そこで、自分で探せばよいものをいつもの悪い癖で、つい手っ取り早いので先生に聞いてしまいました。先生が紹介してくれたのは鳥山喜一著『黄河の水』（角川文庫）、邱永漢著『食は広州に在り』（中公文庫）、洪自誠著・魚返善雄訳『菜根談』（角川文庫、一般的には『菜根譚』として知られているが、魚返訳では“譚”を“談”としている）という文庫本３冊でした。ハードな本を持たせたらすぐに寝てしまうと見破っていたのでしょうか？

この３冊はハウツー本とは違いますから、直接的には中国語学習や業務に役立つというものではありませんが、わたしにはたいへん参考になりました。というのは中国の人って、人事に関してものすごく敏感なのです。それに社交というか処世術はもう若者といえども一丁前に訓練されている。『菜根談』に出てくる箴言の数々は異国にあって余計に身につまされ、今でも折りに触れてページをめくっています。

中国に来て驚いたのが、ビジネスは宴会で始まり宴会で終わるということです。規模が大きくても小さくても、どんなビジネスだってそうです。飲みかつ食らっているうちに相手をじっと観察しているのでしょうか？いずれにしても食と中国人は切っても切れない関係なのですね。で、『食は広州に在り』ですが、多彩な中国の食文化を知るうえでまさしく名著だと思いました。『黄河の水』はいまさらわたしがお話しするまでもないでしょう。中央公論社の日本の名著シリーズに入っているくらいですから。悠久の中国史が、わたしのようなずさんな頭にもすっと入ってくるのですね、これが。

昔は、孫子言うところの「敵を知り己を知れば……」だったのですが、流行りのことばでは異文化間コミュニケーションとなるのでしょうね。日本では当たり前、と思っていることも中国ではそうではないのですね。授業のとき真っ先に習ったのが「こんにちは」「おはよう」といった挨拶ことばでしたが、“你好！”Nǐ hǎo! や“你早！”Nǐ zǎo!って、われわれ日本人の常識にはピッタリですが、こちらではむしろ初対面の挨拶に近いことばだっていうことが分かりました。だって、親しい中国人同士では“小张”Xiǎo Zhāng（張君）と相手の名前を呼んだり、“去哪里？”Qù nǎli?「どこへ行くの」と声をかけたりするのが挨拶代わりなんですから。一事が万事ということになりますが、言語行動ひとつとっても日本語と中国語ではいろんな相違があるので、毎日を飽きずに過ごすことができます。授業を受けているときに先生が幾度となく言った「ことばを学ぶということは、すなわち相手の文化を学ぶということ」は、確かにそのとおりだと実感しているしだいです。

中国語は魂を解放する

Aさんにとって中国語を学んで得たもう一つの収穫は「魂の解放」ができたということでした。「魂の解放」って？　何とまあおおげさなと、その真意をはかりかねていた筆者に、Aさんは次のように説明してくれました。

今まで日本語だけの世界しか知らなかったのですが、中国語という外国語を学んでみて、なんだか自分の魂がすごく自由になったような気がするのです。と言いますのは、日本語だけを話していると、やれ敬語だ、タメ口だ……とこれまでのいろんなシガラミに、がんじがらめにされていることがよく分かるのです。ところが中国語を話しているとそんな七面倒な日本語の約束事から解放されるので、もう一人の自由な自分になれるような気がするのです。日本語だと恥ずかしくて口が裂けても言えないことも、中国語だとひょいと口をついて出てくるのです。「ありがとう」ということば一つとってみてもそうです。これまでは部下にお茶をいれてもらっても、コピーをとってもらっても、「どうも」という曖昧な中途半端なことばで済ませてしまっていたのですが、中国語だとすぐに“谢谢”Xièxieと言えます。気持ちとことばが一致するって、とても気分のいいものだということが分かったのです。中国語を学んでよかったことは、実はこれが一番だったかもしれませんね。だって日本語の世界が息苦しくなったら、もう一つの世界―中国語の世界―へと飛翔することができるのですから、こんな楽しいことはありません。

再び、中国語はやさしいか？

ことばに限っていえば、学んだことばをすぐに使える環境に身を置くことができたAさんは、きわめてラッキーな存在であったかもしれません。でもいつかあなたにも同じようなチャンスが巡ってくるはずです。その日を信じて、今日からあなたの中国語に一層の磨きをかけてみませんか。きっと楽しいことがいっぱい詰まっていますから。

ところで、中国語はやさしいことばかって？　そんな野暮な質問はお止しなさいよ。十本の指の長さがそれぞれ異なっているように、どんな言語だってそれぞれ長短があるのですから。

千島英一（ちしま・えいいち）
1947年生れ。国立台湾師範大学大学院修士課程卒業(文学修士)。著書に、『初めて学ぶ広東語』(株式会社語研)、『自己紹介の中国語会話』(株式会社語研)、『基本表現80で身につく中国語』（かんき出版）ほか。訳書に『広東語の風景』(東方書店)、『ぼくにはまだ一本の足がある』（麗澤大学出版会）など。

オピニオン **言語教育　の忘れもの**

毎年、数多くの人が海外に出かける昨今、ペラペラと外国語を話したいと願っている人はきっと多いことでしょう。最近のコミュニケーション中心の言語教育もますますそれを煽っているかのようですが、ペラペラと外国語を話すことがそんなに重要なことでしょうか。小泉首相の訪米で、真偽のほどは定かではないですが、いつか読んだ次のようなエピソードを思い出しました。それは、大平正芳・宮沢喜一という二人の元首相の月旦評（人物批評）です。大平氏は、アー、ウーで有名な寡黙の人、宮沢氏はつとに喧伝される英語の達人。この二人がまだ少壮の政治家であったころ、時の総理の随行か何かで米国に訪問した折、圧倒的多くの米国政府要人に信頼されたのは、なんとペラペラの宮沢氏よりも寡黙の大平氏だったという。その理由は、とつとつとした大平氏の言葉づかいに東洋の深い叡智が秘められているかのように感じられたからだとか。そう言われてみると、讃岐の三顔とうたわれた大平氏の哲学的容貌と相まって、さもありなんと思えてくるから不思議です。

私にも忘れられないエピソードがあります。台湾の人と結婚したある日本人女性から「あまり上手に中国語を話すと、かえって嫌われますよ」と言われたことがありました。台湾留学中のことですから、もうかれこれ二十年くらい前のことになります。それまで、できるだけ中国語を母語とする人に近づきたいと懸命に中国語を学んでいた私は、冷水を浴びせられたようなショックを受け、呆然としました。やっとの思いで気を取り直し、

「外国語を上手に話すようになると、かえってその国の人に嫌われるとは、いったいどういうことなのでしょうか？」と尋ねてみました。すると、彼女は、「可愛げがなくなるからじゃないかしら」と答えてくれました。

これだからコミュニケーションは難しいし、存外不確かなものなのです。ペラペラと流暢に会話をしているようであっても、相手の琴線に何も響いていないこともあろうし、どうにか単語をひねり出すような会話であっても、「可愛げ」があれば心は十分に通じ合うこともあるのですから。

だからといって私は、従来の文法偏重の語学教育に与するものでもないし、また最近の、聞く、話すといったコミュニケーション一辺倒の教育法にも疑問を感じています。しかし、これだけは言えましょう。何人であれ心ある人ならば、とつとつとした表現であっても、語るべき内容がありさえすれば、じっと耳を傾け、言わんとする意を深く汲み取ってくれる人であるということを。また、そういう人こそ、語るに足る人物でもあるわけです。この二つのエピソード、なにか外国語教育の本質をついているように思えてなりません。

ボーダーレス化が進む国際社会にあって、外国語がますます有益な言語技術となる以上、外国語が話せないより話せるに越したことは言うまでもありません。しかしその技術として外国語を育み、鬼に金棒とするためには、言葉以前の、一人の人間としての魅力を高めるプログラムをいかにして構築するかが、言語教育に携わるものの目下の課題ではないでしょうか。

訳者あとがき　『広東語文法』東方書店

本訳書の原著“*Cantonese: A Comprehensive Grammar*”を初めて手にしてからもう6年になる。たまたま訪れていた香港・中文大学で，友人がスティーブン・マシューズ，バージニア・イップさんご夫妻が共著で広東語の文法書を出版したからぜひ買って帰れと勧めてくれ，それならばと同大学のブック・ショップで購った。**KCR**（九広鉄路）の大学駅で列車を待つ間，さっそく該書をひろげてみたときの感動は今でも忘れない。そこには音韻から語彙，文から談話分析，意味論から語用論までと多岐にわたった記述があり，生き生きとした口語広東語が眼前に迫ってくるではないか。そう，私が求めていたのはこういう文法書だったのだ，とあたりをはばからず思わずひとりごちてしまった。

これまで広東語を網羅的に扱った文法書に，張洪年『香港粤語語法的研究』（1972）と高華年『廣州方言研究』（1980）の2冊があり，いずれも中国語で書かれたものであった。これに対して“*Cantonese: A Comprehensive Grammar*”は英語で書かれた唯一の広東語文法書である。しかしながら張洪年氏が書評で指摘しているとおり「本書の重要性は言語の選択にあるのではない。…それよりむしろ20世紀末に香港で話されている広東語の変種を記述していることにより，本書が社会言語学的にも通時的研究にとっても有用なレファランスになっていることである」(『国際中国語言学評論』vol1.1 1996)。

またオハイオ州立大学の陳潔雯氏が「本書は，広東語文法の主要なすべての分野を網羅しているが，綿密に調査し，思慮深く編集・校正がなされている。明確に書かれているので初学者から専門家まで非常に読みやすいものとなっている。用例は豊富で，イデオムやほかの話の枕になりそうなものが随所にみられ，読者を誘っている」（『中国語文教師学会報』33.3, 1998）とその書評で指摘しているように，わくわくする気持ちで読みすすむことができた。

宿にもどってからもなおも読み進め，その晩の友人との会食の予定をすっぽかしてしまった。好物の“清蒸石斑魚”よりも“乾焼伊麺”よりももっと魅惑的だったからだ。

帰国後すぐに本書の翻訳にとりかかったが，大学の日常業務は日増しに拡大する一方，もはやひとりの力では手に負えないことは歴然で，暗澹たる気持ちでいたところ，香港在住の畏友，片岡新氏が窮状を察してくれ，共訳者になってくれることを約束してくれた。まさしくこれぞ天の恵みと，この申し出に欣喜雀躍したことは言うまでもない。

原著者のスティーブン・マシューズさんとバージニア・イップさんには1999 年 6 月，香港大学で開催された第 7 回国際粤語学会に参加した折りに，お目にかかることができ，快く翻訳出版のご許可をしていただいた旨のお礼を述べることができた。そのとき受けたマシューズさんの印象はいかにも律儀な英国紳士というものであった。しかし，もれうけたまわることによると，氏はとてもはにかみやさんながら，夫婦喧嘩の会話（広東語による）もしっかり密かに書き記していたという几帳面さを併せもった方だそうだ。言語学者はかくありき，というべきか。一方，バージニア・イップさんは家族の団欒を重視することで知られている潮州籍の香港人で，いつもにこにこしていながらも，抜かりのないよう目配りする鋭さと厳しさを併せもった方かとお見受けした。この奥様の大なる功労があってこそ該書も誕生することができたと思う。お二人はアメリカで博士課程を勉強している際に知り合ったそうだ。

著者のまえがきにもあるように，該書は英語話者向けに書かれた性質から，日本人のわれわれには馴染みのない説明にぶつかることがあるかと思うが，全体的にみれば広東語を学ぶ者にとって本書の価値は計り知れないものがあるといえよう。

かくして本書は，第 1 章から第 10 章までを千島が，第 11 章から終章までを片岡が担当と，役割分担も決まり，その後は順調に作業も進捗し，今，こうして「訳者あとがき」なるものに手を染めるまでに至った。この間，東京大学大学院博士課程在学中の飯田真紀さんには本書の校正その他でたいへんお世話になった。記して厚く感謝を申し上げる。

また，東方書店編集部の加藤浩志氏には版権獲得から直接の編集まで多くのご援助をしていただいた。改めて感謝する次第である。

最後に，原著を著しまた快く翻訳出版のご許可をしていただいたスティーブン・マシューズ，バージニア・イップご夫妻に衷心よりお礼申し上げる。

なお，もし本書の訳文に関して誤りがあるとするならば，それはひとえに訳者の責任であること付言しておく。

2000年初秋

訳　者

心に残る話

台湾の人

麗澤大学教授　千島英一

昨秋、訳書『ぼくにはまだ一本の足がある』（麗澤大学出版会）を上梓したところ、多くの方々から予想を超えた反響をいただいた。書くに至ったきっかけは偶然だったが、いま考えると、台湾に留学し、大いに台湾の人々の恩恵をこうむった自分にとっては必然だったような気がする。

それは一通のファックスから始まった。差出人を見ると、財団法人周大観文教基金会理事長郭盈蘭とある。いったい何ごとかと思い子細に内容を読むと、五月二十三日から二十六日の間、台北まで来てもらえないかということだった。なんでもこの期間に基金会が主催する「'99生命を大切にしている人たちへの表彰」があるのでそれに参加してほしいとのこと。学期中のことでもありしばらく逡巡したが、少年詩人周大観を育んだご両親にもぜひ一度会ってみたいという気持ちも強く、思い切って訪台することにした。

指定されたホテルに着くや、すぐにご両親が部屋まで訪ねて来てくれた。お二人とも気さくなお人柄で、初対面の堅苦しさをまったく感じさせなかったのはさすが〝賓至如帰〟（お客がまるで自分の家に帰ったようにおもてなしする）のお国柄か。帰り際、滞在中のスケジュールを渡してくれた。二十四日の記者会見、二十五日午前の小児癌病棟への慰問、二十五日夜の表彰式典にプレゼンテーターとして出席し、三分間スピーチをしてくれればあとは自由にしていて結構とのこと。

さあ、困った。授業の関係上、二十五日の午後の便で帰国することにしていたので、台北市長、屏東県知事、政府高官たちが列席するという肝心の式典には出席できない。

翌日、行事の合間をぬって淡江大学に留学中の麗澤大生を激励に行った。

学生たちはちょうど授業中で、応援に淡大国際交流課のKさんが来てくれた。このKさん、修士課程を終えたばかりというから年齢は二十六、七歳か。色白眉目秀麗、貴公子然とした身のこなしは今の日本の若者には見受けられない。閑談中、ふっとあるアイディアが浮かんだ。淡江大の学長に二十五日夜の式典に出席してもらえないか、という厚かましい考えだ。この旨をKさんに告げると、すぐに学長秘書に連絡をとり、学長のスケジュールを確認するや「わかりました。必ず学長に出席してもらいます。それに…」と続けたことばに痺れた。

「このことは本学にとってもたいへん名誉なことですから。このような名誉をお譲りしていただき心からお礼申し上げます」

これだから台湾の人にはかなわない。若い人といえども人情の機微は決してはずさないのだから。また台湾の人に借りを作ってしまった。で、帰国後、懸命に禿筆を呵したのが前掲書である。

大連……最近最も注目を集めている都市。多くの問屋が成長し、それに伴って企業も発展している。中国の小売業全体の成長率が一二パーセントに対して、大連は二三パーセントである。

中国政府による政策変化と経済事情

最後に、最近の政府の政策の変化を交えて、中国の経済動向について触れよう。

現在、中国はＷＴＯ（世界貿易機関）に加盟する方向で進んでいるが、自動車、電子関係、時計等ではまだ多くの制約がある。自動車の輸入には巨額の関税がかかるが、ただし、中国との合弁企業の場合は別である。ドイツのアウディは、完成車は高額であるが、合弁で作った自動車に関しては非常に優遇している。中国の高級官僚が乗っている車は、以前はベンツ、トヨタが主流であったが、今ではほとんどアウディに切り替えられた。ちなみに中国で今、儲かっているのは、自動車関連の部品工場である。

さらに競争力をもって成長しているのが通信関係と言えよう。例えばソニーが上海で大きな工場を持っているように、日本の通信関係の多くの会社は上海に集中している。だがモトローラは、天津の発展に貢献したいということで、最近天津に大きな工場を建てた。携帯電話や一般電話などの通信関連は、今後の中国で非常に有望な市場を形成すると見られており、米国が進出したがっているところでもある。

もう一つ有望な市場として期待されるのが保険会社である。中国の場合、退職金などの制度が崩壊しつつあり、将来に備えようという人が増えてきた。この保険業界こそが、米国が最も進出を狙っている分野である。実際、改革開放路線以後、一番大きな成長を遂げたのが保険業界で、これまで多くの労働者が保険に加入してきた。

また政府は、持ち家の奨励をしている。これまでは国営企業に勤めていれば住居は保障されていたが、これからは必ずしも保障されないということである。多くの住宅が建造されるようになり、付随して家電製品、家具などの製品が売れるようになってきた。政府は持ち家の奨励によって、消費全体を刺激しようとしているのである。

また政府が消費の刺激をねらったものとしては、ほかにも週休二日制への完全移行がある。実際に、週休二日制によって旅行者が急増し、旅先における消費が増大した。さらに、預金利息への課税も導入した。その結果、銀行に預金するよりも、旅行に出かけたり、遊んでお金を使ってしまおうという風潮が出てきた。

さらに中国企業の多くがリストラを導入し、企業体質のスリム化を図っているが、いずれ働いている人たちの所得水準の底上げにつながると言えよう。

以上の点を考慮すれば、今、中国の小売業界に進出することは、タイミング的にもいい時期と言えるのではなかろうか。数年後に必ず中国の市場は成熟段階に入る。その際に豊かな実りを収穫できると私は信じている。ただし、中国に直接投資する場合、注意すべきことは、始めて三か月が経過して目処（めど）が立たなければ即時撤退するということ。これまで述べたように、中国では一年間というタイムスパンはあまりにも変化が大きいからである。だいたい三か月経過すれば、状況は見えてくるし、周囲の評価も得られるであろう。

以上、中国小売業を中心に、中国の状況について初歩的なことをお話しした。（談）

◇

本稿は、モラロジースーパーマーケット同友会が実施した広州・深圳・香港の海外研修旅行（平成十二年三月十日〜十四日）におけるメアリー・ウォン氏の講演内容（同時通訳・千島英一麗澤大学教授）を、本誌がまとめたものである。

れくらいいるのかを考慮すべきである。

例えば上海は、もともと人口が多い上に海外からの旅行客も多い。中国各地から人が集まり購買力は高い。けれども、最もお金が儲けにくいのも上海である。上海には現在、三十数軒の大型店が集中し、中国で最も競争が激しい。実際、香港と上海の合弁のデパートも多く進出しているが、どれ一つとして成功しているところはない。その背景には、上海の人は非常に倹約家だからである。あるエピソードを紹介しよう。

一人の女性がデパートに行くと、気に入った服があった。でも買わない。旦那を連れてきて旦那も気に入った。でも買わない。次に母親を連れてきて母親も気に入った。でも買わない。最後には、何回も試着して傷物だからといって、安くしろと言いだす。香港では、上海人がいかにケチであるかを示した笑い話として語られている。

広州市は平均収入は他に比べて高く、消費額も高いため、有望な第一線の市場と考えられる。そこで販売される商品の多くは上海から来たものであり、総じて価格は高い。もちろん北京市も有望なマーケットであり、北京住民だけでなく、内外から来る多くの人も消費に大きく貢献している。

しかし、中国にはこうした第一線のマーケットよりも、今後はるかに大きな市場に発展する可能性を秘めた第二線のマーケットが存在する。以下に紹介しよう。

武漢……中国の中心部に位置し、複数の幹線が通り、どの大都市に行くにも八時間以内で行ける「地の利」があることから、中国各地から人や物が集積し、問屋（物流センター）が数多く形成されている。しかし、武漢の人は気質が激しく、客を見て適当な値段をふっかけるなどを平気でする。

瀋陽……中国東北部の第一の都市。しかし瀋陽で仮に商売をして物を売るとしたら、低価格商品に限る。

重慶と成都……重慶と成都は中国の西南地区の中心になっているところで、ここも問屋と小売りが非常に有望である。人口一万人当たりの消費額は、重慶が全中国でいちばん高い。

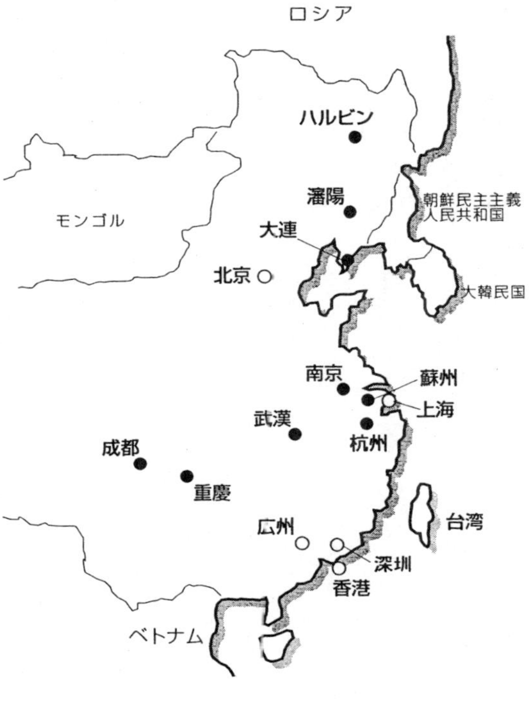

ハルビン……ハルビンは隣がロシアであるため、ロシア人との国境貿易による大きな可能性を秘めている。

杭州……中国で一番美しいところといわれ、非常に多くの観光客が訪れるところ。観光客による大きな消費がある。

南京……もともと軍管区が大きく、中国政府の政策として商業には力を入れてこなかった。最近は南京も商業化されて、投資が行われている。

蘇州……上海人が休暇を過ごすナンバーワンの都市。物価は案外高い。

ットにして販売できるからである。

他のスーパーがウォルマートの価格破壊に対抗するためには、大量仕入れ・大量販売のためのチェーンストア化は欠かせない。だがそれは容易なことではない。例えば日本のスーパー同士であれば、お互いに協力しあって共同一括仕入れが可能である。しかし、例えば香港の場合でも、独立主義が極めて強く、お互いが協力することは絶対にあり得ないからである。

そうした意味から、日本のスーパーが中国に進出して成功する可能性は極めて高いと言えよう。また台湾の百勝という会社は、中国進出したスーパーの中でもいささかの成功を収めているが、その戦略は、全商品一括の値引きをするのでなく、特定商品ごとに大幅値引きをしつつ、同時に特売品の広告宣伝を打つというものである。

中国への進出で考慮すべきこと

先のウォルマートのように、元値以下で販売することは、中国の小売業界に対する大きな挑戦と言えよう。他の小売業はその対抗策として、福引きを導入するなどさまざまな措置を講じ、競争がエスカレートしていった。すると政府は、仕入れ値以下での販売を禁止する法律を制定し、また福引きで自動車などの高額な景品を禁止するなどの制限を加えたのである。さらに中国のデパートでも「礼券」という商品券のようなものを発行したが、これも賄賂（わいろ）に結びつきやすいという点を政府は懸念し、規制するようになった。このように中国で商売をする場合、必ずこうした規制があることを覚悟しなければならないであろう。

また他のスーパーが成功しても、すぐにまねをしてはいけない。地域差を考慮しなければならないからである。例えば、中国の北と南では、その消費傾向に顕著な違いが見いだされる。その一例として、南では男性物の消費が多く、北では女性物の消費が多い。その理由は定かではないが、一つには南の女性たちが高級品を香港で購入しているためであると考えられる。香港は現在、腕時計の売上げが米国に次ぐ二番目であり、こうした時計をはじめ女性物の多くが、友人や親類にプレゼントをするために香港で購入され、深圳（しんせん）市を経由して、毎日のように中国に運ばれているのである。

さて、中国で小売業の免許を取得する場合、ヤオハンのように中央政府にコネをつけて進出する方法もあるが、多くの場合、政府への各種手続きが煩雑で時間がかかる点を考慮しなければならない。政府からは、国際的に有名なデパートでなければならないなど、さまざまな条件が課せられるであろう。近年、力をつけてきた大都市に進出する場合には、むしろ中央政府と交渉せずに、市政府と直接交渉したほうがいい。たとえ何か障害が発生しても、市政府が中央との交渉が円滑にいくように、いろいろと知恵を働かせてくれるからである。

これまで中央政府の規則では、外資系企業が進出し合弁を組む場合、外資側の出資比率が五〇パーセントを超えることが許されていなかったが、今は認められるようになった。また、大型店進出の際に三分の一は中国国内の商品、三分の一は合弁企業で作った商品、残りの三分の一は海外からの輸入商品という規制があったが、それも今はない。さらに、これまで国営商店は国が定めた価格でしか販売が許されていなかったが、スーパーなどとの競争の激化に伴って、これも認められるようになった。給与は同様に、国が定めた一律給与ではなく、各企業が独自に決められるようになった。

注目すべき第二線マーケット

では広い中国で、どの地域に出店するべきか。中国の場合、どの地域に進出しても人口は多いが、お金を払ってくれる人がど

激動する中国の小売業界

中国貿易コンサルタント
前・香港貿易発展局 印刷出版総監

メアリー・ウォン

1979年以降、中国国内の小売業コンサルタントとして活躍。現在も中国の代表的なデパート等の顧問を務めており、中国の小売業界について最も詳しい者の一人である。現在、「中国の小売業について」の著作を準備中。
〈電子メール〉は
CONSORT@NETVIGATOR.com

中国のデパートとスーパーの現状

私は香港貿易発展局で二十六年勤めてきたが、その十八年間は大陸の中国で働いた。中国と最初に関わったのは一九七八年で、それは改革開放政策の前年である。以来、十七の省・市の小売業に関わり、主に中国国内二十六のデパートで商品ディスプレー方法の指導をした。以下にこうした経験を踏まえて中国小売業の現状を述べよう。

一九八〇年ごろまでの中国のデパートでは、例えば一つの商品を購入するにも、まず指で商品を示し、代金を払ってようやく商品を手に取ることができた。つまり、試着したり、品質を確かめてから買うことはできない、まったくの殿様商売であった。

一九七九年、広州市南方大厦(なんぽうたいか)にあるデパートのワンフロアを丸ごと任された私は、香港式のディスプレーを最初に導入し、以後、徐々に主要な国営デパートで展開していった。そこで欧米の先進的なデパートの販売手法を導入し、例えば米国が十年かかって取り入れたテレビショッピングなどのダイレクト・マーケティングを、わずか三年ほどで導入した。このように中国のデパートでは各店舗が、内外から急速に販売手法を吸収し、お互いが競い合っている。

一方、スーパーマーケットは、対外開放政策以降、海外からさまざまな業種が中国に進出した中でも、特にその参入が困難とされてきた。その理由は、中国では人口が極めて多く、野菜などの食品類に対して政府が食糧安定供給のために補助金による価格調整をしてきたためである。だが、スーパーが徐々に増えだすにつれて、政府の価格調整が効かなくなり、今では完全に自由化されるようになった。

そこで中国国内からもスーパーに参入しだし、例えば上海市第一百貨店、西単賽特(シータンサイトゥ)商城(シャンチョン)、北京市百貨大楼(バイフォーターロウ)などの多くのデパートが、配下にスーパーを持つようになった。これらはもともと国営デパートであり、欧米式のスーパーのまねをした。だが、ほとんどは損失を出しているのが現状である。

それはなぜか？

例えば、上海市の上海南京路には多くの大型小売店があるが、内・外資本のスーパーのほとんどが失敗している。だが、例外的に成功しているスーパーがある。米国のウォルマートだ。その成功の秘訣は、大量に売りさばき、少ない利益を積み重ねるという薄利多売方式であり、ときには買値より損をしても売ってしまう。それを可能とするのは、ウォルマートが全世界をマーケ中国国内訳は「里根」であった（台湾では「雷根」と訳していた）。部長職になった方の香港訳名は「里根」で、中国のそれは「里甘」であった。さらに、クリントン現米大統領も、香港では「柯林頓」、中国では「克林頓」といった具合である。字体の統一といった問題もさることながら、漢字表記の統一をめぐってもせめぎあっている。

六　新聞の求人欄から

香港企業の対中ビジネスの拡大や、年間百万人を越す大陸からの商務・観光客の流入にともない、ここ数年、香港の新聞の求人欄に「北京語（普通話）能力必須」といった求人が目立って増えている。また、八八年頃からは台湾からの観光客が増大したこともあって、デパートなど小売業者の間でも〈普通話〉のできるスタッフが重宝がられるようになってきた。これを受けてか、現在、香港では、〈普通話〉を教える民間語学学校も急増している。学習人口も、八九年の天安門事件で一時の落ち込みを見せたものの、すぐに回復。確実に〈普通話〉の学習熱は高まっているようだ。しかし、〈普通話〉が話せても「中国人なら当たり前」といった感覚で、特殊技能とは認められず、サラリーが上がるわけではないようだ。英語がエリートの言語として経済価値が高いのに比して、〈普通話〉の経済価値はまだまだそこまで認められていないというところであろうか。香港が国際金融・貿易のセンターとしてさらに発展しようとするならば、英語に精通する人材を育成し続けていくことは不可欠であろうから、基本法でも英語は公用語のひとつとして認めている。しかし、従来ともすれば陥りがちであった植民地型の「重英軽中」（英語を重視し、中国語を軽視する）から、バランスのとれた「中英並重」（中英両語をともに重んずる）に転換せざるをえないであろう。結局、香港特別行政区の市民は、共通口語として広東語、〈普通話〉、英語の運用能力が、書面語として中英両語の能力が、より求められてこよう。そして、広東語の地位は向上することこそあれ、消滅の方向に向かうといったことは決してないであろう。なぜなら、中国の〈普通話〉の普及は方言を消滅させることが目的ではないからであり、また、人為的にそうさせることは実際的でないし、不可能なことであるからだ。

なかった。一九三五年の、英国政府派遣視察官 E. Burney の英国国会に提出した報告書の中にも、「香港（中国人）の教育は母語に重点を置くよう改めるべきだ…」の記述があり、早くから「中英二重教育」の歪みが指摘されている。いかにしたら「言語にとらわれることなく課目そのものを学ぶ」ことができるのか。香港社会で、出世にビジネスに必須の英語を選択するのか、それとも母語か。また、母語とは香港人の圧倒的多数が使用している広東語なのか、それとも中国各地の人々と意思の疎通ができる〈普通話〉なのか。基本法には「…発展と改善の政策を自ら制定する」とはあるが、それぞれの主張や思惑が錯綜し、容易に決着はつきそうもない。

五　「簡体字」それとも「繁体字」？

中国語の各方言間は、漢字一つ一つの発音が違うために、耳で聞くとお互いが外国語に近い。広東語と〈普通話〉に限っても、話し言葉の違いは、英語とドイツ語くらいの間隔といわれている。ただ、書き言葉が同じだからひとつの言語の方言ということになっているにすぎない。それだけに、漢字の果たしている役割は大きいわけだが、その漢字も社会主義中国では識字率の向上を目指し、文字改革を行い、「簡体字」を使用している。これに対し、香港では依然として台湾とともに「繁体字」と呼ばれている伝統的な正字を使用している。さらに植民地といえども自由な創作環境の香港では、広東語独自の漢字表記も多く、新聞のコラムや娯楽週刊誌、それに通俗読み物などに多く使われている。そしてこのことは、長い間、言文一致の習慣のなかった中国文芸の世界で、それを可能にした唯一の例といってよいほどのユニークな特色となっている。

現在、香港の小・中学校でも、教育署の建議・援助もあって、週に一～二コマ程度〈普通話〉を教えるところが増えてきている。しかし、教科書はいずれも「繁体字」を使用している。返還後はどうなるのか。字体を統一するのか、それともこれまた現行のまま「五〇年間不変」なのであろうか。

また、外来語や外国の人名・地名などの漢字表記も、広東語音を基とする香港と〈普通話〉音を基とする中国では当然ばらつきが多くなる。例えば、アメリカの two Reagan は、大統領になった方の香港訳名が「列根」で、悩ましている。この香港の未来と発展がゆだねられている基本法からも、香港の言語問題が浮き彫りにされてもくる。

基本法第一章《総則》第九条には「香港特別行政区の行政機関、立法機関、司法機関は、中国語のほか、英語も使用することができる。英語も公式言語である」と、ある。これによれば九七年以降も、順序は逆になるが公用語は中国語と英語のままのようだ。が、問題は中国語の中身である。常識的に考えれば、「一国」になるのであるから、九七年以降は、中国の共通語である〈普通話〉を指すことになるのであろうが、基本法にはこれについての明確な規定はない。もしそうなれば地名ひとつ取り上げても、厄介な問題となる。われわれが慣れ親しんだ **Hong Kong**（香港）も Xiang gang と表記されるようになるからだ。なぜなら、中国国内の地名の英訳——ローマ字化——には、すべて〈普通話〉音に準拠するという、数年前の国連決議があり、現在は、Peking（北京）も Beijing と表記されているからだ。さらには、「皇后大道中」（Queen's Rd C.）、「彌敦道」（Nathan Rd.）といった英国史を彩った著名人の名前が多い、植民地色に横溢された香港の道路名なども、中国によくある「中山北路」（「中山」は孫文を記念してのもの）とか「解放路」などと、すべて中国化されるのであろうか。それとも、よけいな混乱を避けるため、「五十年間は不変」の原則が道路名にも適用されるのであろうか。目下のところ不明である。

教育使用言語についても、基本法では第一三六条に「香港特別行政区政府は従来の教育制度を基礎として、教育体制と管理、教育使用言語、経費割り当て、試験制度、学位制度、学歴承認などの政策を含む教育の発展と改善の政策を自ら制定する」とあるだけである。

今日までずっと、香港の教育使用言語は英語と広東語である。「従来の教育制度を基礎として…」とするならば、広東語と英語のままである。

とはいえ、教育使用言語については返還問題以前から、長い間、香港の教育界を悩ませてきた問題でもある。英文中学（香港の中学は日本の中学と高校に相当する）とうたってはいるものの、実際の教育現場では英語と広東語のチャンポンであることが多いことから、これではどっちつかずの中途半端になってしまう、との批判が絶え

表1　香港の5歳以上人口の日常使用言語／方言の状況（1991年）

日常使用言語／方言	人口	%
広東語	4,583,322	88.7
普通話	57,577	1.1
その他の中国語方言	364,694	7.0
英語	114,084	2.2
その他	49,232	1.0
計	5,168,909	100

＊ *Hong Kong 1991 Population Census* による

表2　香港の5歳以上人口の使用可能言語／方言の割合（1991年）

言語／方言	第1言語／方言	第2言語／方言	計
広東語	88.7	7.1	95.8
英語	2.2	29.4	31.6
普通話	1.1	17.0	18.1
潮州語	1.4	4.0	5.4
客家語	1.6	3.7	5.3
福建語	1.9	1.7	3.6
四邑語	0.4	1.5	1.9
上海語	0.7	1.1	1.8
フィリピン語	0.1	1.0	1.1
日本語	0.2	0.8	1.0

＊ *Hong Kong 1991 Population Census* による

語とは華南を代表する中国語方言で、隣接する広東省やマカオを含む広い範囲で、地域共通語として普及している言語である。とはいえ、香港は「五方雑処」（大きな都市の住民があらゆる地方から来た人で、複雑であることの形容）の地。狭い地域にもかかわらずまるで中国の言語の縮図のように、多くの異なった言語を話す人々が居住しているのも事実であるが、実質的には広東語が香港の中国人社会の共通口語として定着している。

四　基本法から見た香港の言語問題

香港市民を震撼させた、香港返還に関する中英交渉は、一九八四年の中英合意を経て、一九九〇年四月、中国の全国人民代表大会で、中華人民共和国香港特別行政区基本法（以下、基本法と略称する）が採択され、一九九七年七月一日より施行されることとなった。基本法とは将来の香港の憲法ともいうべき性質のもの。基本法第五条には「香港特別行政区は社会主義の制度と政策を実施せず、従来の資本主義制度と生活様式を保持し、五〇年間変えない」とも規定されている。しかし、その解釈権は中国にあり、今なおその規定の解釈をめぐっては中英間で揺れていて、香港人を

二　香港小史

かつて、香港は中国の南の果ての一寒村であった。清朝までは広東省新安県（現在の宝安県）の一部としてその版図に組み込まれていた。アヘン戦争（一八四〇年）後、天然の良港に目を付けた英国によって、香港島と九龍半島の一部が永久割譲させられた。そして一八九八年からは九九年間の条件で、残りの新界地区と二三〇余の島々が租借（香港全体の92％を占める）されることとなった。こうして現在の香港が形成されるようになったわけだが、この租借が一九九七年六月三〇日の深夜に期限が切れてしまう。しかし、割譲された部分と租借地はもはや分離させることができないほど一体化して発展してきたことから、香港全体が「一国両制」（ひとつの国家に社会主義と資本主義の二つの制度を共存させる）の名のもとに一九九七年七月一日、中国に返還されることになったのだ。

この一五〇年間、香港は中国の停滞をよそに、『慕情』の著者であるハン・スーイン（韓素英）女史のあまりにも有名な言葉「借りた時間、借りた場所」（Borrowed place, borrowed time...）の地で、いくつかの危機をかいくぐりながらも、英国の植民地として経済的繁栄を続けてきた。中国お得意の象牙細工のように、精緻に組み立てられた経済システムは、今や国際的な金融・貿易の一大センターとして揺るぎない地位を獲得している。人口も、香港が英国領となった当初（一八四一年）の総人口七四五〇人から、現在は約六〇〇万人を数えるほどになった。そして、その98％は中国系住民が占めている。

三　香港における言語状況

現在の香港の公用語は英語と中国語。英語は植民地香港ではエリートの言語であった。今でもその側面は否定できないが、あえて「…であった」としたのは、それまで英語に占領されていた司法・行政といった公的生活の言葉が、中国国内の文化革命の影響を受けたといわれる「香港騒動」（一九六六〜六七年）など、一連の中国人としてのアイデンティティを求める運動の結果、一九七〇年代以降、中国語も公用語として認められたからだ。しかし、中国語といってもそれは中国の共通語である〈普通話〉ではなく、人口の大多数が話す広東語を意味する。広東

【特集】1994・世界の言語事情

返還を目前にした香港の言語事情

千島英一

返還まであと三年。これまでの英語と広東語のほかに、北京語が加わることになるのか。簡体字と繁体字との統一は行われるのだろうか……国際金融・貿易の中心地が直面する言語問題を見る。

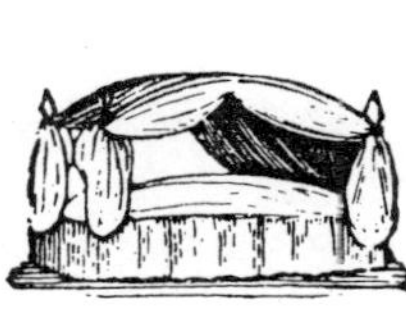

一　あるホテルでのちょっとした異変から

香港に通いだしてもう二六年が経つ。定宿にしていたホテルは、香港にしては静かな雰囲気で、値段も安くこざっぱりとした部屋がとりえだった。基督教が母体のホテルだけに、客は西洋人の老夫婦か、慎ましやかな家族連れが多かった。聞こえてくる言葉は英語か従業員のお喋りする広東語だけであった。そんな雰囲気が好もしく、訪れるたびにそこに宿泊した。ちょっとした異変を感じ始めたのはかれこれ十年近く前になろうか。明らかに大陸からとみられる客が増え、〈普通話〉（北京の話し言葉に基づく中国語の共通語）がホテル内のあちこちで飛び交うようになっていた。とりわけここ数年は顕著となり、この小さなホテルからは西洋人の影は押し出され、ほとんどの宿泊客は大陸からの客かとみまごうばかりとなった。そしてそれは、長い間、自らを竹のカーテンで閉ざしてきた中国が、一九八〇年代から対外開放政策を押し進めてきたことと重なる。そしてこれは、香港が返還間近かにあることと無関係ではなさそうである。

「決まり文句」六〇〇』東京、語研、一九九一

辻伸久『教養のための広東語』東京、大修館書店、一九九二

黄皇宗『広州话教程』広州、中山大学出版社、一九八九

SIDNEY LAU. *ELEMENTARY CANTONESE* (2 vols.). HONG KONG, THE GOVERNMENT PRINTER, 1972.

SIDNEY LAU. *INTERMEDIATE CANTONESE* (2 vols.). HONG KONG, THE GOVERNMENT RINTER, 1972.

SIDNEY LAU. *ADVANCED CANTONESE* (2 vols.). HONG KONG ,THE GOVERNMENT PRINTER,1975.

(2)字典・語彙集

中嶋幹起『広東語常用六〇〇〇語』東京、大学書林、一九八二

中嶋幹起『広東語分類語彙』東京、大学書林、一九八六

香港萬里書店・東方書店編『広東語基本単語三〇〇〇』東京、東方書店、一九八六

千島英一『標準広東語同音字表』東京、東方書店、一九九一

饒秉才他『廣州話方言詞典』香港、商務印書館香港分館、一九八一

周無忌他『廣州話標準音字彙』香港、商務印書館香港分館、一九八八

曾子凡『廣州話・普通話口語詞對譯手冊』（増訂本）香港、三聯書店、一九八九

SIDNEY LAU. *A PRACTICAL CANTONESE-ENGLISH DICTIONARY*. HONG KONG ,THE GOVERNMENT PRINTER, 1977.

(3)香港事情

可児弘明『もっと知りたい香港』東京、弘文堂、一九八四

可児弘明『香港および香港問題の研究』東京、東方書店、一九九一

中嶋嶺雄『香港　移りゆく都市国家』東京、時事通信社、一九八五

山口文憲『香港旅の雑学ノート』東京、新潮文庫、一九八五

小倉エージ他『小倉エージ＋理都子の香港的達人』東京、マガジンハウス、一九九一

香港お百度参りの会『香港極上指南'92』東京、ダイヤモンド社、一九九二

昏ている。点滅しないネオンサインがビクトリア港に映え、街中がいちだんとあでやかさを増す。夜景を見にピーク・トラムで〝山頂〟[ʃaːn^{55}tɛːŋ^{35}]（Victoria Peak）まで行くのもよいが、今回はショッピングを楽しむことにしよう。香港は世界に名だたる〝購物天堂〟の地。フリーポートの利点を活かし、欧米の一流ブランド商品が高級ホテルのショッピング・アーケードに、そしてピカピカの高層ビル内のショッピング・センターに所狭しと並べられている。また、〝裕華〟や〝中僑〟などの〝國貨公司〟（中国系デパート）では、精巧な中国の工芸品や漢方薬が中国国内よりも品数の多さを誇っている。〝連卡佛〟（Lane Crawford）は英国系デパート。もちろん扱っているのは英国製品を中心としたエレガントなヨーロッパ製品ばかり。日系デパートも国内同様、熾烈な競争をくりひろげている。生活雑貨を探すならなんといっても〝超級市場〟（スーパーマーケット）だ。香港のあちこちにある〝屈臣氏〟（Watson's）や〝恵康〟（Welcome）の品揃えはいつ行っても期待を裏切らない。

忘れてはならないのが露店（夜店）である。昼間はどうということもないダウンタウンが、日暮れとともに大露店街に変身する。〝油麻地〟（Yau Ma Tei）には、〝男人街〟の別名のある〝廟街〟（Temple Street）があり、〝T恤〟（Tシャツ）やコピーの時計、カセットテープに雑貨類など男ものの商品が通りの両側に立ち並んでいる。〝旺角〟（Mong Kok）には〝女人街〟の別名のある〝通菜街〟（Tung choi Street）があり、下着やアクセサリー、化粧品といった女性ものならなんでも揃う。

〝提防扒手〟[tʻɐi^{21}fɔŋ^{21}pʻaː^{21}ʃɐu^{35}]（スリにご用心）の警告を思い出しながら、買い物客でごったがえす露店街をすりぬけたのがＰＭ８時。夜はまだ始まったばかり。香港在住の同学たちが喉を鳴らして待っていることだろう。今宵のメニューは〝海鮮〟[hɔːi^{35}ʃiːn^{55}]（海鮮料理）だそうだ。まずは、地場の〝生力啤〟（San Miguel Beer）で〝飲勝！〟[jɐm^{35}ʃɪŋ^{33}]（乾杯！）。

■広東語および香港読書案内

最後に、これから広東語を学習しようという人への入門書を紹介することにいたしましょう。

(1)入門書

中嶋幹起『広東語四週間』東京、大学書林、一九八一
中嶋幹起『実用広東語会話』東京、大学書林、一九八七
千島英一『香港広東語会話』東京、東方書店、一九八九
陳翠儀『ＳＳ式すぐに話せる！広東語［indeks］』東京、UNICOM、一九九〇
高木百合子『広東語の通になるための―香港・広東語会話

ゴトと二階建てのトラム（路面電車）が、ビルの谷間を走っている。〝北角〟（North Point）行きが来たので、狭くて急な階段を上り、見晴らしのよい二階に乗り込む。気分はもう遊園地。後ろ乗り前降り制で、料金は全線一律の六〇HKセント。降りる時に払うのだがおつりはもらえない。観光客で賑わう〝銅鑼灣〟（Causeway Bay）を過ぎて、買い物客でごった返す〝街市〟[kaːi^{55}ʃiː^{23}]（市場）の真ん中をノロノロとトラムは進む。両側には、色とりどりの果物や野菜が、香港庶民の胃袋を満たすべく山と積まれている。〝街市〟を抜けたところが〝北角〟の停車場だ。このままトラムに乗り続けてもよいのだが、〝落車〟[lɔːk^{22}tʃ'ɛː^{55}]（下車）し、少し歩く。

今度はMTR（地下鉄）に乗ってみる。スピーディーな〝電梯〟[tiːn^{22}t'ɐi^{55}]（エスカレーター）で、地下に降りて行く。実際、香港の〝電梯〟は〝牛精〟[ŋɐu^{21}tʃɪŋ^{55}]（短気）にはぴったりの速さだ。ラッシュを過ぎた車内は冷房が効き過ぎるくらいだ。ステンレスがむきだしの座席は座ると少しひんやりし、ブレーキがかかるとツーと横滑りするのが面白い。〝上環〟（Sheung Wan）で下車し、古美術や骨董家具店の並ぶ表通りをそれ、〝摩羅上街〟（Upper Lascar Row）に足を運ぶ。ここはまた摩訶不思議な世界。狭い通路の両側に、古時計や中国の古銭、壊れた〝衣車〟[jiː^{55}tʃ'ɛː^{55}]（ミシン）やほこりをかぶった〝電風扇〟[tiːn^{22}fuŋ^{55}ʃiːn^{33}]（扇風機）、それに、まったくガラクタとしかいいようのない物が、毛沢東バッジと一緒に雑然と並べられている。今日もまた掘り出し物は…、あるわけないか。

▨〝睇戯〟[t'ɐi^{35}hei^{33}]（映画を見る）

散策のついでに『壹週刊』（香港最大の週刊誌）を買い求め、映画案内を見る。「一流傑作」の上映館を探す。その前に、ちょっと遅めのお昼をとることにしよう。時間を気にするときは〝快餐店〟[faːi^{33}tʃ'aːn^{55}tiːm^{33}]（ファストフード店）のランチ・ボックスにかぎる。香港版ホカホカ弁当ともいうべきランチ・ボックスはいまや忙しい香港人の昼食を支えているといってもよいだろう。〝麥當勞〟（McDONALD'S）や〝肯徳基家郷鶏〟（ Kentucky Fried Chicken ）などの〝西式〟に、〝叉燒〟や〝燒鴨〟（アヒルのロースト）などがのっている〝中式〟、そして最近では〝日式〟も出てきている。このようにランチ・ボックスは多種多様、ボリュームもいっぱいだ。さて、よく歩いたので、おなかもすいた。ここはひとつ〝咖哩牛腩飯〟（牛バラ肉入りカレー）でもテイク・アウトすることにしよう。

▨〝購物天堂〟[k'ɐu^{33}mɐt^{2}t'iːn^{55}t'ɔːŋ^{21}]（買い物天国）

〝戯院〟[hei^{33}jyːn^{35}]（映画館）を出ると、空はすっかり黄

飲茶——ポットの蓋がずれているのは「お湯を足して下さい」というメッセージ

〝鹹點〟［ha:m^{21}ti:m^{35}］類（おかず風点心）
　叉焼腸粉（チャーシューを浮き粉でくるんで蒸したもの）
　蜜汁叉焼包（チャーシュー入り肉マン）
　帯子焼賣（上に貝柱をのせたシューマイ）
　蝦餃（エビ入り餃子）
　魚翅灌湯餃（フカヒレ入りスープ餃子）
　山竹牛肉（牛肉シューマイ）
　鳳爪（鶏の爪先をオイスターソースなどで味付けしたもの）
〝甜點〟［t'i:m^{21}ti:m^{35}］類（デザート風点心）
　蛋撻（エッグ・タルト）
　芝麻球（揚げゴマ団子）
　西米布甸（タピオカ入りプリン）
　蜜瓜布甸（メロンプリン）
　香芒布甸（マンゴープリン）
　紅豆沙（広東風お汁粉）
　芝麻糊（ゴマ汁粉）
　馬拉糕（マレー風蒸しパン）

▨〝天星小輪〟（Star Ferry）

バラエティ豊かなのが香港の交通機関。英国直輸入の二階建バスに路面電車（Tram）。快適な地下鉄（MTR）に、〝纜車〟（Peak Tram）。それと、いくつもの路線が錯綜する〝渡海小輪〟（フェリーボート）。とりわけ有名なのが九龍サイド〝尖沙咀〟（Tsim Sha Tsui）と香港島〝中環〟（Central）を行き交う〝天星小輪〟だ。約八分間の船旅だが、〝維多利亞港〟（Victoria Harbour）を渡る風が心地よく、旅情をかきたてる。値上がりしたとはいえ、一等料金でもわずかに一・二HKドル（約二〇円）。この緑と白のコントラストが鮮やかなフェリーは、一八九八年就航以来、来る日も来る日も、早朝から夜中まで両岸を往来し、つかの間の水上観光を楽しませてくれる。

香港サイドの〝天星碼頭〟（Star Ferry Pier）から、地下道を通り抜けると〝德輔道〟（Des Voeux Rd）に出る。ゴト

ta:n^{35}mi:n^{22}］（カマボコ入りソバ）の味を思い出し、ちょっと誘惑に負けそうになるが、ダイエット中なのでここは我慢。疲れをとることに専念しよう。

香港は狭い地域に有名・無名、豪華・質素、大小さまざまなホテルがひしめきあっているところ。格式と伝統を誇る〝半島酒店〟（The Peninsula Hong Kong）の左隣は改装した〝西青會〟（Y. M. C. A Hotel）、右側には〝彌敦道〟(Nathan Road)を隔てて〝喜來登酒店〟（Sheraton Hotel）、真後ろは〝九龍酒店〟（The Kowloon Hotel）、斜め前はこれまた五つ星の〝麗晶酒店〟（The Regent）といった具合。小生のホテル選びの基準はたった二つ。清潔で安全ならよしとする。で、いつもの安宿のシーツにくるまることになる。

▨〝飲茶〟［jɐm^{35}tʃʻa:^{21}］（ヤムチャ）

朝。〝粥麵舖〟［tʃʊk^{5}mi:n^{22}pʻou^{35}］（粥・麵類専門店）で、トロリとした広東粥をすするのもいいが、一日中歩き回ることを考えるとちょっと頼りない。そこで、〝報紙攤〟［pou^{33}tʃi:^{35}tʻa:n^{55}］（露店の新聞売り）で新聞を買い、〝飲茶〟に行く。広州で生まれ、香港で洗練されたこの食文化は、ただお茶と点心の単純な組み合わせながら、数百種類の〝菜單〟［tʃʻɔ:i^{33}ta:n^{55}］（メニュー）を誇るところもあり、その奥は深い。席に着く。ひとりでも気軽に入って行けるのが〝飲茶〟のよいところだ。すぐに〝伙記〟［fɔ:^{35}kei^{33}］（ボーイ）がやって来る。

〝先生、飲乜嘢茶?〟
［ʃi:n^{55}ʃa:ŋ^{55}, jɐm^{35}mɐt^{5}jɛ:^{35}tʃʻa:^{21} ?］
（どのお茶になさいますか?）
〝要茘枝茶。〟
［ji:u^{33}lɐi^{22}tʃi:^{55}tʃʻa:^{21}.］
（レイシ茶を。）

ひとくちにお茶といっても、その種類はたくさんある。香港人のお好みは〝普洱茶〟［pʻou^{35}lei^{35}tʃʻa:^{21}］に〝菊普〟［kʊk^{5}pʻou^{35}］。〝水仙〟［ʃøy^{35}ʃi:n^{55}］、〝壽眉〟［ʃɐu^{22}mei^{35}］、〝六安〟［lʊk^{2}ɔ:n^{55}］、〝鐵觀音〟［tʻi:t^{33}kwu:n^{55}jɐm^{55}］、〝龍井〟［lʊŋ^{21}tʃɛ:ŋ^{35}］、〝七子茶〟［tʃʻɐt^{5}tʃi:^{35}tʃʻa:^{21}］などの味もすてがたい。そして日本人にファンの多い〝香片〟［hœ:ŋ^{55}pʻi:n^{35}］（ジャスミン茶）。そうこうしているうちに、セイロ（点心が入っている）を積んだ〝車仔〟［tʃʻɛ:^{55}tʃɐi^{35}］（ワゴン）がやってくる。〝唔該〟［m̩^{21}kɔ:i^{55}］（すいません）と声をかけ、セイロの中身を確認し、注文する。ゆっくりと茶を味わい、点心をつまむ。新聞を読む。喧噪の中に至福の時が流れる。〝茶壺〟［tʃʻa:^{21}wu:^{35}］（ポット）がカラになったら蓋を少しずらしておく。ウエイターが目ざとくみつけ、熱湯をさしてくれる。サービスをうけたら、指でコツコツとテーブルを叩くのが広東式マナー。

《主な〝飲茶〟のメニュー》

連載＝広東語のすすめ

6（最終回）・香港を歩く

■千島　英一

いよいよこの連載も今月で終わりとなります。いままで五回にわたり、広東語の音韻・語彙・語法の特徴のいくつかを選び、説明してきましたが、今回は趣向を変え、現在の香港を歩いてみることにいたしました。

▒〝登記〟［teŋ^{55}kei^{33}］（チェックイン）

週末、早めに仕事を切り上げ成田空港に急ぐ。チェックインをすませ、搭乗。機内で、携えて来た文庫本を読み終わるころ、宝石箱をひっくり返したような夜景が忽然と姿を表す。成田からたった四時間、そこはもう喧噪と混沌の街、香港。送迎客でごったがえす空港ロビーをすりぬけ、赤い〝車身〟［tʃʻɛː^{55}ʃɐn^{55}］（車のボディー）の〝的士〟［tɪk^{5}ʃiː^{35}］（タクシー）に乗り込む。いつもの〝酒店〟［tʃɐu^{35}tiːm^{33}］（ホテル）の名を告げシートに深々と腰を沈める。〝行李〟［hɐŋ^{21}lei^{23}］（荷物）は小さな〝皮喼〟［pʻei^{21}kiːp^{5}］（トランク）ひとつ。車のトランクを開けるまでもない。昼間は〝塞車〟［ʃɐk^{5}tʃʻɛː^{55}］（渋滞）でにっちもさっちもいかないところだが、夜はさすがに快調で、十分たらずでホテルに到着。〝找銭〟［tʃaːu^{35}tʃʻiːn^{35}］（おつり）は〝貼士〟［tʻiːp^{33}ʃiː^{35}］（チップ）に、と言うと、無表情に〝多謝〟［tɔː^{55}tʃɛː^{22}］（ありがとう）の一言。香港の夜は長い。今頃、〝大牌檔〟［taːi^{22}pʻaːi^{21}tɔːŋ^{33}］（屋台）では〝宵夜〟［ʃiːu^{55}jɛː^{35}］（夜食）をつまむ人々でいっぱいだろう。〝魚蛋麵〟［jyː^{21}

スターフェリー

■量詞の用法

量詞も〝普通話〟とは異なる用法があります。〝普通話〟では、通常、「指示代名詞＋量詞＋名詞」あるいは「数詞＋量詞＋名詞」という結合方式で、量詞は一般に単独では名詞と結合しません。しかし、広東語の量詞の用法はかなり自在で、

①〝本書〟（本一冊）

②〝朶花〟（花一輪）

③〝枝筆係邊個嘅？〟（このペンは誰のですか。）

のように、単独で「量詞＋名詞」構造を作ることができます。すなわち、量詞の前の数詞が〝一〟であるときは、この〝一〟は省略でき、量詞そのものに〝一〟の意味を包含させます。また、特に強調する必要がない場合には、量詞の前の指示代名詞〝呢（この）／嗰（あの）〟を省略でき、③のように量詞に指示機能までも合わせ持たせているのです。

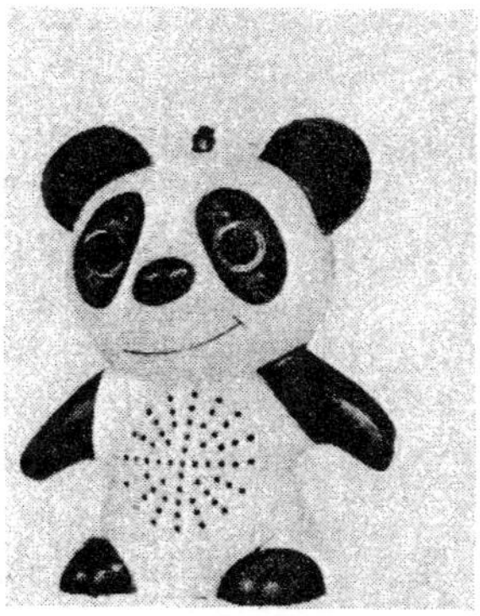
パンダ型ラジオ。目玉が選局とボリュームになっている。香港で欧米の一流ブランド品を見て歩くのも楽しいが、買って楽しいのはやはり香港キッチュ。写真は『香港製造』から。

しています。

単音節形容詞の重畳型式

広東語の形容詞の重畳方式は〝普通話〟とだいたい同じですが、広東語では形容詞を重畳させた後、声調交替を利用して形容の程度を強めたり、弱めさせたりすることができます。すなわち、重畳型の第一音節を高上昇調（^{35}）で発音すれば、その形容の程度を強めさせます。また逆に、重畳型の第一音節は本来の声調のままで、第二音節を高上昇調に発音させ、さらに接尾辞〝哋［tei^{35}］〟を付ければ、その形容の程度を弱化させる機能を果たします。

【例】

白［pa:k^{22}］白白［pa:k^{35}※pa:k^{22}］（真っ白）

紅［huŋ^{21}］紅紅［huŋ^{35}※huŋ^{21}］（真っ赤）

熱［jiːt^{22}］熱熱［jiːt^{35}※jiːt^{22}］（とても熱い）

白白哋［pa:k^{22}pa:k^{35}※tei^{35}］（やや白い）

紅紅哋［huŋ^{21}huŋ^{35}※tei^{35}］（やや赤い）

熱熱哋［jiːt^{22}jiːt^{35}※tei^{35}］（やや熱い）

のようにです。

助動詞の重畳型

重畳型式は単音節形容詞ばかりでなく、助動詞にもみることができます。〝普通話〟の助動詞は重畳型式をとることはできませんが、広東語の助動詞は重畳型式をとると第二音節が高上昇調に交替し、さらに接尾辞〝哋〟が付加され、その結果、動作の程度を弱化させる機能を果たします。例えば、〝會［wuːi^{23}］〟（できる）を重畳させ、會會哋［wuːi^{23}wuːi^{35}※tei^{35}］〟とすれば、〝會〟の程度を弱めさせます。この場合、〝普通話〟では〝有点儿＋助動詞〟あるいは〝助動詞＋一点儿〟と対訳されます。

【例】

識識哋。「少し知っている。」

佢會會哋騎單車。「彼は自転車にすこし乗れる。」

佢會會哋游水。「彼は少し水泳ができる。」

◆広東語会話入門④値切る◆

A：呢個幾多錢呢？　ni:^{55}gɔ:^{33}kei^{35}tɔ:^{55}tʃʻi:n^{35}nɛ:^{55}？「これは幾らですか。」
B：三百蚊，唔貴啩？　ʃa:m^{55}pa:k^{33}mɐn^{55}, m̩^{21}kwɐi^{33}kwa:^{33}？
　「300 ドルです。お安いでしょう。」
A：貴一啲。計平啲啦！　kwɐi^{33}jɐt$^{\underline{5}}$ti:^{55}.kɐi^{33}pʻɪŋ^{21}ti:^{55}la:^{55}！
　「ちょっと高いなあ。少し値引きしてください。」
B：已經減咗價嘅嘞。ji:^{23}kɪŋ^{55}ka:m^{35}tʃɔ:^{35}ka:^{33}kɛ:^{33}la:k$^{\underline{33}}$.
　「もう値引きしてあります。」
A：再減啲啦！得唔得呀？ tʃɔ:i^{33}ka:m^{35}di:^{55}la:^{55}！tɐk$^{\underline{5}}$m̩^{21}tɐk$^{\underline{5}}$a:^{33}？
　「もうちょっとまけてよ。いいでしょう。」
B：唔得。m̩^{21}tɐk$^{\underline{5}}$.「駄目です。」

香港は世界的に有名な“購物天堂”（買い物天国)。欧米の一流ブランド商品が並ぶホテルのショッピング・アーケードやショッピング・センター。コピー商品や日用雑貨の露店の立ち並ぶ“男人街”（廟街）や“女人街”（通菜街)。ちょっと怪しい骨董品が並ぶキャット•ストリート（摩羅上街)。あんまりいろんなものがあって目移りしてしまいそうですが，デパート以外のところでは値引き交渉をするのが当たり前。楽しみながら積極的に値引き交渉をしてみましょう。

香港の通貨の基本単位は香港ドル。“蚊”（“文”とも書く）はドルを意味し，十分の一ドルは“毫子［hou^{21}tʃi:^{35}］”，百分の一ドルには“仙［ʃi:n^{55}］”が用いられます。“貴”は「値段が高い」，“平”は値段が安いの意。“得”「可能である」の意。“啩”は「推量を表す」語気詞。

▩内部屈折

広東語には〝普通話〟にはみられない、声調の交替を利用して異なる文法的意義を表す方法があります。これはいわゆる「内部屈折」にあたるもので、声調が交替することによって、交替形の完了アスペクトが表されます。

【例】

①我食嘑。［ŋɔ^{23}ʃɪk$^{\underline{2}}$la:^{33}.］
　「私は食べる。」
我食嘞。［ŋɔ^{23}ʃɪk$^{\underline{2}35}$※la:^{33}.］
　「私は食べた。」
②佢嚟嘑。［kʻøy^{23}lɐi^{21}la:^{33}.］
　「彼は来る。」
佢嚟嘞。［kʻøy^{23}lɐi^{35}※la:^{33}.］
　「彼はもう来た。」

広東語で動作・行為の完成を表すには〝普通話〟の〝了〟に相当する、完了アスペクトマーカーである時態助詞〝咗［tʃɔ:^{35}］〟を用いて表す言い方もありますが、【例】のように、声調交替を利用して「完成体」を表すこともできるのです。①では〝食〟（食べる）の声調が$^{\underline{2}}$から$^{\underline{35}}$に交替して、動作がすでに完了していることを表しています。②では〝嚟〟（来る）の声調が^{21}から^{35}に交替して、行為がすでに完了したことを表うな、広東語の話者がどのように〝普通話〟を学んだらよいのか、の視点での調査研究はなされてきましたが、その逆の「外省人」が広東語を学ぶためにはどうしたらよいのかの研究はずっと少なかったのです。中国国内でも学習人口が広がった今日（例えば、上海では広東語は英語、日本語に次ぐ人気の外国語！ であるそうです）、こうした視点からの研究が待たれるところです。

さて、広東語として「変な」部分は、傍線を引いたところです。①は、「どこにも行かなかった」であるならば、広東語のネイティブなら、〝冇去邊度〟もしくは〝邊度都冇去〟と言うはずです。広東語的に話そうとして、思わず〝乜〟（なに）を言ってしまったのでしょう。②は「来たばかり」と表現したかったと思われるので、それなら〝冇〟（ない）は〝幾耐〟を修飾しなければならないので、〝嚟咗冇幾耐〟となるはずです。③は「よく眠れなかった」と表現したいなら、広東人なら〝瞓得唔好〟と言うのが普通です。④ではさらに特徴的なことがでています。それは〝普通話〟の〝們〟に相当する接尾辞〝哋〟（人称を表す代名詞につけて複数を表す）の使い方です。〝普通話〟の〝們〟は〝朋友們〟とか〝老師們〟と、人称代名詞以外の人を示す名詞にも付くことができますが、広東語の〝哋〟は人称代名詞以外には付くことはできません。したがって広東語では〝朋友哋〟という言い方は成立しないので、そこだけ取り上げても広東語のネイティブが話しているのではない、ということがすぐにわかります。もし「幾人かの友人の身分証明書を借りた」と答えたいなら、広東人でしたら、〝借倒幾個朋友嘅身份證〟もしくは〝攞倒幾個朋友嘅身份證〟と言うのが一般的でしょう。

このように、広東語には〝普通話〟にはみられない顕著な文法的特色が存在するのですが、以下に、〝普通話〟との比較を試みながら上記以外の広東語の文法特色について紹介することにいたしましょう。

■広東語式ゼロ（零）の使い方

数の数え方は広東語も〝普通話〟も基本的には一致していますが、ゼロの使い方だけは異なっていますので注意を要します。例えば〝一百八〟は古代漢語の解釈では〝108〟ですが、広東語では〝普通話〟同様、〝180〟になります。しかし、もし量詞を伴う場合には、〝普通話〟では〝180斤〟を〝一百八斤〟と省略して言うことはできません。広東語では〝180斤〟と後に量詞が付いた場合でも、〝百八斤〟と頭の〝一〟すら省略して言います。また、30,001とか30,010のように、中間が欠位の場合にはゼロがいくつか連続していても、〝三萬零一〟(30,001)、〝三萬零一十〟(30,010) のようにゼロをひとつ加えただけの言い方をします。

ープを巻戻して聞いてみたところ、以下のような会話がありました。（紙数の都合上、記者の部分は日本語訳にしてあります。）

記者：「どこへ行ったのか？」
市民：①「冇乜去邊度。」
記者：「いつごろ来たのか？」
市民：②「冇嚟咗幾耐。」
記者：「昨夜はよく眠れたか？」
市民：③「冇瞓好覺。」
記者：「身分証明書はどうしたのか？」
市民：④「拿倒朋友哋嘅身份證。」

香港と国境を接する深圳は、一九八〇年の経済特区指定以前は、純農村地帯。この十数年間で急速に発展し、現在では中国屈指の近代都市に変貌し、世界的にも注目されているところです。人も深圳を目指して中国各地から、百万人単位で流入したといわれています。しかし、深圳はもとより広東語圏。広東語が話せないと何かと不便。各地から流入した人もやむなく聞きかじった広東語をコミュニケーションの手段として用いるようになります。そこで上述のような、音や語彙はできるだけ広東語的に、しかし文法的には〝普通話〟のそれを用いた、「変な広東語」（L君の話）を話す人が多くなったわけです。従来ならともすれば、〝天不怕、地不怕、只怕廣東人説的官話〟（何も怖いものはないが、広東人の話す〝官話〟〈北京語〉だけは怖い）と、粤式〝普通話〟を話すことによる「笑話」が多かったのですが、この場合はちょうど逆になりました。経済の優位が広東語の社会的ステータスをどんどん上昇させつつあることのひとつの証左でもありましょう。これまではともすれば、「廣東人怎樣學習普通話」（広東人はいかにして〝普通話〟を学習するか）とか、「香港人容易講錯的普通話」（香港人の間違いやすい〝普通話〟）に代表されるよ

◆数字を使った広東語の慣用表現◆

〈広東語〉	〈日本語訳〉
〝一字咁淺〟	事柄のとても簡単なこと。
〝二世祖〟	正業に就かず、伝来の財産を浪費する放蕩息子。
〝三心兩意〟	決心がつかずにためらうこと。
〝四方木〟	のろま。まぬけ。
〝五行欠金〟	一文無し。
〝六耳不通謀〟	重要なことを議するには、当事者二人だけの間の秘密とし、第三者に漏らさないこと。
〝七七八八〟	だいたい。おおかた。ほぼ。
〝八婆〟	でしゃばり女。
〝九牛一毛〟	多数のうちの極少部分。
〝十拿九穩〟	十中八九。確実である。

連載＝広東語のすすめ

5◆広東語の文法について

■千島　英一

『廣州的傳説』から

これまでに、音韻・語彙とそれぞれの特色の一端を述べてきましたから、順序からいっても、今回は広東語の文法についてのお話となります。一般に、中国語諸方言の文法的差異は、音韻・語彙における差異よりも相対的に小さいと言われていますが、広東語と〝普通話〟（中国語共通語）と比較対照してみますと、意外と多様であることがわかります。

▒〝天不怕、地不怕、只怕外江佬講嘅廣東話〟！

さて、広東語の文法の特色を述べる前に、あるエピソードから紹介することにいたしましょう。

先日、香港在住の同学から教材にと、香港のテレビ番組を録画したビデオテープが送られてき、たまたま拙宅まで足を運んでくれた香港人の友人のL君と一緒に見る機会がありました。画面にはついこの間、深圳で発生した株取引による騒動がニュースとして流れていました。テレビ局の記者のインタビューが行われていて、実直そうな深圳市民がそれに答えていました。そのとき、それまで深刻な顔をして画面を見つめていたL君、突如、大声で吹き出しました。なにがそんなにおかしいのかと聞きましたところ、「だって、あのインタビューに答えた人の広東語がメチャクチャなんだもん」と言って、「あの人は絶対、〝外江佬〟（外省人）だよ」と付け加えました。お茶を入れようとして聞き逃していた小生、そこでテ主なものを幾つか選んで紹介することにいたします。

〈日本語〉	〈広東語〉
カラオケ	卡拉ＯＫ
寿司	壽司
回転寿司	回轉壽司
うどん	烏冬麵
鉄板焼き	鐵板燒
地下鉄	地下鐵
事務所	事務所
電子手帳	電子手帳

日本語からの借用語は、「カラオケ」や「うどん」のような漢字表記をもたないものは音訳されますが、漢字表記があるものは文字どおりの〝文字搬屋〟（文字の引っ越し＝同じ漢字をそのまま引き写す）になるケースが多いようです。

〈答〉

①ブルック・シールズ
②フェイ・ダナウェイ
③マリリン・モンロー
④マドンナ
⑤エリザベス・テイラー
⑥ジョン・ローン
⑦ポール・ニューマン
⑧ジャック・ニコルソン
⑨マイケル・ダグラス
⑩ロバート・レッドフォード

◆広東語会話入門③　時の表現◆

Ａ：而家幾點鐘？　ji:^{21}ka:^{55}kei^{35}ti:m^{35}tʃʊŋ^{55}?

（いま，何時？）

Ｂ：七點一個骨。　tʃ'ɐt$^{\underline{5}}$ ti:m^{35}jɐt$^{\underline{5}}$ kɔ:^{33}kwɐt$^{\underline{5}}$.

（7時15分です。）

Ａ：你幾點鐘返學？　nei^{23}kei^{35}ti:m^{35}tʃʊŋ^{55}fa:n^{55}hɔ:k$^{\underline{22}}$?

（何時に学校へ行くの？）

Ｂ：八點兩個字。　pa:t$^{\underline{33}}$ ti:m^{35}lœ:ŋ^{23}kɔ:^{33}tʃi:^{22}.

（8時10分です。）

毎5分間を1単位として“…個字”といいます。これは長針の示す数字を用いた言い方で，5分刻みの時刻を表します。10分は“二”[ji:^{22}]ではなく“兩”を用いることに注意。“骨”は“quarter”の音訳語。“返學”は「通学する」の意。

D.J　　D.J [tiː^{55}tʃei^{55}]

N.G　　N.G [ɛn^{55}tʃiː^{55}]

T.B　　T.B [tʻiː^{55}piː^{55}]

以上の語彙は香港の新聞・雑誌あるいはメニューなどを通じて定着し、日常的語彙となったものです。

▨外来語の語形・表記のユレ

日本語の例からもわかりますように、外来語の場合、その性質上、語形もしくは表記にユレが生じるのはなかば不可避的なものと言えましょう。とりわけ広東語のような、同音異字の多い漢字を用いての音訳ですのでなおさらです。例えば、

brandy　抜蘭地／白蘭地

[pɐt$^{\underline{2}}$laːn^{55}tei^{35}／paːk$^{\underline{22}}$laːn^{55}tei^{35}]

pudding　布甸／布丁

[pou^{33}tin^{55}／pou^{33}tɪŋ^{55}]

ketchup（catsup）　茄汁

[kʻɛː^{35}tʃɐp$^{\underline{5}}$]

〈「ケチャップ」は広東語であるという説もありますが、*O. E. D.* では“Ketchup ... Chinese (Amoi dial.)”とあり、もともとは中国語厦門（アモイ）方言で、英語を経てのUターン語であるらしい〉

のようにです。七月号でも述べましたように、広東語の表記のユレはなにも外来語に限ったことではないのですが、外来借用語として定着するまでには、このように同一の語に幾つかの語形・表記が存在することになります。

▨日本語からの借用語

この春に香港へ行ったときのことです。〝尖沙咀〟のオーシャンセンター（〝海洋中心〟）をぶうついていたら、ウインドウーに〝無印良品〟と大書していた店を見付けました。英語名が“Muji”となっていましたので、日本のデパートにある「無印良品」の香港版とすぐわかります。また、そのすぐ隣りの店の大きなポスターには墨痕鮮やかに〝大出血〟とあり、バーゲンセールをやっていました。日本語からの借用語については、厳密にいうならば〝文明〟とか〝經濟〟のような、日本が古代漢語の語彙を用いて欧米諸言語の語彙を意訳し、新しい意味を与えた意訳語が再び中国に伝わったものも含めなければならないのでしょうが、紙数の都合上、ここでは触れないでおきます。

人気の観光スポット香港を訪れる日本人は年間約一二五万人（H3・実績。香港観光協会）。香港に在住している日本人も現在、約二万人といわれています。人や物の交流の増加につれ、日本の食習慣、生活習慣も香港社会に取り入れられてきました。そうした中で生まれてきた日本語からの借用語の

mince	免治 [miːn^{23}tʃiː^{22}]
ounce	安士 [ɔːn^{55}ʃiː^{35}]
Ovaltine	阿華田 [ɔː^{55}waː^{21}t'iːn^{21}]
pan cake	班戟 [paːn^{55}k'ɪk$^{\underline{5}}$]
pear	啤梨 [pɛː^{55}lei^{35}]
pie	批 [p'ɐi^{55}]
salad	沙律 [ʃaː^{55}løt$^{\underline{35}}$]
sandwiches	三文治 [ʃaːm^{55}mɐn^{21}tʃiː^{22}]
size	哂士 [ʃaːi^{55}ʃiː^{35}]

▼龜苓膏（グヮイレンコウ）▲

夏バテのときに決まって〃龜苓膏〃の冷っこい舌触りを思い出す。字面から判断すると、何か練った薬というイメージだが、これでも立派な〃小食〃（おやつ）。なにせ医食同源のお国、からだに悪い食べ物は、食さない。〃龜苓膏〃は黒いゼリー状で、茶碗に入って冷やされている。若干苦味があり、その上に甘いシロップをかけて食べる。主原料は〃金龜〃（カメ）と〃土伏苓〃（サンキライ）の根茎。お店の宣伝文句には〃清熱解毒、滋陰降下、養顔護膚、潤腸利便〃とあった。ようするに、のぼせを押さえ、滋養強壮、解毒作用あり、お肌を美しくし、通じにもよい、ということ。それで、特に女性が好んで食べていたことも納得した次第。

sofa	梳化 [ʃɔː^{55}faː^{35}]
spare	士啤 [ʃiː^{22}pɛː^{55}]
stamp	士担 [ʃiː^{22}taːm^{55}]
store	士多 [ʃiː^{22}tɔː^{55}]
Sunkist	新奇士 [ʃɐn^{55}k'ei^{21}ʃiː^{22}]
tie	呔 [t'aːi^{55}]
tips	貼士 [t'iːp$^{\underline{33}}$ʃiː^{35}]

(2) 音訳＋意訳語（傍線部が意訳語）

bar	酒吧 [tʃɐu^{35}paː^{55}]
beer	啤酒 [pɛː^{55}tʃɐu^{35}]
certificate	沙紙 [ʃaː^{55}tʃiː^{35}]
milk shake	奶昔 [naːi^{23}ʃɪk$^{\underline{5}}$]
salmon	三文魚 [ʃaːm^{55}mɐn^{21}yː^{35}]
shirt	恤衫 [ʃøt$^{\underline{5}}$ʃaːm^{55}]
waffle	威化餅 [wɐi^{55}faː^{33}pɛːŋ^{35}]
warrant	花令紙 [faː^{55}lɪŋ^{35}tʃiː^{35}]

(3) ローマ字＋漢字表記の組み合わせ

T-bone steak	T骨牛扒 [t'iː^{55}kwɐt$^{\underline{5}}$ŋɐu^{21}p'aː^{35}]
T-shirt	T恤 [t'iː^{55}ʃøt$^{\underline{5}}$]
X-ray	X光 [ɛːk$^{\underline{55}}$ʃiː^{22}kwɔːŋ^{55}]

(4) 漢字表記をもたないもの（表記するときはローマ字表記）

D. D. T	D. D. T [tiː^{55}tiː^{55}t'iː^{55}]

語も日本語同様、音節構造は英語とはまったく異質の言語です。ですから原語にできるだけ忠実に再現しようとしても、例えば、Six に〝昔士〟[ʃɪk^{5}ʃiː^{22}] をあてているように、一音節の語が二音節になったりして、ズレが生じるのも無理からぬことです。しかしこれらの漢字は、漢字は読めるが英語は読めない人のための英語学習用に、英語の発音をただ模倣できるよう、原音に近い漢字を当てる、いわばルビの役目を果たしているにすぎません。

広州や香港は西洋人との接触が早くから多かったことから、最初はこのようにまねから入った西洋語（特に英語）が、いつしか音訳あるいは意訳され、広東語の語彙の中へ取り込まれてきました。いわゆる外来語です。こうしたものは広東語の新聞・雑誌あるいはレストランのメニューなどを通じて、すっかり定着し、常用され、基礎語彙となったものすらあります。そして、これらの多くは漢字形態素を持つものですが、中にはないものもあります。以下に、順を追って紹介することにいたしましょう。

▩広東語の中の常用外来語

分類の基準として、(1)完全音訳語、(2)音訳＋意訳語、(3)ローマ字＋漢字表記の組み合わせ、(4)漢字表記をもたない（表記するときはローマ字表記）もの、としました。

(1)完全音訳語

bady 啤啤 [piː^{21}piː^{55}]
ball 波 [pɔː^{55}]
boss 波士 [pɔː^{55}siː^{35}]
boycott 杯葛 [puːi^{55}kɔːt^{33}]
bus 巴士 [paː^{55}ʃiː^{35}]
bye bye 拜拜 [paːi^{55}paːi^{33}]
cartoon 卡通 [k'aː^{55}t'ʊŋ^{55}]
cheese 芝士 [tʃiː^{55}ʃiː^{35}]
chocolate 朱咕力 [tʃyː^{55}kwuː^{55}lɪk^{5}]
cigar 雪茄 [ʃyːt^{33}kaː^{55}]
cookie 曲奇 [k'ʊk^{5}k'ei^{21}]
darling 打令 [taː^{55}lɪŋ^{35}]
fail 肥佬 [fei^{21}lou^{35}]
file, holder 快勞 [faːi^{55}lou^{35}]
film 菲林 [fei^{55}lɐm^{35}]
gallon 加侖 [kaː^{55}løn^{35}]
jelly 啫喱 [tʃɛː^{55}lei^{35}]
mammy 媽咪 [maː^{55}miː^{21}]
mark 嘜 [maːk^{55}]
Martini 馬天尼 [maː^{23}t'iːn^{55}nei^{21}]
microphone 咪 [mɐi^{55}]

フランスは〝法國〟です。さて、今回は広東語の語彙のもうひとつの特色である外来語がテーマです。

▒外来語とは

外来語とひとくちにいっても歴史の長い中国語のこと、そのすべてを問題とするとなるとたいへんです。有史以来の他民族との言語接触から取り入れられた〝葡萄〟のような外来語もあるし、仏教用語として取り入れられた大量の梵語などもすっかり中国語の中に融け込んでしまっています。広東語に限ってみましても、その形成過程からタイ語系もしくはそれと思われている語彙もたくさん存在します。広義の外来語としてとらえるならば、それらもすべてれっきとした外来語なのですが、日本語でも外来語といえば普通は漢語は外し、主として西欧語からの借用語のことを指しているように（狭義）、ここでは主に日本語の「カナ書き外来語」に相当する「広東語化された外来借用語」――その大半は英語――に限定し、紹介したいとおもいます。

▒英語を広東語でどう表記する？

表音文字を持たない中国語では、原音の目安をつけるにも漢字を用います。ここにあげたのは、香港庶民の百科全書ともいうべき〝通勝〟（暦書）に載っていた、香港の人が「知っておきたい基礎英語」と思われるものの一部です。発音表記は「カナ書き英語」ならぬ「漢字書き英語」（もちろん広東語の発音による）です。発音の項で説明しましたように、広東

英文字母

為使讀者便於閱覽起見「本編」内中文均由左讀起

ABCDEFGHIJ
KLMNOPQRST
UVWXYZ

abcdefghijklm
nopqrstuvwxyz

ABCDEFGHIJ
KLMNOPQRST
UVWXYZ

abcdefghijklm
nopqrstuvwxyz

華英通語　一

數目 生意、日常通用詞語

壹	One 温	二	Two 拖	三	Three 夫里
四	Four 科	五	Five 快夫	六	Six 昔士
七	Seven 舍焚	八	Eight 噎	九	Nine 乃吾
十	Ten 吞	十一	Eleven 衣拉焚	十二	Twelve 拖路夫
十三	Thirteen 收天	十四	Fourteen 科天	十五	Fifteen 飛夫天
十六	Sixteen 昔士天	十七	Seventeen 舍温天	十八	Eighteen 噎天
十九	Nineteen 乃吾天	二十	Twenty 推温地	廿一	Twenty one 推温地温
廿二	Twenty two 推温地拖	廿三	Twenty three 推温地夫里	廿四	Twenty four 推温地科
廿五	Twenty five 推温地快夫	廿六	Twenty six 推温地昔士	廿七	Twenty seven 推温地舍焚
廿八	Twenty eight 推温地噎	廿九	Twenty nine 推温地乃吾	三十	Thirty 收地
四十	Forty 科地	五十	Fitty 飛夫地	六十	Sixty 昔士地
七十	Seventy 舍焚地	八十	Eighty 噎地	九十	Ninety 乃吾地
一百	One hundred 温慳都利	一千	One thousand 温豆臣	一萬	Ten thousand 天豆臣
十萬	Hundred thousand 慳都利豆臣	百斤	One hundred eatties. 温慳都利加地斯	十斤	Ten catties. 顛加地斯
十両	Ten taels 顛地斯	一両	One tael 温地	錢	Cash 加示
一元	One dollar 温打鏬	半元	Half dollar 哈夫打鏬	仙分角錢	Cents 地仙
二角	Twenty cents 推温地地仙	銀	Money 蚊泥	銀元	Silver dollar 昔源打鏬

連載＝広東語のすすめ

4◆広東語の中の外来語

■千島　英一

『廣州的傳説』から

最初に問題です。次にあげたスターの名前、いくつ読めますか？（答は113ページ）

①波姫・小絲
②菲・丹娜惠
③瑪莉蓮・夢露
④麥當娜
⑤伊莉莎伯・泰萊
⑥尊龍
⑦保羅・紐曼
⑧積・尼高遜
⑨米高・徳格拉斯
⑩羅拔・烈福

広東語を含む中国語では、どんな外国の人名・国名・地名でも、音訳してすべて漢字で表記します。音訳するにあたっては、単に音が近いからその字を当てたということだけではありません。単なる当て字にでも、その漢字が本来もっている意味にも十分に考慮が払われているようです。なにごとにも国際化が叫ばれ、外国人の日本語学習者も激増している時代にあって、未だに国名に孤独の「独」をあてたり、仏の「仏」を当て字としている国とは、ちょっと様子が違いますね。漢字を作り出した国と借りてきた国との漢字に対するスタンスの違いでしょうか。ちなみに、中国語ではドイツは〝徳國〟、

▒広東語は古義を多く保存している

広東語の語彙のもうひとつの大きな特色として、常用語の中に古漢語を多く保存していることがあげられましょう。例えば、

〈広東語〉	〈日本語訳〉	〈普通話訳〉
飲	飲む	喝
食	食べる	吃
企	立つ	站
頸	くび	脖子
話	話す	说
行	歩く	走
睇	見る	看
面	顔	脸
卒之	ついに	終于
夜晩	夜	晩上
舊時	かつて	从前

などです。これらの広東語はわれわれ日本人にとっては〝普通話〟よりかえって親しみやすい言葉ですが、現代漢語では文言文か成語の中でしかお目にかかることができないものです。また、現代漢語の特徴として、〝雲〟を〝雲彩〟、〝窗〟を〝窗戸〟のように、あるいは接尾辞〝子〟を用いて〝屋〟を〝屋子〟、〝箱〟を〝箱子〟のように、古代漢語の単音節語を多音節語（主として二音節）にする傾向がありますが、広東語では依然として単音節の語が比較的多いことも特色のひとつでしょう。

◆広東語会話入門②お礼の言葉◆

陳　：請飲茶啦。
tʃʻɪŋ^{35}jɐm^{35}tʃʻa:^{21}la:^{55}.
（お茶をどうぞ。）

楽仔：唔該。
m̩^{21}kɔ:i^{55}.
（ありがとう。）

陳　：呢個畀你。
ni:^{55}kɔ:^{33}pei^{35}nei^{23}.
（これあなたにあげます。）

楽仔：多謝哂。
tɔ:^{55}tʃɛ:^{22}ʃa:i^{33}.
（ありがとう。）

サービスや手助けをうけたときの返礼には“唔該”が用いられ，プレゼントや招待をうけたときには，より丁寧な“多謝”が用いられます。「どういたしまして」と返す場合には，“唔該”に対しては“唔使［m̩^{4}ʃɐi^{35}］唔該”，“多謝”には“唔使多謝”と言います。“～哂”は「すっかり～する」という意味の助動詞。

黄大仙廟の正面：香港で最も人気のある道教寺院で，占いの神様と崇められている。

空間を埋めつくす看板の氾濫は点滅しないネオンサインとともに香港名物のひとつ。

“端午節”のドラゴンボートレース。当日はＴＶの実況中継もあり，とてもにぎやか。

アには〃落〃と大きく書かれています。広東語を知らない人はここでギョッとなるわけですが、広東語で〃落車〃とは「車から転げ落ちる」のではなく「下車」を意味します。このように同じ漢字を使っていても、日本語とは勿論のこと、〃普通話〃とも意味の異なるものがたくさんあります。幾つか例を上げてみましょう。

〈広東語〉	〈日本語訳〉	〈普通話訳〉
化學	いいかげん	马马虎虎
人工	賃金	工钱
地頭	勢力範囲	地盤
地盤	建築用地	工地
得意	おもしろい	有趣
餅	クッキー	饼干
酒店	ホテル	旅店
新人	新婦	新娘
發達	お金を儲ける	发财
熱氣	のぼせる	上火

同じ漢字を使用していても意外と大きな落とし穴があることに気がつきます。

られた植物も〝雪死〟と言います。

▒香港人は〝8〟の字が好き

日本では車を買ってもナンバープレートは付いていて当たり前、あまり気にもとめませんが、自分の好きな数字のナンバープレートがお金で買える香港では、事情はちょっと異なります。縁起の良いナンバープレートは香港政庁が競売にかけます。香港人のラッキーナンバーは「8」。「8888」のナンバープレートは二千万香港ドルもするそうです。これは広東語では〝八〟[pa:t^{33}] の音が〝發〟[fa:t^{33}] に通じることからきています。〝發〟は〝發財〟(金持ちになる) の〝發〟ですからなんといっても縁起の良い言葉。香港人は〝發〟だけでなく〝利〟、〝運〟、〝威〟、〝寶〟といった縁起の良い字を好みます、こうした縁起の良い文字は商品名や会社名にもよく使われます。わが国〝煙仔〟(タバコ) の売上げナンバーワンのマイルドセブンも〝萬事發〟(万事金儲けに至る) と訳され、傑作〝可口可樂〟(コカコーラ) ほどではないにしても、なかなか健闘しています。

◆広東語会話入門①挨拶◆

楽仔：早晨，陳小姐。
tʃou^{35}ʃɐn^{21}, tʃ'ɐn^{21} ʃi:u^{35}tʃɛ^{35}.
(おはよう，陳さん。)

陳　：啊，楽仔，早晨。
a:^{55}，lɔ:k^{22}tʃɐi^{35}，tʃou^{35}ʃɐn^{21}.
(アー，楽仔，おはよう。)

楽仔：好耐冇見，你好嗎？
hou^{35}nɔ:i^{22}mou^{23}ki:n^{33}, nei^{23}hou^{35}ma:^{33}？
(久しぶりですね，お元気ですか。)

陳　：麻麻哋啦。你呢？
ma:^{21}ma:^{35}tei^{35}la:^{55}. nei^{23}nɛ:^{55}？
(まあまあです。あなたは？)

楽仔：我都係噉啦。
ŋɔ:^{23}tou^{55}hɐi^{22}kɐm^{35}la:^{55}.
(僕も相変わらずです。)

朝の挨拶は“早晨”が一般的。“你好！”(こんにちは)は時間に関係無く使える便利な言葉。「今晩は」にあたるのは“晩安” [ma:n^{23}ɔ:n^{55}] です。人に対する呼び掛けは，“普通話”同様，姓の後に男性だったら“～先生 [ʃin^{55}ʃa:ŋ^{55}]”，未婚女性だったら“～小姐”，既婚女性だったら夫の姓の後に“太太” [t'a:i^{33} t'a:i^{35}] を加えて呼び掛けます。“楽仔”は“楽”という男性名に，名詞接尾語“仔”が付加されたもの。直訳すれば「楽ちゃん」となります。周潤發は“發仔”の愛称で親しまれています。

▒同形異義語

香港名物の乗り物に二階建て(ダブルデッカー) の〝巴士〟(バス) があります。前乗り後ろ降りで、前のドアには〝上〟、後ろのド

〝空身〟（手ぶら）も〝吉身〟に言い換えられているわけです。

〝乾〟（水がない＜〝水〟は広東語のスラングでは金銭を意味する＞——即ちお金がないこと）を忌んで、〝乾杯〟を〝飲勝〟と言ったり、〝乾〟と〝肝〟が同音ゆえに、〝豬肝〟（豚のレバー）も〝豬潤〟と言い換えます。「苦」を嫌って〝苦瓜〟（ニガウリ）も〝涼瓜〟と言います。

〝舌〟も〝蝕〟（損をする）と同音なので、商売大好き人間の多い広東人にとって最も忌むべき言葉です。当然のことながら〝脷〟（縁起のよい「利」の音をとって当て字にした）に言い換えられます。「牛タン」も〝牛脷〟になるわけです。

〝散〟は「分散」、「離散」、「散財」…と人が多く集うことを喜ぶ中国人にとってはマイナスイメージばかりです。したがって、〝散〟と同音の〝傘〟も忌み字となり、傘には「遮る」といった動詞から転じた〝遮〟が用いられます。「一本の傘」も〝一把遮〟（〝把〟は量詞）になります。

いささか「葦の髄から……」的見方かも知れませんが、われわれはこうした広東語の禁忌語を知ることによって広東語を話す人々の生活様式、風俗習慣さらには社会心理といったことなどを窺い知ることができるのではないでしょうか。

▨雪と氷の区別がない？

気候もまた言語に反映されています。香港、広州など広東語方言区の気候は亜熱帯に属します。香港の年間平均気温は摂氏二十二度。冬でもさほど寒くはならず、高い山を除いては氷も張らず雪も降りません。そこで雪と氷の混同が起きてしまい、広東語では雪と氷という異なった二つの概念をすべて〝雪〟でもって表しています。例えば（〝　〟内は普通話）、

香港の「超級市場（スーパーマーケット）」の特徴は国際性豊かであること。とりわけ生活雑貨の中に思いがけない物をみつけることができる。ちなみに「百佳」(Parkn's shop)は香港三大スーパーチェーンのひとつ。

雪櫃 [ʃyt^{33}kwei^{22}] 〝冰箱〟 冷蔵庫
雪條 [ʃyt^{33}t'iu^{35}] 〝冰棒〟 アイスキャンデー
雪糕 [ʃyt^{33}kou^{55}] 〝冰淇淋〟 アイスクリーム
雪屐 [ʃyt^{33}k'ɛ:k^{22}] 〝冰鞋〟 スケート靴

のようにです。ちなみにメニューでよく見かける〝云喱拿雪糕〟とは「バニラアイスクリーム」で〝朱咕力雪糕新地〟とは「チョコレートサンデー」のことです。この他、霜害にや

知らないことに気がつきました。知っていることは毎日せっせと九龍城から通って来ていることだけ。そこで、身の上話を聞いたところ、夫は日本軍が香港を占領した折りに殺され、それ以来、あちこちで〝阿媽〟をしながら二人の子供を育て上げた、などということを淡々と語ってくれたそうです。それまで、かつて日本が香港を占領したことさえ知らなかったM君、夫を日本軍に殺され、今こうしてもくもくと日本の若者の世話をしてくれている気持ちを忖度すると、「思わず粛然とした」と話してくれました。

さて、またも前置きが長くなりましたが、今月は広東語の語彙と表現がテーマです。

▼「許冠傑（サミュエル・ホイ）の引退」▲

一昨年の張國榮（レスリー・チャン）に続き、香港ポップス界の大御所、許冠傑（通称サム、四十三歳）が、この四月二十二日をもって引退し、家族とともにカナダへ移住するそうだ。三月十七日から始まった引退コンサートは連日満員だったとか。アルバム《鬼馬雙星》は、同名の映画とともに大ヒット。軽快なメロディーに、広東語口語を駆使した作品の出現は、香港の流行歌に初めてのことであり、画期的な出来事であった。香港大学で心理学を学んだインテリ。学生時代からバンドを組み、活躍していたので、二十五年の芸能歴になるという。

▩広東語と禁忌

「葦（ヨシ）の髄から天井のぞく」という諺がありますが、ヨシとはアシの音が「悪し」に通じるのを忌んで「善し」にちなんで呼んだものですね。中国語にもこれと同じような禁忌によって呼び名を変える現象が多くの地方にみられます。例えば、北京料理を看板にするレストランでメニューを見ると、たまご料理に決して〝蛋〟（たまご）の字を使いません。「いりたまご」は〝炒黄花〟とあり、〝炒蛋〟とは書かれていません。「たまごスープ」は〝蛋湯〟ではなくて、〝木犀湯〟と言ったりします。これは〝蛋〟が北京の人が、人を罵るときに使う〝王八蛋〟、〝混蛋〟、〝笨蛋〟（いずれも「ばか、まぬけ、のろま」の意）といった言葉を容易に連想させるからです。

広東語でもこうした現象はかなりなもので、むしろ他の地方よりも豊富多彩と言えましょう。例えば、お腹の掃除に効くと言われている、〝鶏血〟、〝豬血〟（血ににがりを加え蒸して固まらせ、豆腐状にした食品）なども広東語では「血」を忌んでそれぞれ〝鶏紅〟、〝豬紅〟と言います。また、〝空〟は忌み字の〝凶〟と同音のため、〝空屋〟（空き家）は〝吉屋〟と言い換えます。香港の新聞によく〝吉屋出租〟の広告が載りますが、「空き家有り賃貸します」の意味です。したがって、

連載＝広東語のすすめ

3◆広東語の語彙と表現

■千島　英一

風呂あがりにテレビを見ていたら、昨年十一月から始まった香港九龍城の強制退去の模様を放映していました。世界的に知られた無法地帯で、東洋のカスバ、魔窟の異名もあった九龍城。住民の多くは香港の底辺に潜む人々やメインランドチャイナからの〝屈蛇〟（密入国者）たち。やたらと〝冇牌〟（無資格）の〝牙科醫生〟（歯医者）の看板が目立った街。香港政庁は解体を終えたら跡地を公園にするとか。立ち退きを余儀なくされている住民らの表情を眺めているうちに、九龍城に住んでいたひとりの〝阿媽〟（メイド）さんのことを思い出しました。もう十数年前になることですが、あるメーカーに勤めていた友人のM君は香港在勤中、太子道のちょっとモダンなアパートに住んでいました。当時、独身のM君のために、会社は〝阿媽〟さんをつけてくれ、炊事、洗濯の面倒をみさせていました。今ほど日系の〝百貨公司〟（デパート）や〝超級市場〟（スーパーマーケット）が進出していなかった頃です。広東語の進歩とは裏腹に、本場の中華料理にすっかり飽きたM君、〝阿媽〟さんに好物のみそ汁やカレーライスの作り方を教えこみ、食卓の和風化を図りました。料理好きの〝阿媽〟さんとみえて、すぐにおいしい〝日式咖喱〟（和風カレー）も作れるようになり、大満足のM君は、小生が香港を訪れるたびに食事に招待してくれました。ある日、M君は寡黙で懸命に働いてくれている〝阿媽〟さんのことについて、何にも

〈広東語声調のまとめ〉

声調	滑音調	促音調(入声)	調値	例字
1声	高平調(高降り) 【55/53】 (陰平)	高平促音調 【5】 (上陰入)	高 中 低	施 ʃi:^{55}/識ʃɪk^{5}
2声	高昇り調 【35】 (陰上)		高 中 低	史 ʃi:^{35}
3声	中平調 【33】 (陰去)	中平促音調 【33】 (下陰入)	高 中 低	試 ʃi:^{33}/法 fa:t^{33}
4声	低降り調 【21】 (陽平)		高 中 低	時 ʃi:^{21}
5声	低昇り調 【23】 (陽上)		高 中 低	市 ʃi:^{23}
6声	低平調 【22】 (陽去)	低平促音調 【2】 (陽入)	高 中 低	是 ʃi:^{22}/食 ʃɪk^{2}

＊(　)内は、中国語声韻学の伝統的呼称。

ンよりも高く発し、しかもその高さを保つことがポイント。高さが十分でなければ、以下の五つの声調の区別も明瞭でなくなってしまいます。

第2声→驚いたときに「エーッ」と発する尻上がりの調子のように、普通の声の高さから急激に第1声の高さまで上昇させます。

第3声→音階でいうならば、第1声を〝ソ〟の高さとすると、第3声は〝ミ〟から〝ミ〟の高さの平らな調子です。

第4声→最も低いピッチで、「アー」とがっかりして、ため息をつくときのように、低いところから、さらに低く下降させます。

第5声→低いところから、緩やかに上昇させます。音階でいうならば、「レ」から「ミ」に上昇させるようにします。

第6声→低いところから発し、そのまま平らを保ちます。音階でいうならば「レ」から「レ」の調子です。

このように、広東語の声調は三つの平らな調子と、二つの昇り調子、一つの下降調子から成っています。

/m/, /n/, /ŋ/ の鼻音韻尾と、/p/, /t/, /k/ で収音する閉鎖音（入声韻尾）があること、です。

母音の長短は、/aː/ と /ɐ/ が対立している外は、それぞれ補いあって分布していますが、特に、/aː/ と /ɐ/ の発音は【例】のように、意味の違いに直接かかわるので注意を要します。

【例】 [kaːi^{55}]（街）／[kɐi^{55}]（鶏）
[jaːm^{55}]（三）／[jɐm^{55}]（心）
[jaːn^{55}]（山）／[jɐn^{55}]（新）

鼻音韻尾と入声韻尾は完全に相配（韻母表を参照のこと）していて、古代中国語の特徴をよく保存しています。

【例】 [tiːm^{33}]（店）／[tiːp^{22}]（蝶）
[paːn^{55}]（班）／[paːt^{33}]（八）
[kɔːŋ^{55}]（江）／[kɔːk^{33}]（各）

母国語にない発音の習得は何語であれ難しいものですが、広東語の母音でいえば、[œː]，[yː] の二つの円唇化母音の習得が上げられましょう。[œː]は前舌円唇の半広母音で、日本語の「エ」の母音を発しつつ、唇をすぼめ円唇化させて発音します。[yː]は円唇前舌狭母音で、唇をすぼめ丸めさせて「イ」の発音をします。「ユイ」にならないように注意します。この母音は、〝普通話〟を既習の人は問題ない発音のはずです。

(3) 声調─〝九声〟？〝七声〟？〝六声〟？

広東語には六つの基本声調があります。よく広東語には九つの声調があると言われていますが、これは六種類の滑音調に三種類の促音調（入声）をプラスさせた数え方からきています。しかし、促音調は音節（-p, -t, -k で収音する）が異なっているだけで、ピッチ（音高）は相応の滑音調と同じですから、実際には六声調でよいことになります。また、広東語〝七声〟説は、陰平調に「高平調 ˥[55]」と「高降調 ˥˧[53]」の二つの異音が認められることからきています。しかし、日常のコミュニケーションでは、陰平調を「高平調」で発音するか、「高降調」で発音するかは話者の任意であって、どちらにしろ意味伝達には影響を及ぼしません。最近では、若い世代の傾向として、陰平調は「高平調」で発音されるのをしばしば耳にします。

声調における高低は、音符のような絶対的な高さではなく、あくまでも相対的な高さです。一般に、中国語の声調の調子（調値）を表すためには五度表示法を用います。五度表示法とは、中国の人が普段話す声の高さを3の高さとし、これをひとつの目安としてそれぞれの声の高さを決めます。本稿で、音節末尾の上に [55] とか [35] のように数字で示しているのがこれにあたります。

広東語における声調の出し方は、以下のとおりです。
第1声→高くて、平らにのばす調子。普段話しているトーもうひとつ、ŋ-声母は話者によっては発音されず、母音からはじまることがあります。またかなりの人が0-（ゼロ）声母の字の一部をŋ-声母に発音します。例えば、

外［ŋɔːi^{22}］→［ɔːi^{22}］

安［ɔːn^{55}］→［ŋɔːn^{55}］

のようにです。したがって、ŋ-と0-は、一般的状況下では、意味弁別の機能をもたないことになります。

(2) 韻母

広東語の韻母は全部で五三（二つの声化韻母［m̩］、［ŋ̩］を含む）あります。韻母表から分かるように、広東語の母音には単独で韻母となるもの［aː, ɛː, œː, ɔː, iː, uː, yː］と複合母音中に出現するもの［ɐ, e, ϕ, o, ɪ, ʊ,］とがあります。このうち、［i, u, y］は韻尾にもなります。また、広東語の韻母には〝普通話〟にみられる介音（medial）の概念がありません。これは広東語の声母の中の［kw-, kʻw-, j-, w-］の四つの声母の出現と関連があります。［kw-, kʻw-］はk, kʻとwがそれぞれ結合した円唇化子音であり、［j-, w-］は半母音的声母として処理しているからです。したがって、［iːu］、［uːi］の二つの複合母音では、音頭の調音がより長くて強いので、これが主母音であり、後の要素が韻尾となります。

広東語韻母の音声特色としては、さらに次の二つが上げられます。①母音に長短の区別があること。②音節末尾子音に

〈韻母表〉

長短 / 韻母	長	短	長	短	長	短	長	短	長	短	長	短	長
単韻母	aː		ɛː		œː		ɔː		iː		uː		yː
複韻母	aːi aːu	ɐi ɐu		ei		ϕy	ɔːi	ou	iːu		uːi		
鼻韻母	aːm aːn aːŋ	ɐm ɐn ɐŋ	ɛːŋ		œːŋ	ϕn	ɔːn ɔːŋ		iːm iːn	ɪŋ	uːn	ʊŋ	yːn
塞韻母	aːp aːt aːk	ɐp ɐt ɐk	ɛːk		œːk	ϕt	ɔːt ɔːk		iːp iːt	ɪk	uːt	ʊk	yːt
声化韻母	m̩ ŋ̩												

〈声母表〉

発音方式 発音部位	破裂音		破擦音		鼻音	側音	摩擦音	半母音
	無気音	有気音	無気音	有気音				
唇音	[p]	[p‘]			[m]			
唇歯音							[f]	
舌尖音	[t]	[t‘]			[n]	[l]		
舌尖面混合音			[tʃ]	[tʃ‘]		[ʃ]		
舌面前音								[j]
舌根音	[k]	[k‘]			[ŋ]			
円唇舌根音	[kw]	[k‘w]						[w]
喉音							[h]	

有気音：p‘—，tʃ‘—，k‘—，kw‘—

有気音とは、声母を発音する際、息をため急速に破裂させて発音するやり方で、無気音は、息を徐々に出す発音方法です。中国人話者が日本語を発音する場合に、往々にして日本語の無声音に中国語の無気音の発音方法をあててしまうように、日本人学習者も広東語の無気音に日本語の有声音(濁音)の発音方法をあててしまいがちです。しかし、広東語の破裂・破擦音はいずれも無声音（清音）であることに注意しなければなりません。同様に、広東語の有気音に日本語の無声音の発音方法をあててしまうことがありますが、広東語の有気音を発音する場合は、充分に息を蓄え、破裂を顕著にすることが肝要です。

以上のことは、〝普通話〟（中国語の共通語）の学習経験がある人にとっては全く問題ないことです。次に、発音じたいは簡単ですが、ヒヤリングに〝戸惑う〟のに、鼻音 n- と側面音 l- の混同が上げられましょう。中国語諸方言において、n- と l- が混読される現象はかなり普遍的で、漢語区全体のおよそ半分に及ぶとされ、広東語だけの音声特色ではないのですが、従来、大多数の広州人は n- と l- をはっきり区別するとされてきました。しかし、香港や広州で実際の発話の中では、〝你 [nei^{23}]〟を〝李 [lei^{23}]〟に、〝南 [na:m^{21}]〟を〝籃 [la:m^{21}]〟に、〝女 [nɸy^{23}]〟を〝呂 [lɸy^{23}]〟に、〝農 [nuŋ^{21}]〟を〝龍 [luŋ^{21}]〟にと、n- と l- を区別せず、混同して発音されることはよく聞かれることで、とりわけ香港・広州の若い世代の趨勢として、n- と l- を区別しないようになっているようです。

攞　㧾
癐　⿸疒会
のようにです。しかし、広東語の簡体字化は問題がないわけではありません。中国で行った文字改革は、偏や旁の字形を簡略化したほかに、同音代替も進めました。その結果、北京語音を標準とした普通話（共通語）では同音であっても、広東語では同音でないものもあるからです。例えば、〝只〟と〝隻〟は普通話ではたまたま同音であるので、〝只〟に統一してしまって、一隻眼も「一只眼」と表記されます。しかし、広東語では〝只〟には本来［tʃiː^{35}］の音しかなく、〝隻〟には［tʃɛːk^{33}］の音しかない、と発音が違うため、〝隻〟を〝只〟に代替させるには無理が生じるからです。したがって、広東語の表記には繁体字を用いたほうが、混乱が少ないように思われます。

■発音と発音表記

さて、漢字をいくら眺めていてもその読音は浮かんできませんね。ひとつひとつの漢字をどう読むか、が発音のポイントになります。

本稿では、広東語の発音表記をすべてＩＰＡ表記で統一しておりますが、広東語には漢語拼音字母（中国式表音ローマ字）のような公定の表記法こそないものの、従来より学習に便利なように様々なローマ字表記法が考案され、広東語の各種テキストや辞典類などに使用されてきました。中でも有名なのがBall式、黄錫凌式、イェール大学方式、Sidney Lau式などです。したがって、広東語の学習が進み、いろいろなテキストや辞典類を参考にする場合、必然的に何種類ものローマ字発音表記に親しむ？ことになります。

■発音のポイント

広東語も他の中国語同様、原則として一つの漢字が一つの音節を表していて、その構造も「声母」(initials)、「韻母」(finals)、「声調」(tone)の三つの要素から成り立っています。声母とは語頭子音や半母音のことで、韻母とは母音および音節末尾の子音を伴った母音のことをいいます。声調とは同一音節内部の一定の高さの変化のことをいいます。以下、順を追って説明することにいたします。

(1) 声母

次頁の声母表に示したように、広東語の声母は全部で一九種類（二つの半母音を含む）ありますが、その中から主として発音上、注意すべきものについて述べてみましょう。

広東語の声母を発音する際、日本人学習者の間違いやすい発音に、無気音と有気音の区別があります。日本語に無声音（清音）と有声音（濁音）の対立があるように、広東語の破裂・破擦音には無気音と有気音の対立があります。

無気音：p—，tʃ—，k—，kw—

連載＝広東語のすすめ

2◆文字と発音

■千島　英一

　最近とどけられた香港の新聞記事にこんなのがありました。見出しに「中国、流行の広東語CMに大幅規制」とあり、内容は、「中国当局はこのほど、広東省以外のラジオ・テレビで広東語CMの放送を禁止する通達を出した。放送禁止の理由は〝地域間の情報交流を妨げ、放送局のイメージを損なうため〟。広東省以外の地域は北京語で統一され、同省で制作されたCMも省外放送分は標準語使用を義務づけられる」(香港ポスト92年4月17日)というものでした。「方言が大手を振ってメディアを歩く」(朝日新聞92年5月8日夕刊)昨今の日本とはちょっと異なった状況ですね。

　前置きが長くなりましたが、今回は主として、広東語の発音について説明します。

■繁体字と簡体字

　広東語の表記に用いられる漢字は、現在、香港、マカオ等では依然として繁体字（旧字体）を使用していますが、中国では簡体字（一九五六年〝漢字簡化方案〟の公布によって施行された簡略化された文字）を使用しています。前回お話しした方言文字についても、偏や旁に簡体字があるものはそのまま簡体字を使用し、簡略化を進めています。例えば、

繁体字	簡体字
喺	[illegible]
嗰	𠮶
瞓	[illegible]

𡁻［$na:^{35}$］雌

咗［$tʃɔ:^{35}$］完了を表す

喺［$hɐi^{35}$］いる、ある

揾［$wɐn^{35}$］探す

咭［$k'ɐt^{\underline{55}}$］カード

喼［$kip^{\underline{5}}$］トランク

攞［$lɔ:^{35}$］とる

これら広東語方言文字は、話し言葉をそのままうつすために、漢字がもっている表音機能のみを利用して造字されたもので、広東語圏の人々であれば理解できますが、他の地域の人々が見ても理解しがたいものです。また、これらの広東語方言文字は、広東語圏では比較的人口に膾炙されたものですが、その性格上標準化されているわけではありません。同じ形態素に複数の字が存在することもままあります。例えば、「これら」という意味の「呢啲」［$ni:ti:^{55}$］に「呢D」［$ni:^{55}ti:^{55}$］とローマ字を当てる場合さえあります。

広東語方言文字がいったいいくつあるか、正確な数はわかりませんが、饒秉才等編の『廣州話方言詞典』では広東語の方言特殊字として約三百字あげています。

中国語共通の漢字を使用していても、「揸士的、坐的士：去士多、食多士。」となるとやはり理解しがたいものとなります。「士的」はステッキ、「的士」はタクシー、「士多」はストア、「多士」はトーストの当て字で、「ステッキを持ち、タクシーに乗る：ストアに行き、トーストを食べる。」という意味です。このように当て字はその性質上、外来借用語に多く用いられていますが、それ以外でも、漢字本来の意義から離れ、音だけ借用し広東語の方言語彙として定着しているものも多くあります。例えば、

點［$ti:m^{35}$］どんな

重［$tʃʊŋ^{22}$］まだ、なお

而家［$ji:^{21}ka:^{55}$］現在

蚊［$mɐn^{55}$］ドル

响［$hœ:ŋ^{35}$］いる、ある

零舍［$liŋ^{21}sɛ:^{33}$］とりわけ、特に

などが上げられます。このようにして広東語の話者達は、巧みに自分たちの言語スタイルを固く守っているのです。

▼ライチー——茘枝〈レイシ〉▲

広東の名産にライチーがある。ライチーは六月末から七月始めにかけてが盛りの果物で、竜眼に似て、亀甲皺のある朱褐色の外皮からは想像出来ない、すき透るような白肌の肉質を包んでいる。楊貴妃が愛した果物としても有名だ。香りのよいジューシーな甘い実である。ライチーは味が変わり易いので、当時、華南方面から長安まで運ぶには大変だったであろう。白楽天は「枝をたれて、一日にして色変じ、二日にして香変じ、三日にして味変ず、四、五日の外、香味盡く去る」と記しているが、いかな楊貴妃も華南の摘りたての新鮮なライチーは食べられなかったであろう。蘇東坡もまたライチーをたいへん好んだという。蘇東坡はたまたま広東に流刑されたために、新鮮なライチーをたらふく賞味したようで、「日に啖う、茘枝三百顆、妨げず、長く嶺南の人となるを」と、遠く都から梅嶺の南、この広東に来てライチーがあるから帰らなくてもよいと詠んでいる。

深圳の第二ボーダーを過ぎてまもなくのところにある日系企業のT社では、工場のぐるりに、まだ幼い三千本のライチーの樹が植えられている。工場長のSさんの話では「成熟したライチーの樹一本、ここでは今、五千元します。しかし、私たちが植えたのはお金のためではありません。広東の人達がこよなく愛しているライチーに託し、私たちが腰を据えて中国で働いていることを理解してもらいたいことと、後を引き継いでもらいたい日本の後輩たちに示す心意気です。」と、語っていた。

どに居住）やリー族（海南省に居住する少数民族。古代粤族の子孫といわれる）などの祖先にあたるタイ系の人々であったらしいと言われています。それは、今日の広東語の中に一部遺留されている非漢語的要素（例えば、①音声面では：母音に長短の区別がある。入声が母音の長短を条件として分化している、など。②語法面では：〃鶏公〃〈オンドリ〉、〃鶏乸〃〈メンドリ〉のように修飾成分の後置する形式。③語彙面ではとりわけ非漢字形態素の中に、他の中国語方言にはなく、タイ諸語に存在する形態素がみられる）が、チワン語などのタイ系諸語との構造的類似をみせていて、他の中国語方言にはみられない際立った特色となって、広東語を特徴づけているからです。

◈広東語は「話し言葉」

本誌一九九〇年四月号でも松岡環氏が「広東語学習の壁」と題して、広東語の「言文不一致」に悩まされた、ご自身の学習体験をユーモラスに綴っていましたが、多くの広東語学習者の悩みの種も、広東語は書き言葉と話し言葉がずいぶん違う、ということでした。広東語の文字表記にはもちろん漢字が用いられるのですが、書かれる文章は中国語共通の書面語を規範とし、字音だけ広東語に当て読みするやり方が一般的であり正統とされているので、話し言葉との差異が著しいわけです。したがって、歌詞を暗記して会話の上達に役立てようとしても、映画のシナリオを読んで会話の表現を習うといったことも、活字化されたものの多くが、こうした中国語の伝統的な表記法に基づいているので、広東語の学習にはあまり役にたたないわけです。

一方、広東語で書かれたものがまるでないわけではないのです。むしろ「言文一致」では他の中国語方言より先行していると言ってもよいでしょう。といいますのは、広東語には古くから民間文芸（南音、評書、粤劇や招子庸による『粤謳』など）の伝統があり、口語語彙の中にある非漢字形態素のために、独特な方言文字を創出したり、漢字本来の意味を無視し、字音だけを借りた当て字をしたりして、生き生きとした口語表現を忠実に記録することが行われてきました。現在でも香港の新聞や通俗雑誌、漫画などに多く見ることができ、相変わらず香港の人々に読まれています。

次に、常用されている方言文字のいくつかを紹介しましょう。

冇 [mou^{23}]（否定詞）無い

啱 [ŋa:m^{55}] ピッタリあっている

嘢 [jɛ:^{23}] もの

瞓 [fɐn^{33}] ねる

嗰 [kɔ^{35}] あれ、それ

啲 [ti:^{55}] 不定の数であることを示す

嚟 [lɐi^{21}] 来る

広東語も、もちろん粤語広州方言を規範としています。現在では、香港の重要性からか、香港の広東語も広州とならんで粤語の代表地点とされています。

粤語は内部グループの一致性が比較的高い方言とされていますが、言語特色と地理分布に基づき、いくつかのグループに分区されます。ここでは中国の言語学者詹伯慧氏が提示された方言区分に従います。

①粤海系：珠江デルタの大部分の地区と西江一帯。
②欽廉系：広西沿岸部の欽州、廉州一帯。
③高雷系：雷州半島の高州及び雷州一帯。
④四邑系：台山、新会、開平、恩平の四県一帯。
⑤桂南系：広西東南部の南寧、梧州、玉林、博白などの一帯。

広東はまた多くの華僑の故郷でもあります。東南アジア各国（シンガポール、マレーシア、タイなど）の粤僑（広東系華僑のこと）のみならず、アメリカ、カナダの北米大陸、オーストラリア、ニュージーランドなどの華僑社会でも粤語すなわち広東語を母語とする人が多数です。もちろん、各地の粤僑の話す粤語はそれぞれの出生地の方言であることは言うまでもないですが、第一もしくは第二言語として標準広東語を解する人が多いです。したがって、各地のチャイナタウンで話されている中国語も、実際は、広東語であることがほとんどなのです。広東語の使用人口はこれらも含めて約五千万人と推定されています。

◆広東語の形成

粤方言区はもともと漢人の居住地ではありませんでした。「粤」は「越」とも書かれ、今日の広東・広西両地域の古い呼称です。この一帯は歴史上、「百粤（ひゃくえつ）」と総称された諸部族の居住地でした。彼らの話す言葉は、孟子が「南蛮鴃舌（げきぜつ）」と形容したように、中原に源を発した漢民族の言語とはおよそかけ離れたものであったはずです。その後、秦始皇帝の時から集団移民での漢人の南下が始まり、中原の漢語が広東にもたらされるようになりました。以来、時代の進展とともに漢人の南下は増大してきたわけですが、大勢の漢人の広東への移住は、自然にまた大量の漢語と高い文化を広東にもたらしたことであり、同時にまた当地に居住していた非漢語系原住民との不断の言語接触があったことは、当然予想されうることでしょう。

中国語諸方言の形成過程には、各地それぞれ異なった背景がありますが、今日の広東語について言えば、多くの古代漢語の要素を継承発展させてきた一方、その形成過程にこうした古代粤族の影響があったことを看過ごすことはできません。広東の古代粤族がいったい現代のどの民族にあたるのかは、いまのところ歴史のベールに包まれたままですが、現代のチワン族（タイ系少数民族の一つで、広西・広東・雲南な

▲**通勝**(トン・セン)——「通書」(暦書)のこと。広東語では「書」が忌み言葉の「輸」(負ける)と同音のため、反義の「勝」に改め、「通勝」という。内容は、易断にはじまり「千字文」あり「百家姓」ありと、いわば中国人用生活マニュアルが濃縮されている。

▲九龍城全景

香港

▲香港の町並

▼街でよくみかけるお茶屋

◀香港を象徴する2つの銀行——中国資本の中国銀行(左)とイギリス資本の香港上海銀行(右)

熱い視線を浴びていることが了解されましょう。今回はこの言語とその周辺について簡単な紹介をすることにいたします。

◈中国語と方言

広東語の紹介にはいる前に、先ず中国の言語状況について概観しておきましょう。中国はわが国の約二六倍という広大な国土を有し、一一億とも一二億ともいわれる人口を抱えた多民族国家です。それだけに言語状況も複雑で、多言語社会を構成しています。その中でも圧倒的多数を占めているのが漢民族で、総人口の約九四％に達しています。一民族一言語の原則により、同じ漢民族の話す言語は漢語(広義の中国語)と総称され、いかに言語学的レベルを異にしていても、広東語のような地域言語は方言とみなされています。しかし実際上、その方言間の差異ははなはだしく、他の地方の人々には全く通じない、ということはよく知られていることです。とりわけ北と南（中国で〈南〉といえば、一般に広東を指す）では、見方にもよりますが、英語とドイツ語の差に匹敵するほどの違いがあるといいます。むしろ中国語とひとくくりにするほうが無理なくらいであると言えましょう。

現代中国語方言は、主として音韻上の特色に基づき、通常、次の七大方言区をたてています。(　)内はその代表地点です。

①官話方言（北京話）区
②呉方言（上海話）区
③湘方言（長沙話）区
④客家方言（梅県話）区
⑤贛方言（南昌話）区
⑥閩方言（厦門話）区
⑦粤方言（広州話）区

これらの大方言区分をもとに、さらに「次方言」（同一方言区の下位グループ）と「土語」（さらに狭い地域で用いられる方言）と呼ばれる下位方言群が続き、複雑多岐にわたる中国語方言群を構成しています。

◈粤語と広東語

広東語はこれら中国語方言の一支であり、正確に言うと、広義では広東省から広西チワン族自治区にかけて広く分布している中国語粤方言（粤語ともいう）を指し、狭義では古くからその「標準口語」型たる地位と権威を保持している広東省の省都広州市で話されている言葉、すなわち粤語広州方言を指します。当地では、「広東話」、「広府話」あるいは単に「白話」と呼んでいます。中国語で「話」とは「話し言葉」を意味します。われわれが一般に広東語と言う場合は、この狭義の広東語を指します。この関係はわれわれがふだん「中国語」というとき、一般には北京語音を標準語とした「普通話」（漢語の共通語）を指すことに似ています。香港で話されている

新連載＝広東語のすすめ

1◆広東語とは

■千島　英一

春休みを利用して香港、深圳（しんせん）、広州と旅をしました。成田空港からジェット機で四時間、喧噪と重油の匂いがたちこめた香港啓徳空港に降り立つと、そこはもう広東語の世界。すでに幾度となく訪れた地ですが、景観が目まぐるしく変わるせいか、いつ行っても新鮮な感動を与えてくれるところです。

このところ、わが国でもビジネスマンや若者を中心として広東語が熱い注目を浴びています。ビジネスマンが注目しているのは、巨大なビルがひしめき、アジアのビジネスセンターと化した香港の主要言語が広東語であり、経済の改革・開放で揺れ動く中国で、目覚ましい発展を遂げている南中国を代表する言語でもあるからです。若者が注目をするのは、エンターテイメントに徹した「香港映画」――アジアのハリウッド・香港が生み出した最高の文化――の主言語が広東語であるからです。成龍（ジャッキー・チェン）はもとより、「英雄本色」（「男たちの挽歌」）の周潤發（チョウ・ユンファ）、「逃學威龍」の周星馳（チャウ・シンチー）、さらに張國榮（レスリー・チャン）、張曼玉（マギー・チャン）、梅艶芳（アニタ・ムイ）など、わが国でも多くのファンを獲得しています。憧れの〝明星〟（スター）たちがささやき、絶叫する言語のなんとも音楽的な響きの広東語に魅せられた、と語る人は多いようです。そして、ハン・スーインの名言、「借りものの場所、借りものの時間」（Borrowed place, borrowed time...）に浮かぶ植民地香港の命運が一九九七年の中国返還を境にして大きく変わろうとしていることへの世界的注目。今、広東語が

【文化情報】

香港は一瞬たりとも目が離せない都市。つい数年前の香港と、いまの香港とでは、街の面白さが断然異なります。喧噪と混沌の中、意表をつく外観のビルが次々に建設され、クリスタルのような輝やきがビクトリア港に映えています。

七〇年代後半からわき起こった香港電影は八〇年代に入り、『誰かがあなたを愛してる』や『友は風の彼方』などニューウェイヴ派の作品が作られ、一段とパワーアップされましたが、天安門事件の〃後遺症〃もあって、現在は小休止といった状況でしょうか。音楽界ではいまやアジアのスーパースターとなったアラン・タムが、新作アルバム『神話一九九一』を

愛鳥を携えて，日課の“飲茶”を楽しむ

ひっさげて健在。九七年問題に触れた『我等著你回來』で香港の若者の心情を描いた達明一派はもはや大御所。新人歌手、ニューグループの台頭もめざましく、BEYONDのように日本にもファンクラブを持つロックバンドも生まれています。

都市全体が巨大なレストラン街のような香港。でも食べられないものがひとつ。〃香肉〃（犬の肉のこと）です。香港は動物愛護の厳しいイギリスの植民地。犬を食べることは当然ながらご法度。そこで香港の食いしん坊たちは、〃香肉〃を食べにお隣りの深圳まででかけて行きます。若い友人から「晩めしは深圳に犬を食べに行こう」と誘われたときは、いささかびっくりしました。聞けば今は、香港人ならIDカードがあればビザ無くして簡単に深圳に行けるとのこと。「広東人が食べない四本脚は机と椅子だけ」の伝統はしっかり生きています。

香港でアンティークの時計やガラス絵を求めるのはいかがなものでしょうか。ちょっとマカオの隣りの珠海まで足をのばすと、物によったら香港の20分の1位の値段で入手できることが多いのです。

色でもあり、密接な関係ありと指摘されています。

広東語は書面語としての統一が行われたことはなかったですが、粤劇や粤謳などの民間文芸をできるだけ口語に忠実に表記する試みが行われてきました。中でもユニークなのは広東語版『聖書』で、広東語のテキストとしても最も有用なもののひとつでありましょう。

広東語の入門書としては、日本語で書かれたものに、中嶋幹起『広東語四週間』（大学書林）、千島英一『香港広東語会話』（東方書店）などが、中国語では黄皇宗『広州話教程』（中山大学出版社）などがあります。本格的な辞典はまだないものの、近年、饒秉才他編『広州話方言詞典』（商務印書館香港分館）、曾子凡『広州話一普通話口語詞対訳手冊』（三聯書店香港分店）があいついで出版されました。

香港事情の参考書としては可児弘明編『もっと知りたい香港』（弘文堂）、中嶋嶺雄『香港　移りゆく都市国家』（時事通信社）などが推薦できます。

広東語

千島英一

【主な使用地域】

中国国内にあっては，広東，広西両省(漢族の約5%，約4000万人)。国外では香港(約550万人)，マカオ（約50万人）の主要言語であり，他に東南アジア各地，北米大陸などの華僑に母語としているものが多い。

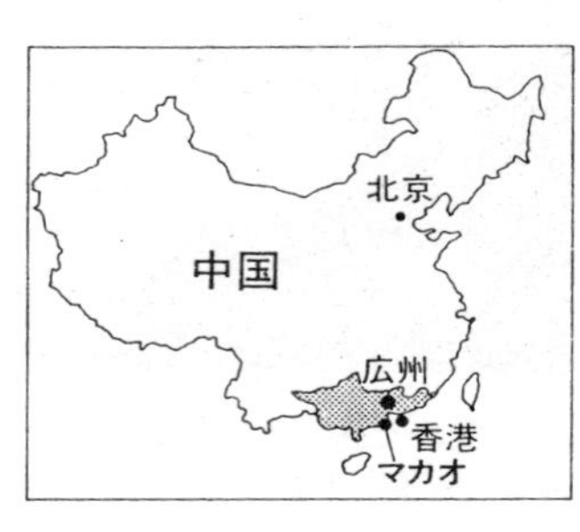

【文字と発音の話】

広東語は、構造的には単音節の孤立語で、音節ごとに声調（tone）を有していることは他の中国語同様です。文字表記も中国語共通の文字表記である漢字を使います。ただし、広東語は外来借用語を多く吸収していることから、独特な方言文字を創出し、漢字の不足を補っています。広東語には9種の基本声調がありますが、普通話のような巻舌音は無いし、発音は比較的やさしいと言えましょう。

基本母音はa:, ɛ:, œ:（eの円唇化）、ɔ:, i:, u:, y:（iの円唇化）の7母音。広東語の音韻的特色として、母音に長短の区別があります。例、三［ʃa:m^{55}］／心［ʃɐm^{55}］。また音節末尾音に、入声の［p, t, k］と鼻音韻尾の［m, n, ŋ］がそろっており、古代中国語の特徴をよく保存しています。このほか、広東語には形態音韻レベルにおいて、声調交替を利用し、語義的、文法的変化を引き起こす現象があります。例、食[ʃik^{2}]「食べる」〉[ʃik^{35}]「食べた」、糖[tɔŋ^{21}]「砂糖」〉[tɔŋ^{35}]「キャンデー」。

【言葉の背景】

われわれが習慣上広東語と呼んでいるものは、正確には粤語広州方言といいます。粤は広東の簡称であり、広州方言は粤語方言群の中の標準的口語体系です。また、粤は越に通じ、古代に「百越」と総称されたさまざまな先住部族の居住地でした。それゆえ、広東語の形成過程にはなかなか複雑なものがあります。今日の広東語の基層には古代楚語の影響がみられ、また、非漢字形態素の中にはタイ系諸語との関連が指摘されているものもあります。単純に、漢民族の南下につれて中原漢語が移植されたものではないことは確かなようです。

広東語のおよそ中国語的でない文法特徴としてよく挙げられるのに、修飾語の〝後置〟があります。例えば造語法レベルにおいては、〝鶏公〟（雄鶏）、〝鶏乸〟（めん鶏）（〝乸〟は「めす」の意味）、〝人客〟（お客さん）のように修飾語を後置します。また統辞法レベルにおいても、〝落先〟（先に降りる）、〝細得滞〟（小さすぎる）（〝得滞〟は共通語の〝太〟に相当）などのように一部の副詞は動詞・形容詞に後置されます。これらの文法特色はまたチヨワン・トン語などタイ系言語の文法特

粵語雜俎

『粤語雑俎』掲載目録

論文

1.　「廣州方言形成的研究」《國立臺彎師範大學研究七一學年度第二學期碩士論文》，1983 年 4 月
2.　「探討廣州話指示代詞“呢”[ni˥]的來源」『麗澤大学紀要』41，1986 年 3 月
3.　「台湾南部客家方言概要」『麗澤大学紀要』42，1986 年 7 月
4.　「広東語の「変音」試論」『麗澤大学紀要』44，1987 年 7 月
5.　「「第 1 回台湾語言国際研討会」に参加して」『麗澤大学紀要』57，1993 年 12 月
6.　「马来西亚粤语中的借词问题初探」《第五届国际方言研讨会论文集》暨南大學出版社，1997 年 7 月
7.　「広東方言詞“冚唪呤”[[hɐm^{22}paːŋ^{22}laːŋ^{22}]小考」『中国研究』6，麗澤大学中国研究会 1997 年 12 月
8.　「意思・希望表現的日中對照」《國際化時代之外語教學國際會議日文組論文集》淡江大學外國語學院　2000 年 3 月

9. 10.　「香港粤語主要動詞用例集（1）（2）」『中国研究』7，8，　2000 年 3 月

11.　「廣州話的“哋”與普通話的“們”之對此研究」『中国研究』9，2001 年 3 月
12.　「廣州話“冚唪呤”［hɐm˨ paːŋ˨ laːŋ˨ ］再考」《第七屆國際方言研討會論文集《方言》增刊》，商務印書館 2000 年 12 月

中国語・広東語雑俎

13.　「広東語あれこれ　広東語と共通語」『中国語講座』日本放送出版協会 1993 年 1 月号
14.　「広東語あれこれ　広東語と禁忌」『中国語講座』1993 年 2 月号
15.　「広東語あれこれ　広東語声調類推法」『中国語講座』1993 年 3 月号
16.　「広東語あれこれ　河を炒める」『中国語講座』1993 年 12 月号
17.　「広東語あれこれ　“拍拖”（デート）」『中国語講座』1994 年 1 月号
18.　「広東語あれこれ　香港の“春節”（旧正月）風景」『中国語講座』1994 年 2 月号
19.　「広東語あれこれ　広東語参考書案内」『中国語講座』1994 年 3 月号
20.　「広東語の窓　広東語の声調」『中国語講座』日本放送出版協会 1995 年 4 月号
21.　「広東語の窓　声調をマスターする」『中国語講座』1995 年 5 月号
22.　「広東語の窓　発音表記の話」『中国語講座』1995 年 6 月号
23.　「広東語の窓　広東語の声母」『中国語講座』1995 年 7 月号
24.　「広東語の窓　広東語の声母（続）」『中国語講座』1995 年 8 月号

25. 「広東語の窓　広東語の韻母（その一）」『中国語講座』1995 年 9 月号
26. 「広東語の窓　広東語の韻母（その二）」『中国語講座』1995 年 10 月号
27. 「広東語の窓　広東語の韻母（その三）」『中国語講座』1995 年 11 月号
28. 「広東語の窓　北と南の言語戦争」『中国語講座』1995 年 12 月号
29. 「広東語の窓　恭喜發財！」『中国語講座』1996 年 1 月号
30. 「広東語の窓　動物と広東語」『中国語講座』1996 年 2 月号
31. 「広東語の窓　バウヒニアの花」『中国語講座』1996 年 3 月号
32. 「香港返還その後」『中国語講座』1999 年 2 月号
33. 「ガイダンス　広東語」『月刊　中国語』内山書 1993 年 7 月号
34. 「対照研究・広東語　偉大なる方言」『日本語』アルク 1993 年 9 月号
35. 「対照研究・広東語　メシ食ったか？」『日本語』1993 年 10 月号
36. 「対照研究・広東語　市場の熱気伝わる言葉」『日本語』1993 年 11 月号
37. 「世界の言葉　広東語」『第二外国語をモノにするためのカタログ』アルク 1994 年 4 月
38. 「世界の言葉　広東語」『第二外国語をモノにするためのカタログ’96』1995 年 4 月
39. 「中国語さまざま①広東語」『中国語をモノにするためのカタログ』アルク 1996 年 12 月
40. 「留学でモノにする“中国語学習の鉄則”」『中国・アジア留学事典’99』アルク 1999 年 1 月
41. 「絶対オススメ　中国語は、難しくない？！」『中国語ジャーナル』アルク 2000 年 12 月号
42. 「オピニオン　言語教育の忘れもの」　『まなびとぴあ』モラロジー研究所 2001 年 56 号
43. 「広東語文法　訳者あとがき」『広東語文法』東方書店 2000 年 10 月

縦組

44. 「特集・世界の言語 70+1（上）広東語」『言語』大修館書店　1991 年 5 月号
45. 「広東語のすすめ　1　広東語とは」『言語』1992 年 7 月号
46. 「広東語のすすめ　2　文字と発音」『言語』1992 年 8 月号
47. 「広東語のすすめ　3　広東語の語彙と表現」『言語』1992 年 9 月号
48. 「広東語のすすめ　4　広東語の中の文法について」『言語』1992 年 10 月号
49. 「広東語のすすめ　5　広東語の文法について」『言語』1992 年 11 月号
50. 「広東語のすすめ　6　香港を歩く」『言語』1992 年 12 月号
51. 「返還を目前にした香港の言語事情」『言語』1994 年 5 月号
52. 「激動する中国の小売業界」『道教塾』モラロジー研究所　2000 年 10 月
53. 「心に残る話　台湾の人」『れいろう』モラロジー研究所　2002 年 2 月

■千島　英一（ちしま えいいち）
1947年埼玉県生まれ
麗澤大学、国立台湾師範大学大学院修士課程卒業
現在、麗澤大学教授、東京外国語大学講師

粤語雑組（えつござっそ）

■発行日　2002年10月1日　初版発行

■著者　千島　英一

■発行人　尾方　敏裕

■発行所　株式会社 好文出版
〒162-0041　東京都新宿区早稲田鶴巻町540-106
電話　03-5273-2739
FAX　03-5273-2740
http://homepage2.nifty.com/KOHBUN/

■装丁　関原直子

■印刷製本　平河工業社

■制作　日本学術書出版機構（JAPO）

本書で使用している文字の一部には、文字鏡研究会（http://www.mojikyo.org/）の許諾を得た上で「今昔文字鏡フォント」を使用しています。

Printed in Japan　ISBN4-87220-060-8

中國語學研究　**開篇 單刊**

No. 1　中国江蘇・安徽・上海両省一市境内 **親属称謂詞的地理分布**
B5 / 89p.　本体486円　《品切》　岩田礼著

No. 2　**《山歌》索引**
B5 / 178p.　本体1,457円　石汝傑・陳榴競著

No. 3　**《翻譯老乞大・朴通事》漢字注音索引**
B5 / 238p.　本体2,913円　《品切》　遠藤光暁著

No. 4　**『燕京婦語』翻字と解説**
B5 / 239p.　本体3,884円　鱒澤彰夫著

No. 5　**杭州方言志**
B5 / 130p.　本体1,748円　銭乃栄著

No. 6　**劉知遠諸宮調　語彙索引**
B5 / 204p.　本体2,718円　渡部洋編

No. 7　**厳州方言研究**
B5 / 206p.　本体3,398円　曹志耘著

No. 8　**呉語読本**　明清呉語和現代蘇州方言
B5 / 185p.　本体2,913円　《品切》　石汝傑著

No. 9　**徽州方言研究**
[026-8] B5 / 337p.　本体4,000円　平田昌司主編

No. 10　**球雅集**　漢語論稿及琉漢對音新資料
[028-4] B5 / 113p.　本体1,800円　丁鋒著

No. 11　**蕭山方言研究**
[037-3] B5 / 197p.　本体3,500円　大西博子著

No. 12　**呉語処衢方言研究**
[040-3] B5 / 470p.　本体5,000円　曹志耘・秋谷裕幸・太田斎・趙日新著

No. 13　**東南方言比較文法研究**　寧波語・福州語・厦門語の分析
[057-8] B5 / 202p.　本体3,000円　林璋・佐々木勲人・徐萍飛著

＊一部品切れがございます。詳しくは当社までお問い合わせください。

ISBN978-4-87220-0607
C3087 ¥3000E

好文出版

粤語雜俎

定価（本体3,000円＋税）

ISBN4-87220-060-8 C3087 ¥3000E 定価 本体3,000円＋税